KB190890

예수님과 구약의 대화

예수님과
구약의 대화

송영목 지음

The Dialogue
between
Jesus and
the Old Testament

더워드

구약과 신약이 모두 예수님을 증거한다고 믿는 우리는 신약의 빛 아래서 구약을 어떻게 이해하고, 적용해야 할지에 대해 진지하게 질문해야 한다. 통전적 성경 읽기를 위해 여러 가지 접근 방법이 있는데, 저자는 이 책에서 그리스도 완결적 구약 읽기에 대해 의미 있는 연구를 진행했다. 저자는 이미 오랜 기간 동안 구약과 신약을 통전적으로 읽기 위해 노력해 왔고, 몇 권의 책에 잘 담아냈다. 그 연속선상에서 구약 본문에 대한 예수님 중심적 성경 이해를 제시할 뿐 아니라, 40개가 넘는 실제적인 본문 해석의 예를 통해 독자들에게 실질적인 도움을 준다. 즐거운 책 읽기가 될 것이다.

강화구 박사 • 미국 트리니티복음주의신학교

구약은 신약과 함께 정경을 이룬다. 구약과 신약의 관계는 오래된 질문인 동시에 가장 중요한 질문이다. 구약은 신약의 부록인가? 구약은 신약의 그림자일 뿐인가? 저자는 다양한 논문들에서 '구속사적 읽기', '그리스도 중심적 읽기', '그리스도 완결적 읽기'를 통하여 구약과 신약의 중심에 예수 그리스도께서 서 계시다는 정통적 개혁신학의 해석학적 입장을 설득력 있게 천명한다. 구약과 신약을 예수 그리스도를 중심으로 통전적으로 해석하는 탁월한 글이다. 개혁신학 전통에 있는 목회자, 설교자, 그리고 신학생들에게 일독을 권한다.

류호준 교수 · 백석대학교 구약학 은퇴

추천의 글 3

저자는 구약과 신약의 연관성에 관해 깊은 학술적 연구를 지속하고 있는 탁월한 성경신학자이다. 이런 저자의 학문적 관심과 성취가 이 책에서 유감없이 드러나고 있다. 특히, 개혁주의 성경신학의 기초가 되는 '구속사적 성경 읽기'의 어제와 오늘에 대한 저자의 예리한 진단, 그리고 예수님 중심의 성경 읽기에 대한 저자의 구체적인 실례와 적용은 본서의 백미가 아닐 수 없다. 이 책이 구약과 신약의 연관성과 통일성에 관한 성경신학적 연구의 신선한 자극제가 될 것임을 믿어 의심치 않는다. 구약과 신약을 통일된 하나님의 말씀으로 믿는 신학자들과 목회자들에게 이 책의 일독을 강력히 추천하는 바이다.

장세훈 교수 · 국제신학대학원대학교 구약학

성경해석학에서 끊임없는 갈등의 문제는 신약해석에 있어서 구약의 중요성과 구약해석에 있어서 기독론의 역할이라고 여겨진다. 신약설교에서 구약이 간과되고, 구약설교에서 가끔 복음이 선포되지 못하고 있는 현실이 유감스럽다. 이번 송영목 교수의 신간 『예수님과 구약의 대화』는 기독론적 성경해석에 있어 근본적인 방법론적 논제를 잘 다루고 있다. 심지어 신약설교에서조차 예수님의 존재가 공동체의 뒷자리로 숨겨지는 안타까운 현실에서 "예수님을 중심하는 구속사는 성경해석에서 다시 근본적인 방법론으로 자리를 잡아야 한다"는 본서의 주장은 시기적절하다. 구약을 어떻게 기독론적으로 설교할 것인가 어려움을 느낀다면 40여 개 구약 본문을 예수님 중심으로 분석한 본서를 추천한다.

최순진 교수 · 햇불트리니티신학대학원대학교 구약학

필자는 신약성경의 성경신학적 주해와 간본문적 신약해석, 그리고 다차원적 신약해석에 관심을 가져왔다. 왜냐하면 구약과 신약성경의 중심에 주인공이신 예수 그리스도께서 계시기 때문이다. 예수 그리스도는 구약 이스라엘의 역사를 구속사의 절정으로 끌어올리신 분이다. 교회의 머리시며 만유(萬有)로서, 만유 안에 자신의 통치를 세상 역사의 끝까지 시행하실 분도 예수님이시다. 이제는 성경 주해의 다양한 방법론을 통합시켜서 예수님 중심의 구속사적 해석을 시도할 때이다. 이런 통합적 해석은 최근에 발전된 방법론이며, 앞으로 이런 경향은 가속될 것이다.

  한국교회의 강단에서 예수님과 그분의 복음이 제대로, 그리고 풍성하게 선포되어 주님의 양들이 양질의 꼴을 먹고 있는지 자문해 본다. 하나님께서 교회를 다스리시는 좌소(座所)인 강단, 교회, 그리고 만유가 새롭게 되는 것은 전체 교회와 만유를 자신 속에 품고 계신 예수 그리스도를 올바로 믿고 알고 따를 때만 가능하다. 이 소품(小品)이 예수님 중심으로 구약성경을 구속사적으로 석의하여 설교하는데 하나의 길라잡이가 되기를 바란다.

고신대에서

차례

CHAPTER 1

왜 여전히 예수님 중심의
구속사적 성경 읽기인가?

왜 여전히 예수님 중심의 구속사적 성경 읽기인가?[1]

---

1 이 글은 『교회와 문화』 41 (2018), 91-107에 실린 내용을
수정 및 보완한 것이다.

현대 신약학에서 구원계시사적(救援啓示史的, redemptive-revelation history) 해석은 날개 꺾인 매미나 에누리해도 눈길을 끌기 어려운 골동품인가? 하나님의 계시가 역사적으로 발전해 갈 때 중앙에 자리 잡은 것은 구속사(救贖史, redemptive history)다. 바로 이 구속사의 주요 주제 중 하나인 '하나님 나라'에 관한 연구는 더 이상 발전하지 못한 채 답보(踏步) 상태에 빠진 것 같다.[2] 그리고 하나님 나라를 가르치는 복음서 연구에서 중심 주제가 되어야 할 예수님은 사라지고, 어이없게 복음서의 공동체가 그 자리를 꿰찬 듯하다.[3] 이렇게 중요한 알맹이가 껍데기로 주변화 되는 현상은 신

---

2 20세기에 있었던 성경신학의 활성화에 대해서는 C. H. H. Scobie, *The Ways of Our God: An Approach to Biblical Theology* (Grand Rapids: Eerdmans, 2003), 42-45를 보라. 하지만 이렇게 신구약을 연결하려는 성경신학 운동 가운데, Von Rad의 전승사에 근거한 연구가 큰 비중을 차지한다(예. P. Stuhlmacher, H. Gese, B. S. Childs). 그러나 성경신학은 역사성을 배제한 전승이 아니라, 성령님의 영감으로써 기록된 성경의 역사적인 구원의 발전 과정을 탐구한다. Scobie, *The Ways of Our God: An Approach to Biblical Theology*, 147.

3 '가상의 자료'인 Q를 통해 예수님을 찾는 '가설적 연구'도 일반적이다. 학자들이 마태와 누가가 공통적으로 참고한 것으로 추정하는 가설의 문서 Q

약의 역사서인 사도행전과 서신서 연구에서도 감지된다. 본문의 문예적 해석과[4] 제 2성전 시기의 유대문헌이나 그레코-로마 문헌과 비교한 역사적 해석이 예수님 중심의 구속사를 대체하고 압도하는 듯하다. 환언하면, 예수 그리스도께서 교회와 세상을 통전적(統全的)으로 구원하시고 (심판 행위를 통해)[5] 통치하신다는 복음 진리를 찾는 대신, 문법-역사적 해석으로 만족하는 경향이 점증(漸增)하는 듯하다. 이런 신약 연구의 흐름은 설교단에서 예수 그리스도를 선포하여 양들이 생명을 얻고 더 풍성하게 만드는데 얼마나 도움이 될지 의문이다. 구약과 신약의 연결고리이자 중심이신 예수님이 성경해석과 설교단에서 약화되거나 부재하는 현상이야 말로 가장 시급히 해결해야 할 문제가 아닌가?[6] 따라서 예수

가 없어도 4복음서로 충분하다.

4 학진등재지에 신학 논문을 게재해야 할 교수들의 입장에서 볼 때, 성경 본문의 문학적 특성을 살피는 문예적 해석은 교회(교단)의 신학적 색채를 드러내지 않고서 다른 신학적 입장에 서 있는 학자들로부터 좋은 심사 평가를 받기에 유리하다. 정부가 지원하는 신학연구 프로젝트에 응모할 경우, 가장 무난한 해석방법은 구속사가 아니라 성경의 사회과학적 해석을 통한 한국 사회에의 적용이다. 개혁신학과 다른 스탠스를 가진 신학 사이의 괴리가 커지는 것 같다.

5 '구속사'라는 용어는 하나님께서 자기 백성을 구원하시는 역사를 가리키므로, 하나님의 심판이 배제될 뿐 아니라 하나님이 다스리시는 전체 피조물도 주변으로 밀어낼 수 있다. 따라서 '구속사' 대신 '성경신학'을 선호하는 예는 Scobie, *The Ways of Our God: An Approach to Biblical Theology*, 90을 보라.

6 S. Greidanus, 『구약의 그리스도, 어떻게 설교할 것인가』 (김진섭 외 역, 서울: 이레서원, 2003), 96. 참고로 '오직 예수님'(*solus Christus*)은 오직 성경(*sola Scriptura*)의 기준이며, 이차적 의미에서 오직 성경은 오직 예수님의 기준이다. 예수님은 성경에 갇혀 있지 않고, 성경의 예수님이 진정한 예수님이기 때문이다. 오직 성경은 성경 해석의 모든 문제를 해결하지 않으

님을 중심으로 하는 구속사는 성경 해석에서 다시 근본적인 방법론으로 자리를 잡아야 하며, 그것은 결국 교회와 사회의 회복으로 이어질 것이다.

1. 예수님 중심의 구속사적 해석

성경의 주제가 다양하다는 사실에 아무도 이의를 제기하지 않는다.[7] 하지만 예수 그리스도께서 이루신 구원이야말로 중심 주제로 손색이 없는 광맥(鑛脈)이다(눅 24:44; 요 5:39 참조). 이와 관련하여, '성경신학의 아버지'라 불린 게할더스 보스(G. Vos. 1862-1949)의 설명을 들어보자: "예수님은 구약의 전체 운동의 목표가 하나

며, 다른 '오직들'(solas)과 연결된다. A. Huijgen, "Alone Together. *Sola Scriptura* and the Other Solas of the Reformation," 9 (고신대 개혁주의학술원 종교개혁기념 학술세미나, 2018년 10월 30일). Huijgen 교수는 '오직 성경'은 주로 기록된 성경에 초점을 맞춘 명제가 아니라, 예수님의 부활로 말미암은 구원의 메시지를 전달하는 성경을 중요하게 여긴다고 주장한다. 따라서 그는 '오직 성경'은 객관적인 성경모오성과 포스트모던의 주관주의 사이의 중간 길을 간다고 결론을 맺는다. 하지만 성경은 하나님의 살아 있는 구원의 메시지이므로(딤후 3:15-17), 기록된 성경과 화효효과를 가진 성경을 날카롭게 구분할 수 없다. 따라서 '오직 성경'은 객관적인 성경무오와 함께 간다고 결론을 맺어야 한다. 그러므로 '오직 성경'을 논할 때, 기록된 성경과 설교 혹은 기록된 성경과 성령의 조명 역사를 구분하는 것이 타당하다.

7 W. A. VanGemeren, 『구원계시의 발전사 I』(안병호 외 역, 서울: 성경읽기사, 1993), 25. 참고로 성전과 기도를 성경의 주제로 제시한 경우는 G. Goldsworthy, 『그리스도 중심 성경신학』(윤석인 역, 서울: 부흥과 개혁사, 2012), 311, 313을 보라.

님의 영감을 따라서 자신을 향한다고 여기셨으므로, 자신의 역사적 출현과 사역이 없이는 구약의 목적과 의미는 사라진다고 이해하셨다."[8]

예수 그리스도를 중심으로 전개되는 계시 발전의 점진성(漸進性)을 강조하는 벤게메렌(W. A. VanGemeren)과 같은 맥락에[9] 서 있는 이들은 "성경의 중심 주제를 예수 그리스도를 통해 구원받는 것이라고 말하는 것은 무리가 없다. … 구원이라는 주제가 단순히 구약의 여러 주제 가운데 하나로서 취급되어서는 안 될 것이다"라고 주장한다.[10] 전문적인 성경해석 방법론을 모르더라도 성경 내러티브를 쭉쭉 읽어갈 때 메시아를 보내셔서 종말론적 구원의 은혜를 베푸시는 하나님의 열심을 발견할 수 있다.[11] "전체 성경 속에 나타나시는 하나님은 구속사로서 자신을 계시하신다. 즉, 중보자를 통한 구속이 모든 이야기 속에 계시된다. … 우리는 계시

---

8 G. Vos, 『성경신학』 (이승구 역, 서울: 기독교문서선교회, 1985), 395.

9 VanGemeren, 『구원계시의 발전사 I』, 26.

10 신득일, 『구속사와 구약주석』 (서울: CLC, 2017), 22-23. 참고로 창 1-11장에서 족장들의 복이 점진적으로 열방으로 확대되는 것은 P. Krüger, "Het U net Een Seën?: Vrede as Oorvloeiseën as Tema in Genesis 12-50," *In die Skriflig* 53 (2016), 1-11을 보라. 그리고 E. P. Clowney의 영향을 받은 학자들과 목회자들이 작성한 구약의 구속사적 설교문은 D. E. Johnson (ed), 『모든 성경에서 그리스도를 설교하라』 (윤석인 역. 서울: 부흥과 개혁사, 2011)를 보라.

11 "구약 전체는 도래하실 구속자에 대한 울부짖음으로 가득 차 있다." C. van der Waal, 『반더발 성경연구 1』 (명종남 역. 서울: 줄과 추, 1997), 85-86. 참고로 바울 서신의 기독 완결적 종말론과 윤리는 J. M. Smith, "Christotelic Eschatology in 1 Corinthians 10," *Lutheran Forum* 48 (2014, 3), 13-14를 보라.

의 점진을 믿는다. … 구약의 모든 사건 속에는 구속의 씨가 내재되어 있다."[12]

그렇다면 '예수 그리스도 자신'(自身, person)을 중심으로 하는 (혹은 예수님 중심의) 성경 해석이란 무엇인가?[13] 시드니 무어신학교의 골즈워디(G. Goldsworthy)에 의하면, 범위를 좁혀 예수님 '자신'(person)을 중심으로 하는 해석학은 다음과 같다: (1) 예수님은 영원히 의사소통하시는 하나님으로서 모든 말과 이해를 창조하신 분이다. (2) 예수님은 특별 계시의 저자(주인공)이시다. (3) 성육하신 예수님은 신적 메시지이고, 일반계시와 특별계시의 의미를 종합하신다. (4) 완전한 인간이신 예수님은 순종적인 청자이시다. (5) 예수님이 성부에게 보인 반응은 죄가 없는 유일한 사람의 반응이 무엇인지 모범을 보여 준다.[14]

예수님의 '사역'(使役)을 중심으로 한 해석학은 다음과 같다:

---

12 송제근, 『아주 오래된 날마다 새로운 구약성경 이야기』 (군포: 도서출판 언약나라, 2017), 30-33; S. G. de Graaf, 『약속 그리고 구원. 제 1권』(박원섭 역, 서울: 크리스천서적, 1996), 22-23. 참고로 '최초 복음'이라 불리는 창 3:15가 여자의 바로 그 후손인 예수님을 향하여 점진적으로 성취되어 간다는 설명은 Vos, 『성경신학』, 60을 보라.

13 예수님을 중심으로 하는 구속사적 성경해석에 관한 논의는 필자의 『요한계시록과 구약의 대화』 (서울: CLC, 2014), 『신약과 구약의 대화』 (서울: CLC, 2015), 『간본문적 신약읽기』 (서울: CLC, 2017), 『다차원적 신약읽기』 (서울: CLC, 2018)를 참고하라.

14 알렉산드리아 학파의 수장인 오리겐(c. 185-254)이 "예수님 자신이 하나님 나라이시다"(autobasileia)라고 주장했는데, 이에 동의하면서 밴게메렌은 천국의 '이미'와 '아직 아니' 사이의 긴장도 강조한다. W. A. VanGemeren, 『구원계시의 발전사 II』 (안병호 외 역, 서울: 성경 읽기사, 1994), 78, 89.

(1) 구약의 모든 약속의 구조는 메시아께서 오실 것을 예견하고 있으므로, 구약 전체를 예수님의 자신과 사역으로써 해석해야 한다. (2) 성부와 성령의 사역 중 하나인 예수님의 성육신에는 중요한 함의가 있다. 그것은 예수 그리스도의 선재성과 만물의 창조주와 통일하시는 주되심을 포함한다. (3) 성육신은 하나님께서 계시하시고 구속하시는 말씀의 신성을 전제로 한다. 즉, 성육하신 말씀이 죄와 사망에서 우리를 구속할 때, 이 말씀은 우리 가운데 오셔서 진리로 인도하신다. (4) 예수님의 행하심이 요구하는 것은 하나님의 말씀이 무엇인지를 알려면 하나님의 말씀의 인간적 측면이 조심스럽게 다루어지고 이해되어야 한다는 점이다. 예수님의 성육신은 완전한 인간의 순종과 인성의 회복을 보여 주었다. (5) (구약의) 성취자이신 예수님의 행하심이라는 해석학이 요구하는 것은 그리스도의 생애와 죽으심과 부활에서 이루신 것을 미리 증거하는 구약을 주의 깊게 읽어야 한다는 점이다.[15]

예수님의 '승귀(昇貴)와 영광'의 해석학은 다음과 같다: (1) 예수님의 부활과 승천은 성육신한 아들의 사역을 성부께서 인정하셨음을 보여 준다. (2) 예수님의 부활과 승천은 주님의 날과 하나

---

15 벤게메렌에 의하면 예수님의 회복 사역은 'TRUMPET'으로 요약된다: Total restoration(통전적 회복), Rule of God(하나님의 통치), Unbroken covenants(예수님은 구약의 여러 '언약들'을 파기하시지 않고 성취하심), Messianic blessing(메시아께서 주신 복), People of God renewed(하나님의 백성의 갱신), Enemies avenged(원수를 심판하심), Transformation by the Holy Spirit(성령님에 의한 변혁). VanGemeren, 『구원계시의 발전사 II』, 194, 199.

예수님과 구약의 대화

님 나라를 결정적으로 도래케 한 사건이다. (3) 예수님의 승천은 하나님 나라가 교회의 선교적 역할을 요구한다는 결정적 신호탄 과 같다. 진리의 영이신 성령님의 강림과 더불어 예수님의 부활은 제자들의 성경해석의 관점과 세계관에 근본적인 변화를 일으켰 다. (4) 부활하신 예수님의 승천은 그리스도의 만유의 주되심이라 는 해석을 요구한다.[16]

성부와 성령님을 제쳐두고 오직 성자 예수님에게만 집중하는 '그리스도 일원론'(Christomonism)을[17] 극복하도록 돕는 예수님의 '영'의 해석학은 다음과 같다: (1) 성령님은 말씀이 능력으로 드러 나게 하신다. (2) 성경의 영감은 성령님과 사람이라는 이중 저자 를 고려하게 한다. (3) 성령님은 사람을 거듭나게 하시고 그리스 도의 구원 사역을 믿도록 하신다.[18] 성령님께서 이끄시는 성경해 석은 그리스도의 형상을 점점 더 닮아가기 위하여 하나님의 말씀

---

16 성경과 정통 신앙고백서에 나타난 천국의 미래성, 영혼 불멸, 예수님 의 가시적 재림, 육체적 부활, 그리고 영원한 지옥을 반대하면서, 그런 개 념들을 재(再)정의하는 경우는 지명수, 『과학적 창조론』(서울: 한국학술 정보, 2008), 104-105, 145-46, 216을 보라. 미래 종말에 대한 정통 기 독교의 설명은 G. K. Beale, 『신약성경신학』(김귀탁 역, 서울: 부흥과 개혁사, 2013), 190, 601; I. Paul, *Revelation* (Tyndale New Testament Commentaries; London: IVP, 2018), 335-36을 보라. 참고로 Ian Paul은 계시록의 전통적 4가지 해석 방법을 종합하려고 시도하며, 계 19장에서 주님의 재림을 찾는다.

17 그리스도 일원론에 대한 반대는 V. S. Poythress, "Christocentric Preaching," *SBJT* 22 (2018, 3), 52; 김진규, "구약의 그리스도 중심적 설교 방법론 연구," 『성경과 신학』 82 (2017), 68을 보라.

18 예수님의 영은 신약은 물론 전체 구약 시대에도 자신을 계시하시기 위 해 활동하셨다(벧전 1:10-11 참조). De Graaf, 『약속 그리고 구원. 제 1권』, 23.

을 이해하면서 읽는 것이다. 해석학에서 지성이 크게 역할을 한다고 할지라도 그 작업은 여전히 성령의 조명이 꼭 필요한 영적인 과목이다. 더 나아가 영적인 과목은 영적 전투로 특징지어진다.[19] 이렇게 풍요로운 예수 그리스도가 생략된 성경 오석(誤解)이 습관이 되지 않도록 주의해야 한다.[20]

구약의 예수님 중심 석의는 약속과 성취, 모형론,[21] 신약의 구약 사용, 대조, 주제적 연관성(출애굽, 성전, 제사, 물, 고엘, 고난, 지혜, 결혼, 타락, 새 창조, 정의, 지혜, 종말론적 순례) 등으로 가능하다. 구약의 구속사적 해석에서, 구약 자체의 언약의 발전과 유사한 사건과 인물의

---

19 신학자가 두드리는 키보드는 사탄이 가장 활발히 일하기를 선호하는 장소 중 하나다. 이 단락(즉 1.)의 예수님 자신, 예수님의 사역, 예수님의 승귀와 영광, 그리고 예수님의 영의 해석학에 대한 논의는 G. Goldsworthy, 『복음중심 해석학』(배종열 역, 서울: CLC, 2010), 81, 363-69, 377을 요약함.

20 남아공대학교(UNISA)의 삐에트 판 데이크(Peet van Dyk)는 고대 근동과 로마제국의 신화적 우주관은 단지 형이상학적 담론에 그치지 않고 실재(實在)를 담고 있으므로, 구약과 신약을 해석할 때 현대의 과학적 세계관으로 이해하면 오석이 된다고 주장한다. 그리고 판 데이크는 성경해석 전문가들도 '신화적 우주관'에 기초한 본문의 지평을 무시하면 오석이 습관화된다고 보는데, 판 데이크에게서 R. Bultmann(d. 1976)의 환생(Bultmann *redivivus*)을 보는 듯하다. 오히려 롬 10:7 주석에서 슈라이너(Tom Schreiner)가 간파하듯이, 신약 저자들의 '그리스도 완결적'(Christotelic)이며 '메시아 회고적'(messianic retrospective) 구약 사용 방식에 대한 이해가 부족할 때, 오석의 습관화는 가속화 될 것이다. 참고. P. J. van Dyk, "When Misinterpreting the Bible becomes a Habit," *HTS Teologiese Studies* 74 (2018), 1-8; T. R. Schreiner, *Romans* (BECNT; Grand Rapids: Baker, 1998), 557.

21 E. P. Clowney의 모형론적 해석의 삼각형에 따르면, 저자 당시의 상황에서 상징의 의미, 그 상징이 예수님 안에서 성취된 의미, 그리고 성취된 모형의 의미의 현대적 적용이라는 순서를 따르면 된다. 참고. Poythress, "Christocentric Preaching," 57.

재현을 고려해야 한다. 신약의 구속사적 해석을 위해 주님의 부활과 오순절 성령강림, 그리고 돌 성전 파괴라는 선이 굵은 계시 전환적 사건들을 기점으로 하는 구원의 발전에 주목해야 한다. 그리고 구속사적 해석을 위해서 예수님의 성육신과 돌 성전의 파괴 사이의 구약과 신약의 중첩기의 특수성도 고려해야 한다. 그리고 본문에 대한 1차 독자의 반응을 찾은 후, 1차 독자와 현대 독자 사이의 상황적 유비를 통해서 올바른 적용에 도달해야 한다.

2. 설교의 중심인물은 누구인가?

기독교의 성경해석과 설교와 교리는 하나님의 자기계시(自己啓示)에 정초(定礎)한다. 초월적인 하나님은 동시에 인격적으로 인간 역사에 내재하셔서 일하시고 말씀하신다. 이런 하나님의 존재와 화행(話行)을 알리는 그분의 자기계시를 믿는 이들은 교회 곧 계시 공동체다. 이 이유로 성경의 주요 기능은 역사나 신학을 알리는데 있지 않고, 하나님의 구원 행위를 알리는 것이다. 그런데 구원 사건은 하나님이 영감시켜 기록해 주신 해석된 말씀(해설)과 더불어 나타난다. 따라서 해석된 말씀과 분리된 구원 사건은 피상적이고, 구원 사건과 분리되어 해석된 말씀은 모호할 수밖에 없다.[22]

성경 전체는 물론 창세기의 서론격인 창세기 1-3장에서부

---

22 이 단락은 I. E. Amaya, "The Bible and God's Revelation in History," *JETS* 14 (1971, 2), 65-70에서 요약함.

터 이미 종말(終末)에 성육하실 예수 그리스도는 창조주(창 1:1; 요 1:1-3), 보존과 통치하시는 섭리자(창 1:28; 마 28:18), 타락한 세상의 구원자(창 3:15; 마 1:21),[23] 그리고 심판자(창 3:22; 마 25:33)로 예표(豫表)된다.[24] 이 사실은 시초론(始初論, protology)이 후대 종말론(eschatology)의 청사진일 뿐 아니라, 이 둘은 처음과 마지막이신(계 2:8) 예수님 안에서 통합된다는 진리를 보여 준다.

이러한 구원론과 기독론적 메시지를 제쳐두고, 설교자가 손쉽게 본문에서 윤리와 도덕을 강조하려면 성경의 등장인물을 긍정적 혹은 부정적 모델로 제시하면 된다. 거기에 감동적인 예화 몇 개를 양념으로 곁들이면 현대인의 인스턴트 입맛에 맞는 산뜻한 에세이가 완성된다. 그 결과 회중은 남에게 피해를 끼치지 않는 교양인의 삶이 무엇인지 듣는다. 이런 적용이 강한 에세이 같은 설교는 현실적으로 적용하기 쉬운 성육신한 실존적 메시지로 들리기도 하는데, 그것은 이해하기 난해하고 적용이 약해보이는 구

---

23 카버넌트신학교의 브라이언 채플(Bryan Chapell)을 따라, 구약에서 오실 메시아를 직접적으로 명시하지 않는 본문의 경우 점진적인 구속사적 문맥을 고려하여 그리스도 중심적 해석을 시도해야 하며, 무엇보다 본문에서 인간의 타락을 찾아야 구속사적 해석이 가능하다고 보는 경우는 김진규, "구약의 그리스도 중심적 설교 방법론 연구," 83-84; B. Chapell, 『그리스도 중심 설교 이렇게 하라』(안정임 역, 서울: CUP, 2015)를 참고하라. 하지만 김진규는 신약의 완성된 계시의 관점에서 구약을 해석해야 한다고 그리스도 완결적 해석의 유용성을 논문의 서론에서 선언했지만(p. 64), 논문의 본론과 결론에서 그것을 전혀 논하지 않는다. 그는 칼빈신학교의 시드니 그레이다누스(Sidney Greidanus)의 구약에서 그리스도를 찾는 방법들에 채플의 견해를 덧붙인다.

24 김정민, "예수 그리스도 중심의 구속: 창세기 1-3장을 중심으로," 『종교문화학보』 5 (2009), 119-51.

속사적 메시지보다 더 선호된다.[25] 이런 현상에서 본문의 구속사적 의도를 무시하거나, 사람을 조연(助演)으로 사용하신 주인공이신 하나님은 사라지거나, 구원의 하나님에게 보인 사람의 반응은 생략되거나, 인간중심의 도덕화와 모범화, 더 나아가 사람의 우상화가 도사릴 수 있다.[26]

성경은 예수 그리스도와 그분의 몸인 교회에 관한 메시지이다.[27] 하지만 그 이상이다.[28] 마태복음 1:1 (그리고 1:17)이 밝히듯이, 예수님의 출생으로써 다윗과 아브라함으로 대표되는 이스라엘 구원 역사는 재연 및 절정에 도달했으며,[29] 그분의 구원 사역으

---

25 고재수(N. H. Gootjes)가 1980년대 고신대 신대원에서 행한 설교를 모은 『구속사적 설교의 실제』(서울: CLC, 1991)에 대해 문상기는 빈약한 적용이 문제라고 비판한다. "구속사적 설교 이해: 본문의 해석과 적용 문제." 306. 고재수의 설교에 나타난 문법-역사적 주해, 적용, 그리고 근접 문맥의 문제점을 총신대 김지찬이 지적했으며, 이에 대해 유해무는 반론을 내놓은 바 있다. http://blog.daum.net/vorgott/16957436. 모든 본문을 예수님과 연결시키려는 강박관념과 천편일률적인 주해의 결론을 경계하고, 구속사적 메시지가 성경의 1차 독자와 현대 독자에게 어떻게 다가갈지를 살필 때 적용은 제대로 살아난다.

26 참고. 신득일, 『구속사와 구약주석』, 37; 정창균, "구속사와 성경인물설교," 『헤르메네이아 투데이』 42 (2008), 24, 31.

27 V. S. Poythress, *God Centered Biblical Interpretation* (Phillipsburg: P&R, 1999), 58-60; P. J. Leithart, *Deep Exegesis: The Mystery of Reading Scripture* (Waco: Baylor University Press, 2009), 173. 참고로 '바울의 새 관점'(NPP)에 호의적인 교의학자 Leithart는 본문에 나타난 음악적 뉘앙스와 구조, 간본문적, 모형론적, 그리고 더 깊은 영적 의미(*sensus plenior*)를 찾는데 관심이 크다.

28 승천하신 예수님의 통치 범위는 교회의 그것보다 더 넓은데 모든 창조영역에 미친다. O. Cullmann, 『신약의 기독론』(김근수 역, 서울: 도서출판 나단, 1991), 348-49.

29 Goldsworthy, 『그리스도 중심 성경신학』, 24. 참고로 마 1:18에 근거

로써 인간 역사는[30] 정점(頂點)에 도달하여 온 세상이 재창조를 경험한다.[31] 예수님은 구약 그림자에 대한 실체이시므로, 승천하신 예수님이 교회에게 주신 종말의 은사(恩賜)인 성령으로 충만한 실체(참)의 예배를 드려야 한다(요 4:24).[32] 그렇다면 예배의 주요 순서인 설교에서 모형론을 적절히 활용되어야 한다. 성경의 영감성과 역사성을 부정하는 역사비평이나 이데올로기적 해석과 같은 정통에서 이탈한 해석학으로부터의 구원(hermeneutical salvation)

한 구속사에 의하면, 예수님은 그 남은 분, 열방에 구원을 가져다주시는 참 이스라엘(마 2:11; 28:19), 새 다윗(마 1:1; 15:22), 그리고 새 성전이시다(요 2:19-22). 그리고 예수님은 새 출애굽(눅 9:31)과 죄 사함을 주신 분이다(골 1:14). A. R. Petterson, "The Book of Malachi in Biblical-Theological Context," *SBJT* 20 (2016, 3), 20.

30 주인공이신 구주 하나님의 어떠하심과 그것에 대한 사람들의 반응을 골자(骨子)로 하는 구속사적 인물 설교를 위한 지침은 다음과 같다: (1) 인물을 사용하신 하나님의 구원 계시를 찾음. (2) 사람의 언행이나 성품을 모범화하지 말고, 그것들이 하나님의 성품과 구원 계획과 어떻게 맞물려 있는가를 살핌. (3) 어떤 인물에 대한 내용이 길 경우, 몇 단락으로 나눠서 특정한 하나의 구원메시지를 흥미진진한 내러티브 방식으로 설명함. (4) 신약에 짧게 언급된 구약 인물의 경우 혹은 구약을 인용한 신약의 설명에 차이가 나는 경우, 관련 구약의 내용을 신약의 새로운 문맥과 강조점에 맞추어 설명함. 정창균, "구속사와 성경인물설교," 32-37에서 요약함.

31 강선남, "하느님 구원 사건의 정점인 예수의 족보와 다섯 여자(마태 1,1-17)," 『신학전망』 197 (2017), 27, 31. 구속사적 해석이 잘못된 전제나 방법론과 결부된 경우가 적지 않기에 주의를 요한다. 예를 들어, 그리스도의 새 창조 사역을 설명하기 위해서 P문서설, 종교사학파, 그리고 비신화 개념을 끌어들이는 경우는 다음을 문장을 보라: "창세기 1장의 창조 이야기는 족장 이야기와 탈출 사건, 그리고 시나이에서의 계약과 약속의 땅 정착에 이르기까지 구원의 역사를 알고 있는 사제(司祭)계 학파가 에누마 엘리쉬(Enuma elish)와 같은 고대 근동의 창조설화들을 비신화화하면서 창조를 구원의 관점에서 서술한 이야기이다." 백운철, "창조와 새 창조: 생태신학적 그리스도론의 시도," *Catholic Theology and Thought* 69 (2012), 44.

32 Vos, 『성경신학』, 394.

도 하나님의 은혜로만 가능하다.[33]

3. 역사 속에 발생한 영단번의 그리스도 사건: 불트만을 비판하며[34]

　　신약 학자들로부터 '20세기 신약학의 슈퍼스타'처럼 추앙받기
도 했던 루돌프 불트만(R. K. Bultmann, 1884-1976)은 신약 성경이
전제로 삼은 세계관은 초자연적 힘에 의해서 움직이는 하늘과 땅,
그리고 지옥, 이 3층으로 구성되었다고 본다.[35] 이러한 전(前) 과
학적이며 신화적 세계관은 영지주의문헌이나 유대묵시문헌에도
나타난다. 불트만에게 신화는 비세상적이고 초월적 사물을 세상
적이고 객관적인 것으로 만든다. 그런데 신화의 목적은 이 세상
안에서 인간 자신에 대한 자기 인식의 표현이므로, 신화는 우주

---

33 Poythress, *God Centered Biblical Interpretation*, 222. 참고로 오스카
쿨만(O. Cullmann, 1902-1999)은 시간의 중심이자 바로 그 남은 분이신
예수 그리스도께서 '이미 그러나 아직 아니'라는 종말론적 구원을 이루셨
다는 통찰력을 제공했다. 하지만 쿨만은 양식비평을 수용했으며, 에큐메
니칼 운동에 열성적이었다. O. Cullmann, 『그리스도와 시간』(김근수 역,
서울: 도서출판 나단, 1993), 167, 194; 김광식, "구속사 신학자 오스카 쿨
만," 『기독교사상』 20 (1976, 1), 75-82; Scobie, *The Ways of Our God: An
Approach to Biblical Theology*, 348-50. 덧붙여 차일즈(B. S. Childs)의
성경신학적 기여가 그의 역사비평의 수용으로 인해 퇴색되었다는 평가는
Goldsworthy, 『그리스도 중심 성경신학』, 38을 보라.

34 이 단락(3)은 영남신학대 김동건의 다음 논문을 요약하고 비평한 것임:
"불트만의 비신화론과 구원의 의미," 『신학과 목회』 24 (2005), 109-136.

35 하지만 세상은 창조와 구원과 섭리를 시행하시는 하나님께서 창조하신
피조물이며, 구원과 심판의 대상이다. 김영한, "불트만의 실존론적 해석학:
착상에 대한 비판적 고찰," 『신학정론』 (1984, 2), 328-29.

론적으로 해석하지 말고 인간 실존적으로 이해해야 한다. 불트만이 시도한 '비신화화'(demythologizing)의 목적은 성경을 이성적으로 손질하여 현대인이 잘 수용하도록 만드는 데 있지 않고, 이런 신화적 세계관이라는 잘못된 걸림돌을 제거하고 참 걸림돌인 하나님의 말씀이 드러나게 함으로써 현대 성도가 실존적으로 순종하는 올바른 자신의 모습을 찾고 결단하도록 돕는 데 있다.[36]

불트만에게 역사적 자료인 성경의 과거 사건을 해석가의 주관성에 따라 시간과 공간 안에 재구성하려는 시도는 실존적인 의의를 줄 수 없다. 대신 현대 해석가가 자기 이해라는 배우려는 자세로 성경을 해석한다면, 성경에 나타난 과거의 역사적 상황을 해석자가 대면함으로써, 인간 삶의 가능성을 찾고 능력을 발전시킬 수 있다.

불트만에게 사람이 객관화시킨 신은 참 신이 아니라 우상이다. 그리고 객관화된 말씀은 하나님의 말씀이 아니라 종교적 언어일 뿐이다. 따라서 성경과 하나님을 참으로 이해하려면 실존적으로 해석해야 한다. 왜냐하면 역사적 현상을 과거 역사로만 이해하거나 신을 주체-객체 패턴으로 이해한다면 인간의 실존과 무관

36 R. K. Bultmann, *Jesus Christ and Mythology* (New York: Charles Scribner's Sons, 1958). 참고로 AD 1세기 유대교의 율법과 칭의 개념을 종교개혁자들의 전통적 입장에 서서 비판했던 불트만은 바울 신학을 인간론 즉, 인간의 실존 이해로 파악했다. 하지만 예수님께서 인간 실존을 위해 이루신 구원이 바울신학의 중심이어야 하며, 불트만이 복음을 받아들인 사람(즉, 하이데거의 '본래적 인간'에 상응하는 '신앙적 인간')의 변화된 실존을 지나치게 강조하다 보니 하나님의 사역이 간과되어 버렸다는 비평은 문병구, "불트만의 바울 연구와 샌더스의 새 관점," 『신약논단』 22 (2015, 4), 1073-1076을 보라.

하게 되기 때문이다. 인간은 (신앙이나 성령님의 조명이 아니라) 하나님에 대한 전(前) 이해와 삶의 관련성(life-relation)이라는 해석학적 착상(着想)을 가지고 실존적 질문을 제기함으로써 신을 해석한다.[37] 그런데 실존철학은 타락이 인간의 인격 핵심에는 영향을 미치지 않아서 자력 구원이 가능하다고 본다. 하지만 신약의 케리그마는 타락한 인간은 예수 그리스도가 없이 구원을 얻을 수 없다고 가르친다. 따라서 죄는 일시적인 실패가 아니라 타락한 인간 존재의 표현이다. 타락한 인간은 삶을 추구할 때 자신이 조정할 수 있는 세상에서 의미를 찾으려고 하지, 하나님에게서 찾으려 하지 않는다. 즉, 세상 속에서 눈에 보이는 안정과 실체를 추구하거나 스스로 구원에 이르려고 하는 것은 타락의 표시이다. 인간 실존의 진정성은 생명을 주신 하나님께 순종하는 것이며, 참 신앙은 하나님 안에서 안정을 찾는 것이다.

불트만에게 죄 사함은 구원인데, 그것은 예수님의 십자가와 부활로 주어진 선물이다. 그런데 불트만은 예수님이 육체적으로 3일 만에 부활하신 사건을 부정하며, 빈 무덤과 부활 후 예수님의 현현은 역사성이 없는 전승(傳承)이라고 간주한다. 그런데 예수님의 부활은 객관적인 역사적 사실도 아니며, 그렇다고 신화론적 선포도 아니다. 오히려 십자가와 부활은 신앙의 문제다. 초대교회

---

37 불트만의 이 주장에 대한 비판은 김영한, "불트만의 실존론적 해석학: 착상에 대한 비판적 고찰," 317을 참고하라. 불트만의 이 주장은 현대의 독자반응비평을 연상시키며, 해석가(독자)의 선이해와 전제는 적절히 통제되어야 한다.

는 예수님의 십자가 처형이라는 걸림돌을 부활 신앙으로 극복했기에, 주님의 부활은 초대교회의 신앙 고백이다(참고. 양식비평의 공동체의 신앙고백). 불트만은 십자가의 구원의 능력이 실존적으로 경험되어질 때에 예수님의 십자가가 되어진다고 본다. 환언하면, 예수님의 십자가는 과거 역사적 사건에서 비롯된 영원한 사건이지만, 오직 선포(케리그마) 속에서만 십자가에 달리시고 부활하신 분을 우리는 실존적으로 만난다. 즉, 케리그마의 그리스도와 케리그마의 십자가와 부활은 우리의 결단을 통해서 실존적으로 만날 수 있다. 이처럼 복음에 표현된 세계관은 전(前) 근대적 신화이므로 제거하기보다 재해석하여 실존적 메시지가 되도록 해야 한다.

불트만의 주장을 평가해 보면, 그는 '역사적 예수님'과 '선포된 케리그마의 그리스도'를 불연속적으로 분리시킨다.[38] 왜냐하면 초자연적이고 신비로운 역사적 사건인 예수님의 부활을 초대교회의 신앙고백이나 전승으로 간주했기 때문이다(참고. 아타나시우스: "부활을 부정하면 적그리스도의 맏아들"). 결국 인간 실존에 입각한 신 이해를 논한 불트만의 논리대로라면, 신약의 구원도 신화적으로 서술되었다. 그리고 불트만은 복음의 실존적 메시지를 개인의 내면에 제한하여 공동체나 사회적 함의를 약화시킨다. 무엇보다 불트만은 역사적 예수님의 역사성을 부정하기에, 역사적 예수님께서 주신 구원은 왜곡될 수밖에 없다.

불트만에게 예수님의 성육신, 죽으심, 부활, 재림은 초대교

---

38 김영한, "불트만의 실존론적 해석학: 착상에 대한 비판적 고찰," 332.

회의 신화적 진술(케리그마)인데, 그는 신화를 제거하는 대신 그 안에 담긴 종말론적이고 역사적이며(geschichtlich. 비교. '사실적인'[historisch]) 실존적 의미를 찾으려 했다. 불트만에게 있어 '종말'은 실존론적 결단을 요구하는 현재라는 의미인데, 설교(케리그마)를 통해 신약의 신화적 표상은 벗겨지고 구원은 종말론적 사건으로 현재화된다. 하지만 역사성이 배제된 채 '그리스도 사건'을 선포한다고 해서, 신화론적 표상이 벗겨져 나가거나 현재적 구원과 결단을 성도에게 주는 것은 아니다.[39] 그리스도 사건은 역사 속에 일어난 영단번의 구원 사건으로써 영원한 효력이 있음을 기억해야 한다.

성경의 영감성을 믿는 전제 위에 예수님을 중심으로 펼쳐지는 구속사적 해석은 성경의 다양한 주제를 통합할 뿐 아니라, 교회로 하여금 성경에 나타난 삼위 하나님의 역동적이고[40] 통전적 구

---

39 김영한, "불트만의 실존론적 해석학: 착상에 대한 비판적 고찰," 312-13, 320-27. 하지만 김동건은 불트만이 역사적 예수님과 역사적 예수님의 의의를 부정하거나 약화시키지 않았다고 긍정적으로 평가한다.

40 예수님의 초림과 재림 사이의 하나님의 경륜의 성격은 '혁명적이고 폭발적'이라고 부른다. 혈통적인 유대인을 초월하여 그리스도의 구속 경륜

원을 발견하도록 한다.[41] 이런 해석은 결국 바울서신에서 종종 볼 수 있듯이 송영으로 이어진다(엡 1장 참조). 하나님께서 '시작된 마지막 때의 새 창조'라는 종말론적 구원을 교회에게 주신 목적은 성도가 주님을 경배하기 위해서다: "삼위 하나님의 영광을 위해 예수님의 삶, 고난, 죄인들을 위한 죽음, 그리고 성령에 의한 부활로 종말론적 '이미 그러나 아직 아니'의 새 창조적 하나님 나라의 성취가 시작되었는데, 이 하나님의 나라는 은혜와 믿음으로 주어지며, 그 결과 신자에게 이 천국을 확장하기 위해 세계적 사명을 주시고, 불신자들을 심판하신다."[42] "(1980년 신[新] 설교학

이 성취되기 때문이다. 송제근, 『아주 오래된 날마다 새로운 구약성경 이야기』, 35, 60-62.

41 "구원은 상호작용적(perichoretic) 관계를 통한 천국의 우주적 영역은 물론 언약 관계를 통한 하나님의 통치를 포함하는데, 구원은 천국에서 하나님의 백성의 시민권도 포함한다. 따라서 구원은 모든 것을 포섭하는 우주적 범위를 가지지만, 그것은 교회적 특성에 의해 특징지어진다. 그러므로 천국 메시지의 중심은 선교의 교회적 특징에 정초한 구원의 통전적 이해이다." 김은홍, "An Understanding of Holistic Salvation from the Kingdom Perspective," 『장신논단』 49 (2017, 3), 341.

42 Beale, 『신약성경신학』, 966. 실제로 Beale은 자신의 『신약성경신학』을 "하나님께 영광을 돌리자"로 마감한다. 예수님 중심의 성경 읽기는 성도의 사명과 교회의 절기에 긍정적 영향을 미친다. 신약 성경 중에 누가복음과 사도행전은 예수님의 승천과 오순절의 성령강림을 가장 분명하게 언급한다(눅 24:51; 행 1:10-11; 2:1-3). 로마제국의 고위 관료였던 데오빌로는 황제가 아니라 승천하신 예수님이 참 왕이심과 온 세상이 승리하신 주님의 통치 하에 있음을 확신하게 된다(참고. 사 45:23; 요 8:28; 딤전 3:16; 벧전 3:22). 같은 맥락에서 바울은 승천하신 예수님께서 성령을 선물로 주셔서 만물을 충만케 하심을 선언한다(엡 4:7-11). 교회의 직분은 만물을 자신의 통치로 충만케 하시는 예수님의 계획을 그분의 재림 때까지 이루기 위해 존재한다(엡 4:12; 행 1:11; 살전 4:16-17). 그렇다면 교회는 어떻게 이 일에 수종들 수 있는가? (1) 사랑받는 성령의 사람임을 알아야 한다. 성도는 약속의 성령으로 인침을 받아 자신이 성령에게 속함을 믿고, 구주 예수

의 등장과 함께) 어떻게 청중에게 들리게 할까?"를 진중하게 고려해야 하지만, "무엇을 듣도록 할까?"를 우선적으로 염두에 두어야 하는[43] 설교자는 '그리스도 사건' 덕분에 성도가 가지고 있

님을 믿어 마음에 부어진 큰 사랑을 받고 있음을 안다(롬 5:5; 고전 12:3; 엡 1:13). (2) 새 언약의 갱신으로 열매를 맺어야 한다. 출애굽 후 약 50일 만에 시내산에서 언약을 체결했듯이(출 19:1), 유대인들에게 오순절은 언약 갱신의 절기였다(희년서 1:1). 실제로 오순절 성령의 임하심은 시내산 언약 때 특이한 현상을 연상시킨다: 불(출 19:1; 행 2:3), 소리(출 19:6; 행 2:2, 6). 무엇보다 교회는 주일 예배 때마다 성령의 충만함과 하나님의 현존의 실체를 누림으로써 언약을 갱해야 한다. 그리고 성도는 주중에 사회 속에서 갱신된 새 언약을 강화시키는 삶으로써 복음을 매력적으로 장식해야 한다(딛 2:10). 추수를 기념했던 오순절에 걸맞게 성령님이 베드로의 설교를 통해 즉각 첫 열매를 추수하셨듯이(행 2:41), 영적 추수는 계속 되어야 한다. (3) 시민력(civil calendar)보다는 하나님 중심의 교회력을 정립해야 한다. 예수님의 승천과 오순절 성령 강림, 그리고 초대교회의 출범과 복음의 확장은 삼위 하나님의 협동 사역이다. 성령강림주일 다음 주일에 삼위일체주일을 지키는 이유가 여기 있다. 따라서 예수님 중심의 교회력의 전반기 축(築)은 고난주간-부활주일-승천일-성령강림주일을 거쳐 삼위일체주일(정교회는 '모든 성인의 주일')로 정점(頂點)에 이르러 마무리된다. 참고. J. A. Fitzmyer, "The Ascension of Christ and Pentecost," *Theological Studies* 45 (1984), 428-40.

43 문상기, "구속사적 설교 이해: 본문의 해석과 적용 문제,"『복음과 실천』 46 (2010, 1), 293, 295. 참고로 정창균을 인용하면서 문상기는 종교개혁 시기 예수님 중심의 성경 연구의 산물이라 할 수 있는 구속사적 설교는 하나의 설교 방식이 아니라 설교의 근본 원리라고 본다. 문상기의 다음 결론은 주의를 요청한다: "구속사적 설교나 모범설교의 논쟁은 무익하다. 중요한 것은 성서를 예수 그리스도를 통한 구속의 관점에서 바라보고, 구속의 목적을 가지되, 주어진 본문의 컨텍스트를 고려하여 본문의 일차적인 의미를 충실히 고려하는 것이다. 성서는 궁극적으로는 예수 그리스도의 구속을 증거하지만 하나님의 백성들의 삶을 위한 가르침과 교훈 또한 배제하지 않는다. 그렇다고 한다면 설교는 이 두 가지 관점에서 적용점을 가져야 한다." 문상기, "구속사적 설교 이해: 본문의 해석과 적용 문제," 315. 하지만 구속사적 설교와 모범적 설교의 논쟁은 여전히 중요한데, 기독론-하나님 나라의 백성-성령님의 능력에서 도출된 차별화된 기독교 윤리와 적용이 바람직하다. 성령님이 내주하시는 성도는 성경 인물이 아니라 주 예수님과 신비롭게 연결되어서 그분을 닮아가기 때문이다.

는 '종말론적 부활 능력'을 분명히 전해야 한다.[44]

구약학과 신약학이 분리된 현재의 교과과정은 예수님 중심의 성경신학을 약화시킨다.[45] 구약학과 신약학을 아우르는 성경신학을 넘어 설교학까지 아우르는 교과과정이 필요하다.[46] 보스(Vos)의 전통적인 성경신학의 유산을 간직하면서도 현대의 발전된 해석 방법론을 동원한 구속사적 해석의 풍성함을 추구한다면, 인간 역사 속에서 지금도 만사를 주관하시는 하나님의 손길을 발견하

---

44 C. Bouwman, 『벨직신앙고백해설』 (손정원 역, 부산: 도서출판 신언, 2007), 69; Beale, 『신약성경신학』, 318, 970.

45 Goldsworthy, 『그리스도 중심 성경신학』, 35. 참고로 한국성경신학회 홈페이지에서 성경신학 논문을 열람할 수 있다: www.kbts.kr.

46 창세기의 75%, 출애굽기의 50%, 민수기의 25%는 계시 역사를 다루는데, 모세오경의 계시사는 F. N. Lion-Cachet, *The Good Books of the Old Testament: Canonics of the Pentateuch* (Potchefstroom: Faculty of Theology, nd), 24 이하를 보라. 참고로 남아공 노스-웨스트대학교의 M. Div 과정의 성경과목은 성경의 장르별 서론과 그 장르의 계시역사(openbarings-geskiedenis)를 한 쌍으로 가르쳤다. 노스-웨스트대학교의 구약 계시사 과목의 교과서 중 하나는 J. L. Helberg, *Openbaringsgeskiedenis van die Ou Testament: Volume 1-2* (Potchefstroom: Pro Rege, 1976)였는데, Helberg는 '하나님 나라'(die koninkryk van God)를 성경의 중심 주제로 본다. 위의 책 p. 29-40을 참조하고, 동일한 견해는 S. du Toit, *Openbaringsgeskiedenis van die Ou Testament* (Potchefstroom: Pro Rege, 1974), 48과 노스-웨스트대학교의 T. van der Walt, *Openbaringsgeskiedenis van die Nuwe Testament* (Potchefstroom: Pro Rege, 1981), 14를 보라. 화란 자유대학교의 F. W. Grosheide, *Openbaring Gods in het Nieuwe Testament* (Kampen: Kok, 1953)도 참고하라. 참고로 종합대학교 안에 위치한 신학과가 신학 분과들의 통합적 연구를 위해서 신학-종교학부로 전환될 필요는 없다. Contra D. F. Ford, "The Future of Theology at a Public University," *Verbum et Ecclesia* 38 (2017, 1), 3.

는데 유익하다.[47]

47 J. A. du Rand et als., *Hoe lees Ons die Bybel?* (Vereeniging: CUM, 2002), 150. 참고로 한국에서의 구속사적 해석의 전개 과정과 경향은 송영목, "한국장로교회 100년 회고와 전망: 4개 장로교단의 구속사적 성경해석을 중심으로,"『개혁논총』22 (2012), 33-70을 보라.

강선남. "하느님 구원 사건의 정점인 예수의 족보와 다섯 여자(마태 1, 1-17)." 『신학전망』 197 (2017): 2-38.

김광식. "구속사 신학자 오스카 쿨만." 『기독교사상』 20 (1976, 1): 75-82.

김동건. "불트만의 비신화론과 구원의 의미." 『신학과 목회』 24 (2005): 109-136.

김영한. "불트만의 실존론적 해석학: 착상에 대한 비판적 고찰." 『신학정론』 (1984, 2): 311-37.

김은홍. "An Understanding of Holistic Salvation from the Kingdom Perspective." 『장신논단』 49 (2017, 3): 317-45.

김정민. "예수 그리스도 중심의 구속: 창세기 1-3장을 중심으로." 『종교문화학보』 5 (2009): 119-51.

김진규. "구약의 그리스도 중심적 설교 방법론 연구." 『성경과 신학』 82 (2017): 63-92.

문병구. "불트만의 바울 연구와 샌더스의 새 관점." 『신약논단』 22 (2015, 4): 1047-1080.

문상기. "구속사적 설교 이해: 본문의 해석과 적용 문제." 『복음과 실천』 46 (2010, 1): 293-317.

백운철. "창조와 새 창조: 생태신학적 그리스도론의 시도," *Catholic Theology and Thought* 69 (2012): 42-84.

송영목. "한국장로교회 100년 회고와 전망: 4개 장로교단의 구속사적 성경해석을 중심으로." 『개혁논총』 22 (2012): 33-70.

송제근. 『아주 오래된 날마다 새로운 구약성경 이야기』. 군포: 도서출판 언약나라, 2017.

신득일. 『구속사와 구약주석』. 서울: CLC, 2017.

정창균. "구속사와 성경인물설교." 『헤르메네이아 투데이』 42 (2008): 22-37.

지명수. 『과학적 창조론』. 서울: 한국학술정보, 2008.

Amaya, I. E. "The Bible and God's Revelation in History." *JETS* 14 (1971, 2): 65-73.

Beale, G. K. 『신약성경신학』. 김귀탁 역. 서울: 부흥과 개혁사, 2013.

Bouwman, C. 『벨직신앙고백해설』. 손정원 역. 부산: 도서출판 신언, 2007.

Cullmann, O. 『그리스도와 시간』. 김근수 역. 서울: 도서출판 나단, 1993.

Cullmann, O. 『신약의 기독론』. 김근수 역. 서울: 도서출판 나단, 1991.

De Graaf, S. G. 『약속 그리고 구원. 제 1권』. 박원섭 역. 서울: 크리스천서적, 1996.

Du Rand, J. A. et als. *Hoe lees Ons die Bybel?* Vereeniging: CUM, 2002.

Du Toit, S. *Openbaringsgeskiedenis van die Ou Testament*. Potchefstroom: Pro Rege, 1974.

Fitzmyer, J. A. "The Ascension of Christ and Pentecost." *Theological Studies* 45 (1984): 409-440.

Ford, D. F. "The Future of Theology at a Public University." *Verbum et Ecclesia* 38 (2017, 1): 1-6.

Goldsworthy, G. 『그리스도 중심 성경신학』. 윤석인 역. 서울: 부흥과 개혁사, 2012.

Goldsworthy, G. 『복음중심 해석학』. 배종열 역. 서울: CLC, 2010.

Greidanus, S. 『구약의 그리스도, 어떻게 설교할 것인가』. 김진섭 외 역. 서울: 이레서원, 2003.

Grosheide, F. W. *Openbaring Gods in het Nieuwe Testament*. Kampen: Kok, 1953.

Helberg, J. L. *Openbaringsgeskiedenis van die Ou Testament. Volume*

1-2. Potchefstroom: Pro Rege, 1976.

Huijgen, A. "Alone Together. Sola Scriptura and the Other Solas of the Reformation." 고신대 개혁주의학술원 종교개혁기념 학술세미나 강의안. 2018년 10월 30일.

Johnson, D. E. (ed). 『모든 성경에서 그리스도를 설교하라』. 윤석인 역. 서울: 부흥과 개혁사, 2011.

Krüger, P. "Het U net Een Seën?: Vrede as Oorvloeiseën as Tema in Genesis 12-50." *In die Skriflig* 53 (2016): 1-11.

Leithart, P. J. *Deep Exegesis: The Mystery of Reading Scripture*. Waco: Baylor University Press, 2009.

Lion-Cachet, F. N. *The Good Books of the Old Testament: Canonics of the Pentateuch*. Potchefroom: Faculty of Theology, ND.

Paul, I. *Revelation*. Tyndale New Testament Commentaries. London: IVP, 2018.

Petterson, A. R. "The Book of Malachi in Biblical-Theological Context." *SBJT* 20 (2016, 3): 9-25.

Poythress, V. S. "Christocentric Preaching." *SBJT* 22 (2018, 3): 47-66.

Poythress, V. S. *God Centered Biblical Interpretation*. Phillipsburg: P&R, 1999.

Scobie, C. H. H. *The Ways of Our God: An Approach to Biblical Theology*. Grand Rapids: Eerdmans, 2003.

Schreiner, T. R. *Romans*. BECNT; Grand Rapids: Baker, 1998.

Smith, J. M. "Christotelic Eschatology in 1 Corinthians 10." *Lutheran Forum* 48 (2014, 3): 13-14.

Van der Waal, C. 『반더발 성경연구 1』. 명종남 역. 서울: 줄과 추, 1997.

Van der Walt, T. *Openbaringsgeskiedenis van die Nuwe Testament*. Potchefstroom: Pro Rege, 1981.

Van Dyk, P. J. "When Misinterpreting the Bible becomes a Habit." *HTS Teologiese Studies* 74 (2018): 1-8.

VanGemeren, W. A. 『구원계시의 발전사 I』. 안병호 외 역. 서울: 성경 읽기사, 1993.

VanGemeren, W. A. 『구원계시의 발전사 II』. 안병호 외 역. 서울: 성경 읽기사, 1994.

Vos, G. 『성경신학』. 이승구 역. 서울: 기독교문서선교회, 1985.

구속사적 구약 해석:
박종칠 교수를 중심으로

2장 구속사적 구약 해석: 박종칠 교수를 중심으로[48]

---

48 이 글은 박종칠 교수 기념문집 편집위원회, 『박종칠 교수 기념문집: 성경과 구속사적 해석』 (부산: 도서출판 카리타스, 2019), 69-91을 약간 보완했다.

성경을 계시의 발전에 따라 해석할 경우, 가장 중요한 사항은 예수 그리스도를 통하여 계시된 하나님의 은혜로운 구원과 정의로운 심판을 파악하는 것이다.[49] 그런데 그 구원과 심판 메시지는 특정한 시간과 상황 속에서 발생했지만 거기에 얽매이지 않고 영원하다.[50] 이 글은 구속사적 성경해석의 정의와 특징, 그리고 실례를

---

49 참고. 하나님의 왕적 주권(die koninklike soewereiniteit van God)을 계시사의 중심 주제로 보는 남아공 노스-웨스트대학교 구약학 교수 S. du Toit, *Openbaringsgeskiedenis van die Ou Testament* (Potchefstroom: Pro Rege, 1974), 26, 48. 참고로 하나님의 구원의 역사가 "계시사 이상의 것이다"라는 주장은 박종칠, 『구속사적 구약성경해석』 (서울: 개혁주의신행협회, 1988), 70을 보라. 하지만 계시사가 구속사보다 더 넓은 개념이다.

50 F. J. van Rensburg (ed), *Conceiving a Sermon: From Exegesis to Delivery* (Potchefstroom: Potchefstroom Theological Publications, 2015), 206. 구속사적 해석을 포함하는 명사 '성경신학'(biblische theologie)은 1607년에 W. J. Christmann이 처음 사용했다. 20세기 후반에 성경신학은 문학 장르, 화행론, 간본문성에 대한 새로운 이해를 통해, 그리고 더 넓게는 신약의 구약 사용 연구를 통해서 풍요로워졌다. 최근에 한편으로는 다양한 전통과 해석학적 가정이 성경신학을 여전히 혼란스럽게 만들고 있다. 다른 한편으로는 창조적으로 수행된 통합적 성경신학이 성경의 다양성을 거부하지 않으면서도, 통합적 성경신학을 터무니없는 것이라고 주장하는 이들의 최소주의에 굴복하지 않고 발전 중에 있다. D. A. Carson, "Biblical Theology," in *Dictionary of Biblical Criticism and Interpretation*, ed. by

1992년까지 고신대학교 신학대학원 교회사와 구약학 교수를 역임한 박종칠 교수(b. 1941)를 중심으로 살핀다. 박종칠 교수의 구속사적 해석과 관련된 3권의 저서로 연구범위를 한정하여,[51] 개혁주의 학자들과 비교하면서 (1) 박종칠 교수의 구속사적 성경해석의 정의, (2) 구속사적 성경해석의 특징, 그리고 (3) 시편의 구속사적 해석을 차례로 연구한다.

약 70년 동안 고신교회의 구속사적 해석은 '(예장 합동교회와 비교할 때) 다소 더 세밀한 방법으로(예. 언약의 중첩, 그리스도 완결적 해석, 간본문적 해석, 그리스도 인격 중심의 종말론 등) 시도해 온 것'이라는 경향을 보여 왔다.[52] 박종칠 교수가 이런 경향에 어떻게 기여를 했는가를 살필 것이다. 또한 박종칠 교수의 구속사적 성경해석은 고신교회 '세 동방박사'(오병세, 홍반식, 이근삼 교수)의 신학에 나타난 특징 곧 "성경의 유기적 만전 영감성에 근거하여 고등비평을 반대하고, 그 당시에 유행하던 잘못된 신학 사조를 비판하며, 교회의 문

S. E. Porter (London: Routledge, 2009), 35, 39.

51 박종칠, 『구속사적 구약성경해석』; 『구속사적 성경해석』 (서울: 기독교문서선교회, 1991), 『시편의 구속사적 이해』 (서울: 도서출판 영문, 1991). 참고로 신득일 교수는 이 세 권에 대해 평가한 바 있다: "박 교수는 구속사를 구약해석 방법론으로 사용하여 세 권의 책을 저술했다. … 첫 번째 책은 구속사적 원리와 역사서에 이 방법론을 적용한 것을 보여 주고, 두 번째 책은 구속사적 개념에 대한 원숙한 이해와 함께 주로 역사서와 선지서 본문의 해석의 실례를 보여 준다. 마지막 책은 시편해석에 치중한다." 신득일, "고신신학 70년, 구약학의 회고와 전망: 주석방법론을 중심으로,"『고신신학』 18 (2016), 56.

52 송영목, "한국장로교회 100년 회고와 전망: 4개 장로교단의 구속사적 성경해석을 중심으로,"『개혁논총』 22 (2012), 60.

화적 사명을 중요하게 여기며, 장로교/개혁주의 신앙고백을 강조한 점"[53]을 어떻게 계승 발전시켰으며, 제자들과 후배들에게 남겨진 과제가 무엇인지도 결론에서 살필 것이다.

1. 개혁주의 성경해석학에서 본 박종칠 교수의 구속사적 성경 해석의 정의

남아공 개혁교회(Gereformeerde Kerke van Suid Afrika)의 노스-웨스트대학교 신약학 교수 요르단(G. J. C. Jordaan) 등에 의하면, 개혁주의 성경해석의 출발점이자 기본 전제는 영감된 하나님의 말씀의 초점과 방향(scopus)이 하나님 자신과 그분의 구원 사역의 방법, 그리고 그분께서 영광을 받으시는 방법에 대한 계시이므로,[54] 해석자는 성경해석 전체 과정에 원저자이신 성령님을 의존하는 것이다.[55] 이를 위해, 해석자는 무엇보다 본문의 문맥과 사회역사적 배경과 더불어 계시사적 위치를 잘 파악해야 한다.[56]

---

53 송영목, "세 동방박사의 대화,"『고신신학』 18 (2016), 31.

54 Van Rensburg (ed), *Conceiving a Sermon*, 14.

55 J. C. Coetzee, B. J. de Klerk and L. Floor, "Die Hermeneuse van die Skrif met die Oog op Hedendaagse Kerklik-Etiese Vraagstrukke," *In die Skriflig* 14/54 (1980), 32-33; G. J. C. Jordaan, F. J. van Rensburg and D. G. Breed, "Hermeneutiese Vertrekpunte vir Gereformeerde Eksegese," *In die Skriflig* 45/2-3 (2011), 228, 231.

56 Jordaan, Van Rensburg and Breed, "Hermeneutiese Vertrekpunte vir Gereformeerde Eksegese," 255.

노스-웨스트대학교 교회사 교수 다손빌(V. E. d'Assonville)은 성경의 계시역사(openbaringsgeskiedenis)에 나타난 몇 가지 특징을 설명하면서, 계시사와 그리스도 중심의 구속사와의 관련성도 주목한다. 첫째, 계시사는 하나님께서 자신을 더 분명하고 충만하게 성경을 통해 드러내신 역사를 탐구한다. 둘째, 계시사적 해석은 역사 속에 하나님의 계시를 탐구하므로 신학적 작업이다. 셋째, 하나님의 계시는 사람의 언어와 삶 속에 드러나므로 인간학적 특징을 가진다. 넷째, 계시사는 유일한 구주 예수님께서 은혜로 사람을 구원하신 구속사(verlossingsgeskiedenis)이므로, 예수님께서 역사의 중심이시다. 다섯째, 하나님의 계시이므로 계시사는 서로 동떨어진 파편들의 모음이 아니라 통일성을 가진다.[57] 그런데 예수님 중심의 통일된 구원계시를 해석하기 위해서 해석가의 주관, 전제(前提), 세계관은 성경에 의해 통제되어야 한다. 노스-웨스트대학교 개혁주의학문연구소(IRS)의 소장을 역임한 판 덜 발트(B. J. van der Walt)에 따르면, 개혁주의 성경 주석가는 자신의 전제나 세계관이 성경에 합치된 개방성과 적실성을 갖춘 것인지 점검한 후, 다차원적 특성을 가진 성경 본문을 문법-역사적 해석과 현대의 해석 방법론을 결합시켜서 본문의 빛이 새로운 힘과 명료성과 더불어 더욱 드러나도록 해야 한다.[58] 문법-역사적 해석의 한 요소

---

57 V. E. d'Assonville, "Openbaringsgeskiedenis, Kerkgeskiedenis, Wéreldgeskiedenis," *Koers* 53/3 (1988), 462-63.

58 B. J. van der Walt, "Probleme rondom die Verklaring van die Bybel in die Gereformeerde Teologie: 'N Christelik-Filosofiese Besinning," *In die Skriflig* 43/1 (2009), 23-27.

인 사회-역사적 문맥 연구는 꼭 필요한 작업이지만, 해석자가 역사적 상황을 주관적으로 재구축할 수 있기에 본문의 의미를 파악할 때 결정적 방법이라고 보기 어렵다.[59] 그러므로 본문의 사회-역사적 연구는 문맥, 장르, 정경적 특성, 어휘와 의미 분석, 그리고 계시역사적 해석과 조화를 이루어야 하지만, 한 가지 요소가 과도히 강조되어서는 안 된다.

노스-웨스트대학교의 넬(M. Nel)은 구원계시사적 해석을 하려면 5가지 질문이 필요하다고 본다: "(1) 주해하는 단락에서 가장 중요한 계시사적 주제는 무엇인가? (2) 범위를 좁혀, 간본문은 주해하는 단락이 강조하는 특정한 주제에 어떤 빛을 비추는가? (3) 범위를 넓혀, 주해하는 단락의 특정 주제를 성경 전체에서 어떻게 이해할 수 있는가? (4) 성경 전체로부터 그 특정 주제에 대한 계시를 어떻게 요약할 수 있는가? (5) 그 단락의 계시사적 의의는 무엇인가? 환언하면, 그 단락은 특정 주제에 관한 하나님의 계시를 이해하는데 어떻게 기여하는가?"[60] 이 5가지 질문을 염두에 두고, 넬은 구약의 그리스도 중심적 해석을 넘어, 삼위 하나님 중심

---

59 H. Goede, "The Role of Socio-Historical Context in Reformed Exegesis: Indispensable yet not Determinative," in *Reformed Theology Today: Biblical and Systematic-Theological Perspectives*, ed. by F. J. van Rensburg (Durbanville: AOSIS, 2017), 23-24.

60 Van Rensburg (ed), *Conceiving a Sermon*, 201. 참고로 본문의 구속사적 문맥을 파악하면, 그 본문과 다른 본문의 간본문적 관련성을 인지할 수 있다. H. S. W. Strauss and F. W. de Wet, "Hermeneutiese Uitdagings aan Christosentriese Prediking vanuit Ou-Testamentiese Narratiewe," *In die Skriflig* 48/2 (2014), 6.

의 구속사적 해석을 다음과 같이 설명한다. "구약에서 자기 백성의 구원과 심판을 위해 말씀하시고 찾아가시는 하나님, 곧 주님 자신과 말씀은 결국 예수 그리스도 안에서 통합된다. 그러므로 구약의 주요 구원계시사적 사건들은 특별히 예수님의 죽음과 부활, 성령의 오심, 그리고 예수님의 재림의 빛에서 이해해야 한다. 따라서 구약의 구속사적 주해를 할 때, 아버지 하나님께서 아들 예수님 안에서 행하신 사역이 그분의 백성에게 어떤 결과를 초래했는가를 살펴야 한다. 그리고 구약의 구속사적 해석은 성부께서 성령님을 통하여 이루신 사역도 밝히는데, 그것은 생명을 주시는 하나님의 영께서 예수님의 부활과 승천에 근거하여 성도의 삶에 중생과 회개를 일으키시는 방식으로 파악하는 것이다. 요약하면, 죄인과 타락한 세상의 죄와 비참에도 불구하고 생명과 소망과 기쁨을 주시는 삼위 하나님의 사역이 구속사적 해석에서 드러나야 한다."[61] 이상의 논의와 같은 맥락에서, 신득일 교수는 해석자가 성경 저자가 가진 믿음을 이해할 때 본문의 정확한 의미를 파악할 수 있다고 보면서, 구약성경과 여러 주제의 통일성은 예수 그리스도에게로 이어지는 점진적 구속사를 중심 주제로 삼을 때 잘 드러난다고 주장한다.[62] 성경신학은 성경 전체에서 성경 자체의 방식

---

61 이 단락은 Van Rensburg (ed), *Conceiving a Sermon*, 207에서 요약하여 인용함. 같은 맥락의 주장인 V. S. Poythress, "Christocentric Preaching," *The Southern Baptist Journal of Theology* 22/3 (2018), 47-66도 참고하라.

62 신득일, 『구속사와 구약 주석』 (서울: CLC, 2017), 13, 30, 참고로 구속사적 성경신학이 성경 전체의 핵심 주제들을 귀납적으로 분석함으로써, 하나님께서 역사 속에서 구원을 일관성 있게, 그리고 그리스도 사건

을 따라, 예수님 안에서 절정에 도달하는 유기적이며 통합적이고 구속사적인 연관성을 파악한다.[63]

이상의 구원계시사에 대한 개혁주의 논의를 염두에 두고, 박종칠 교수가 어떻게 구속사적 해석을 이해하는지 살필 차례이다. 먼저 박종칠 교수는 구약 성경을 "그리스도를 지향하는 성경 부분으로써 오실 것으로 선포된 그리스도 안에 있는 하나님의 계시를 성문화한 것이다"라고 정의한다.[64] 그리고 그는 구약의 구속사적 해석의 정당성을 다음과 같이 밝힌다: "구약은 모범적 요소가 하나의 집합체를 이루어서 우리에게 교훈을 주는 도덕 모범서가 아니라, 하나님의 구원 전개에서 나타나는 전진하는 역사를 우리에게 알려 주는 것이다. … 그러나 이러한 구원사의 통일성과 진전이 있다 할지라도 동시에 (성경 시대와 현대 독자 사이에 [역자주]) 불연속성이 있는 것이다."[65] 박종칠 교수는 모범이 구원계시보다 앞설 수 없지만 구속사에서 모범은 중요하다고 보면서, 그 모범을 구약의 신정국가에 살고 있지 않은 현대 크리스천에게 적용할 경우 주의를 기울여야 함을 주지한다.[66]

을 절정으로 삼아 발전시키는 것이라는 설명은 E. W. Klink III and D. R. Lockett, 『성경신학의 5가지 유형: 이론과 실제의 비교』(*Understanding Biblical Theology: A Comparison of Theory and Practice*, 신윤수 역, 서울: 부흥과 개혁사, 2015), 87-89를 참고하라.

63 A. D. Naselli, 『신약, 어떻게 해석할 것인가』(*How to Understand and Apply the New Testament*, 송동민 역, 서울: 죠이북스, 2019), 388-97.

64 박종칠, 『구속사적 성경해석』, 10.

65 박종칠, 『구속사적 성경해석』, 36-37.

66 박종칠, 『구속사적 성경해석』, 199-200, 303.

박종칠 교수는 구속사적 해석을 '성경의 계시적 성격을 인정하면서 성경 고유의 경륜을 이해하려는 노력'이라고 간단히 정의한 후, "구속사적 성경 해석은 신구약 66권을 하나님의 구속 역사라는 관점에서 파악함으로써, 성경을 단순히 '모범'으로서가 아니라 계시사적인 조명을 통해 하나님의 구속사적 의미를 찾으려고 한다"라고 상술한다.[67] 비슷한 정의는 "삼위일체 하나님이 인간을 위해 하신 모든 신적 행동을 총체하는 개념으로, 특히 예수 그리스도의 아버지 하나님께서 성도의 공동체 생활을 하는 자기 백성에 대한 자기 계획을 실현하는 역사적 사실들의 총체를 의미한다"이다.[68] 또한 그는 "예수 그리스도의 아버지 하나님이 자기 백성과 더불어 사랑의 교제 가운데서 살려고 하시며, 또 자기 계획을 실현하려는 모든 역사적 사실들의 총체를 뜻한다"라고 정의하기도 한다.[69] 따라서 구속사적 해석은 하나님께서 인류 중에서 특히 자기 백성과 교제하시려는 구원의 계획을 역사 속에서 계시하여 펼치신 모든 행동을 밝히는 작업이다.

박종칠 교수는 하나님과 자기 백성 간의 사랑의 교제는 성경 전체의 대 주제인 '임마누엘 약속'으로 성취된다고 이해하는데, 이를 위해 그는 여러 증거 구절을 언급한다(창 3:15; 12:1-3; 출 3:12; 수 1:9; 삼상 3:19; 대하 36:23; 갈 3:3-8; 마 28:20; 계 22:20).[70] 이상의 논의

---

67 박종칠, 『구속사적 구약성경 해석』, 7.

68 박종칠, 『구속사적 구약성경해석』, 9.

69 박종칠, 『구속사적 구약성경해석』, 137.

70 박종칠, 『구속사적 성경해석』, 82, 129-38. 그런데 박종칠 교수는 성경

를 집약하면, 구속사적 해석은 구주 하나님께서 그리스도 사건을 중심으로 하여 베푸시는 임마누엘이라는 구원의 은혜를 유기적인 계시의 발전을 따라 살피는 작업이다.[71]

2. 박종칠 교수의 구속사적 성경해석의 특징

박종칠 교수의 구속사적 성경해석의 특징은 아래와 같다. 먼저, 성경의 영감성을 부인하고 성경의 중심 주제를 파악하지 못하도록 만드는 문서설이나 양식비평과 같은 고등비평을 배격한다. 왜냐하면 개혁주의 석의의 출발점은 통일성을 갖춘 성경의 영감성을 믿고 전제하는 것이기 때문이다.[72] 그런데 "오늘날 구약학자들이 비평적으로 흐르는 데는 결국 구약 전체를 통해 흐르는 맥을 잡지 못하는 데서 비롯되는 것이다. 하나님이 함께 하셔서 이루어

의 대 주제로 간주한 임마누엘 약속을 명시하는 사 7:14를 포함하여 구약의 예언들은 복합적으로 성취되지 않고, 예수님에 의해 단회적으로 성취된다고 주장하는 판 브럭흔(J. van Bruggen)의 입장에 조심스럽게 동의하는 듯하다. 따라서 이 대목에서 예언의 점진적 성취와 단회적 성취 사이에 충돌이 발생하는 것처럼 보인다. 그러나 이사야의 임마누엘 예언은 그 이전의 구약 예언에 정초하여 점진적으로 발전하는 것으로 이해하는 것이 자연스럽다. 실제로 구약의 예언 가운데 원근법을 통해서 성취된 경우가 종종 나타난다. 참고. 박종칠 교수가 번역한 J. van Bruggen, "Het Lezen van de Bijbel," 『교회문제연구』 3 (1982), 109.

71 이 대목에서 G. Vos를 인용하는 박종칠, 『구속사적 구약성경 해석』, 9, 53, 55.

72 참고. Coetzee, de Klerk and Floor, "Die Hermeneuse van die Skrif met die Oog op Hedendaagse Kerklik-Etiese Vraagstrukke," 22.

놓으시는 그 중심적 역사에 접하지 못하고 성경을 오직 수평선으로만 보니 성경에 대하여 비평적이 될 수밖에 없다."[73]

박종칠 교수는 구속사에 있어 구약 인물의 모범적 역할에 긍정적인데, 이것은 『구속사적 성경해석』의 서문에 밝힌 대로 1953년부터 캄펀신학교에서 구약학을 교수한 스킬더(H. J. Schilder, d. 1984)는 물론, 클라스 스킬더(K. Schilder, d. 1952)의 영향으로 보인다.[74] 헤르만 요하네스 스킬더는 캄펀신학교 교의학 교수 클라스 스킬더의 조카인데, 박종칠 교수는 후자도 인용한다.[75] "모범적 방법이 우리 신자들의 생활에 적용될 때, 그 사람들이나 사건의 행동에서 우리 신자 생활 활동이나 행위에 어떤 결말적인 지침을 줄 수 없다고 하는 의미는 아니다. 다만, 그 사건들이나 그 사람들의 행위가 먼저 그들 자신들의 의미에 따라 판단될 것이 아니라, 그들이 계시사 내지 구속사 진전에서 가지는 하나님의 의도에 따라 판단되어져야만 한다는 의미다."[76]

박종칠 교수가 구속사의 중심 주제를 화란의 동전에서 유추하여 '황금 테두리'(혹은 '황금 기록')라는 별명의 임마누엘로 설정한 점은 다소 독특하다.[77] 임마누엘을 믿는 성도는 자신과 동고동락하

---

73 박종칠, 『구속사적 성경해석』, 130.

74 박종칠, 『구속사적 성경해석』, 4; 『구속사적 구약성경해석』, 108.

75 박종칠, 『구속사적 성경해석』, 350-52; 『구속사적 구약성경 해석』, 12, 77-84.

76 박종칠, 『구속사적 구약성경해석』, 173.

77 박종칠, 『구속사적 성경해석』, 129-30. 참고로 모든 성경신학은 '임마누엘 곧 하나님의 인격적 현존'이라는 기본 개념에서 도출된다고 주장하는

시고 전화위복의 은혜를 베푸시는 하나님을 더욱 신뢰하며 복음을 전해야 할 사명을 받았다(마 28:18-20).[78] 비슷한 맥락에서, 노스-웨스트대학교 구약학 교수 헬베르그(J. L. Helberg)는 하나님 나라를 구약의 중심 주제로 보지만, 임마누엘이신 예수님과 연관된 '하나님과 사람 사이의 인격적 교제'를 하나님의 통치에 있어서 꼭 필요한 요소라고 본다.[79]

박종칠 교수는 창세기 3:15의 최초복음 이래로 하나님의 구원 역사는 '이미 그러나 아직 아니'라는 종말론적 긴장에 맞추어 전진하고 있음과 예수님께서 이미 이루어 놓으신 결정적인 승리에 발맞추어 헌신해야 할 크리스천의 사명을 적절히 고려한다.[80] 덧붙여 그의 방식에 있어 일방적으로 주장을 펼치는 것을 지양하고, 다양한 학자들과 비평적인 대화를 통해 귀납적으로 결론을 도출한다. 이것은 일부 개혁주의자들이 심지어 논증에서조차 일방적인 신앙고백처럼 풀어나가는 주관성을 극복한 것이다.

구속사적 해석은 창세기에서 계시록까지 조망하면서 구원의 은혜와 예수님이라는 천편일률적인 결론에 도달하는 경우가 적

J. R. Wilch, "'Immanuel' as Basic Motif of Biblical Theology," *Lutheran Theological Review* 1/2 (1989), 5-16을 보라. 콘콜디아 루터교신학교의 석의신학 교수 Wilch는 이사야서와 창세기를 중심으로 임마누엘 주제를 논의한 후, 나머지 구약과 신약 전체로 확장한다.

78 박종칠, 『구속사적 성경해석』, 139-40.

79 J. L. Helberg, *Openbaringsgeskiedenis van die Ou Testament*, Volume 1 (Potchefstroom: Pro Rege, 1976), 29, 34, 39.

80 박종칠, 『구속사적 구약성경해석』, 73, 128, 166; 『구속사적 성경해석』, 158.

지 않다. 따라서 본문에 충실하지 못하기에 추상적이며 진부하고
적용이 약하다는 비판을 받아 왔다. 그러나 구속사적 해석은 본
문에 나타난 저자의 의도를 충실히 드러냄으로 시작한다. 그 다음
예수님을 중심으로 하여 정경적 문맥도 고려해야 한다. 이런 그리
스도 중심적이며 천국에 초점을 둔 강해 설교는 각 본문에 나타난
천국의 다양한 모습을 신선한 안목으로 제공한다.[81]

3. 박종칠 교수의 구속사적 시편 해석: W. A. VanGemeren 및 The Jesus Bible과 비교하여

신득일 교수는 시편의 구속사적 해석의 당위성을 다음과 같이
설명한다. "시편은 야웨에 대한 구속받은 백성들의 반응이다. 비
록 문체는 역사적으로 기록된 것은 아니지만 기본적으로 시편은
하나님의 구속 역사에 근거해서 백성들이 하나님을 찬양하고 자
기를 구원해 달라고 외치라고 가르친다."[82]

신득일 교수와 유사한 맥락에서, 시편을 '하나님께서 자기 백
성에게 주신 말씀이자 하나님의 백성의 하나님을 향한 말'로 정
의하는 벤게메렌(W. A. VanGemeren)은 시편에 등장하는 구약 교회

---

81 D. E. Prince, "The Necessity of a Christocentric Kingdom-Focused
Model of Expository Preaching" (Ph.D. Thesis, The Southern Baptist
Theological Seminary, 2011), 83, 144-49.

82 신득일, 『구속사와 구약 주석』, 34.

와 신약 교회 사이의 유비와 발전을 다음과 같이 간파한다. "시편은 하나님께서 이스라엘에게 주신 계시와 주님을 향한 이스라엘의 믿음의 반응에 대한 횡단면이다. … 시편 안에서 우리는 2,500년보다 더 이전에 살던 우리의 신앙의 형제자매를 볼 수 있는 창문을 받는다. 시편은 과거에 하나님의 백성이 주님과 어떤 관계를 맺었는지를 우리가 경험하도록 초대한다. … 만약 예수님의 성육신 이전의 하나님의 백성이 주님을 신뢰했다면, 이런 신뢰가 21세기의 크리스천 가운데 마땅히 훨씬 더 참되게 적용되어야 한다. 시편은 우리의 경건 생활, 우리의 가정 패턴, 그리고 예수 그리스도의 교회의 교제와 증거에 대변혁을 일으킬 수 있다."[83] 이보다 진일보한 시편의 구속사적 해석은 *The Jesus Bible*에서 볼 수 있는데, 이 스터디 바이블은 시편의 부제를 '찬양 받기 합당하신 왕'이라고 명명하기에, 시편의 고등기독론적 해석을 암시한다.[84]

하나님의 백성이 공동체 생활 속에서 노래로 (기쁨, 슬픔, 의심, 신뢰, 감사, 곤란을) 표현한 책인 시편의 찬양과 탄식은 성령님의 영감에서 나온 하나님의 계시라고 이해하는[85] 박종칠 교수의 시편 해석에 나타난 특징은 아래와 같다.

(1) 본격적인 구속사적 해석을 시도하기 전에, 병행법과 같은 문학적 기교와 장치를 통해서 중심 주제가 전개되는 방식에 주목

---

83 W. A. VanGemeren, *Psalms*. The Expositor's Bible Commentary (Grand Rapids: Zondervan, 2008), 23.

84 L. Giglio (ed), *The Jesus Bible* (Grand Rapids: Zondervan, 2016), 787.

85 박종칠, 『시편의 구속사적 이해』, 149, 223.

한다.[86]

(2) 인간 저자나 독자의 상황과 문제를 무시하고, 예수 그리스도와 그분의 백성은 기도와 찬양에서 연합한다는 교부들의 이해를 거부한다.[87]

(3) 고등비평학자들 가운데 특히 헤르만 궁켈(H. Gunkel, d. 1932)의 양식비평, 그리고 지그문트 모빙켈(S. Mowinckel, d. 1965)의 종교사학파적 해석에 있어 공동체의 (의심받기 쉬운 용어인) '삶의 정황'을 찾는 작업의 한계와 문제점을 비평한다.[88] 그리고 박종칠 교수는 고대 교부들과 중세의 종교개혁자들은 물론, 현대의 학자들과 학문적 대화를 시도한다.

(4) '경건'과 같은 시편의 중요 주제를 의미론적 분석과 더불어 구속사적으로 탐구한다.[89]

(5) 다양한 하나님의 이름과 그것에서 도출된 하나님의 속성(완전성 등)과 주제(시온, 예배, 백성, 원수 등)를 구속사적으로 파악한다.[90]

(6) 시편의 구속사적 해석을 그리스도 중심적 설교로 전환할 때 주의를 기울인다. 이 때 주제가 유사한 시들을 묶어서 이해하고, 하나의 시 안에 특히 반복되는 유사한 용어들을 간본문적으로

---

86 박종칠, 『시편의 구속사적 이해』, 11-79.

87 박종칠, 『시편의 구속사적 이해』, 84.

88 박종칠, 『시편의 구속사적 이해』, 87, 89, 104, 218.

89 박종칠, 『시편의 구속사적 이해』, 121.

90 박종칠, 『시편의 구속사적 이해』, 149-58.

해석하고, 예수님, 그리고 신약의 교훈과 연결해야 한다.[91]

(7) 메시아 시편인 시편 2편은 하나님의 아들로 받아들여진 다윗 왕에게 먼저 성취된 후에 예수님에 의해 완전히 성취된 것이라고 보지 않는다.[92] 대신 칼빈과 판 브럭흔에 동의하면서, 예수님에 의해 (예수님의 재림 이후의) 영원세계가 아니라, (초림 이후의) 시간세계 속에서 단회적으로 성취되었다고 본다.[93] 참고로 박종칠 교수는 시편 2:9가 계시록 2:27, 12:5, 19:15에 '인용'되었다고 주장한다.[94] 하지만 계시록에 구약 인용은 한 번도 나타나지 않으며, 구약 암시는 많다.

---

91 박종칠, 『시편의 구속사적 이해』, 211-22, 230-31. 참고로 박종칠 교수는 신약학자들이 메시아 시편과 같은 구약 간본문보다 오히려 헬레니즘과 유대문헌을 더 의존하는 경향을 비판한다.

92 Contra Giglio (ed), *The Jesus Bible*, 79. 참고로 구약 예언을 성급히 그리스도에게로 가져가지 말아야 한다는 경고는 Strauss and de Wet, "Hermeneutiese Uitdagings aan Christosentriese Prediking vanuit Ou-Testamentiese Narratiewe," 8을 보라.

93 박종칠, 『시편의 구속사적 이해』, 231-35, 238. Contra 시 2편을 즉위시(卽位詩)로 분류하면서 다윗 언약이 점진적으로 성취되는 것으로 이해하는 VanGemeren, *Psalms*, 92-94. 참고로 유대교는 시 2편을 즉위시로 보면서, 미래의 다윗계열의 왕의 등장을 소망하는 종말론적 차원도 놓치지 않는다. A. Berlin and M. Z. Brettler (ed), *The Jewish Study Bible* (Oxford: Oxford University Press, 2014), 1270.

94 박종칠, 『시편의 구속사적 이해』, 238.

2. 구속사적 구약 해석: 박종칠 교수를 중심으로

4. 박종칠 교수의 기여와 남겨진 연구 과제

이 글의 서론에서 살핀 대로 박종칠 교수는 고신 신학의 토대를 실제로 놓은 세 동방박사의 신학을 계승 발전시켜, 고신의 구속사적 성경해석의 발전에 기여했다. 박종칠 교수의 여러 가지 기여는 그의 구속사적 성경해석의 특징과 맞물려 있다. 박종칠 교수는 성경의 영감을 확고히 하면서, 구속사적 해석과 관련된 다양한 학파와 학자들을 통시적으로 소개하는데 그들의 전제와 방법론과 결과를 비판한다. 이런 경향은 세 동방박사의 전통을 계승한 것이다. 그리고 박종칠 교수는 고신의 구약신학, 특히 구속사적인 신학적 해석을 적극적으로 시도한 첫 번째 학자이다. "(구약의) 신학적 해석을 위한 좀 더 구체적이고 적극적인 시도는 박종칠 교수의 구속사에 대한 이해에서 볼 수 있다. … 그는 구속사의 개념을 다루면서 당대의 철학적인 입장을 반영하여 구속사를 설명한 여러 학자(예, 딜타이, 트뢸취, 켈러, 바르트, 비셀, 폰 라트, 쿨만, 판넨베르그 등)의 견해를 소개하고 평가했다.[95] 또한 역사의 통일성과 전진성이

---

95 박종칠 교수는 폭넓은 신학적 관심사와 통찰력 덕분에, 구약학 이외에 교회사도 강의한 바 있으며, 고전 헬라어를 성실히 계승한 신약 코이네 헬라어의 특성에 대한 고찰은 박종칠, 『구속사적 성경해석』, 114-25를 보라. 박종칠 교수는 요한은 밧모 섬에서 대필가를 고용할 수 없어 직접 계시록을 기록하다 보니 문법 파괴가 발생했다는 J. N. D. Kelly의 주장에 동의하는 듯하다. 하지만 계시록의 문법파괴는 헬라어에 익숙하지 못한 사람의 실수라기보다 의도적인데, 수사학적 기법이나 LXX나 셈적 특성의 영향으로 이해하는 게 더 설득력 있다. 참고. G. K. Beale, *John's Use of the Old Testament in Revelation* (Sheffield: Sheffield Academic Press, 1998), 345.

라는 구속사의 정의와 더불어 네덜란드에서 일어났던 구속사와 모범적 설교에 관한 논쟁을 다루면서 특별히 구속사적 설교를 주장하는 학자들(K. 스킬더, B. 홀베르다, H. J. 스킬더 등)의 주장을 상세하게 소개했다. 여기서 그는 논쟁점이 되었던 '모범'을 구약해석에서 정당하게 다룰 수 있다는 가능성도 소개하면서 해석방법으로 구속사의 유용성을 강조했다."[96]

박종칠 교수는 구속사적 해석에서 '이미 그러나 아직 아니' 사이의 긴장을 잘 파악하면서도, 크리스천이 언약에 신실하게 살아야 할 책임도 균형 있게 강조한다.[97] 하나님의 백성 편에서의 책임은 구속사에 등장한 인물들을 모범으로 인정할 때 더 쉽게 이해할 수 있다.[98] 덧붙여 박종칠 교수는 영어 자료를 넘어, 화란어나 독일어 자료를 자주 소개한다.[99]

박종칠 교수의 구속사적 해석의 여러 기여는 후배들에게 아래와 같은 연구 과제를 남긴다. 물론 이 글에서 연구한 박종칠 교수의 저술은 약 30년 이전의 작품이므로, 그동안 구속사적 해석은

---

96 신득일, "고신신학 70년, 구약학의 회고와 전망: 주석방법론을 중심으로," 55.

97 박종칠, 『구속사적 성경해석』, 179.

98 여호사밧 왕의 기도는 위급한 상황 속에서 신약 성도가 어떤 기도를 드려야 하는지 보여 주는 모범이다. 박종칠, 『구속사적 성경해석』, 301; 『구속사적 구약성경해석』, 108. 더불어 C. Gousmett, "Redemptive-Historical Interpretation in Dutch Neo-Calvinism" (https://www.academia.edu/39857782/Redemptive-Historical_Interpretation_in_Dutch_Neo-Calvinism; 2019년 10월 25일 접속)의 7페이지도 참고하라.

99 참고. 박종칠, 『구원의 길이 시작되다: 성경은 창세기부터 시작됩니다』(서울: 생명의 말씀사, 2013), 15.

발전을 거듭해 왔다.

(1) 성경의 역사비평과 동일시되는 고등비평의 기본 출발점은 성경의 영감성을 부인하는 불신앙인데, 역사성을 상실하고 모순으로 점철된 메시지는 구원의 복음이 될 수 없을 뿐 아니라 교회의 영적 힘을 빼앗고 크리스천의 소망을 제거해 버린다.[100] 역사비평은 물론, 포스트모던 이데올로기를 전제하는 해석학은 마땅히 경계해야 한다.[101] 모든 신학의 변질과 교회의 무기력함은 성경의 영감과 권위를 무시하는 데서 출발한다.[102]

(2) 구약의 그리스도 중심적 해석과 설교를 적확하고 세밀하게 발전시켜야 한다. 박종칠 교수는 시편 1편을 '복된 사람'이라는 제목으로 설교했는데, 예수님을 2회 언급한다: "토라를 통하여 … 예수 그리스도께 응답하는 것을 배운다. … 우리 주 예수님

---

100 참고로 역사비평의 기원에 대한 설명에 이어 예수님의 육체적 부활을 부정하는 고등 비평가들에 대한 개혁주의 비평은 노스-웨스트대학교 교의학 교수 C. Coetzee and S. Smith, "Skrifkritiese Opstandingsperspektiewe: Beoordeel vanuit die Gereformeerde Teologie," *In die Skriflig* 49/1 (2011), 2-3, 9를 보라.

101 역사비평 이전 시기의 주석가들 혹은 그 비평을 수용하지 않는 이들의 성경해석을 기계적 영감설을 신봉하면서 성경문자주의와 근본주의에 빠진 것이라고 혹평하면서, 역사비평을 적절히 활용하라는 주장은 S. Janse, "Het Goede Nieuws en het Moeilijke Nieuws: De Verwerking van de Historisch-Kritische Methode in de Nederlandse Orthoodoxie," *Theologia Reformata* 52/1 (2009), 12-16, 26을 보라. 하지만 Janse는 방법론 사용에 있어 지나친 긍정과 자신감에 차 있으며, 실제로는 역사비평의 파괴적인 결말을 간과한다.

102 구약신학의 신앙 고백적 전제를 계시, 영감, 그리고 성령의 조명으로 제시하는 경우는 B. K. Waltke, 『구약신학』(*An Old Testament Theology*, 김귀탁 역, 서울: 부흥과 개혁사, 2012), 33-38을 보라.

예수님과 구약의 대화

을 신뢰하자."[103] 하지만 아쉽게도 이런 기독론적 설교의 합리적인 근거를 찾아보기 어렵다. 또한 '거룩하신 자의 왕국'(시편 16)에서 예수 그리스도의 복음을 전하려고 한다는 설교의 목적이 서두에서 언급되지만, 본론에 기독론적 석의나 적용이 나타나지 않고 결론에서만 짧게 언급된다.[104] 이런 현상은 '약속을 믿는 신앙'(창 12:1-13)과 '임마누엘의 시'(시 76)에도 나타난다.[105] 하지만 '나와 함께 여호와를 높이세(시 34)'에서는 적극적으로 기독론적 해석을 시도한다.[106] 물론 '예수님'이 언급되지 않더라도, 성부와 성령의 구속사를 설교할 수 있음을 기억할 필요가 있다.[107] 덧붙여 구속사적 해석에 있어 필수 연구 주제인 신약의 구약 사용을 최근

---

103 박종칠, 『시편의 구속사적 이해』, 281-87. 참고로 시 1편의 적극적인 기독론적 해석은 Giglio (ed), *The Jesus Bible*, 791 그리고 J. L. Helberg, *Loof die Here: Die Pslams in Ou- en Nuwe-Testamentiese Lig* (Pretoria: N.G. Kerkboekhandel Transvaal, 1981), 4-5를 보라.

104 박종칠, 『시편의 구속사적 이해』, 297-302. 박종칠 교수와 유사하게, 시 16편 전체가 아니라 시 16편의 마지막 부분(9-11절)만 기독론적으로 해석하는 경우는 Giglio (ed), *The Jesus Bible*, 803; VanGemeren, *Psalms*, 191을 보라. 그러나 시 16:2를 눅 23:46과 행 2:23과 간본문적으로 연결하여, 성자께서 성부를 전적으로 신뢰했다는 기독론적 해석과 예수님의 대속과 부활 덕분에 교회가 하나님에게 절대적으로 속해 있다는 적용은 Helberg, *Loof die Here*, 2를 보라.

105 박종칠, 『구속사적 성경해석』, 160-66; 『구속사적 구약성경해석』, 186.

106 박종칠, 『시편의 구속사적 이해』, 324-16.

107 구속사적 설교는 그리스도 일원론이 아니라, 예수님은 물론 삼위 하나님의 나라와 교회, 그리고 세상을 아우른다. 참고. H. G. L. Peels, "Hoe leest Gij?: Een Lectio Christiana van het Oude Testament," *Theologia Reformata* 52/3 (2009), 258.

에 비교적 활발히 논의되고 있는 간본문적 해석으로써 발전시켜
야 한다.[108]

(3) 구원과 불가분의 관계에 있는 심판과 하나님 나라에 대한
심층 연구가 필요하다.[109] 압뻴도른신학교 구약학 교수 뻬일스(H.
G. L. Peels)는 구약과 신약을 통일성을 갖춘 계시로 보면서, 거룩하
신 하나님의 진노와 심판은 예수님이 자기 백성을 대신하여 심판
을 받은 사건을 향하여 발전한다고 주장한다.[110] 따라서 뻬일스는
구원계시의 발전의 큰 그림을 고려한다면, 하나님께서 단지 위험
하시거나 참지 못하셔서 과도히 심판하시는 분이 아님을 알 수 있
다고 주장한다.

뻬일스는 구약 성경신학에서 하나님 나라의 중요성을 다음
과 같이 강조한다. 적지 않는 구약학자(Th. C. Vriezen, W. Eichrodt, J.
Bright, C. du Toit, J. L. Helberg 등)가 주장하듯이, '하나님 나라'는 뿌
리 은유(root metaphor)이며, 구약 계시의 근본 요소이자 근본 확
신이다. 하나님의 나라는 종교사학파나 전승사학파가 주장하듯
이 고대 근동의 영향으로 이스라엘의 후기 시대에 형성된 개념이
아니다. 하나님 나라는 창조와 언약을 연결하는 주제이며, '이미

---

108 Waltke, 『구약신학』, 145.

109 황창기 교수는 석사논문와 박사논문에서 구원과 연결된 심판을 감람
산강화와 산상설교를 통해 집중적으로 연구했다. 참고. 송영목, "황창기 교수
의 신학," in『하나님의 나라와 신학: 황창기 교수 은퇴 기념 논문집』, ed. by
황창기 교수 은퇴기념논문 편집위원회 (부산: 고신대학교 출판부, 2008),
83-88.

110 H. G. L. Peels, "De God van het Oude Testament: Heilig is Hij,"
Theologia Reformata 57/4 (2014), 425-26, 429-30.

그러나 아직 아니'라는 종말론적 특성을 갖고 있으며, 모든 피조물을 대상으로 하는 우주적인 통치와 이스라엘을 중심으로 하는 특정적 통치가 서로 보완된다. 구약의 구원, 심판, 하나님 나라, 언약, 새 창조는 마치 한 덩어리처럼 연결되어, 예수 그리스도의 성취 사역을 향해 열려 있다.[111]

(4) 구속사적 해석의 한 흐름인 '그리스도 완결적 해석'에 대한 이론과 실제 주해의 개진이 필요하다. 박종칠 교수는 "구속사는 더 밝아진 진리라고 해서 신약만을 존중히 여긴다든지, 아니면 신약의 입장에서 구약을 보는 입장을 피하고(밑줄은 필자의 것), 구약은 구약으로 그 시대적 의미를 가지면서도 점진적으로 신약의 의미가 완성되는 것으로 본다"라고 언급한 바 있다.[112] 하지만 두 토잇(S. du Toit)이 설명한 대로, "구약성경에서 계시역사의 길(openbaringshistoriese weg)을 따라 신약성경으로 넘어가야 하지만, 동시에 신약에서 구약을 되돌아보면서 구약을 다시 이해할 수 있다. … 따라서 신약은 그리스도의 빛에서 구약을 다시 해석할 수 있다."[113] 밴게메렌은 "초대교회로부터 우리는 시편을 예수님의 선교와 사역의 빛에서 읽는 새로운 관점을 전수 받았다"라

---

111 H. G. L. Peels, "The Kingdom of God in the Old Testament," *In die Skriflig* 35/2 (2001), 180–87.

112 박종칠, "구속사적 성경해석과 설교: 그 흐름과 전망" (http://cafe.daum.net/bibleimage/msba/97?q=%EB%B0%95%EC%A2%85%EC%B9%A0%EA%B5%90%EC%88%98; 2019년 10월 18일 접속).

113 Du Toit, *Openbaringsgeskiedenis van die Ou Testament*, 25.

고 주장한다.[114] 그리스도 중심적 해석과 완결적 해석을 통합하려고 시도하는 김구원은 구약의 그리스도 완결적 해석을 다음과 같이 정의한다: "구약이 예수님의 죽으심과 부활로써 완성되거나 성취된 것으로 이해하는 것이다."[115] 이와 유사한 맥락에서, 뻬일스는 개신교신학대학(PTU) 구약학 교수 하우트만(C. Houtman)을 인용하면서, 신약의 사도는 '구약의 목표'(telos)와 '해석의 자석'(hermeneutische magneet)과 같은 예수님을 출발점으로 삼아, 그리스도와 교회와 실현된 종말을 드러내기 위하여 구약 전체를 조망한 경우가 종종 있다고 주장한다.[116]

---

114 VanGemeren, *Psalms*, 26.

115 김구원, "A Christotelic Interpretation of Exodus 4:24-26," *The Asia Journal of Theology* 29/1 (2015), 4. 참고로 그리스도 완결적 해석의 실례는 황창기, "애원하는 과부의 비유(눅 18:1-8)의 그리스도 완결적 이해,"『신약연구』 3 (2004), 119-42를 보라. 하지만 학자들 간에 그리스도 중심적/완결적 해석과 관련하여, 십자가와 부활을 어느 정도 해석의 출발점으로 삼을 것인지, 그리고 구약과 신약을 잇는 도구인 모형론과 구약의 중심 주제 등에 관하여 여전히 이견이 있다. 예를 들어, D. I. Block, "Christotelic Preaching: A Plea for Hermeneutical Integrity and Missional Passion," *The Southern Baptist Journal of Theology* 22/3 (2018), 7-34 는 그리스도 중심적 해석보다 구속사가 더 약화된 그리스도 완결적 해석을 제시한다. Block에 대한 비평은 P. J. Gentry, "Christotelic Preaching: Reflections on Daniel Block's Approach," *The Southern Baptist Journal of Theology* 22/3 (2018), 93-101을 보라.

116 Peels, "Hoe leest Gij?" 240-42, 249. 참고로 뻬일스는 현대 해석가는 사도가 활용한 유대인들의 해석 방법들을 그대로 답습하지 말고, 올바른 해석학적 태도와 방향을 견지하면서 더 설득력 있고 공정한 방법을 활용해야 한다고 주장한다. 그리고 뻬일스는 '구속사'보다 '정경적 메타내러티브'를 더 선호하는데, 후자는 정경 전반에 걸쳐 소개되는 하나님께서 자기 백성과 세상과 더불어 걸으시는 (구약과 신약의 구원을 연결하는) '길'을 염두에 둔 표현이다.

(5) 임마누엘, 그리고 하나님과 자기 백성 사이의 교제를 통한 구속사적 해석을 활성화해야 한다. 이 주제는 언약, 기독론, 성령론, 종말론, 하나님 나라, 교회론, 은사와 선물, 예배 등을 아우를 수 있기에 의의가 크다.[117]

(6) 성경의 통일성과 계시의 전진과 발전을 중요하게 고려하면서도, 예수님의 초림과 돌 성전의 파괴 사이의 언약의 중첩 기간에 대한 주의가 요청된다.[118]

(7) 체계적인 문법-역사적 해석과 현대의 해석학들이 구속사적 해석을 위해 어떻게 긍정적으로 활용될 수 있는가를 탐구해야 한다. 이를 위해, 다차원적이고 통합적인 주석 방법론이 필요하다.[119] 예를 들어, 최근에 연구가 활발한 고대근동학적 통찰력을 구속사에 접목시키려는 노력이 필요하고, 마소라 본문과 LXX의 비교 연구가 더 필요하다. 그리고 성경해석의 한 축을 차지하는

---

117 Wilch, "'Immanuel' as Basic Motif of Biblical Theology," 16.

118 H. N. Ridderbos의 스승인 암스테르담 자유대학교의 F. W. Grosheide(d. 1972)는 신약 성경을 중심이자 절정인 예수님의 공생애 시기, 예수 그리스도를 선포한 사도 바울 중심의 시기, 그리고 일반서신의 시기로 나누는데, 신약 시대에 구약과 신약의 중첩은 찾아볼 수 없다. F. W. Grosheide, *De Openbaring Gods in het Nieuwe Testament* (Kampen: Kok, 1953), 10, 267-68. 참고로 예수님의 초림으로 '이 시대'는 종식되고 '오는 시대'만 있는 것처럼 단순화하여 설명한 경우는 Waltke, 『구약신학』, 192를 보라. 참고로 S. Greidanus는 K. Schilder가 구속 역사의 전진이라는 틀에 갇혀 중첩되는 역사 기록을 제대로 파악하지 못했다고 비판했다. 박종칠, 『구속사적 구약성경해석』, 106에서 재인용.

119 참고. 남아공대학교(UNISA)의 D. van der Merwe, "Reading the Bible in the 21st Century: Some Hermeneutical Principles: Part 1," *Verbum et Ecclesia* 36/1 (2015), 7.

1차 독자의 역할은 물론, 현대 독자도 고려해야 한다.[120]

(8) 신학분과 안에 세분화된 경향을 극복해야 한다. 예를 들어, 성경의 계시역사와 교회역사의 통합적 연구가 필요하다. 구속사적 해석, 교의학, 설교학, 그리고 예배학의 협력은 개혁교회의 짧지 않은 귀한 전통이다.[121]

(9) 구속사적 해석을 오늘날의 교회와 사회의 다양한 이슈와 연결하여, 해답을 찾아 소망을 제공하는 작업이 필요하다.[122] 왜냐하면 만유의 주 예수님께서 교회를 통해 성취하시는 통전적 구원 안에 사회 이슈들이 포함되어 있기 때문이다. 요하네스버그대학교 신약학 교수 두 란드(J. A. du Rand)가 하나님의 선물이자 성도

---

120 참고. 성경과 해석은 의사소통이라는 관점에서 현대 독자(공동체)의 역할을 강조한 캄펀신학교 구약학 교수 G. Kwakkel, "The Reader as Focal Point of Biblical Exegesis," in *Correctly Handling the Word of Truth: Reformed Hermeneutics Today*, ed. by M. te Velde and G. H. Visscher (Eugene: Wipf and Stock, 2014), 215-25 그리고 스텔렌보쉬대학교의 B. Lategan, "New Testament Hermeneutics (Part II): Mapping the Hermeneutical Process," in *Focusing on the Message: New Testament Hermeneutics, Exegesis and Methods*, ed. by A. B. du Toit (Pretoria: Protea Book House, 2009), 91. 참고로 성경을 하나님의 말씀이라기보다 포스트모던 방식을 따라 문화적 산물로 읽을 것을 제안하는 경우는 남아공대학교(UNISA)의 I. J. J. Spangenber, "Reading the Old Testament in the 21st Century Using the Book of Jonah as Reference," *Verbum et Ecclesia* 34/2 (2013), 6을 보라. 이런 포스트모던 독자비평은 이념주의나 주관주의로 흐른다.

121 성경상징주의 해석의 전문가인 J. B. Jordan의 영향을 받아 성경신학, 교의학, 예배학, 문화신학, 고전학을 넘나들면서, 통합적 연구를 수행한 경우는 Theopolis Institute의 대표인 P. J. Leithart를 들 수 있다.

122 박종칠 교수는 20세기 중후반의 민중신학과 교황 요한 바오르 2세의 방한 무렵에 로마 가톨릭을 비평한 바 있다. 박종칠,『구속사적 성경해석』, 106-107.

의 정체성을 드러내는 고백과도 같은 종말론적 소망에 관하여 설명한 것을 요약하면 아래와 같다. 성경 전체는 하나님의 백성이 시대마다 종말론적 소망이라는 황금 줄(goue draad)을 통하여 삶의 의미를 찾아 살았음을 보여 준다. 종말론적 소망을 통하여, 창조에서 시작하여 재창조로 이어지는 성경의 통일성을 갖춘 메타내러티브가 잘 드러난다. 스스로 종말이신 예수님의 성육신은 하나님의 계시의 중심점(middelpunt)이자 하나님께서 진행 중이신 종말론적 소망의 초점(fokuspunt)이다.[123] 예수님의 고난과 죽음과 부활을 통하여, 하나님의 백성이 가질 소망의 종말론적 기초가 놓였다. 성령님은 예수님의 부활과 재림을 잇는 다리(brug)와 같은데, 하나님께서 만유 안에서 주님이 되실 때까지 크리스천은 그 다리 위를 걸어가야 한다(참고. 롬 5:1-5; 고전 15:28). 종말론적 소망에 관한 성경의 거대한 구원 내러티브는 크리스천의 현재적 삶을 역동적이며 유의미하게 빚어간다.[124]

또한 구속사적 해석에서 도출된 예언적 윤리 설교는 윤리적으

---

123 예수님의 사역보다 그분 자신(person)을 중심으로 하는 개혁주의 종말론에 대한 연구와 교육 방법은 황창기, "A Pedagogical Paradigm for Understanding Reformed Eschatology: With Special Emphasis on Basic Characteristics of Christ's Person," in *The Glory of Kings: A Festschrift in Honor of James B. Jordan*, ed. by P. J. Leithart (Eugene: Pickwick, 2011), 185-201을 보라.

124 J. A. du Rand, "Die Christelike Hoop-'N Bybelse Eskatologiese Belydenis? Deel 1: Bybelse Getuienis-'N Verhaal van Hoop?" *In die Skriflig* 48/1 (2014), 7-8; "Die Christelike Hoop-'N Bybelse Eskatologiese Belydenis? Deel 2: Teologiese Besinning: Wat Beteken die Christelike Hoop?" *In die Skriflig* 48/1 (2014), 2-7.

로 책임성 있는 종교에 속한 공적 시민인 크리스천이 현대 이슈들의 길라잡이와 소망과 대안을 제시하는 역할을 수행하도록 도울 수 있어야 한다.[125] 이 일은 하나님 나라의 회복적 정의를 소망 중에 실천하려는 크리스천 속에서 역사하시는 성령님의 변혁적 사역으로 가능하다.[126]

나오면서

세 동방박사의 신학을 계승 발전시킨 박종칠 교수는 전공분야인 구약성경 안에 머무는 연구를 넘어, 적극적으로 예수님 중심의 구속사적 해석의 이론과 설교와 적용의 실제를 제시했다.[127] 그 덕분에 후학들이 한결 쉽게 구속사 탐구의 발걸음을 내디딜 수 있

---

125 참고. 스텔렌보쉬대학교의 S. Burrows and J. Cilliers, "Etiese Prediking in Post-Apartheid Suid-Afrika?: Enkele Homiletiese Oorwegings," *Stellenbosch Theological Journal* 4/2 (2018), 381-84, 395-96.

126 Burrows and Cilliers, "Etiese Prediking in Post-Apartheid Suid-Afrika?" 387-90.

127 박종칠 교수는 박윤선 박사의 창세기 주석을 시대마다 특수성을 고려한 구속사적 해석이라고 높이 평가했다. 하지만 박윤선 박사의 연구는 구속사의 객관적 진리만 드러내었기에, 청중(독자) 편에서 볼 때 심리적 혹은 도덕적 훈계가 무시된 것 같다는 평가는 박종칠, 『구속사적 성경해석』, 154를 보라.

는 길 하나가 닦였다. 후학들은 그 길을 계발하여 많은 이들이 즐겁게 다니도록 만들어야 한다. 성경과 설교에서 예수 그리스도를 제대로 만날 때만 크리스천의 가슴이 뜨거워지는 법이므로(눅 24:32), 이런 은혜가 이 길을 걷는 이들에게 가득하기 바란다.[128] 본 연구에서 누락된 박종칠 교수의 많은 특장(特長)과 기여는 필자의 무지와 연구 한계에서 기인한다. 구주 하나님께서 사랑하시는 종에게 복을 더하셔서, 주님 나라를 위하여 왕성한 사역을 감당하시기를 간구한다.

---

128 Contra 구약을 기독론적으로 해석하는 기독교 입장과 그것을 미드라쉬 주석으로 이해하는 유대교 전통 가운데 무엇이 옳은가를 묻는 대신에, 전통과 상상력의 풍요로움으로 수용해야 한다고 주장하는 Berlin and Brettler (ed), *The Jewish Study Bible*, 2214.

김구원. "A Christotelic Interpretation of Exodus 4:24-26." *The Asia Journal of Theology* 29/1 (2015): 3-21.

박종칠. 『구속사적 구약성경해석』. 서울: 개혁주의신행협회, 1988.

박종칠. 『구속사적 성경해석』. 서울: 기독교문서선교회, 1991.

박종칠. "구속사적 성경해석과 설교: 그 흐름과 전망." http://cafe. daum. net/bibleimage/msba/97?q=%EB%B0%95%EC%A2%85 %EC%B9%A0%EA%B5%90%EC%88%98. 2019년 10월 18일 접속.

박종칠. 『구원의 길이 시작되다: 성경은 창세기부터 시작됩니다』. 서울: 생명의 말씀사, 2013.

박종칠. 『시편의 구속사적 이해』. 서울: 도서출판 영문, 1991.

송영목. "세 동방박사의 대화." 『고신신학』 18 (2016): 5-40.

송영목. "한국장로교회 100년 회고와 전망: 4개 장로교단의 구속사적 성경해석을 중심으로." 『개혁논총』 22 (2012): 33-70.

송영목. "황창기 교수의 신학." In 『하나님의 나라와 신학: 황창기 교수 은퇴 기념 논문집』. Edited by 황창기 교수 은퇴 기념논문 편집위원회. 부산: 고신대학교 출판부, 2008: 78-105.

신득일. "고신신학 70년, 구약학의 회고와 전망: 주석방법론을 중심으로." 『고신신학』 18 (2016): 41-70.

신득일. 『구속사와 구약 주석』. 서울: CLC, 2017.

황창기. "애원하는 과부의 비유(눅 18:1-8)의 그리스도 완결적 이해." 『신약연구』 3 (2004): 119-42.

황창기. "A Pedagogical Paradigm for Understanding Reformed Eschatology: With Special Emphasis on Basic Characteristics of Christ's Person." In *The Glory of Kings: A Festschrift in Honor of James B. Jordan*. Edited by P. J. Leithart. Eugene: Pickwick, 2011: 185-201.

Beale, G. K. *John's Use of the Old Testament in Revelation*. Sheffield: Sheffield Academic Press, 1998.

Berlin, A. and Brettler, M. Z. (ed). *The Jewish Study Bible*. Oxford: Oxford University Press, 2014.

Block, D. I. "Christotelic Preaching: A Plea for Hermeneutical Integrity and Missional Passion." *The Southern Baptist Journal of Theology* 22/3 (2018): 7-34.

Burrows, S. and Cilliers, J. "Etiese Prediking in Post-Apartheid Suid-Afrika?: Enkele Homiletiese Oorwegings." *Stellenbosch Theological Journal* 4/2 (2018): 379-99.

Carson, D. A. "Biblical Theology." In *Dictionary of Biblical Criticism and Interpretation*. Edited by S. E. Porter. London: Routledge, 2009: 35-41.

Coetzee, C. and Smith, S. "Skrifkritiese Opstandingsperspektiewe: Beoordeel vanuit die Gereformeerde Teologie." *In die Skriflig* 49/1 (2011): 1-11.

Coetzee, J. C., De Klerk, B. J. and Floor, L. "Die Hermeneuse van die Skrif met die Oog op Hedendaagse Kerklik-Etiese Vraagstrukke." *In die Skriflig* 14/54 (1980): 18-36.

D'Assonville, V. E. "Openbaringsgeskiedenis, Kerkgeskiedenis, Wêreldgeskiedenis." *Koers* 53/3 (1988): 460-68.

Du Rand, J. A. "Die Christelike Hoop-'N Bybelse Eskatologiese Belydenis? Deel 1: Bybelse Getuienis—'N Verhaal van Hoop?" *In die Skriflig* 48/1 (2014): 1-9.

Du Rand, J. A. "Die Christelike Hoop-'N Bybelse Eskatologiese Belydenis? Deel 2: Teologiese Besinning: Wat Beteken die Christelike Hoop?" *In die Skriflig* 48/1 (2014): 1-8.

Du Toit, S. *Openbaringsgeskiedenis van die Ou Testament.*

Potchefstroom: Pro Rege, 1974.

Gentry, P. J. "Christotelic Preaching: Reflections on Daniel Block's Approach." *The Southern Baptist Journal of Theology* 22/3 (2018): 93-101.

Giglio, L. (ed). *The Jesus Bible*. Grand Rapids: Zondervan, 2016.

Goede, H. "The Role of Socio-Historical Context in Reformed Exegesis: Indispensable yet not Determinative." In *Reformed Theology Today: Biblical and Systematic-Theological Perspectives*. Edited by F. J. van Rensburg. Durbanville: AOSIS, 2017: 15-24.

Gousmett, C. "Redemptive-Historical Interpretation in Dutch Neo-Calvinism." https://www.academia.edu/39857782/Redemptive-Historical_Interpretation_in_Dutch_Neo-Calvinism. 2019년 10월 25일 접속.

Grosheide, F. W. *De Openbaring Gods in het Nieuwe Testament*. Kampen: Kok, 1953.

Helberg, J. L. *Loof die Here: Die Pslams in Ou- en Nuwe-Testamentiese Lig*. Pretoria: N.G. Kerkboekhandel Transvaal, 1981.

Helberg, J. L. *Openbaringsgeskiedenis van die Ou Testament*. Volume 1. Potchefstroom: Pro Rege, 1976.

Janse, S. "Het Goede Nieuws en het Moeilijke Nieuws: De Verwerking van de Historisch-Kritische Methode in de Nederlandse Orthoodoxie." *Theologia Reformata* 52/1 (2009): 6-28.

Jordaan, G. J. C., Van Rensburg, F. J. and Breed, D. G. "Hermeneutiese Vertrekpunte vir Gereformeerde Eksegese." *In die Skriflig* 45/2-3 (2011): 225-58.

Klink III, E. W. and Lockett, D. R. 『성경신학의 5가지 유형: 이론과 실제의 비교』. *Understanding Biblical Theology: A Comparison of Theory and Practice*. 신윤수 역. 서울: 부흥과 개혁사, 2015.

Kwakkel, G. "The Reader as Focal Point of Biblical Exegesis." In *Correctly Handling the Word of Truth: Reformed Hermeneutics*

Today. Edited by M. te Velde and G. H. Visscher. Eugene: Wipf and Stock, 2014: 215–25.

Lategan, B. "New Testament Hermeneutics (Part II): Mapping the Hermeneutical Process." In *Focusing on the Message: New Testament Hermeneutics, Exegesis and Methods*. Edited by A. B. du Toit. Pretoria: Protea Book House, 2009: 65–105.

Naselli, A. D. 『신약, 어떻게 해석할 것인가』. *How to Understand and Apply the New Testament*. 송동민 역. 서울: 죠이북스, 2019.

Peels, H. G. L. "De God van het Oude Testament: Heilig is Hij." *Theologia Reformata* 57/4 (2014): 422–31.

Peels, H. G. L. "Hoe leest Gij?: Een Lectio Christiana van het Oude Testament." *Theologia Reformata* 52/3 (2009): 236–59.

Peels, H. G. L. "The Kingdom of God in the Old Testament." *In die Skriflig* 35/2 (2001): 173–89.

Poythress, V. S. "Christocentric Preaching." *The Southern Baptist Journal of Theology* 22/3 (2018): 47–66.

Prince, D. E. "The Necessity of a Christocentric Kingdom-Focused Model of Expository Preaching." Ph.D. Thesis. The Southern Baptist Theological Seminary, 2011.

Spangenber, I. J. J. "Reading the Old Testament in the 21st Century Using the Book of Jonah as Reference." *Verbum et Ecclesia* 34/2 (2013): 1–7.

Strauss, H. S. W. and De Wet, F. W. "Hermeneutiese Uitdagings aan Christosentriese Prediking vanuit Ou-Testamentiese Narratiewe." *In die Skriflig* 48/2 (2014): 1–11.

Van der Merwe, D. "Reading the Bible in the 21st Century: Some Hermeneutical Principles: Part 1." *Verbum et Ecclesia* 36/1 (2015): 1–8.

Van der Walt, B. J. "Probleme rondom die Verklaring van die Bybel in die Gereformeerde Teologie: 'N Christelik-Filosofiese

Besinning." *In die Skriflig* 43/1 (2009): 1-29.

VanGemeren, W. A. *Psalms*. The Expositor's Bible Commentary. Grand Rapids: Zondervan, 2008.

Van Rensburg, F. J. (ed). *Conceiving a Sermon: From Exegesis to Delivery*. Potchefstroom: Potchefstroom Theological Publications, 2015.

Waltke, B. K. 『구약신학』. *An Old Testament Theology*. 김귀탁 역. 서울: 부흥과 개혁사, 2012.

Wilch, J. R. "'Immanuel' as Basic Motif of Biblical Theology." *Lutheran Theological Review* 1/2 (1989): 5-16.

예수님 중심으로 구약 성경을 읽는
40가지 실례

구약 성경을 유대교식으로 읽을 때 예수 그리스도는 배제되지만, 기독교식 구약 해석은 당연히 예수님을 중심으로 한다.[129] 구약을 예수님 중심적이거나 기독 완결적(完決的)으로 이해하는 선례는 예수님 자신과 사도에게서 볼 수 있다(눅 4:16-21; 24:44; 요 5:39; 행 13:16-41; 롬 10:6; 고전 10:4; 고후 3:14; 벧전 1:10-11).[130] 그런데 구약

---

129 쿰란공동체가 기대한 메시아는 제사장적, 왕적, 선지자적, 그리고 하나님의 아들(인자)과 같은 다양한 특성을 가진 인물이었다. 그러나 기독교의 그리스도는 삼직을 수행하는 예수님이시다. 쿰란을 포함한 유대교에서 구원은 공적 사건(public event)이지만, 기독교의 구원은 영적이며 불가견적이다. 유대교의 경우 율법이 메시아보다 더 중요하지만, 기독교는 예수 그리스도 중심적이다. 기다림의 종교인 유대교는 메시아적(messianological) 구약 해석을 시도하지만, 기독교는 그리스도 중심적(Christological)이고 종말론적 해석을 시도한다. AD 2세기 기독교는 구약을 예언의 기독론적 성취, 모형론, 그리고 성육신 이전의 예수님의 현현이라는 방식으로 읽었다. 미국 브룩클린 소재 Holy Cross Greek Orthodox School of Theology의 구약학 교수 E. J. Pentiuc, "The Christological Interpretation of the Old Testament: A Critical Review," *The Greek Orthodox Theological Review* 47 (2002, 1), 38, 49에서 요약 인용함.

130 S. Greidanus, 『구약의 그리스도, 어떻게 설교할 것인가』 (김진섭 외 역, 서울: 이레서원, 2003), 96-97. 참고로 출 4:24-26을 신약 교회의 '참 피 신랑'이신 예수님께서 성취하신 구원의 관점, 즉 그리스도 완결적으로 해석한 경우는 김구원, "A Christotelic Interpretation of Exodus 4:24-26,"

을 넓게는 성경신학적으로, 좁게는 예수님 중심으로 해석하고 설교할 때,[131] 결론 부분에 도달해서야 예수님을 살짝 적용 차원에서 언급하여 구색을 맞추는 정도로는 부족하다.[132] 만약 설교자가 구약을 천편일률적으로 혹은 피상적이거나 진부하고 편협한 해석의 틀에 넣어 억지로 짜내듯이 예수님과 연결할 경우, 그리고 성경 전체로부터 그리스도의 풍성함을 선포할 수 없다면 설교단에 서지 말아야 한다.[133] 이 장에 실린 설교문 40개는 오경, 역사서, 시가

Asia Journal of Theology 29 (2015, 1), 3-21을 참고하라. 그리고 그리스도 사건이라는 성경 내러티브의 절정의 빛에서 모든 본문은 중요하기에, 이야기의 이전 사건을 회고하면서 앞을 내다보는 그리스도 완결적 해석 방식은 D. I. Block, "Christotelic Preaching: A Plea for Hermeneutical Integrity and Missional Passion," *SBJT* 22 (2018, 3), 12-15를 보라.

131 문법-역사적 해석에 기초한 성경신학은 성경의 통일성을 드러내고, 공동체의 실천을 돕는 풍성한 신학적이고 조직적인 해석이 될 수 있다. 하지만 성경신학이 온전한 신학적 해석에 미치지 못한다는 비판은 S. E. Fowl, 『성경과 함께 가라: 그리스도인의 신학적 성경 읽기』 (윤형철 역, 서울: CLC, 2018), 10-11을 보라.

132 하나님의 계시의 정점에 예수님이 계시는데, 계시는 그리스도께서 성취하시는 구속의 이야기이다. 예수님은 하나님의 성경 전체 구속사를 유기적으로 통일시키시고 성취 및 완성하시는 중심이시다. 그리고 목회적 차원에서 볼 때, 예수님만 현대 크리스천의 문제를 해결하실 수 있는 분이다. J. K. Allen, *The Christ-Centered Homiletics of Edmund Clowney and Sidney Greidanus in Contrast with the Human Author-Centered Hermeneutics of Walter Kaiser* (Ph.D. Thesis, Louisville; Southern Baptist Theological Seminary, 2011), 4-8, 133.

133 *Preaching the Whole Bible as Christian Scripture*의 저자 그레엄 골즈워디를 인용한 박성환, "구속사적 음악설교: George Frideric Handel의 메시야," 『복음과 실천신학』 32 (2014), 108, 131. 박성환은 영화나 드라마나 음악을 통한 '실험적 설교' 가운데, 53곡으로 구성된 오라토리오인 헨델의 메시아를 통한 구속사적 음악설교를 제안한다. 설교자는 기독론 중심의 교회 절기를 고려하여 메시아가 기초한 성경 본문(이사야서를 중심으로 구약 구절이 60%)으로 먼저 설교하고, 찬양대가 메시야의 해당 곡을 찬양함으로

서, 그리고 선지서에서 발췌했다. 이 글은 구약 본문을 기독론적으로 간단하게 주해하고 적용하는 실례의 모음이므로, 설교자들은 설교문을 작성할 때 '기초 본문'(basis text)로 활용할 수 있다.[134]

써 설교를 다시 확인하도록 하는 형식이다. 헨델의 친구인 메시야의 작사자 Charles Jennens(1700-1773)는 예배력을 염두에 두었는데, 교회(설교자, 찬양대)는 메시아를 활용함으로써 그리스도 중심의 구원 이야기를 시간의 주기를 통하여 반복적으로 구현할 수 있으며, 특히 새 노래로 하나님의 구속 이야기를 찬양할 수 있다. 참고로 뉴욕 리디머장로교회 팀 켈러 목사는 본문의 복음을 청중의 심장에 울림이 있도록 설교하는 것을 목표로 삼는다. 본문을 예수님과 연결시키는 4가지 방법은 (1) 주제적 연결(천국, 언약, 창조, 예배, 의, 결혼 등), (2) 예수님에게로 인도하는 율법(명령)을 듣고 순종함, (3) 미시 내러티브 플롯과 거시 내러티브 플롯을 연결하여 구속사적 이야기의 완성을 살핌, (4) 모형론이다. 그리고 설교에서 고려해야 할 해석학적 3가지 관점은 다음과 같다: (1) 예수님 중심의 강해를 통한 하나님의 규범적 관점, (2) 예수님 중심의 적용을 위한 상황적 관점, (3) 하나님의 선하심과 아름다움을 맛보도록 돕는 실존적 관점. 팀 켈러가 제시하는 설교 작성 8단계는 (1) 본문의 흐름 파악, (2) 각 부분 연구, (3) 핵심 아이디어(중심 주제, 요지) 선명히 하기, (4) 중심 주제를 기술하기, (5) 중심 주제에 관해 질문하기, (6) 답변을 설교의 아웃라인으로 잡기, (7) 자료를 참고하기, (8) 설교와 함께 살아가기이다. 팀 켈러는 시드니 그레이다누스의 그리스도 중심적 설교의 방식이 지나치게 세분화되어 퍼즐을 짜 맞추기식이라고 비평한다. 김대혁, "Timothy Keller의 설교를 위한 그리스도 중심적, 삼중적 관점의 해석학 연구," 『복음과 실천신학』 34 (2015), 12-16, 22-26, 33, 37에서 요약.

134 신약의 구약 사용을 연구하는 두 가지 경향은 다음과 같다: (1) 제 2 성전 시대 유대교의 해석 방식(예. 쿰란의 페세르 해석, 필로의 풍유적 해석, AD 70년 이전의 힐렐의 주요-문맥적 해석, AD 70년 이후의 랍비문헌의 미드라쉬)에서 출발하여 신약 저자의 해석을 비교하는 방식. 하지만 신약저자의 해석과 유대적 해석의 방식(유대교와 달리 기독교는 기독론적 현재 종말론을 강조함)과 해석 목표(유대교와 달리 기독교는 기독론적 목표를 가짐)에 차이가 있으므로, 유대 해석이 신약의 구약 사용에 결정적이지 않다. (2) 현대 문학이론(예. 간본문적[상호텍스트적] 해석, 독자반응비평)을 출발점으로 삼아 신약 저자의 해석 방식을 비교하는 것. 간본문적 해석이 비교하는 두 본문 사이의 변형과 왜곡과 차이를 과장하지 않고, 독자반응비평이 주관성을 배제한다면 신약의 구약 사용 연구에 활용 가능하다. 구약 저자는 신약에서 온전히 드러날 확장된 의미 혹은 새로운 의의를 철

1. 노아의 저주와 축복(祝福), 그리고 선교적 교회(창 9:20-27)

(1) 홍수와 제 2의 아담인 노아

의로운 믿음의 사람 노아(히 11:7)가 600세였을 때 대홍수가 시작되었고, 그때 장자 셈은 100세였다(창 5:32; 7:11). 홍수가 끝난 후 노아는 아라랏 산에 내려서 제사를 드렸고(창 8:20), 하나님은 세상 보존을 위한 영원한 무지개 언약을 체결하셨다(8:22; 9:11). 이제 아담에게 주신 생육하고 번성하라는 명령은 노아에게도 해

저히 알지 못했기에, 후대의 신약 계시는 이전의 구약 계시를 이해하는데 더 넓은 문맥이 된다. 신약 저자는 성령의 조명 하에 십자가와 부활의 안목으로써, 구약 간본문을 회고하면서 이해함으로써, 새로운 함의와 적용을 드러내었다. 따라서 더 깊은 의미(*sensus plenior*)를 찾는 것은 가능하다. 신약 저자는 구약 간본문의 문맥을 존중하기에, 자신을 구약 저자가 의도한 의미와 단절시키지 않는다. 하지만 신약 저자는 구약 문맥과 의미를 그대로 복제하지 않는다. 간본문적 해석의 절차는 다음과 같다: (1) 신약 저자가 사용한 구약 간본문이 어떤 맛소라 본문 혹은 LXX인지 확정하라. (2) 구약 간본문을 그것이 속한 구약 문맥 안에서 해석하여 구약 저자가 의도한 의미를 찾으라. (3) 구약 간본문과 신약 본문의 유사점과 차이점과 그 원인을 배경과 (문학적, 구속사적) 문맥 속에서 밝혀라. (4) 구약 간본문을 신약 본문의 문맥 안에서 분석하여, 신약 저자의 내러티브와 논증에서 구약 간본문이 어떤 역할을 하는지 밝혀라. (5) 구약 간본문이 후대의 다른 구약 본문과 유대문헌 혹은 신약 본문에서 어떻게 사용되는가를 살핌으로써 (미드라쉬, 페셰르 등), 신약 저자가 구약 간본문을 사용하는 독특한 방식을 분석하라. (6) 구약 간본문을 사용하는 신약 저자의 신학적 전제를 살펴라(집합적 연대[corporate solidarity], 모형론, 종말론적 성취, 메시아 기대, 참 이스라엘로서의 신약 교회 등). (7) 신약 저자가 구약 간본문을 통하여 독자들의 간본문적 해석을 돕기 위해 의도한 역동적인 간본문적 울림(resonance)이 있는지 분석하라. (8) 이전 단계를 종합하여 석의적-신학적 의의를 요약하라. G. Y. Phillips, F. J. van Rensburg and H. F. van Rooy, "Developing an Integrated Approach to interpret New Testament Use of the Old Testament," *In die Skriflig* 46 (2012, 2), 1–10에서 요약.

당한다(8:17; 9:2, 7). 에덴동산지기 아담처럼 노아는 포도원 농부가 된다(9:20). 홍수로 황무하게 된 세상이 포도원 곧 에덴동산으로 변모하기 시작한다. 그런데 노아는 성경에서 처음으로 술 취한 사람이 된다. 이것은 아담이 선악과를 따 먹은 것과 비슷하다. 창 9장은 "부끄러운 집안일을 밖으로 떠벌리지 말자" 혹은 "실수하는 아버지에게도 효도하자"라는 도덕을 가르치는가? 그 이상의 구원계시와 선교적 교회(missional church)의 모습과 사명을 교훈한다.[135]

(2) 술 취한 노아

노아의 술 취함은 홍수 심판이 지나가고, 세상 보존의 무지개 언약을 믿고는 나태해진 모습으로 보인다. 포도주를 마시고 하체를 드러내게 하는 자에게 화가 있다(합 2:15; 참고. 사 28:7).[136] 함은 아버지의 나체를 본 후, 셈과 야벳에게 비웃듯이 고한다(창 9:22). 이것은 아담이 선악과를 따 먹은 후, 아들 가인이 아벨을 죽인 더

---

135 성경을 '선교적 교회'의 관점에서 읽는 방법은 송영목, 『다차원적 신약 해석』(서울: CLC, 2017)의 제 5부를 참고하라.

136 타락한 아담과 하와의 나체와 옷으로 가림(창 2:4-3:24)과 노아의 나체와 옷으로 가림(창 9:20-23)은 병행을 이룬다. 의로운 아우 아벨(창 4:8)과 의로운 아우 야벳(창 10:1-5)도 병행을 이룬다. B. K. Waltke, 『구약신학』(김귀탁 역, 서울: 부흥과 개혁사, 2012), 360; T. L. Decker, "Live Long in the Land: The Covenantal Character of the Old Testament Allusions in the Message to Laodicea (Revelation 3:14-22)," *Neotestamentica* 48 (2014, 2), 430-31. 참고로 노아가 포도주를 마시고 자는 모습을 하나님이 주신 안식과 기쁨을 가리킨다는 긍정적 해석은 J. B. Jordan, 『창세기의 족장 이야기』(안정진 역, 서울: CLC, 2009), 64를 보라.

큰 죄를 범한 것과 비슷하다(창 4:8). 홍수를 견딘 새로운 인류 역시 죄악의 사이클에 빠지고 만다. 따라서 언약의 하나님은 이들을 구원하시려고 열심을 내셔야 한다(단 9:19 참조).[137]

(3) 셈을 향한 축복

셈과 야벳은 아버지의 하체를 보지 않으려고 뒷걸음치며 들어가서 옷으로 아버지를 덮어 준다(창 9:23). 이것은 하나님께서 범죄한 아담과 하와에게 무화과나무 잎으로 만든 옷 대신에 가죽옷을 입히신 것과 유사하다(3:21-22).[138] 노아가 깨어난 후, 함의 후손인 가나안은 저주를 받지만, 셈의 장막은 번성할 것이라는 예언을 받는다(9:25-26). 가나안은 셈의 종이 될 것이다. 가나안은 저주받은 가인의 후손이 되고 만다. 노아는 야벳이 창대하게 되어 셈의 장막에 함께 거하게 될 것이라고 축복한다(9:27). 하나님은 허물 있는 노아에게 다시 옷을 입혀 주셨고, 장차 있을 일에 대해 예언하도록 하셨다. 무지개 언약과 문화명령을 성취하셔야 하기 때문이다.[139] 말씀하신 것을 이루시는 하나님은 합력하여 선을 이

---

137 함이 아버지 노아의 나체를 본 것을 자기 어머니, 즉 노아의 아내와의 근친상간(maternal incest)을 가리킨다는 황당한 해석은 J. S. Bergsma and S.W. Hahn, "Noah's Nakedness and the Curse on Canaan (Genesis 9:20-27)," *JBL* 124 (2005, 1), 34를 보라.

138 B. K. Waltke, 『구약신학』(*An Old Testament Theology*, 김귀탁 역, 서울: 부흥과 개혁사, 2012), 348.

139 무지개를 통한 세상 보존 언약을 '환경 언약'(ecological covenant)으로 명명하며, 창 1장의 문화명령과 연결하는 경우는 G. North, *Genesis: The*

루시기를 기뻐하시는 분이다.

(4) 함 대신에 저주 받은 가나안

왜 함이 아니라 함의 자손 가나안이 저주를 받아야 하는가? 노아 자신의 실수로 인해서 함의 아들 가나안을 저주하는 것은 바람직한 일인가? 함을 꾸짖고 주의를 주면 족하지 않았을까? 노아의 예언대로, 셈의 장막은 번성하고 가나안은 저주를 받는다.[140] 노아는 개인의 문제를 넘어 이스라엘과 가나안 사이의 거대한 두 세력의 전쟁을 예고한다. 함의 후손들은 가나안을 비롯하여, 애굽, 블레셋, 앗수르, 바벨론과 같이 이스라엘의 강력한 대적들이었다(창 10:6-13). 그러므로 가나안에게 임할 저주 예언은 이스라엘 주변에 있던 구약 교회의 대적을 물리치겠다는 의지의 표현이다.

(5) 창세기의 1차 독자들

함은 '가나안의 아버지'이며(9:18), 가나안은 함의 막내아들이다. 함의 죄와 가나안이 받을 저주는 팔레스타인에서 살고 있던

Dominion Covenant (Tyler: ICE, 1997), 145-49를 보라.

140 하와와 함은 가족(아담 그리고 셈, 야벳)을 범죄로 유혹한다. 아담은 유혹에 굴복했지만, 셈과 야벳은 유혹을 거부한다. J. H. Walton, *Genesis* (The NIV Application Commentary; Grand Rapids: Zondervan, 2001), 347.

가나안 족속의 죄악과 그들이 받을 심판을 예고한다. 모세 5경 중 하나인 창세기를 처음 읽었던 출애굽 2세대에게 가나안이 받은 저주는 중요했다. 창세기의 독자들은 약속의 땅 가나안에 들어가서라도 가나안 족속을 물리치고, 그들과 결코 동화되어서는 안 될 것을 교훈 받는다.[141]

(6) 예수님과 바울, 그리고 선교적 교회

무지개 언약과 문화명령은 하나님의 복을 받은 셈의 장막을 통해서 성취된다. 셈의 장막에 야벳의 족속도 들어와야 한다. 이런 구속사의 발전은 셈의 장막의 대를 이은 신약 교회의 확장, 그리고 하나님 나라의 확장을 보여 준다. 결국 셈의 후손으로 오신 예수님에게서 성취된다.[142] 예수님은 하나님의 저주와 심판을 담당하셔서 교회에게 안식(노아)을 주셨다. 그리고 주님은 가나안인(장사꾼, 이방인)을 몰아내시고(슥 14:21; 요 2:15 참조) 사망과 질병과 마귀의 일과 죄악을 물리치셨다. 바울의 2차 선교 때, 그리스의 빌립보인들이 야벳의 후손으로서 복음을 영접한다. 드디어 야벳의 후손이 셈의 장막 교회의 일원이 된다(행 16:11 이하 참조).

---

141 Walton, *Genesis*, 351. 참고로 Walton처럼 고대 근동학을 연구하는 이들이 저지른 우(愚), 예를 들어, 아담의 역사성을 부인하는 것은 용납할 수 없다.

142 C. van der Waal, 『반더발 성경연구 1』 (명종남 역, 서울: 줄과 추, 1997), 126.

(7) 적용

새 동산지기이신(요 20:15 참조) 예수님을 통하여 신약 교회가 새 출애굽을 했다면, 주변 가나안 족속을 물리쳐야 한다. 동시에 우리 속의 그릇된 언약신앙과 문화명령을 교정하고, 무사안일과 나태를 경계해야 한다. 신약 교회는 셈의 후손이신 예수님 안에서 셈의 장막에 들어와 있다. 셈의 장막은 확장되어야 하는데, 그 안으로 계속 들어와야 할 야벳의 자손은 누구인가? 셈은 '이름', 그리고 야벳은 '확장된다'는 뜻이다. 선교적 교회에게 '성도', '그리스도의 사람'(행 11:26), '성령의 장막'(고후 3:16; 6:16)이라는 이름을 주신 하나님이 영광을 받으시고, 교회는 머리이신 예수님의 은혜를 전해야 한다.

2. 아브라함을 부르신 하나님(창 12장)

고재수의 설명대로, 창 12장의 중심 계시는 아브라함의 씨로 오실 예수님을 위해서 하나님께서 사라를 보호하신 것인가?[143] 즉, 바로와 비교할 수 없이 전능하신 하나님께서 이미 4천 년 전에 우리의 구원을 내다보시면서 사라를 바로의 궁전에서 건지신 것인가? 그렇다면 창 12장은 아브람(이하: '아브라함')과 창세기의 1

---

143 고재수, 『구속사적 설교의 실제』(서울: 기독교문서선교회, 1987), 21-22.

차 독자, 더 나아가 현대 그리스도인에게 직접적인 연관성이 거의 없게 된다. 건전한 그리스도 중심적 해석은 본문의 문맥과 역사적 배경을 철저히 살피고 난 후에 가능하다. 문법-역사적 해석을 대충하고 성급히 그리스도께서 성취하신 신학적 메시지를 찾는 것은 핵심 메시지를 찾는데 실패한 것이다.

(1) 아브라함에게 준 메시지

구약은 신약의 구속사를 위한 출발점이다. 따라서 구약의 각 책, 각 장은 하나님의 구속사가 펼쳐지는 연속이다. 그러므로 구약 각 장에서 기독론적 메시지를 찾는 것이 쉽지 않고 명확하게 기독론적 성취를 언급하지 않는다 하더라도, 구약은 이미 기독론적 메시지를 향하고 있고, 하나님의 전체 구속사의 한 장면임을 기억해야 한다.[144]

하나님은 75세 된 아브라함 가족을 하란에서 가나안으로 부르신다(창 12:1, 4). 이것은 일종의 믿음의 테스트이다(참고. 창 22:1-2).[145] 구원의 역사는 창조의 역사와 마찬가지로 하나님께서 말씀하심으로 시작된다.[146] 아브라함은 자기 아버지의 집을 떠남으로

---

144 이런 의미에서 문맥과 배경을 살펴 본문 자체의 의미를 잘 파악하는 것이 구속사적 해석이다.

145 G. J. Wenham, *Genesis 1-15* (WBC; Waco: Word Books, 1987), 274.

146 D. 키드너, 『창세기』 (틴데일주석; 서울: 기독교문서선교회, 1994), 153.

써, 자신이 받을 유산을 포기한다. 이전에 갈대아 우르에서 다신론적 믿음을[147] 가지고 있었던 아브라함(참고. 수 24:2, 14)과 하나님께서 언약을 맺으신 목적 중 하나는 자신이 진정 어떤 분인지 계시하기 위해서였다. 이제 아브라함은 하나님만을 자신의 후견 신으로 모신다(참고. 창 14:22). 아브라함은 자신의 생존, 신원, 미래, 그리고 안전을 하나님의 손에 맡겼다. 물론 아브라함은 이전에 자신이 속했던 모든 종교적 유대 역시 끊어버렸다.[148] 대신에 믿음의 사람 아브라함은 하나님이 계획하시고 만드실 기초가 있는 성을 바라보았다(참고. 히 11:10). 이제 본격적으로 아브라함과 그의 후손인 이스라엘을 통한 하나님의 구속사가 새롭게 출발한다.[149] 노아가 오래전에 셈에게 선포한 예언적 축복(창 9:26)이 구체적으로 성취되기 시작한 것은 셈의 후손인 아브라함부터이다(창 11:27).[150]

하나님이 아브라함에게 주신 약속은 다음과 같다(창 12:2-3):

---

147 아브라함이 도착한 예루살렘 북쪽 56km 지점으로 그리심 산과 에발 산에서 가까운 세겜 지역 모레의 상수리나무(창 12:6)도 다신교를 암시한다. 커다란 다볼 오크나무는 세겜의 경계표 역할을 한 것 같은데, 선생 ('모레'의 뜻)이나 재판관이 가르치거나 송사를 들으러 오는 곳이었을 것이다. 그런 나무는 그늘을 제공할 뿐 아니라, 다산을 나타내는 증거였으며, 종종 예배의 장소나 예배의 대상이 되었다. 참고. 존 월튼 외, 『IVP 성경배경주석』(서울: IVP. 2010), 62.

148 존 월튼 외, 『IVP 성경배경주석』, 60-61. 원래 우르에 살던(행 7:2) 아브라함이 본토 친척 집과 관계를 마지막으로 청산한 것은 창 13장에서 롯과 헤어진 것이다. 키드너, 『창세기』, 154.

149 G. 폰 라트, 『창세기』(국제비평주석; 서울: 한국신학연구소, 1983), 171.

150 M. G. 클라인, 『하나님 나라의 서막』(서울: P&R, 2007), 365.

"내가 너를 큰 민족이 되게 하고(참고. 창 17:20; 18:18; 21:18; 46:3),
네게 복을 주어[151] 네 이름을 크게 할 것이니(참고. 삼하 7:9),[152] 너는
복이 될 것이다. 너를 축복하는 자들에게 내가 복을 주고, 너를 저
주하는 자에게 내가 저주하리라(참고. 창 27:29; 출 21:24; 민 24:9). 땅
의 모든 족속이[153] 너로 말미암아 복을 받을 것이다."[154] 이 약속
은 창세기에서 뒤따르는 족장들의 역사 안에서 계속해서 갱신된
다(창 13:14-16; 15:5, 7, 18; 18:10; 22:17; 26:24; 28:3-4, 13-15; 32:13;
35:9-12; 48:16). 바벨탑이 건축된 시날에서 인간의 노력으로 얻
으려 했던 우주적-제의적 초점의 회복과 이름을 내는 것(창 11)
이 아브라함에게는 은혜로운 약속으로 주어졌다(참고. 롬 4:2).[155] 히
11:10에 의하면, 아브라함에게 약속된 도시는 하나님이 직접 건
축하실 것이다.[156] 아브라함을 축복하는 자들(מְבָרֲכֶיךָ)은 복수형으
로, 저주하는 자(וּמְקַלֶּלְךָ)는 단수형으로 등장하기에, 저주와 심판
보다는 복과 구원이 강조되며, 아브라함을 축복하는 자들이 저주

---

151 Wehnam은 아브라함('abrarekeka)의 이름의 뜻을 "내가 너에게 복을
준다"라고 이해한다. Wenham, *Genesis 1-15*, 276.

152 아브라함의 언약은 다윗 언약에서 부분적으로 성취된다.

153 아브라함에게 주어진 땅의 모든 족속, 즉 세상 열국에 대한 복된 약속
은 그 후 잊혔다가, 출애굽 직후 '제사장 나라'(출 19:5-6)라는 말에서 다시
살아났다. 키드너, 『창세기』, 155. 물론 승천하신 만왕의 왕이신 예수님께
서 지금도 세상 나라를 하나님 나라로 만드신다(계 11:15).

154 고든 웬함은 창 12:2-3을 창세기의 신학을 요약하면서 해석을 위한 열
쇠를 제공한다고 본다. 고든 웬함, "창세기," in 『IVP 성경주석: 구약』, ed.
by G. J. 웬함 and J. A. 모티어 (서울: IVP. 2005), 109.

155 폰 라트, 『창세기』, 172.

156 클라인, 『하나님 나라의 서막』, 367.

하는 자보다 더 많을 것을 암시하는 것으로 볼 수 있다.[157] 그리고 창세기에 88회 등장하는 명사형 '복' 혹은 동사형 '축복' 혹은 '복을 주다'가 2-3절에서 5회나 사용되었다.[158] 창 12:2-3에는 가나안 땅이 분명하게 약속되지 않았는데, 그것은 창 12:7과 15:7에서 볼 수 있다.

아브라함은 제단을 쌓고 여호와의 이름을 불렀다(8절; 참고. 창 4:26; 13:18). 아브라함은 가나안 땅에서 오직 여호와께만 제사를 드리며, 쌓은 단은 약속의 땅에서 차지하게 될 경계 표시 역할을 했을 것이다.[159] 제임스 조던은 아브라함이 제단을 쌓은 것은 그곳이 여호와의 땅임을 선언하는 것으로 본다.[160]

BC 2090년경 아브라함의 가족은 흉년이 들어 애굽으로 이주한다(10절; 참고. 창 26:1; 41:54, 56; 43:1).[161] 이 무렵은 애굽의 구왕국의 왕들이 무너지면서 애굽은 제 1중간 시대(BC 2200-2000, 제 7-10왕조)라는 혼란과 쇠퇴의 첫 번째 시기로 들어간 때다. 그러

---

157 Wenham, *Genesis 1-15*, 277; 폰 라트, 『창세기』, 172.

158 Wenham, *Genesis 1-15*, 275.

159 존 월튼 외, 『IVP 성경배경주석』, 62.

160 제임스 조던, 『창세기의 족장 이야기』 (서울: CLC, 2009), 83-84. U. Cassuto를 따라 제임스 조던은 아브라함과 함께 가나안으로 이주했던 하란에서 얻은(אֲשֶׁר־עָשׂוּ) 사람들(5절)을 아브라함에 의해서 회심한 사람이라 본다. 따라서 제임스 조던은 아브라함이 단을 쌓은 것은 개인적인 제사 차원을 넘어 공동체 차원이라고 본다. 이것이 옳다면 세겜은 물론 하란에서 이미 아브라함은 복음 전파자였다(참고. 창 23:6; 갈 3:8). Contra 폰 라트, 『창세기』, 175.

161 C. F. 에일링, 『이집트와 성경 역사』 (서울: CLC, 2010), 25.

므로 아브라함과 같은 유목민 우두머리가 중앙의 유약한 통치로 허술해진 국경수비를 통과해 애굽으로 들어가는 것은 어려운 일이 아니었다.[162] 고고학적 증거는 아브라함 당시에, 애굽에 300년을 주기로 심각한 가뭄이 있었던 것과 이방인들이 양식을 구하러 애굽에 갔음을 보여 준다.[163] 거기서 약 65세 된 아내 사라의 미모 때문에 두려움을 느낀, 아브라함은 그녀가 자기 누이라고 속인다 (11-14절; 참고. 창 20:2, 12).[164] 바로가 사라를 취하는 대신(15절), 아브라함에게 양, 소, 나귀 및 종들을 준다(16절). 바로는 아브라함을 사라의 오빠로 간주하여 결혼 예물로 주었다(참고. 창 24:55).[165]

---

162 에일링, 『이집트와 성경 역사』, 31.

163 Wenham, *Genesis 1-15*, 287; 존 월튼 외, 『IVP 성경배경주석』, 62.

164 11절의 '용모가 아름다운'은 여성적인 매력이나 매혹에만 엄격하게 사용된 단어가 아니다. 때로는 남성의 멋진 외모를 묘사하는데 사용되기도 했다(삼상 17:42). 사라가 어떤 기적에 의해 여인 특유의 아름다움을 간직하고 있었다고 추정할 필요는 없다. 고대의 미의 기준과 현대의 그것은 다름을 기억할 필요가 있다. 사라의 표정, 소양, 위엄 등으로 인하여, 그녀는 인상적인 여성이라는 느낌을 애굽인들에게 주었을 것이다. Wenham, *Genesis 1-15*, 288; 존 월튼 외, 『IVP 성경배경주석』, 62. 하지만 다른 설명도 얼마든지 가능하다. 사라가 127세에 죽었으므로, 65세는 요즘으로 하면 40세에 해당하기에, 그녀가 65세 때에도 얼마든지 실제 미모를 유지할 수 있었다. 참고. 키드너, 『창세기』, 158. 그리고 출산 경험이 없는 여자가 미모를 유지하기는 경험이 있는 여자보다 더 쉬웠다. 에일링은 아브라함이 BC 2091년에 우르에서 가나안으로 갔으며, 그 후 기근으로 인해 1년 만에 애굽으로 갔기에, Wahkere-Kheti 3세(BC 2120-2070)가 다스리던 애굽에 도착한 사라의 나이를 61세로 본다. 에일링, 『이집트와 성경 역사』, 31. 참고로 Wenham은 용어상의 간본문성에 기초하여 에덴동산의 아름다운 나무들과 미모의 사라를 비교하는데 사변적이다(창 2:9; 3:6-7; 12:11, 15-16). Wenham, *Genesis 1-15*, 289.

165 고재수, 『구속사적 설교의 실제』, 18.

그러나 하나님이 바로와 그의 집안에 큰 재앙을 내리셨다(17절; 참고. 출 9:9). 고대 애굽인들은 모든 질병이 어떤 신의 노여움을 반영한다고 믿었다. 마찬가지로 바로도 큰 재앙, 즉 질병을 신의 진노로 이해했을 것이다.[166] 아브라함은 바로로부터 책망을 들었지만(18-19절), 부자가 되어 안전하게 보내졌다(sent away; 참고. 출 12:35). 즉, '출애굽'했다(20절; 참고. 출 11:1; 12:32, 35-36).[167] 아브라함의 출애굽은 이후의 더 큰 출애굽 사건들인 이스라엘 민족(출 12-14)과 예수님의 출애굽(눅 9:31)의 모형론적인 전조이다.[168] 흥미롭게도 이사야는 갈대아 우르에서 나온 아브라함과 출애굽 사건을 출바벨론의 근거로 삼는다(사 41:8-9, 18-19; 43:1-2, 14-16; 48:20-21; 49:8-12; 51:2-3, 9-11; 52:3-12). 요약하면, 창 12장에서 자신의 백성의 실수와 연약함조차 사용하셔서 약속을 지키시는 하나님을 본다(참고. 창 45:5-8; 롬 8:28).[169]

2-3절의 언약 내용에 근거해 보면, 바로는 사라를 취함으로써 복된 존재인 아브라함을 저주했다. 따라서 바로는 저주를 받아야 마땅했기에, 애굽에 재앙이 내려진 것이다. 이 재앙은 출애굽 직전의 재앙을 위한 전조였다.

---

166 존 월튼 외, 『IVP 성경배경주석』, 62.

167 Wenham, *Genesis 1-15*, 290.

168 Wenham, *Genesis 1-15*, 291; 고든 웬함, "창세기," 109.

169 폰 라트, 『창세기』, 183.

(2) 창세기의 1차 독자들에게 주는 메시지

창 12장의 1차 독자는 모압 평야에 있던 출애굽 2세대들이다. 가나안 진입을 앞둔 출애굽 2세대들은 약속의 땅 가나안에 들어가서 복의 통로와 제사장 나라로 살아야 했다. 그들은 아브라함처럼 두려운 일을 만나더라도 속임수로 살다가는 낭패를 당하게 될 것이다. 그들 역시 연약한 아브라함에게 합력하여 선을 이루신 하나님을 신뢰할 수 있지만, 그렇다고 해서 아브라함의 연약함이 모범이 될 수는 없었다. 창 12장에 나타난 출애굽 주제들은 창세기의 1차 독자들에게 시사하는 바가 컸을 것이다.

(3) 그리스도 완결적 메시지

아브라함의 후손으로 예수님이 태어나셨다(마 1:1; 갈 3:16). 예수님은 복이시자 복의 통로로 사셨다. 하나님께서 모든 민족이 아브라함 안에서 복을 받게 된다고 선언하시는 것은 그리스도께서 아브라함의 자손들 가운데 포함되어 있기 때문이다. 아브라함에게 주신 복된 언약은 그리스도 안에서 성취되는 것을 떠나서는 인정될 수 없다.[170]

아브라함을 예수님의 그림자로 볼 수 있다.[171] 예수님은 아브

---

170 J. 칼빈, 『창세기 1』 (칼빈주석; 서울: 성서교재간행사, 1993), 329-30.

171 칼빈, 『창세기 1』, 329. 아브라함과 예수님 사이에 그림자와 실체로서 상응하는 점을 몇 가지만 살펴보자: (1) 육신의 부모와 친척을 떠난 아브라

라함처럼 불신 권세를 두려워하시지 않았다. 주님의 공생애 기간 중에, 사람들이 예수님을 향하여 축복 혹은 찬송을 한 적 있다: "선생님을 잉태한 배와 선생님을 먹인 젖이 복이 있습니다"(눅 11:27), "호산나, 다윗의 자손께. 복되시다"(마 21:9). 예수님은 아이들을 영접하시고 안수하시고 축복하셨다(막 10:16). 예수님은 승천하시면서 제자들을 축복하셨다(눅 24:50). 하지만 예수님은 자기 백성을 축복, 즉 복을 비시는 대신, 직접 복을 주신다.[172]

예수님을 저주한 자들은 심판을 받았고, 예수님은 신원을 받으셨다. 하나님이 예수님을 신원하신 것들 중에서 중요한 것은 부활과 돌 성전의 파괴, 그리고 사탄의 패배 등이다.

(4) 적용

고향을 떠난 아브라함처럼 성도는 모든 것을 다 내놓고 예수님을 따라야 한다(마 10:37-39; 빌 3:8). 하지만 불행하게도 많은 그리스도인과 기독교 단체가 나그네 인생을 망각하고 기득권을 놓지 않으려고 애쓴다. 지금도 '기근, 불신, 권력(바로 왕)을 두려워

함처럼 예수님은 가족을 새롭게 정의하셨다(마 12:50). (2) 나그네로 지낸 아브라함처럼(히 11:9), 예수님도 복음 전파를 위해서 여러 곳을 다니셨다(마 8:20). (3) 출애굽을 했다(창 12:20; 마 2:21; 눅 9:31). (4) 아름다운 아내가 있다(창 12:11; 계 21:2). (5) 전쟁에 능하다(창 14; 계 19:11-16). (6) 십일조 및 멜기세덱과 관련 있다(창 14:17-24; 마 23:23; 히 7:15-17). (7) 할례를 받았다(창 17:10; 눅 2:21). (8) 교활한 아브라함은 아내를 일시적으로 버렸지만, 예수님은 그렇지 않으시다(마 1:23; 28:20).

172 '복'은 명사이지만, '축복'(祝福)은 '복을 빈다'는 의미의 동사다.

함, 재물의 유혹'은 믿음의 조상 아브라함의 후손들인 그리스도인의 정체성과 사명을 위협하고 있다.[173]

예수 그리스도 안에서 새롭고 영적이며 통전적인 출애굽을 경험한 성도는 이방 세상 속에서 복으로, 복의 통로로 어떻게 살 수 있는가? 우리는 아브라함의 후손이지만, 아브라함이 아니라 아브라함의 바로 그 씨이신 예수님을 닮아야 한다. 창 12장을 "주의 종(목사님)을 비방하면 저주를 받는다"라는 식으로 적용할 수 있는가? 성도는 목회자를 함부로 비방하지 말아야 하는 것은 두 말할 필요 없다. 목회자도 성도에게 마찬가지이다. 하나님을 알지 못하고 알려고 하지 않는 세상 속에, 복된 존재인 그리스도인이 복의 통로로 사는 것은 거룩한 행실이 바탕이 될 때 가능한 일이다. 세상 사람들이 성도를 향하여 축복하도록 만들려면, 걸맞는 행실이 따라야 한다. 그리스도인을 저주하는 자는 하나님이 심판하시고, 성도를 신원하신다. 저주와 관련된 일은 성도가 할 일이 아니라, 하나님이 하실 일이다. 물론 복을 주시는 것도 하나님의 소관이다. 아브라함을 축복하는 자들에게 하나님이 복을 주시고, 저주하는 자에게 저주하시리라는 사실에 초점을 모아 보자. 성도가 복의 통로로 살기 위해서는 걸맞는 삶이 뒤따라야 한다. 그런데 현실은 안티기독교 세력과 적지 않은 불신자들이 그리스도인의 잘못된 행실을 보고 마음대로 저주를 퍼붓고 있다. 그러나 그들은 멀쩡하다. 그것이 근거 있는 저주이기 때문이리라. 구원에 이르는 믿음

---

173 키드너, 『창세기』, 157.

을 가진 성도에게 무엇보다 윤리적인 삶이 관건이다.

3. 애굽의 요셉(창 39:1-6)

창세기의 족장 내러티브(patriarchal narrative)는[174] 예수님의 새 출애굽 및 새 창조 사역과 연관된다. 그런데 요셉이 '꿈꾸는 자'라고 불렸으므로(창 37:19), "우리도 요셉처럼 하나님을 위해서 꿈을 꾸자"라고 외칠 수 있는가?[175] 요셉을 모범으로 삼는 것 자체가 잘못은 아니지만, 그것은 부차적인 계시이며 적용에서 필요한 작업이다. 요셉을 모범으로 둔다면 유대교인에게 적절한 해석이다. 한국 교회가 AD 1세기의 유대인의 율법주의를 배척한다고 하지만, 정작 구약 설교에서 '예수님'을 한 번도 언급하지 않으면서 유대교식 석의와 설교를 하는 모순을 범하고 있지 않은가? 창 39:1-6을 그리스도 중심적-완결적으로 해석해 보자.

(1) 창세기 39:1-6의 문학 및 구속사적 문맥

창 38장은 요셉 이야기 사이에 끼어든 내러티브인데, 요셉의

---

174 이 글에서 '내러티브'(narrative)는 비역사적인 설화나 민담 혹은 전설을 가리키지 않고, 역사적 사건이 이야기체로 기록되었다는 것을 뜻한다.

175 창세기의 족장들이 꾼 '꿈'은 계시이므로, 오늘날 우리가 잘 때 꾸는 꿈 혹은 비전과 다르다.

형 유다의 범죄 사건을 다룬다. 왜 창세기의 저자 모세는 가나안에 머물던 유다가 며느리 다말(유다의 장자 엘의 아내)과 간통하여 베레스와 세라를 출산한 사건을 요셉의 사건 사이에 기록했는가?[176] 창 37:2는 "야곱의 내력은 이러하다"라고 밝히기에, 그 다음 장인 창 38장에서 야곱의 아들 유다와 다말의 사건을 언급하는 것은 이상하지 않다. 하지만 구속사적으로 중요한 것은 유다, 다말, 그리고 베레스가 마 1:3에서 예수님의 조상으로 등장한다는 사실이다(참고. 눅 4:18-22).[177] 따라서 창 38장은 메시아의 계보를 소개할 목적으로 기록되었다. 구원자에 대해서는 자주 언급해야 하는 법

---

176 폰 라트는 J편집자가 원래는 요셉 이야기와 무관한 유다와 다말의 민담을 삽입했다고 본다. 그 편집자가 여기에 삽입한 이유는 요셉이 아버지와 형들에게서 사라졌듯이, 독자들에게서도 잠시 동안 사라지도록 한 것이 효과적이었기 때문이라고 본다. 창 38장이 요셉 이야기 사이에 위치함으로써 애굽의 보디발의 집에 팔린 요셉(창 37:36)이 어떻게 되었는지 독자로 하여금 궁금증을 유발하는 효과가 있음을 부인할 수 없다. 참고. 폰 라트, 『창세기』, 401, 409; G. Wenham, *Genesis 16-50* (WBC; Dallas: Word Books, 1994), 363. 폰 라트는 창 39장도 J편집자의 작품으로 본다. 폰 라트가 전제로 한 자료 가설은 모세를 창세기의 저자로 보지 못하며, 모세의 구성 의도를 무시하게 만든다.

177 가나안 여인이었던 다말은 유다의 둘째 아들 오난(Onan; 그는 형사취수혼을 경시함으로써 많은 자손을 주시겠다는 아브라함의 언약을 무시했음)과 달리 자손을 얻기를 열렬히 사모했다. 다말은 하나님이 아브라함에게 언약하신 많은 자손의 약속이 성취되어야 함을 알았을 것이다. 이방인 출신 멜기세덱(창 14)과 아비멜렉(창 26)처럼 다말도 아브라함의 언약이 성취됨을 알고 이스라엘 백성에 맞추어 살려고 했다. 이 사실은 불행한 유다-다말 사건에서 찾을 수 있는 긍정적 측면이다. 참고. Wenham, *Genesis 16-50*, 365. 오난은 모세 당시에 확정된 형사취수혼의 법을 어겼다기보다는, 많은 후손을 내용으로 하는 아브라함의 언약의 중요성을 간과했다. 그 이유는 다말과 동침하여 아들을 출산한다면, 아버지 유다의 유산을 그 아들과 자신이 나누어 가져야 했기 때문이다. 하나님은 물질 탐욕 때문에 언약에 신실하지 못한 오난을 죽이셨다(창 38:10).

이다. 모세는 유다 지파의 조상 유다의 수치스러운 역사를 기술함으로써, 빌 2:7에서 바울이 언급한 예수님의 '비움'을 미리 볼 수 있으며, 예수님의 영광은 조상에게서 유래하지 않음을 알 수 있다.[178] 예수님은 유다 지파 출신이다(참고. 창 49:10).[179] 창 38장은 하나님께서 족장들에게 주신 자손에 대한 약속이 어떻게 성취될 것인지를 보여 준다.[180]

요셉을 죽이려고 했던(fratricide) 형들과 팔아 치우려는 형들로 나뉘었다(창 37:20-22). 형제 살인(참고. 창 37:33)과 이방인과의 결혼으로 말미암아 족장 야곱의 아들들은 타락의 길을 걸었다.[181] 유다는 헤브론(창 35:27)에서 가나안의 저지대 아둘람(베들레헴 남서쪽 19km)으로 내려갔다(창 38:1). 유다는 가나안 여인(수아의 딸, 창

---

178 J. 칼빈, 『창세기 II』(서울: 성서교재간행사, 1993), 319-20.

179 R. L. Pratt (ed). *Spirit of the Reformation Study Bible* (Grand Rapids: Zondervan, 2003), 76-77.

180 고든 웬함은 족장 시대에 보통 사춘기가 지나면 곧 결혼했음을 생각해 볼 때, 창 38장의 형사취수(兄死就嫂, 참고. 신 25:5-10)와 관련된 일련의 사건들이 약 12년 안에 모두 일어날 수 있었다고 주장한다. 요셉이 형들의 잘못을 아버지에게 고자질한 때는 17세였고(창 37:2), 그가 바로 앞에 섰을 때는 30세였다(창 41:46). 고든 웬함. "창세기," 129.

181 요셉의 형들은 요셉의 채색 옷에 숫염소의 피를 묻혀 야곱을 속였다(창 37:31-32). 마찬가지로 다말도 유다를 옷으로 속였다(창 38:14). 그리고 보디발의 아내가 요셉의 옷을 가지고 남편을 속였다(창 39:16-19). 창 38장의 옷은 앞과 뒤의 옷 사건을 서로 연결하는데, 창세기에서 옷은 '속임'(deception) 주제와 연관 있다. 참고. Wenham, *Genesis 16-50*, 364. 그리고 쌍둥이 베레스와 세라에게서 장자와 차자가 뒤바뀌는 '역전 주제'(triumph-of-the-younger-son motif)를 볼 수 있다(창 25:22-26; 28:28-30; 비교. 창 27:30-36). 결국 장자가 된 사람을 통하여 앞으로 하나님의 구속사에서 중요한 일이 일어날 것을 예견한다. 참고. *ESV Study Bible* (Wheaton: Crossway Bibles, 2008), 119.

38:12)과 결혼했던 에서의 전철을 밟고 있다(참고. 창 26:34-35; 삿 14:1). 모세는 유다의 삶을 동일한 시기에 가나안 밖 애굽에서 성적-도덕적으로 정결하게 살았던 요셉과 대조한다. 요셉과 유다의 대조는 가나안인과 애굽인, 즉 이방인에게 하나님의 복이 진정으로 어떻게 임해야 하는지를 보여 준다.[182] 참고로 유다는 요셉을 애굽으로 팔아버린 주동자였으며(창 37:26-27), 자신의 두 아들이 죽었을 때도 슬퍼하지 않았던 냉정한 사람이었다(창 38:7-10). 유다와 달리 야곱(창 37:35)과 요셉(창 45:1; 46:29)은 따뜻한 사람이었다.

(2) 창세기 39:1-6의 언약 구속사적 메시지

요셉이 애굽에서 머물 때 장소별로 구분하면 다음과 같다: (1) 보디발의 집(창 39:1-20), (2) 감옥(39:21-40:23), (3) 왕궁(41:1-57). 이국에서 고난의 삶을 거친 요셉의 생애는 자기 백성을 보호하고 번성하게 하시는 하나님의 언약적 신실함을 보여 준다. 모세는 창 39:2절과 5절에서 보디발을 '이집트 사람'이라고 부름으로써, 요셉 개인이 애굽에서 종살이하는 것은 장차 이스라엘 백성이 애굽에서 종살이할 것을 미리 암시한다.[183]

---

182 창세기의 독자들은 족장의 인생을 통하여, 장차 가나안에 들어가면 이방 결혼을 하지 말아야 할 것을 교훈 받았고, 이방인을 위한 하나님의 복의 통로로 어떻게 살아야 할지 배웠다.

183 Wenham, *Genesis 16-50*, 373.

"여호와께서 요셉과 함께 하셨다"는 창 39:2, 3, 21, 23절에 반복되는데, 임마누엘 사상은 요셉과 이전의 족장들을 연결한다(참고. 창 26:3, 24, 28: 28:15, 20: 31:3). 호의를 베푸시는 언약의 여호와의 현존은 심지어 가나안 밖에서도 지속되었다. 이 사실은 가나안에서 범죄한 유다와 대조된다. 이스라엘의 언약의 하나님을 가리키는 '여호와'는 요셉 이야기에서 드문데(참고. 창 38:7, 10: 49:18), 창 39장에서 자주 등장한다(2, 3[2회], 5[2회], 21, 23절[2회]). 창 39장은 요셉의 성공이야기가 아니라, 요셉의 형통이 왜 가능했는지를 설명한다. 따라서 창 39장을 통해서, 요셉처럼 우리가 어떻게 하면 성공할 수 있다고 설교하는 것은 지양해야 한다.

요셉 때문에 바로의 경호대장 보디발의 집이 복을 받았다(창 39:5). 이것은 아브라함과 그의 후손을 통하여 천하만민이 복을 받으리라는 아브라함의 언약(창 12:3)이 성취된 것이다(참고. 창 18:18: 22:17: 30:27).[184]

(3) 창세기 39:1-6의 그리스도 완결적 메시지

요셉은 예수님의 그림자이다. 요셉은 하나님의 구원 계획인 이스라엘의 출애굽을 위해서 먼저 애굽으로 보내졌다(참고. 창 15:13). 이 일이 이루어질 때까지 요셉의 삶은 고난의 연속이었다

---

184 Wenham, *Genesis 16-50*, 344, 374.

(참고. 창 50:20).[185] 요셉처럼 예수님도 헤롯 대왕의 살해 위협을 피해 애굽에 내려가셨으며(마 2:13-15), 임마누엘을 경험하셨고(마 1:23; 행 10:38), 도덕적으로 정결하게 사셨다(벧전 1:19). 형들에게 요셉이 은 20개(목자 한 명의 3년 삯)에 팔렸듯이(창 37:28), 예수님은 동족 유대인들의 요구에 의해, 그리고 가룟 유다에 의해 은 30개에 팔려 십자가 처형을 당하셨다. 결국 요셉이 바로의 인장 반지와 고운 베옷을 입은 애굽의 국무총리(창 41:40, 42)와 바로의 아버지가 되었듯이(창 45:8; 참고. 잠 24:16),[186] 예수님은 만왕의 왕이 되셨다. 용모가 아름답고 얼굴이 잘 생긴(창 39:6; 비교. 창 29:17의 어머니 라헬; 삼상 16:18의 다윗) 요셉이 성 범죄를 짓지 않은 것은, 주인 보디발은 물론이거니와 하나님께 죄를 지을 수 없었기 때문이다.[187]

---

185 보디발의 아내의 손에 의해서 요셉의 옷이 벗겨진 것(창 39:15)은 요셉의 권력이 상실될 것이라는 '상징적인 복선'이다. 창 39장에 9회 등장하는 '손'은 권력을 상징하는데, 보디발의 아내의 권력은 외국인 노예의 생사를 좌지우지할 만했다. 참고. J. B. 조던, 『창세기의 족장 이야기』 (서울: CLC, 2009). 147. 참고로 어떤 사람의 신분이나 지위를 보여 주는 '옷'은 창 39:12-16에 6회 나타난다.

186 요셉 개인의 회복은 장차 있을 이스라엘의 출애굽과 회복을 예견한다. 참고. Wenham, *Genesis 16-50*, 378. 창 39:20-23은 요셉을 경호대장의 집에 있던 감옥의 관리자 즉 통치자로 소개한다. 요셉의 회복은 고난의 장소인 감옥에서 이미 시작되었다. 참고로 조던은 창 37:2-3에서 요셉을 아버지 야곱의 오른팔 역할을 한 '의로운 재판관'이라고 보지만, 오히려 요셉의 미성숙으로 볼 수 있다. 조던, 『창세기의 족장 이야기』, 145.

187 BC 1225년경 애굽의 제 19왕조 시대의 '두 형제의 이야기'에 등장하는 (시동생) Anubis와 (형수) Bata의 이야기는 요셉과 보디발의 아내의 이야기와 일정 부분 유사하다. 두 이야기 모두 주인의 아내가 연하의 남성을 유혹하고, 자신 (주인의 아내)의 욕구에 굴복하지 않자 그가 자신을 강간하려 했다고 거짓 고발을 했다. 하지만 이런 공통점을 제외한다면 두 이야기 사이에 다른 관련성은 없다. 참고. 존 월튼, 빅터 매튜스, 마크 샤발라스 &

즉, 요셉은 근원적으로 '하나님의 종'이었다(창 39:9).[188] 요셉이 순결을 지킨 보상은 투옥이었다. 시 105:18-19는 투옥된 요셉의 상황을 설명한다: "요셉은 그 발이 족쇄에 상하고, 그 목이 쇠사슬에 묶였으며, 주님의 말씀이 이루어질 때까지 여호와의 말씀이 그를 단련하였다." 이 두 구절은 열조로부터 전승되어 온 것이다.[189] 예수님도 죄가 없지만 부당하게 고난을 당하신 하나님의 종이셨다(참고. 사 52-53).[190] 요셉처럼 말씀이신 예수님은 말씀으로 사탄의 시험을 물리치셨다(마 4:1-11). 요셉은 온 세상을 먹여 살린 통치자인데(창 41:57), 예수님은 온 세상을 위한 생명의 떡이시다(요 6:55, 58).[191]

예수님의 그림자 요셉이 경험한 형통함(מַצְלִיחַ, 창 39:2, 3, 23)은 야웨의 임마누엘(창 39:2, 3, 23)과 아브라함 언약(창 39:5), 그리고

크레이그 키너, 『IVP성경배경주석』(서울: IVP, 2010), 101.

188 조던, 『창세기의 족장 이야기』, 146. 칼빈은 요셉이 보디발의 아내의 유혹을 이긴 것은 성령님의 비상한 능력을 받았기 때문으로 본다. 이 설명이 옳다면 새 요셉이신 예수님도 성령님으로 죄를 물리치시고 사역하셨다. 칼빈, 『창세기 II』, 338.

189 칼빈, 『창세기 II』, 342.

190 웬함, "창세기," 131.

191 가나안에 머물던 야곱(이스라엘)은 요셉이 보낸 수레들을 보고나서야 정신이 들었고, "더 이상 바랄 게 없다. 내 아들 요셉이 아직 살아 있다니 내가 죽기 전에 가서 그를 보겠다"라고 말했다(창 45:27-28). 야곱 개인의 경험은 장차 이스라엘 전체가 겪을 일을 미리 보여 주는 것이다. 미숙한 나라 이스라엘은 성숙한 공동체로서 부활과 회복을 맛보기 전에 죽음과 심판과 훈련의 과정을 지나야만 했다. 참고. 조던, 『창세기의 족장 이야기』, 156. 구약 이스라엘이 경험한 죽음과 부활의 실재는 새 이스라엘이신 예수님의 십자가와 부활이다. 신약 교회는 예수님 안에서 이 죽음과 부활을 매일 경험하고 있다.

베푸신 '인애'(언약적 사랑, 참고. 출 3:21; 11:3; 12:36) 때문이었다. 이사야는 하나님의 고난당하는 종 예수님이 상함과 질고를 당하시고 자신을 속건제물로 드리실 것이지만 형통할 것이라고 예언했다 (참고. 사 53:10의 חָפֵץ). 예수님은 아브라함의 언약을 성취하셨다(마 1:1). 형통은 고난이 없어지는 것이라기보다는 하나님의 구원 계획과 언약이 이루어지는 것이다. 형통은 번성하고 높은 '지위'보다는 '성취'를 가리킨다.[192]

여기서 그리스도 완결적 해석과 적용의 문제를 살펴보자. 그리스도 완결적(Christotelic) 해석은 특별히, 그리고 구체적으로 신약 저자들이 구약을 변경하면서 사용한 데서 볼 수 있다. 단순히 말하면, 신약 저자가 구약을 변경하여 인용 혹은 암시한 이유는 예수님 때문이다. 신약 저자는 성육신-공생애 사역-십자가-부활-승천-오순절 성령님을 보내심-돌 성전의 파괴라는 예수님이 성취하신 구원 사역의 빛에서 구약을 해석했다. 성령님은 그런 변경의 자유를 신약 저자에게 일시적으로 주셨지, 우리에게는 주시지 않는다. 우리는 구약을 변경시키지 말아야 하고, 문법-역사적으로 해석한 후에 예수님 중심으로, 계시사적으로 해석해야 한다.[193] 우리가 AD 1세기의 사도가 행한 그리스도 완결적 해석을

---

192 키드너, 『창세기』, 262. 덧붙여 형들이 자신의 죄악을 스스로 깨닫도록 요셉이 지혜롭게 다룬 것은 하나님과 교회의 지혜이신 예수님이 성도를 다루시는 것을 내다본다(눅 2:52; 7:35; 고전 11:30; 골 2:3). 조던, 『창세기의 족장 이야기』, 157.

193 피터 엔즈는 그리스도의 성육신(초림)에서 출발하여 때로는 구약 문맥에서 의도적으로 이탈한 사도의 해석을 오늘날 우리도 따라야 한다고 본

시도한다면, 요셉의 고난과 승귀의 시작 단계(즉, 창 39장에는 요셉이 애굽의 총리가 되지 않았음)까지 다루는 창 39장을 어느 정도까지 그리스도 완결적으로 해석할 수 있는가? 예수님의 승천과 오순절 성령을 보내심, 그리고 AD 70년의 돌 성전 파괴라는 전체 승귀의 관점에서 창 39장을 해석하는 것은 합당한가? 오히려 요셉의 실체이신 예수님의 승귀의 시작 단계라 할 수 있는 주님의 부활과 승천하기 전의 지상에서의 40일 사역의 관점에서 창 39장을 해석하는 것이 합당한 그리스도 완결적 해석이 아닌가? 구약의 하나의 본문이 소개하는 사건과 계시는 제한적이므로, 그 범위 안에서 실체인 예수님의 인격과 사역을 찾고 연결하는 것이 합당하지 않는가? 예수님의 승천과 성령 강림과 돌 성전의 파괴는 요셉이 애굽 총리가 되고, 온 세상을 먹이고, 그의 뼈가 출애굽 당시 애굽에서 나온 것과 연결시켜야 하지 않을까?

모범적 해석은 설교의 적용에 있어서 유용하다.[194] 요셉은 예

다. 그러나 신약 저자가 구약의 문맥을 자의적으로 이탈한 것이 아니라, 더 큰 문맥, 즉 이스라엘의 역사가 지향하는 최종 목표(즉, telos이신 그리스도)를 반영하는 그런 문맥에 위치시켰다. 피터 엔즈, 『성육신의 관점에서 본 성경 영감설』(김구원 역, 서울: CLC, 2006), 162, 218.

194 설교는 석의를 현대 청중에게 전하기에 석의보다 '그리스도 완결적 해석과 적용'을 더 요청한다. 창 39장의 그리스도 완결적 설교의 요지는 "나는 임마누엘과 하나님의 언약적 사랑을 믿고 신실해야 한다"이다. 요지를 논리적으로 설명하고 강화하는 첫째 대지는 "왜 나는 임마누엘과 하나님의 언약적 사랑을 믿고 신실해야 하는가? 경건하게 살고자 할 때 어려움이 있기 때문이다"이다. 둘째 대지는 "어떻게 나는 임마누엘과 하나님의 언약적 사랑을 믿고 신실할 수 있는가? 인내하며 경건하게 복의 통로로 살아야 한다"이다. 마지막 셋째 대지는 "내가 임마누엘과 하나님의 언약적 사랑을 믿고 신실하게 살 때 하나님은 어떤 약속을 주시는가? 고난 가

수님의 불완전한 그림자이다. 예를 들어, 아버지의 총애를 받으면서도 형들의 잘못을 일러바친 것은 관용과 겸손의 결여라 볼 수 있다(창 37:2). 하지만 창 39장에서는 요셉의 흠과 티를 발견할 수 없다. 신약 성도는 그리스도의 장성한 분량이 충만한 데까지 자라나야지(엡 4:13), 요셉 같은 구약 인물의 분량까지 자라나야 하는 것은 아니다. 이 문제와 관련하여 구약 성도에게는 신약 성도에게 주어진 성령님의 내주가 일반화되어 있지 않음을 기억할 필요가 있다. 요셉의 실체이신 예수님의 충만한 데까지 자라나는 그리스도 중심적인 모범적 해석과 적용이 필요하다. 성령님의 내주의 은혜를 입은 신약 성도는 예수님과 연합되어 있기 때문이다.

(4) 결론

창 39장의 요셉 내러티브는 우선적으로 문맥을 고려하되, 언약-구속사적으로 이해해야 한다. 동시에 그 내러티브는 승리, 통치, 주인 됨의 길은 겸손한 종의 섬김을 통하여 주어진다는 사실도 우리에게 교훈한다. 세상을 회복하는 길은 왕 같은 족속인 성도가 올바르게 왕권을 실천하는 것이다. 형제를 용서하고 공동체를 회복하는 길은 '이에는 이, 눈에는 눈'이라는 동해보복법이 아니라, 하나님의 섭리를 믿고 선으로 악을 이기는 것이다.

운데서도 높여 주신다"이다.

4. 크리스천의 참된 피 남편이신 예수 그리스도(출 4:24-26)

(1) 그리스도 완결적 해석

하나님은 출애굽을 위해서 미디안에 거하던 모세를 바로에게 보내신다(출 4:19). 하나님은 왜 모세를 죽이려 하셨는지, 십보라는 두 아들 가운데 누구에게 할례를 시행했는지, 십보라는 왜 아들의 포피를 모세의 발에 대었는지, 여러 난해한 점이 많다. 그리스도 완결적 해석은 구약과 신약이 예수님 안에서 하나의 구원의 그랜드 스토리를 형성한다는 구원계시사의 점진적 통일성을 전제한다. 그리고 그리스도 완결적 해석은 구약의 성취인 그리스도의 십자가와 부활로 구약을 다시 읽는 방식이다. 또한 그리스도 완결적 해석은 구약의 모든 구절에서 예수님을 풍유적이거나 비합리적인 모형론적 해석으로 찾으려는 지나친 그리스도 중심적 (Christological) 해석의 오류를 방지하는 차원을 가진다. 그리고 그리스도 완결적 해석은 신약의 복음을 지향하는 구약 본문들의 다양한 궤적을 더 넓은 문맥 속에서 종합적으로, 그리고 신중하게 추적하는 작업이다.[195]

---

195 미국 필라델피아의 웨스트민스터신학교는 그리스도 완결적 해석을 주창한 구약학 교수 피터 엔즈를 해임한 바 있다. 엔즈처럼 구약 본문과 사건을 고대 근동을 참고한 허구의 산물이라고 보거나, 구약 본문이 의도하지 않은 기독론적 의미를 억지로 쥐어짜듯이 만들어 내는 것은 잘못이다. 신약 저자가 구약을 사용할 때 구약 문맥에서 벗어난 것처럼 보이는 구절이 드물게 있을 수 있지만, 그런 현상을 침소봉대하거나 일반화하지 않도록 주의해야 한다. 이런 소수의 예외의 경우조차도 신약 저자가 자신이 사

(2) 그리스도 완결적 해석의 첫 번째 단계

먼저 그리스도 완결적 해석을 위해서 출 4:24-26을 문맥을 고려하여 문법-역사적으로 해석해야 한다. 하나님께서 죽이려 하신 출 4:24의 '그'는 누구인가? 출애굽기에서 모세는 살해의 대상이며(출 2:15: 4:19), 24절의 '그'는 25절의 '그녀의 아들'과 구별된다. 따라서 하나님은 모세의 아들이 아니라 모세를 죽이려 했다고 보는 것이 자연스럽다. 그렇다면 하나님은 왜 모세를 죽이시려 했는가? 모세가 하나님의 소명에 대해 주저하고 순종하기를 꺼렸기 때문인가?(출 4:14). 미디안에서 모세가 아들(들)에게 할례를 시행하지 않았기 때문인가?[196] 아니면 모세가 애굽인을 죽였기 때문인가?(출 2:12; 참고. 피는 피로 갚아야 함, 신 19:10). 모세의 아내 십보라는 돌칼로 차자가 아니라 장자 게르솜의 포피를 잘랐다(출 4:25). 이유는 문맥상 장자가 강조되기 때문인데, 이스라엘은 하나님의 장자이며 마음이 완고한 바로 때문에 그의 장자가 죽음의 위협에 놓였다(출 4:22-23). 만약 모세가 이스라엘식보다 더 간소한 애굽식 할례를 받았다면, 그는 다시 할례를 받아야 했다(참고. 수 5:2). 그래서 십보라는 아들의 피가 묻은 포피를 남편 모세의 발(혹은 성기)에 댐으로써, 남편에게 상징적 할례를 시행한다. 십보라는 할례 때문에 모세를 '피 남편'이라 부른다(출 4:26). 완고한 애

용한 구약 본문의 전후 문맥을 존중하고 있는지 주의를 기울여 살필 필요가 있다.

196 Waltke, 『구약신학』, 419.

굽의 바로 때문에 그의 장자가 죽음의 위협에 처했던 것과 같이, (살인, 소명에 주저함 등으로 인해) 모세도 완고했기에 그의 장자가 (상징적으로) 죽음의 위협에 놓였다.[197] 마음의 굳은 가죽을 베어야 했던 바로처럼, 모세도 할례를 (다시) 받아야 했다. 구약의 넓은 문맥을 고려할 때, 몸의 할례는 결국 성령께서 시행하시는 새 언약의 복인 마음의 할례로 발전한다(렘 4:4).

첫 유월절에 참여했던 이스라엘 남자들은 할례를 받았다(출 12:48-49). 따라서 이스라엘 백성의 대표격인 모세가 애굽으로 돌아가서 첫 번째 유월절을 지키고 출애굽을 인도하려면 자신도 할례를 받아야 했다. 유월절에 문설주에 발린 피를 본 죽음의 사자는 그 집을 넘어갔다(출 12:13). 마찬가지로 십보라는 장자의 피가 묻은 포피를 남편 모세의 두 발(혹은 성기)에 댐으로써 가족 모두가 죽음을 면하게 되었다. 그 결과 여호와께서 모세를 죽음의 위협으로부터 놓아주셨다(출 4:26). 그리고 흥미롭게도 첫 유월절과 십보라의 할례는 모두 밤에 일어났다. 따라서 출 4:24-26의 사건은 출 12장의 유월절과 출애굽 사건을 미리 보여 준다.[198]

모세는 장자의 포피를 잘랐던 십보라의 '피 남편'이다(출 4:25).

---

197 '피 남편'은 피 흘린 다윗의 범죄를 조롱하는 표현(삼하 16:7-8)이었다는 유대교식 주장은 S. Frolov, "The Hero as Bloody Bridegroom: On the Meaning and Origin of Exodus 4,26," *Biblica* 77 (1996, 4), 522를 보라.

198 형들에게 버림받고 살해 위협을 당했다가 애굽으로 팔린 요셉(창 37:18)이 하나님으로부터 살해 위협을 받고 애굽으로 돌아간 모세의 그림자라는 주장은 G. Miller, "The 'Bloody Bridegroom' in Light of the Joseph Narrative," *Jewish Bible Quarterly* 41 (2013, 2), 117을 보라.

여기서 동사 '자르다'는 언약 체결을 가리키는 용어다. 할례는 하나님과 아브라함의 자손 사이의 언약 체결 의식이다(출 17:12). 그리고 '피 남편'은 결혼 용어이기도 하다. 피 언약, 즉 피를 흘림으로써 하나님과 (모세의 가족을 포함한) 이스라엘 백성 사이에 결혼이라는 친밀한 언약이 성사된다.

(3) 그리스도 완결적 해석의 두 번째 단계

그리스도 완결적 해석의 두 번째 단계는 출 4:24-26의 그리스도 완결적 의미를 찾는 것이다. 할례와 피 남편은 새 언약 백성이 받을 마음의 할례를 내다본다(렘 31:33; 겔 37:26-27). 장자의 피 묻은 포피가 모세의 두 발(혹은 성기)에 접촉되었기에, 그는 상징적이며 대리적인 방식으로 할례를 받았다.[199] 마찬가지로 마음의 할례는 상징적이다. 왜냐하면 실제 몸을 자르는 것이 아니기 때문이다. 그리고 성령께서 하나님의 맏아들 예수님의 보혈에 근거하여 새 언약 백성의 마음에 할례를 시행하시기에, 마음의 할례는 대리적이다(롬 2:29).

하나님은 살인자 모세를 죽임으로써 자신의 공의를 만족시킬 수 있으셨다. 하지만 동해보복법을 염두에 두신 하나님은 모세를

---

199 W. H. Propp, "That Bloody Bridegroom (Exodus iv 24-6)," *Vetus Testamentum* 43 (1993, 4), 506. 참고로 Propp은 할례가 출산 시 피를 흘린 산모의 부정을 대리적으로 정결하게 만드는 효과가 있다고 본다(레 12:1-5).

통해서 이스라엘을 출애굽시켜야 하셨다. 딜레마에 빠진 하나님은 모세의 장자의 피(할례)를 통해서 모세를 구원하셨다. 신약 교회의 피 남편은 예수님이신데(계 1:5), 무죄하신 그분은 십자가에서 비보복적 방식으로 자신의 피를 직접 흘리셨다.[200] 신약 교회는 자신의 피 신랑이신 예수님께서 죽음과 부활로 성취하신 구원을 믿어 영생의 언약 안으로 들어간다. 그러므로 십보라의 피 신랑이었던 모세는 참 피 남편이신 예수님의 불완전하고 희미한 그림자이다. 십보라는 장자 게르솜의 피로써 죄인(남편)의 구원을 이루었기에, 그녀는 하나님의 맏아들 예수님의 보혈로만 가능한 구원의 은혜를 교회에 적용하시는 성령님께서 하실 일을 미리 보여 주는 역할을 한다.[201]

(4) 그리스도 완결적 율법 이해: 이강택 박사의 논문을 중심으로[202]

이강택은 '제 5장: 율법에 비추어 본 마태공동체의 사회적 세

---

200 무죄하신 하나님의 아들이 비폭력적이고 자발적 방식으로 피 흘리셨는데, 그것은 무죄한 게르솜이 비보복적 방식인 할례로 인해 피를 흘린 사건의 성취다.

201 이 글의 4. (1)-(3)은 김구원, "A Christotelic Interpretation of Exodus 4:24-26," 3-21에서 요약 인용함. 그리고 황창기, 『예수님, 교회 그리고 나』(서울: 성광문화사, 1998), 94-117("나의 피 신랑 예수 그리스도"[출 4:24-26]); W. J. Dumbrell, "Exodus 4:24-26: A Textual Re-Examination," *Harvard Theological Review* 65 (1972, 2), 285-90도 참고하라.

202 이강택, "Matthew's Vision of the Old and New in Jesus: Social World of the Matthean Community vis-à-vis Matthew's Understanding of Torah" (Ph. D. Thesis, Westminster Theological Seminary, 2010).

계: 율법의 관점에서 본 마태의 종교 지도자들, 예수님, 그리고 제자들'에서, 마태복음에 마태공동체를 분명히 반영하는 구절들이 있다고 주장한다. '교회'(마 16:18; 18:17)와 대조되는 '그들의 회당'(마 4:23; 9:35; 10:17; 12:9; 13:54)은 율법을 오해했을 뿐 아니라, 지키지 않았고 무효화시켰다(p. 229). 마 12:1-8의 안식일 논쟁(참고. 막 2:23-28; 눅 6:1-5)에서 마태는 마가복음을 나름대로 편집하면서 바리새인과의 대립각을 더 분명히 한다(p. 234). 이렇게 마태가 마가복음을 나름대로 편집하여 자신의 신학적 목적을 분명히 한 예가 많다. 예를 들어, 막 13:1과 눅 6:6과 달리 마태는 마 12:9의 '회당' 앞에 '그들의'라는 대명사를 추가하여, 교회와 유대인의 회당이 분리되었음을 암시한다(p. 234). 마 19:3-12와 막 10:2-12 사이의 차이점을 통해서, 마태가 이혼에 대해서 마가복음을 '재 유대화'(re-Judaization)한 것이 아니라, 보다 더 논쟁적으로 본문을 기록하고 있음을 알 수 있다(p. 245). 마태공동체와 바리새적 유대교 사이의 갈등은 민족적 이스라엘과 이방인, 그리고 의인과 불의한 사람 사이의 불필요한 경계선을 폐지하신 율법의 성취자이신 그리스도를 소개하는 마 9:9-13(p. 247, 260), 12:1-8(p. 265), 그리고 15:1-20(p. 252) 등에서 볼 수 있다.

마가가 예수님의 제자들이 깨닫지 못하거나 마음이 완악함을 자주 언급한다면, 마태는 마가 전승의 부정적인 면을 줄여서 그들의 깨달음을 더 긍정적으로 강조한다(마 12:46-50; 13:51; 16:12; 17:13; 비교. 막 3:31-35; p. 272). 이강택은 마 28:18-20을 '이방인 선교'의 관점에서 먼저 보려는 이들을 비판하면서(예. F. J. Matera, B.

J. Malina), 마태공동체가 직면한 바리새파 유대교와 반 율법주의 자들(참고. 롬 6:1; 6:15; 고전 5:1-2; 갈 5:13-14; 엡 5:1-4; p. 277)과의 논쟁이라는 맥락에서 먼저 이해한다. 따라서 하늘과 땅의 권위는 바리새파에게 있지 않고 율법의 성취자이신 예수님께 있으며, 마태공동체가 복음을 전파할 때 율법이 폐지되었다고 말할 수 없었다 (p. 274). 마태의 내러티브는 대결 중이던 구체적인 청중 혹은 일반적인 청중을 염두에 두고 있다(p. 278).

'제 6장: 결론'에서, 이강택은 유대인 출신 그리스도인인 마태와 유대인 출신이 주류를 형성한 마태공동체는 불신 유대인, 반 율법주의자들, 그리고 기독교 율법주의자와 대결했다고 본다. 마지막 두 그룹은 마태공동체 안에 있었던 것으로 보인다(p. 78, 281). 그런데 이강택이 마태복음의 기록 연대를 AD 70년 이후로 본 것(p. 228), M(p. 274), Q의 존재(p. 12)와 마가우선설을 전제한 것, 그리고 자료비평 및 양식비평의 전제 위에 서 있는 편집비평의 문제점에 깊이 주목하지 않은 점(p. 17) 등이 문제가 될 수 있다. 그리고 'community', 'group', 'school'의 용어 정의를 분명히 할 필요가 있다(p. 147). 예수님이 구약에 없는 할라카적 율법 조항을 거부하신 것은 'radical'하기보다는, 구약 율법을 성취하신 것이므로 '약속과 성취'의 틀로 볼 때 자연스럽다(p. 125). 물론 그것은 예수님 당시의 유대인들에게는 'radical'한 것이었다. 그리고 예수님 안에서 이스라엘의 이야기가 '갑자기' 절정에 도달했다는 저자의 주장은 설득력이 약하다(p. 166). 구원 계시사를 염두에 둔다면, 구약의 메시아 예언은 갑자기 성취되었기보다는 점진적으로 성취되었다. 이강택은 P. Foster를 따라, 마태에게 있어서 종말 시대는 예수님의 죽으심과 부활에서 동튼 것이 아니고, 예수님의 선포와 가르침과 기적들을 통하여 종말이 역사 안에 들어와 이미 시작되었다고 주장한다(p. 171). 하지만 '종말의 동틈'과 '종말의 침투 및 시작'을 별개의 것이라 보기 어렵다.

이강택은 참된 하나님 나라의 삶의 방식을 추구해야 하는 그리스도인에게는 율법이 '강화'(intensification)되고 '내면화'(internalization) 된다고 옳게 주장하지만(참고. 렘 31:31-34; p. 217), 그 내면화를 가능하게 하는 성령님의 사역을 언급하지 않는다. 율법의 그리스도 완결적 해석이 '교회완결적'으로(ecclesiotelic) 기능하려면, 율법의 '성령완결적'(pneumatelic) 해석도 필요하다. 그리고 논문에 마태공동체의 정확한 위치에 대한 논의가 미흡한데, '시리아 안디옥'을 주장하는 학자들을 소개하는 정도에 그쳤다. 그리고 그 공동체가 유대인 출신 그리스도인이 중심이 된 것을 부각했지만, 이방인을 포괄하는(inclusive) 측면은 거의 간과한다. 마태복음의 율법 논의와 이방인 출신 그리스도인 사이에 관련성이 없지 않다. 예를 들어, 이강택의 주장처럼, 마태가 자신의 공동체 안에 있던 '기독교 율법주의자들'(Christian nomism group)을 비판했다면(p. 161), 그들은 같은 공동체 안에서 율법 조항 준수에 별 관심이 없던 이방인 출신 성도와 갈등 관계에 있었을 가능성이 크기 때문이다. 따라서 마태공동체의 평등하면서도(egalitarian) 포괄적인 (inclusive) 측면에 대한 연구가 보충될 필요가 있다.

5. 마라에서 엘림으로(출 15:22-27)

(1) 어린아이가 도착한 마라

이스라엘 백성은 홍해를 건넌 후 3일 지나서, 시내 반도 북쪽의 애굽과 블레셋 사이 술 광야의 마라에 도착한다. 출애굽은 이스라엘의 생일, 광야 40년은 마음에 안 들면 불평했던 어린아이로의 성장기, 그리고 사사시대는 고의적으로 불평했던 청년기와 같다. 따라서 하나님은 마라의 쓴 물을 대한 어린아이와 같은 이스라엘을 심판하시지 않는다. 대신 하나님은 자신이 누구신지, 그리고 백성들은 어떻게 하나님을 신뢰해야 하는지 가르치신다.

(2) 광야 3일 길을 지난 마라는 예배의 장소

마라에서 이스라엘 백성은 3일 전의 홍해 도하의 기적을 망각하고, 광야에서 식탁을 베풀 능력이 하나님에게 없다고 판단했다(시 78:11, 19). 모세가 바로에게 출애굽 후 3일 길을 가서 하나님을 경배하리라고 진술한 대로(출 3:18), 이스라엘은 마라에서 주님을 경배해야 했다.[203]

---

203 참고로 예배의 공공성 회복을 위한 제안은 윤영대, "공공성이 강조된 예배갱신을 위한 소고,"『복음과 실천』14 (2007), 230-56을 보라. 윤영대는 일부 교회에서 예배 시작을 알리는 타종 후의 묵도는 일본 신국주의의 잔재라고 본다.

(3) 순종으로써 안식을 누리는 엘림

모세가 마라의 쓴 물을 고치려고 던진 나무는 십자가가 아니라 하나님의 능력을 상징한다(출 15:25). 하나님은 이스라엘에게 법도와 율례를 주셔서 형통한 길을 가르치신다(출 15:25-26). 마라 사건은 출 20장의 십계명 수여 이전이지만, 이스라엘은 하나님의 인도를 받기 위해서 순종해야 할 법도를 받았다.[204] 마라에서 5시간 떨어진 엘림에 도착하여, 한 지파 당 샘물 하나씩 분배받았고, 종려나무는 두 완전수의 곱(7×10), 즉 70그루가 있었다.[205] 주님의 법도에 순종하는 이들은 젖과 꿀이 흐르는 안식의 땅 가나안과 흡사한 엘림에서 주님의 인도와 은혜를 받는다. 여기까지는 유대 랍비도 동의하는 기독론이 빠진 해석이다.[206]

(4) 마라를 엘림으로 변화시키시는 예수님과 성령님

하늘 만나이시며 신령한 반석이신 예수님은 새 출애굽을 한

---

204 십계명은 시내산의 율법 수여 이전 시대에 이스라엘이 알고 있던 계명의 반복이라는 설명은 P. Enns, *Exodus* (The NIV Application Commentary; Grand Rapids: Zondervan, 2000), 323을 보라.

205 Enns, *Exodus*, 342.

206 참고로 캄펀신학교와 자유대학교에서 교수했던 헤르만 바빙크(1854-1921)의 성경 해석의 특징은 성경의 통일성을 강조하면서, 문맥을 고려한 문법-역사적 해석에다 그리스도 중심적 해석을 추구했다. 신현우, "헤르만 바빙크의 『개혁교의학』에 담긴 공관복음서 주해," 『신학지남』 317 (2013), 26-27.

신약 성도와 동행하신다(출 17:6; 고전 10:4, 10). 주님은 나그네 길을 걷는 갈한 이들에게 성령의 생수를 주신다(요 7:37-39; 계 7:17). 그리고 여호와의 치유(출 15:26) 사역은 예수 그리스도의 전인 회복 사역으로 이어진다(시 103:3; 사 35:5-10; 53:5; 마 8:16-17).

(5) 마라를 지나 엘림으로 가는 신약 성도

광야의 마라를 만난 성도는 불평 대신, 생수를 내시는 종말의 반석이신 예수님을 신뢰하고 그분의 법도를 준행해야 한다. 원래 광야는 예배의 처소인데, 성도는 인내와 감사와 순종의 예배로써 치유와 결실의 장소 엘림에 도달하도록 힘써야 한다. 마라와 엘림은 이웃이다. 하나님은 어둠을 빛으로 바꾸실 수 있기에, 주께는 어둠과 빛이 같다(시 139:12).

6. 대속죄일과 아사셀(레 16:1-34)[207]

모세 오경 중에서 레위기는 중앙에 위치하며 그중에서도 대속죄일(大贖罪日)에 관한 규례는 핵심 부분이다. 이스라엘이 출애굽하여 광야에 있을 때, 하나님은 이스라엘이 어떻게 하나님을 섬겨야 하는가를 여러 제사 제도를 통해서 보여 주셨다. 대속죄일의

---

207 레 16장의 주해는 송영목, "교회의 거룩과 삶의 예배: 레위기 16:7-22의 그리스도 완결적 해석," 『고신신학』 14 (2012), 457-79를 보라.

주요 목적은 죄로 더럽혀진 이스라엘 백성과 회막(성막)을 정결케 하는 것이었다. 대제사장은 짐승의 머리에 안수하여, 자신과 짐승이 하나이며, 자신 대신에 짐승이 번제단 위에서 죽었음을 고백해야 했다. 이것은 하나님의 자비이다. 죄의 삯은 사망이기에 죄인이 죽어야 하는데 하나님이 짐승으로 대신 죽게 하도록 허락하셨기 때문이다. 그러므로 구약의 번제를 통해서도 하나님의 은혜와 자비를 본다. 속죄제는 죄로 인해 야기된 오염과 더러움을 처리하는 제사다. 죄는 사람뿐 아니라 하나님의 성소까지 더럽힌다. 즉, 이스라엘에서 죄는 죄를 지은 사람뿐 아니라, 그 죄가 범해진 장소까지도 오염시켰다. 죄는 특별히 하나님이 거하시는 성소와 지성소 및 그 안에 있는 성물을 더럽혔다. 일반 백성이 죄를 지으면 그들이 출입하는 회막의 뜰이 부정하여 번제단 뿔에 피를 발랐고, 대제사장이 죄를 지으면 성소가 부정케 되어 휘장과 성소의 향단 뿔에 피를 발랐다. 그리고 일 년 동안 이스라엘의 죄가 쌓이면 지성소까지 더럽혀져서 대제사장이 대속죄일에 지성소에 들어가서 속죄소 곧 법궤 뚜껑에 피를 뿌려야 했다.

지성소에 들어가야 했던 대제사장은 자신을 성결케 하기 위해 속죄제와 번제를 수송아지와 숫양으로 드렸다. 평상시에 입던 화려한 옷 대신에, 흰색 세마포 옷을 입었고 종의 모습으로 낮아져야 했다. 대제사장 자신과 권속을 위해서 수송아지 피를 지성소 안으로 가지고 들어가야 했다. 번제단에서 취한 숯이 담겨진 향로를 들고 가서 향을 피워 속죄소를 가려야 했다. 향과 연기는 대제사장이 거룩한 하나님의 임재를 보지 못하도록 막았다. 대제사장은 송아지의 피를 속죄소 위와 앞에 7회 뿌렸다. 그 후 대제사장은 백성을 위해 염소 두 마리를 취하고 제비를 뽑았다. 그 후 그는 염소의 피를 지성소의 속죄소 위와 속죄소 앞에 뿌렸다(레 16:15).[208] 아마 성소와 향단에도 피가 뿌려지고 정결케 되는 의식이 있었을 것으로 보인다(레 16:16, 20; 참고. 출 30:10). 그 다음 회막 뜰의 번제단 뿔에 수송아지와 염소의 피를 바르고 그 위에 피를 7회 뿌려서 거룩하게 했다(레 16:18-19). 수송아지의 피와 염소의 피를 동시에 뿌린 것은 번제단이 제사장과 백성의 죄로 인해 더럽혀졌음을 의미한다. 이러한 의식을 대제사장이 거행하는 동안, 일반 백성은 모두 회막 밖에 머물러 있어야 했다(레 16:17). 왜냐하면 대제사장은 유일하게 하나님과 백성 사이의 중보자였기 때문이다. 이 사실은 우리의 영원한 대제사장이신 예수님 한 분만이 중보자이심을 내다보게 한다(딤전 2:5; 히 7:27-28).

대제사장은 백성의 죄를 위해 예비된 염소 두 마리 중 아사셀을 위해 제비 뽑힌 염소의 머리에 두 손으로 안수하고, 미리 예비된 사람에게 맡겨 광야로 보내야 했다(레 16:20-22) 아사셀은 어떤 의미인지 분명하지 않지만, '광야에 사는 악령'으로 볼 수 있다. 백성의 죄를 대신 진 염소는 마치 죄와 악령의 출처인 광야로 돌려보내 버려야 했다(레 17:7; 사 13:21). 이렇게 함으로써 이스라엘의 모든 죄가 다시는 돌아오지도 못하며 완전히 옮겨지게 되었다. 이

---

208 대속죄일에 대제사장은 자신을 위해서 수소의 피를, 이스라엘 백성의 속죄를 위해서 염소의 피를 준비했다. 대제사장은 향로와 피를 가지고 지성소에 두 번 들어간 것으로 보인다.

모든 대속죄일의 행사에 참여한 이스라엘 백성은 옷과 몸을 씻고, 대제사장도 옷과 몸을 씻어야 했다. 그 후 대제사장은 일반 대제사장의 옷으로 갈아입고, 숫양으로 자신과 백성을 위해 번제를 드리고, 속죄제의 기름을 번제단 위에 태웠다. 매년 7월 10일이 되면 대속죄일을 지키기 위해서 이스라엘 백성은, 심지어 이스라엘 중에 거하는 나그네들도 아무 일을 하지 말고, 스스로 괴롭게 하여야 했고, 큰 안식일로 지켜야 했다.

아사셀을 위해 광야로 추방된 염소는 세상 죄를 지고 가신 어린양이신 예수님을 내다본다. 즉, 광야로 떠나간 이 염소는 능욕을 지고 예루살렘 성문 밖 골고다에서 죽으신 주님을 내다본다.[209] 우리는 대속죄일 규례를 통해서 속죄를 위해 몸값을 지불하신 예수님의 대속의 죽음을 미리 본다. 피 흘림이 있어야만 죄 사함이 있기에(히 9:22), 예수님은 향단, 번제단, 속죄소에 피를 바르거나 뿌리지 않으시고, 십자가에서 우리 대신 저주를 받으셨다. 우리는 성령의 거룩하게 하심과 예수 그리스도의 피 뿌림을 얻기 위하여 택하심을 입은 사람이다(히 10:19-22; 벧전 1:2; 요일 1:9; 계 7:14).

대속죄일의 주인공은 예수님이신데, 그분은 영문 밖에서 죽으심으로 우리 죄 값을 치르신 아사셀 염소이며 대제사장이시다. 우리는 우리 속의 옛 성품과 죄를 볼 때마다 마음을 괴롭게 하고 회개해야 한다. 주님이 여신 새롭고 산 길, 시온의 대로를 걸어야 한

---

209 참고로 아사셀은 악령으로 인정받지 못했기에 광야를 의미하는 비인격적이며 비활동적인 상징이라는 주장은 이상란, 정중호, "대속죄일과 아세셀," 『구약논단』 1 (1997, 3), 22를 보라.

다. 찬미의 제사를 드리며 거룩하고 정결하게 선한 일에 열심을 내며 예배 생활을 해야 한다.

7. 복의 선포(고후 13:13; 민 6:22-27)

　　자주 잘못 사용하는 두 표현 중 하나는 "하나님, 축복해 주십시오"이다. 왜냐하면 사람은 복을 빌지만(祝福) 하나님은 복을 주시기 때문이다. 또 다른 하나는 '축도'이다. 예배 중에 하나님은 '복을 비는 기도'(祝禱)를 하지 않으시고, 자기 백성에게 '복을 선포'하고 주신다. 축도가 옳은 표현이라고 여기는 설교자는 "… 성령의 교통하심이 너희에게 있을지어다" 대신에 "-있기를 축원하옵나이다"라고 고쳐서 잘못 말하기도 한다.[210] '축원'(祝願)은 소원이 이루어지도록 비는 기도이다. 축복과 축원을 기도로 간주하기에 나타나는 현상이 몇 가지 있다. 첫째, 소위 축도 때 눈을 감는다. 둘째, '봉헌 기도'를 "예수님의 이름으로 기도 드리옵나이다. 아멘"으로 마무리하지 않고 축도와 곧바로 연결시킨다. 하지만 하나님은 예배로 부름(votum) 받은 새 언약 백성에게 설교자의 입을 통해 복을 주심(benediction, 아프리칸스로 seëning)으로 언약

---

210 예장 합동은 1960년 45회 총회에서 축기도(복의 선언)의 마지막 표현을 예배모범에 있는 대로 '있을지어다'로 가결했다. 예장 통합은 1989년 74회 총회에서 '축원하옵나이다'로 변경하기로 결의했다. 장차남, "축도를 바르게 이해하자," 『헤르메네이아 투데이』 30 (2005), 148.

갱신을 시작하시고, 세상을 향해 나아가는 백성에게 다시 복을 주심으로써(seëning) 내보내신다. 이처럼 복의 선포로 수미상관구조를 이루는 예배는 다름 아닌 하나님의 복된 섬김(Godsdiens)이다.

복의 선포(강복 선언)는 예배를 마치는 신호가 아니다. 그러면 성도는 예배 곧 언약 갱신의 복을 어떻게 이어갈 수 있는가? 민 6장의 문맥을 고려하면, 나실인처럼 거룩하게 순종할 때에 가능하다. 하나님께서 대제사장 아론과 그의 아들들에게 이스라엘 백성을 위하여 복을 선언할 것을 명령하신다(민 6:23). 제사장이 이스라엘 백성을 향해서 복을 선포하는 것은 주로 성소에서 행해졌다. 환언하면, 하나님과 회막에서 교제를 나눈 언약 백성이 세상을 향해 나아갈 때 복을 주어 보내는 것이다. 그러므로 복의 선포는 기도회가 아니라 공적인 예배 중에 시행되어야 한다.

아론은 하나님 대신 축복하고 하나님은 복을 주신다: "그들은 이같이 내 이름으로 이스라엘 자손에게 축복할지니, 내가 그들에게 복을 주리라"(민 6:27). 대제사장은 하나님의 이름으로 복을 선언해야 한다. 따라서 복의 선언은 제사장이 마음대로 복을 내리는 주문이 아니다. 언약의 중보자인 제사장은 하나님의 입이다(레 9:22; 신 21:5).

대제사장이 선언한 복을 들은 사람은 자동적으로 그 복을 받았는가? 성경의 복은 현세와 내세의 것이며, 영적인 것인 동시에 하나님과의 바른 관계를 전제로 한 건강과 물질적인 풍요이기에 전인적이고 통전적인 것이다. 성경의 복은 하나님의 백성의 삶 전체에 임하는 샬롬의 상태다. 성경의 복은 종종 조건적이다. 그 조건은 여호와를 경외하여 순종하는 것이다. 나실인처럼 거룩하고 헌신할 때 선포된 복은 실현된다(민 6:1-21; 시 112:1-2; 렘 32:39-41; 마 6:33; 요삼 2). 그러므로 복은 하나님의 명령에 순종함으로 받는 보상이기도 하다.

하나님께서 자기 백성에게 주시는 복을 더 살펴보자. 그것은 삼위 하나님께서 주시는 은혜와 평강이다. 대제사장 아론이 선언한 복은 민 6:24, 25, 26에서 '여호와는'으로 시작한다. 복 주시는 '여호와'를 세 번 언급한 것은 신약의 삼위 하나님의 복 주심으로 더 명료해진다(고후 13:13; 계 1:4-5).[211] "여호와는 네게 복을 주시고 너를 지키시기를 원하며"(민 6:24)는 성부께서 예수님을 통해 성도와 그들이 받을 천국의 기업을 보존하심으로 구체화된다(벧전 1:4-5). 하나님은 영적인 복과 물질의 복을 주시고, 그 복을 누리도록 보호하신다.

그리고 "여호와는 그의 얼굴을 네게 비추사 은혜 베푸시기를 원하며"(민 6:25)의 복은 자기 백성에게 사죄의 은혜와 사랑을 부으시기 위해 만나주시는 하나님의 사역을 가리킨다. 마치 태양이 얼어붙은 땅을 환하게 비추고 열기를 주듯이, 빛이신 하나님의 은혜가 우리를 따뜻하게 감싸는 것을 의미한다(참고. 시 80:1-3). "여호와는 그의 얼굴을 네게로 향하여 드사 평강 주시기를 원하노라"(민 6:26)는 자비로우신 하나님의 얼굴에서 나오는 은혜로 말

---

211 N. MacDonald, "A Trinitarian Palimpsest: Luther's Reading of the Priestly Blessing (Numbers 6:24-26)," *Pro Ecclesia* 21 (2012, 3), 300, 302, 313.

미암은 샬롬인데, 3가지 복의 결론이다. 바로 이 '은혜와 평강'(민 6:25-26)을 염두에 두고 바울은 편지 서두에 예수님을 통하여 용서받은 죄인들에게 베푸시는 하나님의 복으로 소개한다(롬 1:7; 고전 1:3).[212] 하나님의 평강이 생각과 마음을 주관하도록 해야 한다(골 3:15; 빌 4:6-7).

그렇다면 하나님의 복을 받은 주의 백성은 어떻게 살아야 하는가? 우리는 서로를 위해 예수님의 이름으로 합심 기도하고 축복하면서, 복의 통로로 살아야 한다. 하나님은 왜 우리에게 하나님의 얼굴 빛을 비취사 평강과 은혜의 복을 주기 원하시는가? 복을 합당하게 누리는 성도의 윤리적 삶을 통해서 주님의 도를 땅 위에, 주님의 구원을 만방 중에 알리시기 위해서이다(시 44:3; 67:1-2, 7; 렘 4:2; 벧전 2:9).[213]

성부의 파송을 받은 예수님은 교회의 복이다: "하나님이 그 종을 세워 복 주시려고 너희에게 먼저 보내사 너희로 하여금 돌이켜 각각 그 악함을 버리게 하셨느니라"(행 3:26). 예수님은 우리의 복인 동시에 하늘 성소에서 기도하시는 대제사장이다(히 3:1). 예수님은 지금도 하늘 보좌 우편에서 우리를 위해 기도하시면서 복을 주신다. 공적 예배 중에 복의 선포는 말씀의 사역자에게 주어진 임무이다. 하지만 모든 성도가 거룩한 제사장이기

---

212 E. A. Martens, "Intertext Messaging: Echoes of the Aaronic Blessing (Numbers 6:24-26)," *Direction* 38 (2009, 2), 171.

213 Martens, "Intertext Messaging," 168-75. 복을 선언하는 설교자는 고후 13:13에만 제한하지 말고, 민 6:24-26의 신약 간본문들을 풍성하게 활용하면 된다.

에 서로 복을 빌어야 하고, 복이 흘러가는 통로로 살아야 한다.

민 6:24-26은 기복신앙을 정당화하지 않는다. 대신 복의 선언은 삼위 하나님을 경외하면서 복의 통로로 살기 위해서 거룩하게 사는 이들에게 주시는 준비된 하나님의 복이다(시 84:4-5).

8. 장막절과 추수감사절(계 7:13-17; 신 16:13-17)

이스라엘의 3대 절기인 유월절과 오순절과 초막절 가운데, 오순절과 초막절은 추수와 관련된다. 보리와 밀의 추수이든 1년 전체의 추수이든 추수 때는 결실을 주신 하나님께 감사하기에 가장 좋은 때이다.[214] 요지는 "나는 잔치의 삶으로 범사에 감사해야 한다"이다.

첫째로, 우리가 잔치의 삶으로 범사에 감사할 수 있는 이유가

---

214 한자에서 '맥'(麥)은 보리, 귀리, 밀 등을 가리킨다. 따라서 보리는 '대맥'(大麥), 밀은 '소맥'(小麥)이라 불린다. 그런데 출 23:16의 추수 절기는 '맥추절' 곧 보리 추수 절기가 아니라, '수확절' 혹은 '추수의 절기'(feast of harvest, ESV, NIV, RSV)라고 번역해야 한다. 왜냐하면 오순절에 드린 곡물은 보리가 아니라 밀의 첫 소산물(the first fruits of the wheat harvest, NIV, ESV, NRS, RSV)이었기 때문이다(출 34:22). 이스라엘에서 니산월 곧 현대의 3-4월에 보리를 수확했고, 오순절이 속한 시완월 곧 현대의 5-6월에는 밀을 수확했다. 참고로 현대의 6-7월에는 포도를, 7-8월에는 올리브를, 8-9월에는 대추야자와 여름 무화과를 수확했다. 장막절이 속한 오늘날 9-10월에는 여름과일을 감사 예물로 바쳤다. 적용 차원에서 볼 때, 수확절과 장막절의 정신을 살려, 도시화가 심화된 시대를 맞이한 현대 교회는 상반기와 하반기 감사절로 지킬 수 있다. 이 때 약자를 구제하는 기회로 활용해야 한다(신 26:11). 김진규, "맥추절 용어 번역 문제,"『성경원문연구』 43 (2018), 42-52에서 요약.

무엇인가? 영적인 출애굽과 임마누엘의 복과 범사의 복 때문이다. 구약의 장막절에 가까운 것은 오늘날 추수감사절이다. 농경문화에서 볼 때, 장막절은 일 년 전체의 추수를 기념하는 날이다.[215] 구속사적으로 보면, 장막절은 출애굽 후에 하나님의 인도를 받던 이스라엘 백성이 광야에서 장막 안에 머물던 것을 기념한다.[216] 새로운 출애굽을 한 신약 교회는 성령님의 장막과 전이 되어 살고 있음을 기념한다.

이스라엘 백성은 7월 곧 티쉬리월에 나팔절과 대속죄일, 그리고 장막절을 다 지켰기에, 티쉬리월은 '잔치 달'이다.[217] 장막절은 티쉬리월 15일부터 거행하는데, 대제사장이 지성소로 피를 가지고 들어간 대속죄일로부터 5일 이후였다(참고. 출 23:16; 34:22; 레 23:34). 장막절에 이스라엘 백성은 출애굽을 기념하여 종려나무 잎과 가지로 만든 초막에서 7일 동안 보내야 했다. 그러므로 장막절에 애굽의 종살이에서 해방된 것을 기념한 절기이다. 3대 절기 중에 장막절을 기념할 때 경비가 가장 많이 들었다. 장막절 첫날

---

215 참고로 농부는 여름철에 임시 장막을 들에 세웠는데, 포도와 올리브와 다른 곡물이 익어 가서 추수되었다. A. Berlin and M. Z. Brettler, *The Jewish Study Bible* (Oxford: Oxford University Press, 2014), 383.

216 Waltke, 『구약신학』, 572. 참고로 신 16:12의 출애굽의 구속사적 의미를 무시한 경우는 G. von Rad, 『신명기』(한국신학연구소 번역실 역, 서울: 한국신학연구소, 1986), 114를 보라.

217 3절기는 이스라엘의 국가적 정체성을 확립하는데 중요했는데, 신약 교회가 기념하는 절기 역시 크리스천의 정체성을 확립할 수 있어야 한다. 참고. D. A. Carson (ed), *Biblical Theology Study Bible* (Grand Rapids: Zondervan, 2018), 311.

에 예루살렘 성전에서는 소 13마리, 숫양 2마리, 양 14마리를 제물로 바쳤다. 그리고 장막절 전체 기간 동안, 소 71마리, 숫양 15마리, 어린 양 105마리, 염소 8마리를 희생 제물로 드렸다. 이스라엘 백성은 정결한 몸을 유지한 채 하나님에게 바친 제물을 먹음으로써 하나님과 교제를 나누었다. 장막절이 왜 이처럼 중요하고 거창한 행사여야 하는가? 1년 추수는 물론, 출애굽 여정 시에 동행하신 하나님께 감사하는 행사였기 때문이다.

계 7:13-17은 장막절을 배경으로 하는 매우 중요한 간본문이다. 예수님은 불신 유대인들과 로마 제국으로부터 박해를 받던 소아시아의 7교회에게 현재적인 위로의 말씀을 주신다.[218] 특별히 하나님은 144,000명 위에 '장막'을 치고 계신다(계 7:15). 하나님의 심판이 임하는 동안에도, 남은 자들은 하나님의 인을 이마에 받아서 살아남는다. 신약 교회는 남은 자, 큰 환난을 이긴 자, 어린양의 보혈로 정결하게 된 사람이다. 그리고 성령의 장막은 대왕이신 하나님의 보좌 앞에 살면서 주님을 섬기고, 하나님의 장막에서 산다. 또한 목자이신 예수님의 돌보심으로 주리지 않고 부족함이 없으며 생명수 강가로 초청받아 살아간다. 하나님은 성도의 슬픔과 환난 속에서 그들의 눈물을 씻어 주신다. 그래서 성도는 시련과 역경을 주신 것에 대하여 감사할 수 있다. 역경은 우리를 겸손하게 만드는 하나님의 손길이다. 고난은 하나님을 의지하게 만드는 하나님의 손길이다. 추수감사절에 올 해 동안 베풀어 주신

---

218 계 7:13-17을 미래의 천국의 모습으로 해석하는 경우는 *ESV Study Bible* (Wheaton: Crossway Bibles, 2008), 2474를 보라.

3. 예수님 중심으로 구약 성경을 읽는 40가지 실례

하나님의 은혜에 감사하자. 우리를 구원하셔서 거친 광야 인생길을 가는 동안 동행해 주시는 하나님의 은혜에 감사하자.

둘째로, 우리는 어떻게 잔치의 삶으로 범사에 감사할 수 있는가? 형제자매와 동고동락하며 감사해야 한다. 이스라엘 백성은 추수 때에 하나님께서 주신 복으로 인하여 온전히 기뻐해야 했다(신 16:15). 그런데 추수 때에 밭의 모든 것을 베지 말고 나그네와 가난한 자를 위해서 모퉁이 부분은 남겨 두어 추수의 기쁨과 감사를 공유해야 했다(레 19:9-10). 슬픔은 나눌 때 반감되지만, 감사는 나눌 때 배로 증가하기에, 추수감사절에 약자와 소외된 자를 초청하여 나누어야 한다. 청지기로서 섬기고 나누는 삶은 공동체의 잔치의 삶을 위해서 중요하다. 공동체의 교제와 건강을 강화하면서, 우리의 예배적 삶과 잔치의 삶은 영원한 천국에서 어린양의 혼인 잔치에서 먹고 마실 때까지 계속 되어야 한다(참고. 마 8:11; 계 19:9).

마지막으로, 잔치의 삶으로 범사에 감사하는 사람은 어떻게 살아야 하는가? 우리의 삶을 산 제사로 드려서 성령의 열매를 맺어야 한다. 장막절의 짐승 제사는 성도가 삶에서 드리는 예배로 바뀌었다(참고. 롬 12:1). 삶의 예배는 성령님의 도움으로 가능하다. 예수님 당시, 유대인들은 장막절이 되면 예루살렘의 실로암 연못에서 물을 떠다가 성전의 번제단 위에 부었다. 이 예식을 염두에 두고 예수님은 믿는 자의 마음에 생수의 강들, 즉 성령님의 역사와 은혜가 흘러넘칠 것을 설명하셨다(참고. 요 7:37-39). 우리 삶에 흘러넘치는 보혜사 성령님이 열심을 주시고 일이 되도록 하셔야만 결실할 수 있다. 우리가 계획을 세우고 최선의 노력한다고 해서 일이 되는 것은 아니다. 아름다우신 하나님께서 우리의 손이 행한 일을 견고하게 해 주셔야 결실한다(참고. 시 90:17). 오직 자라게 하시고 열매를 맺게 하시는 분은 하나님이시기 때문이다. 따라서 우리는 능력과 지혜로 일하고 난 후, 하나님의 자비와 긍휼을 기다려야 한다.

9. 나와 같은 선지자 하나를(신 18:9-22)

예수님의 성육신의 의미를 신 18장을 통해서 살펴보자. 요지는 "우리는 말과 행동에 신실한 선지자로 살아야 한다"이다.[219] 먼저, 우리는 어떻게 선지자가 되었는가? 하나님은 대선지자이신 예수님과 연합된 우리를 이 시대의 선지자로 세우셨다.

불기둥과 구름기둥의 인도로 광야를 지나고 있는 이스라엘 백성은 광야교회요 하나님의 군대이다. 비록 광야를 지나고 있는 나그네이지만, 이스라엘 백성은 신정국가의 백성이었다. 하나님이 다스리시는 신정국가에서 가장 중요한 3가지 직책은 왕, 제사장, 그리고 선지자이다. 이들은 기름 부어 세운 메시아들이다. 이스라

---

219 한국 설교에서 지배적인 중심 주제 곧 요지가 사라짐으로써, 설교 내용이 분산되고 파편화되는 동시에 사람 중심적 설교가 되었다. 요지는 성경 본문이 말하는 바를 전할 뿐 아니라 본문을 통해서 하나님께서 하시고자 하시는 것에 청중이 반응하도록(적용) 이끌어 낼 수 있어야 한다. 이우재, "Sidney Greidanus의 설교 연구: 현대 설교의 한계를 극복하는 대안을 중심으로,"『복음과 실천신학』27 (2013), 341, 344, 354.

엘 백성이 가나안 땅에 들어간 후에도 왕, 제사장, 선지자가 중요한 역할을 할 것이기에, 하나님께서 신 17:14부터 18장 끝까지 바로 이 3직분에 대해 말씀하신다. 먼저 신 17:14-20에 의하면, 장차 하나님을 대신해서 다스릴 왕이 임명되면 그는 군마나 군대를 의지하지 말고 하나님의 말씀을 항상 곁에 두고 다스려야 한다고 말씀한다. 신 18:1-8에서, 제사장은 생업을 위해서 다른 일을 할 수 없고 오직 제사장의 기업이 되시는 하나님을 믿고 성전에서 봉사해야 한다. 신 18:9-22에 의하면, 선지자는 그 당시와 미래에 대해 하나님이 주신 말씀만 말해야 하는 하나님의 대변인과 같다.

구약 이스라엘 백성들을 다스릴 왕의 역할, 그리고 그들을 위해 중보하며 제사를 드릴 제사장의 역할, 그리고 말씀을 가르쳐 주고 예언할 선지자의 역할 이 모두를 모세가 40년 동안 해 왔다. 모세야말로 광야 이스라엘의 왕, 선지자, 제사장이 아니었던가! 바로 이 모세는 새로운 모세이시며 교회에 영적인 출애굽을 주실 예수 그리스도를 내다보는 인물이다(히 3:5-6). 새 모세이신 예수님은 교회의 머리시며 말씀으로 다스리신 대왕이시다. 예수님은 멜기세덱의 반차를 좇은 새 언약의 중보자이시요, 이 세상에서 땅한 평도 소유하지 않으시고 머리 둘 곳도 없으셨던 영원한 대제사장이시다. 예수님은 하나님의 뜻을 실천하는 것을 양식으로 여기시면서 천국 복음을 전한 선지자이시다(눅 24:19). 그러므로 신 17-18장의 왕, 제사장, 그리고 선지자에 관한 말씀은 예수님께서 이 땅에 오셔서 성취하신 관점에서 해석해야 한다. 그러므로 예수님과 연합되어 있는 신약 성도 역시 이 세 직무를 수행해야 한다.

여기서 모세와 예수님께서 수행하신 선지자 역할에 초점을 맞추어 보자. 거짓 선지자와 다른 참 선지자에 대해 모세는 신 18:15-18에서 언급한다. 모세는 느보산에서 조만간에 죽을지라도 자신처럼 선지자로 일할 사람을 하나님이 계속 세우실 것이라고 말씀한다(18:15). 모세가 어떻게 후대의 선지자의 모델이 될 정도로 훌륭하게 사역을 감당했는가(신 34:10-12)를 알려면 그의 충성스런 모습을 살펴보아야 한다. 모세는 고난을 당하면서도 온유와 분별력을 가지고 행한 지도자였다(신 3:12-29). 모세는 선생이었다(신 5:1-5). 모세는 이적과 권능을 행한 자요 중보자였다(신 9:25-29; 10:10-11). 신 5-6장에서 십계명을 받아 이스라엘에게 선포하는 모세에게서 선지자로서의 그의 임무를 가장 분명히 볼 수 있다. 고난 당한 지도자, 선생, 중보자로서의 모세의 모습은 모든 선지자의 삶 속에 공통적으로 나타나고 예수님의 삶에도 분명히 나타난다. 대선지자이신 예수님은 중보자요, 고난 당한 지도자이시며, 이적과 권능을 행한 분이시요, 천국을 선포한 분이시며, 성부 하나님의 말씀만 전한 분이시며, 새 이스라엘을 위한 교사이셨다. 모세를 포함한 모든 구약 선지자들의 예언이 하나님의 입에서 나온 것임을 증명하신 분이 예수님이시다. 성경에 나타난 최초의 선지자 아브라함 이래로(창 20:7), 하나님은 시대마다 이스라엘에 선지자를 보내셨다. '바로 그 선지자', 즉 모든 선지자의 예언을 성취하신 분은 예수님이다(행 3:22-23; 눅 24:19; 요 6:14).[220] 따라서 예

---

220 요한복음에 나타난 '종말의 그 선지자'이신 예수님의 정체성에 관하여 송영목, "간음하다 잡힌 여자 사건에 나타난 예수님의 선지자로서의 정체

수님의 성육신은 구약 선지자의 예언을 성취한 것이며, 그들이 하나님께서 보내신 종임을 증명하는 것이다.

그렇다면 우리는 어떻게 선지자로 살 수 있는가? 우리의 말과 행동이 일치해야 한다. 하나님은 자신이 보내신 예언자의 말을 듣지 않는 자에게 벌을 내리신다(신 18:19-20). 그렇다면 이스라엘은 선지자가 하는 말이 하나님의 말씀인지 아닌지 어떻게 구별할 수 있는가? 선지자의 말에 증험과 성취됨이 없으면 하나님이 말씀하신 것이 아니다(신 18:22). 구약에서 왕에게 아부하며 거짓을 예언한 선지자가 많았다. 하지만 대선지자이신 예수님은 자신이 죽으실 것과 부활하실 것, 부활하신 후에 제자들보다 갈릴리에 먼저 가 계실 것, 승천하실 것, 그리고 성령이 오순절에 부어질 것을 예언하셨다. 그리고 이 모든 예언은 실제로 그대로 다 이루어졌다. 주님의 말씀은 모두 아버지 하나님께서 주신 말씀이기 때문이다. 따라서 이 대선지자 예수님의 말씀을 듣지 않는 자에게는 성부 하나님의 진노가 임한다(요 3:36; 참고. 눅 9:35).

그렇다면 만인 선지자인 성도는 하나님의 말씀을 우리 입과 심비에 담고 새겨야 한다. 우리는 고난 가운데서도 분별력을 갖추고 섬겨야 한다. 불의한 세상에서 의를 행하면서 고난을 감수해야 한다. 그리고 우리 삶에도 하나님의 이적과 기사와 큰 능력이 나타나도록 간구해야 한다. 또한 우리 삶이 하늘 영광 버리고 말씀이 육신이 되어 오신 주님의 겸손을 본받아야 한다. 결국 신자의 선

성," 『신약연구』 14 (2013, 3), 517-46을 보라.

지자로서의 삶은 예수님이 가신 길을 따라가면서 언행과 신행이 일치되는 가운데 섬기며 사는 것이다.[221]

10. 여리고 함락 작전(수 6:1-12)

인류의 역사는 '전쟁의 역사'라 불릴 만하다. 전쟁에서 승리하기 위해서는 많은 군인, 최신 무기와 뛰어난 전략이 필요하다. 하지만 하나님의 전쟁에서는 이러한 전술 없이도 이긴 경우를 많이 본다. 그러므로 성도는 하나님의 방법으로 싸워야 한다.

여호수아는 요단강을 건너기 전에 싯딤에서 여리고를 정탐하려고 정탐꾼 2명을 보낸다(수 2).[222] 둘레 600m의 큰 성 여리고는

---

221 구약과 사도 시대의 예언의 은사는 그 후로 가르침의 은사로 융합된다. 이환봉, 『성경에 이르는 길』(부산: 고신대학교출판부, 2012), 111.

222 수 5:13에 의하면, 예수님의 그림자인 여호수아는 예수님의 실재와 마주친다. 여호수아는 갑자기 자기 앞에 나타나서, 자신과 여리고 성 사이에 있는 한 전사를 본다. 그 전사는 주님의 군대 사령관이다. 즉시 여호수아는 땅에 엎드려 그에게 절하면서 명령을 받으려고 준비한다. 이 전사가 사람이나 천사라면 여호수아가 그에게 절했다는 이유로 책망을 받았을 것이다. 그러나 이 전사는 여호수아를 꾸짖지 않고, 대신 여호수아가 서 있는 곳이 거룩하기에 신을 벗으라고 말씀한다. 이것은 우리로 하여금 모세가 불붙어 있지만 다 타버리지 않은 가시떨기로 다가갔을 때 경험한 것을 연상시킨다. 하나님께서 가시떨기에서 모세에게 신을 벗으라고 말씀하셨다. 모세가 신을 벗은 후 여호와께서 애굽에서 이스라엘을 구출하실 계획을 말씀하신 것처럼, 수 6:2-5에 의하면, 여호수아가 신을 벗은 후, 주님은 여호수아에게 어떻게 여리고를 취할 것인가를 말씀하신다. 여기서 우리는 참되시고 살아 계신 하나님을 본다. 그분은 사람의 모양으로 나타나신 보이지 않고 무한하신 하나님이시다. 하나님의 아들이 사람으로 이 땅에 오시기 전에, 그리스도 예수님이 처녀에게서 태어나시기 전에, 그분은 구약

'달의 도시'라는 뜻으로, 달의 신에게 바쳐진 도시이며 우상 숭배의 본거지였다. 이스라엘의 총 사령관이신 하나님의 전략은 희한하다. 무장한 군인들이 제일 앞에 서고, 나팔을 부는 제사장 7명이 그 뒤에 서고, 법궤가 그 뒤에 따르고, 법궤 뒤에 군사가 따르는 형태다. 거룩한 용사이신 하나님은 법궤에 좌정하셔서 자신의 거룩한 용사들 가운데 행진하신다. 이것은 비 전투적 예배 행진의 모습이다. 행진할 때 제사장들이 나팔을 불 뿐이지, 군인들은 여호수아의 명령대로 침묵을 지킨다. 하나님의 전쟁이니 사람이 나서지 말아야 한다.

이 때 여리고 성 주민 중에서 기생 라합의 가족만 구원을 받는다(행 16:31 참조). 라합이 믿음으로 정탐꾼 2명을 목숨 걸고 숨겨 주었기 때문이다(히 11:31).[223] 여리고의 창기 라합의 집에 매단 '붉은 줄'은 예수님의 보혈을 내다본다(수 2:18). 왜냐하면 그 붉은 줄

성도에게 이렇게 나타나셨던 것이다(런던신학교 Philip Eveson교수의 설교에서 요약). 구약 족장들에게 주의 사자로 현현하신 분은 예수 그리스도라 볼 수 있다(참고. 창 16:13, 31:11, 13, 32:28). 이환봉, 『성경에 이르는 길』, 95-96.

223 함무라비 법전 제 109항은 다음과 같다: "만일 법을 위반한 사람이 술 파는 여자 집에 모여 있는데, 그 여자가 그들을 잡아 왕궁으로 끌고 가지 않으면 그 여자는 사형에 처한다." 따라서 라합은 믿음으로 생명을 건 모험을 했다. 라합은 두 정탐꾼을 만난 후부터 예수님의 그림자인 여호수아가 군대를 이끌고 올 때까지, 여리고성에서 마치 나그네처럼 살아야 했다. 이것이 성도의 삶의 방식이어야 한다. 우리가 복음을 들어 믿고 거듭난 후부터 주님이 다시 오실 때까지 나그네로서 늘 깨어 있어야 한다. 예수님은 구원과 심판을 위해 오신다. 마 1장의 왕의 족보에 라합이 등장하기에(5절), 그녀는 이스라엘의 '여왕'이 된 것이나 마찬가지다. 그녀는 하나님의 언약 백성에 포함된 것을 넘어, 메시아 가문의 조상으로 쓰임 받는 복을 받았다.

은 이스라엘이 출애굽할 때 유월절 어린 양의 피가 문설주와 인방에 발린 것을 되돌아보게 하기 때문이다(출 12:22).[224] 따라서 라합 가족은 예수님의 피를 내다보는 붉은 줄 아래에서, 하나님의 진노가 넘어가는 새로운 출애굽의 유월절을 경험하고 있다. 이처럼 구원 받은 백성은 세상 죄를 지고 가는 어린양 예수님의 피 아래에서 하나님의 무서운 진노를 면한다. 라합의 가족이 여리고가 파괴되던 당일에는 이방인으로서 부정했기 때문에 이스라엘의 진영 밖에 있었다(23절). 그러나 이제는 예수 그리스도를 믿으면 누구나 진영 밖에 일시적으로 격리될 필요 없이, 즉각 정결하고 의로운 자가 되어 하나님의 가족에 포함된다.

일곱 제사장이 불었던 '양각 나팔'(쇼파르)도 어린양 예수님이 죽으심으로써 성도가 구원을 받은 것을 내다본다. 레위기에 보면 숫양은 번제, 속건제, 화목제물로 바쳐졌다(레 1:10). 바로 그 숫양이 죽어야 뿔이 나오고, 그 뿔로 나팔을 만들 수 있다. 양각 나팔은 어린양 예수님의 죽으심이 우리를 구원하셨다는 사실과 십자가의 복음이 세상을 이길 힘을 주는 것을 알린다. 어린양의 보혈의 공로를 덧입은 우리는 화목과 생명을 주신 예수님을 널리 전해야 한다.

---

224 N. P. Lunn, "The Deliverance of Rahab (Joshua 2,6) as the Gentile Exodus," *Tyndale Bulletin* 65 (2014, 1), 15. 하지만 고재수는 붉은 줄을 예수님의 보혈을 예표하는 것으로 이해하지 않고, 여리고의 문화적 관습으로 이해한다. 참고. 고재수, 『구속사적 설교의 원리와 실재』(서울: CLC, 1987). 그러나 두 정탐꾼이 창문에 걸린 붉은 줄을 타고 내려갈 정도로 그 줄은 굵었는데, 여리고의 창녀의 집에 이런 줄이 걸려 있었는지 확실치 않다.

하나님은 가장 천한 이방 기생과 맺으신 언약조차도 절대로 무시하지 않고 지키신다. 어린양의 보혈 아래로 나아온 사람은 그가 가장 천한 사람이든 가장 멸시받는 사람이든 간에, 구원의 반열에 서게 되고 정결하게 됨을 가르쳐 준다. 세상에서 천대받고 가진 것 없는 이, 그리고 문벌 좋지 않은 이라도 예수님의 보혈을 믿고 하나님께로 나아가면 예수님의 나라에 들어오게 된다(고전 1:26-29).

요단강을 건너면서 옛 사람을 매장한 사람은 가나안에 들어가서 전쟁을 통해 계속해서 옛 사람을 매장하는 훈련을 해야 한다. 하나님의 은혜로 가나안을 받았지만, 이스라엘은 힘을 다해 순종하여 그 땅을 자신의 것으로 만들어 안식을 누려야 했다. 가나안 땅에 들어간 이스라엘이 승리하는 방법은 하나님의 법대로 순종하여 믿음으로 싸우는 것이다(히 11:30).

작전의 첫째 단계인 여리고 성을 도는 것은 여호와께서 그 성을 자신의 것으로 측량하시고 표시하시는 것을 통보하는 것이다. 둘째 단계인 일곱 제사장이 법궤 앞에서 숫양의 뿔로 만든 일곱 개의 나팔을 들고 부는(13절) 것은 하나님의 거룩한 전쟁의 시작을 알리는 것이다. 셋째 단계인 제 7일에는 성을 7회 돈다. 7은 완전수인데, 제 7일에 작전이 완성된 것이나 마찬가지다(15절).[225] 넷째 단계 곧 큰 나팔을 불고 백성은 외쳐서 지축을 흔들리게 한 것

---

225 이스라엘은 6일 동안 총 6회 여리고를 돌았고, 마지막 날에 7회나 돌자 그 성은 무너졌다. 이것은 하나님께서 6일 동안 창조하시고 제 7일에 쉬신 것과 유사하다.

은 이스라엘이 승리에 대해서 가지는 믿음을 표시한다(20절). 다섯째 단계는 무너진 여리고 안으로 들어가 공격하여 그 성을 진멸하여 하나님에게 바치는 것이다(17-20절). '달의 신'에게 바쳐진 이방 풍속을 아는 사람들이 살아서 이스라엘을 더럽히지 않도록 모두 진멸해야 했다. 하나님은 마지막 일곱째 날에 여리고에 큰 지진을 보내서 파멸시키셨다.

이 전쟁에서 이스라엘이 할 것은 거의 없었기에, 여호와께서 싸우시는 전쟁이었다. 그저 믿음으로 순종하는 것뿐이었다. 예수님도 대제사장 앞에서 재판 받으실 때 별 말씀을 하지 않으시고 십자가에서 죽으시는, 이해가 안 가는 하나님의 방법대로 죽으셨지만 부활하심으로써 죽음을 이기는 구원을 우리에게 주셨다.

마치 '여호와의 궤'만 여리고 성을 도는 것처럼 묘사되는데(11절), 이것은 이스라엘이 여호와와 연합된 것을 말한다. 예수님은 새로운 여호수아로서 대장이시다. 예수님은 움직이는 법궤이시다. 예수님은 하나님의 말씀(두 돌판)과 보호(아론의 싹 난 지팡이)와 생명의 말씀(만나 담은 항아리)이시다. 영광의 예수님은 그리스도의 좋은 군사로 살기 원하는 우리 가운데 임마누엘 하신다. 승리하신 예수님과 연합된 교회는 그분의 승리를 믿고 승전가를 부르고 외쳐야 한다. 풀리지 않는 고민과 어려움 속에서도 외쳐야 한다: "주여, 믿습니다!" 거대한 적들과 질병과 물질의 어려움 앞에서도, 두려움과 근심이 엄습하더라도, 이제 담대히 "무너져라" 하고 외치자. 우리 대장 "예수님이 무너뜨리시리라"고 믿음

으로 외치자.[226]

11. 오른손에 장애를 가진 사사 에훗(삿 3:15-30)[227]

(1) 오른손에 장애를 가진 사사

사사 에훗은 양손을 모두 쓸 수 있는 왼손잡이라기보다 '오른쪽 손에 장애를 가진 남자였다(삿 3:15).[228] 하나님께서 장애인 에훗을 사사로 보내셨을 때, 이스라엘 백성은 실망했을 수 있다. 이스라엘을 18년간 억압한 모압 왕 에글론은 자신의 이름의 뜻 '송

---

226 복음서에도 여리고에서 일어난 중요한 사건이 있다. 눅 18:35 이하에는 라합처럼 멸시를 받던 거지 소경 바디메오가 세상의 빛으로 오신 예수님을 만나서 치유를 받는다. 가나안의 기생을 물리치지 않고 구원하신 하나님처럼, 천한 거지 소경을 예수님이 구원하신다. 그리고 눅 19장에 의하면, 여리고에 살던 부자 세리장 삭개오는 라합처럼 '아브라함의 자손'으로 구원을 받는다(19:9). 기생 라합처럼 사람들로부터 부정직하고 매국노와 같은 죄인으로 멸시를 받던 직업을 가졌지만, 삭개오는 재산의 절반을 가난한 자에게 나눠 주고 속여 빼앗은 것은 4배나 갚겠다고 결심한다(19:8). 그는 키가 작은 관계로 뽕나무 위에 올라가 예수님을 보려고 했다(3-4절). 그에게는 예수님이 누구이신가를 알고 그분을 만나려는 열망이 있었다. 삭개오에게 예수님이 먼저 찾아와서 부르시고 만나 주셨다(19:5). 삭개오는 이스라엘의 잃어버린 양이었고 인자 예수님이 그를 찾으셨다(19:10).

227 이 글의 사사기 설교들은 J. B. Jordan, *Judges: God's War against Humanism* (Tyler: Geneva Ministries, 1985)에 나타난 석의와 설교 주제를 기초로 삼았다.

228 삿 3:15에서 LXX는 ἀμφοτεροδέξιος 즉 '양손잡이'(ambidextrous)라고 번역한다(참고. 삿 20:16).

아지'처럼 심히 비둔한 자였다(17절). 그는 더위를 많이 탔을 것이기에, 창문이 많아 서늘한 여리고의 여름 별궁에 거했다(20절). 공물을 바친 후, 에훗은 길갈에서 성령의 감동을 받고 혼자서 에글론을 다시 찾아가서 신의 말씀을 전하기 위해 만났다(19절). 할례와 유월절을 행한 길갈(수 5)에 돌을 떠서 우상을 만드는 장소가 있음을 본 에훗에게 성령은 거룩한 의분을 일으키셨다. 에훗은 에글론을 준비한 단검으로 찔러 죽였다(21절). 밖에서 기다리던 신하들은 똥을 싸고 죽은 에글론 왕이 발을 가리는데 시간이 걸린다고 생각했다(22-24절). 에글론 왕이 살해당한 후, 에훗은 이스라엘을 모아 모압 잔당 소탕작전을 벌여 요단강 나루터 근처에서 1만 명을 죽였다(28-29절). 그 결과 하나님은 이스라엘에게 80년간 평화를 주셨다(30절). 18년의 억압보다 4배나 더 긴 평화를 경험했기에, 사사 시대는 죄가 더한 곳에 은혜가 더욱 넘쳤다는 바울의 진술이 참임을 증거하는 기간이었다(롬 5:20).

(2) 에훗의 실체로서 영원한 사사이신 예수님

영원한 사사요 구원자('야사')이신 예수님은 변방 갈릴리 출신, 목수의 아들, 소년 가장과 같은 형편, 흠모할 만한 것이나 아름다운 것이 없고, 사람들에게 멸시를 받아 싫어버린 바 된 분이다(사 53:2-3). 하지만 예수님은 죽으시고 부활하심으로써, 죽음과 사탄을 이기셨다(골 2:15-16). 생명과 평강과 구원을 주시는 주님은 입에서 나오는 칼을 무기로 삼으신다(계 19:11-16). 그것은 잔당 소탕 작전에 부름 받은 교회의 무기이기도 하다. 하나님은 에훗의 장애, 에글론의 비둔한 몸, 창문이 많은 여름 별궁, 길갈의 우상 공장, 거룩한 분노를 합력하여 최선을 이루시는데 사용하셨다. 지금도 그러하다.

12. 삼갈과 소 모는 막대기(삿 3:31)

(1) 무명의 사사

삼손과 비교하면 무명에 가까운 사사 삼갈은 삿 3:31에만 등장한다. 사사 에훗의 바통을 이어받은 삼갈은 이스라엘식 이름이 아니기에, 이방인 출신으로 보인다. 그는 '아낫'의 아들인데, 가나안의 전쟁과 다산의 신 '아낫'을 섬긴 자로 추정된다(삿 1:33).[229] 삼갈은 이스라엘의 남부 지역에 살았기에 블레셋의·위협과 마주쳤다. 삼갈은 에훗의 후계자로서, 80년 태평의 시대 말기에 활동했다. 왜냐하면 삼갈은 여 사사 드보라와 동시대의 사람이었기 때문이다(삿 5:6-7). 삼갈의 지도력 아래, 이스라엘 남쪽은 평화를 누리고 있었으나, 북쪽은 사사 드보라와 기드온이 이방 나라와 전쟁

---

229 이스라엘의 특정 지파에 소속되지 않은 '삼갈'은 어원상 '나그네'를 의미하며, 우가릿 문헌에 '아낫'은 전쟁의 여신으로서 바알 신의 동생이다. M. S. Smith, "Midrash in the Book of Judges: The Cases of Judges 3:31 and 6:7-10," *CBQ* 78 (2016, 2), 261-62.

중이었다.[230]

(2) 삼갈의 전술과 무기

'삼갈'은 '도망가는 자' 혹은 '피하는 자'를 의미한다. 그의 겁이 많은 특성보다는, 치고 빠지는 전략을 가리키는 것 같다. 삼갈이 블레셋 사람 600명을 죽일 때,[231] 사용한 무기는 소 모는 막대기였다. 삼갈이 사용한 것으로 보이는 180cm 길이, 5cm 두께의 막대기의 끝에는 금속 조각을 붙인 경우도 있었다. 농부 삼갈이 소를 몰고 가다가 블레셋 군대를 만나면 소를 길 한편에 세워 놓고 창과 같은 막대기를 휘두르면서 싸웠을 것이다.

삼갈의 무기는 일상의 농기구에 불과하다. 사사기에 농경문화와 전쟁문화 간의 대조가 나타난다. 드보라 당시에 겐 사람 헤벨의 아내 야엘이 가나안의 군대 장관 시스라를 장막 '말뚝'으로 박아 죽였다(삿 4:21). 망대 위에서 한 여인이 던진 '맷돌' 위짝에 맞아 아비멜렉이 죽었다(삿 9:53). 이 사실은 평강의 왕으로 오실 예

---

230 Smith, "Midrash in the Book of Judges," 265.

231 '600명'을 문자적으로 해석하지 않고, 부대의 단위를 가리키는 대략적인 숫자로 이해하는 경우는 남아공 프리 스테이트대학교 F. Snyman, "Shamgar ben Anath: A Farming Warrior or a Farmer at War?" *Vetus Testamentum* 55 (2005, 1), 127-8을 보라. 참고로 Snyman은 전문적인 군사가 아닌 농부 삼갈이 블레셋 군인들을 물리친 후에야 '아낫의 아들'(벤 아낫)이라는 별명을 얻었다고 추정한다. 하지만 삼갈을 애굽의 라암셋 3-4세가 블레셋을 정복할 때 고용된 용병으로 추정한 경우는 N. Shupak, "New light on Shamgar ben Anath," *Biblica* 70 (1989, 4), 524를 보라.

수님이 전쟁용 무기를 쳐서 삽과 괭이로 만드실 것을 내다보게 한다(사 2:4). 평화의 복음이 폭력과 무력과 무기를 압도한다. 세상을 바꿀 힘은 평강의 왕이신 예수님의 복음뿐이다.[232]

(3) 삼갈보다 크신 예수님

삼갈이 블레셋 군대를 약속의 땅에서 몰아냄으로써 이스라엘에게 삶의 공간을 제공한다. 이스라엘의 남쪽은 평화와 충만이 있다. 북쪽 지파인 스불론과 납달리는 늘 북에서 쳐들어오는 이방 족속의 위협 아래 있었지만, 삼갈이 거기까지 활동 범위를 넓힐 수는 없었다. 스불론과 납달리는 이방 국가를 향해 유화정책을 폈기에, 결국 어둠에 앉은 지역이 되고 말았다(사 9:1-2). 그러나 큰 빛이신 메시아가 등장하여 어둠을 몰아내고 창성케 하시며 즐거움을 주실 것이다(사 9:3). 예수님은 스불론과 납달리 지파에 속한 땅인 갈릴리에서 복음을 전하시고, 환자를 치유하시고, 가르치시고, 악령 들린 자를 고치심으로써 하나님 나라를 이루셨다(마 4:14-17).

---

232 삼갈은 블레셋인 600명을 죽였는데, 왜 600명인가? '6'은 불완전한 사람의 숫자다. '7'이라는 완전과 안식의 숫자에 도달하지 못한다. 상징적으로 불완전과 죄 속에 살며 안식을 얻지 못한 이들에게 구원을 줄 것을 보여 준다. 3100년 전의 삼갈과 우리는 무슨 상관이 있는가? 더 위대한 삼갈이신 예수님은 불완전과 죄악 된 숫자 '6'을 파괴하시러 세상에 오셨다. 그 결과 예수님은 교회에게 '7'이라는 충만과 안식을 주셨다. 소를 모는 막대기 같은 연약한 갈보리 십자가로써 하나님은 구원의 지혜와 능력을 나타내셨다(고전 1:18-24).

(4) 적용

이스라엘 밖의 외인이요 하나님도, 소망도 없던(엡 2:12) 우리는 더 큰 '야사'이신 예수님 덕분에 하나님의 용사가 되었다. 우리가 가진 소 모는 막대기가 사람들이 보기에 초라해 보일지라도, 주님의 손에 붙잡힌 인생은 능력이 있음을 믿자. 우리에게는 만군의 여호와의 이름, 하늘과 땅의 권세를 가지신 예수님의 이름이 있다(계 14:1). 성도가 고통과 안식이 없는 곳에 들어가면, 거기에 안식과 평화가 임하도록 노력해야 한다.

13. 엔학고레(삿 15:14-20)

세상에서 가장 비싼 생수는 2013년, 아랍 에미리트의 7성급 두바이 호텔에서 전시된 '아우룸 79'인데, 500ml 용량의 크리스탈 병에 순금과 다이아몬드 113개가 박힌 9억 2,500만 원짜리다. 그러나 이 생수를 마셔도 영원한 해갈은 불가능하다. 성경에는 목마름이 종종 언급된다(시 42:1; 요 4:14). 성도의 삶에 시시때때로 몰려오는 영적인 갈증과 피곤함과 무기력함은 하나님께 부르짖음으로써 은혜의 생수를 받아 마셔야만 해결된다.

(1) 성도는 예수님의 죽으심과 부활로 인해 성령님을 받은 하나님의 용사

삿 15장에 의하면, 사사 삼손이 이스라엘 남부의 레히(뜻: 턱뼈)
라는 마을에서 활동했다. 그 당시 이스라엘 사람들은 블레셋이 무
서워서 삼손을 새로 꼰 밧줄로 단단히 결박하고 블레셋인에게 넘
겨주려고 한다(삿 15:13). 블레셋 사람이 삼손을 체포하려고 소리
지르며 돌진할 때, 여호와의 영의 권능이 삼손에게 임한다(14절; 참
고. 히 11:32). 삼손은 단순히 가진 것이 힘뿐인 사사가 아니라 성령
의 감동으로 활동한 사사였다. 삼손의 팔을 묶었던 줄은 불탄 삼
같이 되어 결박이 풀어진다(삿 15:14). 이처럼 삼손은 동족 이스라
엘은 물론, 이방 블레셋도 상대해야 했다.[233]

자신을 묶고 있던 새 밧줄에서 해방된 삼손은 죽은 지 얼마 안
된 나귀로부터 턱뼈를 취하여 블레셋인 1,000명을 죽인다(15절).
삼손은 시체를 가까이 하지 않겠다는 나실인의 서원을 어겼지만
(삿 13:7), 이때는 전쟁이라는 특수 상황이다. 나실인이 시체를 만
지면 부정하듯이, 이스라엘은 부정한 블레셋과 손을 잡고 동화되
어 버렸다.

---

233 단 지파 출신 삼손(삿 13:2)은 야곱이 단에게 했던 유언을 부분적으로
성취했다(창 49:17). 단독으로 군사 작전을 펼친 삼손은 길의 뱀처럼 매복
하여 말 탄 자를 죽이는 용사와 같다. 참고. C. E. Hill, "Antichrist from
the Tribe of Dan," *Journal of Theological Studies* 46 (1995, 1), 112. 육
체의 정욕에 빠진 삼손을 하나님은 계속 사용하셨다. 하나님께서 일하시
는 방식은 사람의 그것과 다른데, 주님은 사람의 장점만 보시고 사용하지
는 않으신다. F. Smith and J. Bartlett, "A Consecrated Fool: Samson was
a fatally flawed Hero. So why did God still use Him?" *Christianity Today*
62 (2018, 2), 47.

하나님은 자신의 전쟁에 동원하신 거룩한 나실인 용사 삼손으로 하여금 교만하지 못하도록 갈증으로써 낮추신다. 삼손은 오랜 전투로 인해 심히 목말랐고, 죽을 지경에 이른다(삿 15:18). 그래서 그는 다시 여호와를 찾을 수밖에 없었다. 아무리 위대한 일을 행했다 해도 하나님 앞에 교만할 사람은 아무도 없다. 하나님께서 삼손의 부르짖음을 듣고 레히의 한 우묵한 곳을 터뜨리시니 거기서 물이 솟아나왔다. 삼손은 그 물을 마시고 정신이 회복되어 소생한다(19절). 삼손이 물을 마시자 그의 영혼이 돌아왔을 정도로, 그는 영혼이 몸에서 떠난 것처럼 탈진한 상태였다. 삼손은 그 샘을 '에인'(샘), '하'(그), '코레'(부르짖는 이) 곧 '부르짖는 이의 샘'(En Hakkore)이라 불렀다(LXX: πηγὴ τοῦ ἐπικαλουμένου; 19절).

BC 1100년경에 활동한 이스라엘의 사사 삼손(뜻: 작은 태양)은 큰 의의 태양이신 예수님의 그림자다: (1) 동족 이스라엘 백성으로부터 배척당하고 원수의 손에 넘겨진 삼손과 예수님은 비슷하다(요 19:15).[234] (2) 여호와의 영의 권능이 임한 것도 마찬가지다(행 10:38). (3) 두 분 모두 여호와의 큰 구원의 도구로 쓰임 받았다(요

---

234 이 두 나실인들(참고. 나사렛)의 기적적 출생과 수태고지도 유사하다 (삿 13:2-3; 마 1:18-21; 2:23). 그리고 보지 못하면서 사람들로부터 모욕을 당했지만(삿 16:21; 눅 22:64), 죽음으로써 큰 승리를 가져왔다(삿 16:30; 요 16:33; 골 2:15). 물론 삼손은 예수님의 불완전한 그림자다(참고. 반[反]모형 [anti-type]). B. J. M. Johnson, "What Type of Son is Samson?: Reading Judges 13 as a Biblical Type-Scene," *JETS* 53 (2010, 2), 269-70, 285. 하지만 이방 여인의 품에 빠졌던 삼손은 음행을 저지른 야웨의 신부인 이스라엘 백성의 남성 파트너 역할을 대표자로서 감당했다는 설명은 A. B. Mbuvi, "Samson's Body Politic," *Biblical Interpretation* 20 (2012, 4-5), 390, 405를 보라.

20:31). (4) 삼손이 1,000명을 죽인 큰 구원을 이룬 후에 목말라했던 것처럼, 예수님은 십자가에서 구원의 사역을 다 이루시고 난 후 '목마르다'라고 외치셨다(요 19:28). (5) 레히의 우묵한 곳이 터져 물이 나왔듯이, 예수님이 십자가에서 죽임 당하실 때도 옆구리에서 피와 물이 흘러나왔다(요 19:34). 삼손은 엔학고레에서 물을 마셨지만, 더 큰 사사이신 예수님은 생수의 강이신 성령님을 친히 교회에게 주신다(요 7:37-39).

지금도 교회의 주님은 "영과 육이 피곤한 자여, 누구든지 목마르거든 내게로 와서 마시라"고 초청하신다(요 7:37; 계 22:17).[235] 예수님은 마르지 않는 생명의 샘물을 쏟아나게 하시는 종말의 반석이시며(요 4:14; 고전 10:4), 은혜의 근원이시다. 그리고 예수님은 엔학고레를 사모하며 항상 성령으로 기도하는 이(하코레)에게 역사하기를 기뻐하신다(엡 6:18; 요일 5:14; 유 20).

(2) 부르짖는 이에게 임하시는 성령님 덕분에 대적을 물리치고 어려움을 이기는 성도

삼손은 나귀 턱뼈로 블레셋 사람 1,000명을 죽인 후 시체로 한 더미, 두 더미를 쌓는다(삿 15:16). 히브리어로 '더미'(하모르)는 '나귀'와 발음이 똑같은데, 삼손은 턱뼈로 더미 곧 나귀를 만들었다.

---

235 천주교 『성경』(2005년)은 계 22:17을 다음과 같이 번역한다: "성령과 신부가 오십시오 하고 말씀하신다. 이 말씀을 듣는 사람도 오십시오 하고 말하여라. 목마른 사람은 오너라. 원하는 사람은 생명수를 거저 받아라."

삼손은 부정한 짐승 나귀와 같이 부정한 블레셋인들을 죽여 산더미처럼 쌓아올려, 턱뼈의 산(라맛 레히)을 만들었다(17절). 삼손이 턱뼈를 내던져버리는 행동(17절)은 이스라엘을 괴롭힌 블레셋 사람들을 철저히 흩어버리는 것을 상징한다(참고. 겔 29:4; 38:4).

목말라 계속 부르짖은 삼손보다 350년 전에, 하나님은 출애굽이라는 큰 구원의 사건을 경험한 이스라엘에게 물이 없는 광야에서 바위를 터뜨려서 물을 공급하셨다. 출애굽의 하나님은 삼손에게 응답하셔서 새 출애굽을 주신다. 삼손 당시 블레셋의 압제는 40년간 지속되었는데(삿 13:1), 이것은 출애굽한 이스라엘의 광야 40년을 떠올리게 한다(신 1:3).

신약 교회는 모세와 삼손보다 더 위대한 출애굽을 예수님 안에서 경험한다. 밤낮 성도를 정죄하고 고발하는 사탄의 권세와 지옥의 형벌과 죄악으로부터 해방된 출애굽이다(계 12:10-12). 삼손 당시의 패배주의와 안일주의에 빠진 이스라엘은 블레셋이라는 세상이 주는 거짓 평안을 추구했다. 예수님은 위로의 성령님을 통해서 세상이 줄 수 없는 하늘 평안을 간구하는 이에게 주신다(요 14:27). 성령이 임하시면 성도는 하나님 나라의 강한 용사로 무장되어, 결박을 끊고 무거운 짐을 벗어 버린다. 깨어 간구하는 이는 샘이 터지는 경험을 하고, 복음의 대적을 쌓아 올린다. 삿 15장의 사건은 철저히 하나님 중심이다. 삼손을 사사로 사용하시고, 턱뼈로 블레셋인 1,000명을 죽이고, 부르짖을 때 샘물을 주신 분은 하나님이시다. 변변찮은 턱뼈가 우리 손에 쥐어졌더라도 환경을 탓하지 말고, 하나님을 신뢰해야 한다.

(3) 적용

우리에게 답답한 현실, 갈증 나는 현실, 심히 목마른 현실만
있는가? 건강과 경제적 어려움, 그리고 신앙생활의 어려움만 있
는가? 아니면 '부르짖는 자의 샘'인 엔학고레를 통한 문제 해결의
은혜도 있는가? 십자가 위에서 목마름과 지옥의 고통을 겪으신
예수님은 우리가 겪고 있는 고통을 알고 계신다. 주님은 우리의
고통과 근심에 긍휼로 역사하시는 분이다. 영적 슬럼프에 빠진 이
가 있으면 엔학고레를 기억하고 부르짖어 일어나야 한다. 우리의
영원한 엔학고레이신 주님은 이렇게 말씀하신다: "지금까지는 너
희가 내 이름으로 아무것도 구하지 아니하였으나 구하라. 그리하
면 받으리니, 너희 기쁨이 충만하리라"(요 16:24).

14. 보아스와 예수님(룻 4:18-22)[236]

룻기의 마지막 단어는 '다윗'이다(룻 4:22; LXX도 마찬가지임).[237] 룻

---

236 남침례신학교 Boyce College의 구약 교수 M. L. Chase, "A True and
Greater Boaz: Typology and Jesus in the Book of Ruth," *Southern Baptist
Journal of Theology* 24 (2017, 1), 85-96에서 요약.

237 아래는 70인 역(LXX)에 대한 정보다. '아리스테아스의 편지'는 톨레미
왕가의 필라델푸스 왕(BC 285-246) 때에 궁중 관리였던 아리스테아스가
자기 형제 필로크라테스에게 자신이 예루살렘에 다녀온 경험을 편지로 쓴
것이다. 알렉산드리아 왕궁 박물관의 사서로 일하고 있던 테메트리우스 팔
레류수가 필라델푸스 왕을 알현할 때, 왕은 세상의 모든 책을 도서관에 소

기는 사사시대를 배경으로 하지만 다윗 왕조는 물론, 예수님의 나라를 모형론적으로 내다본다. 모형론은 구약의 사람, 사건, 그리고 기구들이 그 다음 시대를 거치면서 궁극적으로 예수님에 상응(correspondence) 및 상승(escalation)하는 관련성을 밝히는 방식이다(J. Hamilton). 예를 들어, 점진적 계시 발전을 통해서 볼 때, 첫 아담(archetype)은 다른 아담(ectype)인 노아를 거쳐 마지막 아담 예수님(antitype)을 전방-지시적이고 그리스도 완결적 궤적(forward-pointing Christotelic trajectories)으로 내다본다.

혹자는 모형론을 신약 저자들이 제시한 경우로 제한하고, 사도 시대 이후 해석가들은 모형론적 해석을 모방하거나 재생산하

장하고 싶어 했다. 결국 히브리인의 성경도 포함되기를 원했고, 팔레류스는 구약을 헬라어로 번역할 것을 제안했다. 예루살렘에서 온 율법에 능숙한 유대인 장로 72명은 파로스 섬에서 72일 동안 모세 오경을 번역했다. 번역 후 매년 파로스에서 축하 잔치가 열렸다고 한다. BC 1세기에는 오경 이외의 구약이 다 헬라어로 번역되었을 것이다. LXX의 기원에 대해 필로(BC 20-AD 50)와 요세푸스 등이 유사하게 증거한다. AD 1세기까지 헬라어를 쓰는 유대인 가운데 LXX는 경쟁자가 없는 독보적인 성경의 자리를 차지했다. 디아스포라와 더불어 LXX도 보급되었으며, 알렉산드리아와 이집트에서는 MT 못지않은 권위 있는 성경으로 인정을 받았다. AD 2세기 이후로 유대인 가운데 LXX에 대한 불신이 싹텄다. 터키의 폰투스 출신 '아퀼라'는 기독교로 개종했다가, 점성술을 포기하지 않음으로써 출교된 후 유대교로 개종했다. 그는 랍비 아키바의 제자로서 AD 130년경 구약 히브리어 원문을 '직역'하여 헬라어로 번역했다. 반세기 이후 에베소 출신 '데오도티온'은 유대교로 개종하여 기존의 LXX를 MT에 근거하여 다시 재편집했다. AD 2세기에 '쉼마쿠스'는 문자적 번역을 지양하고, 히브리어 원문의 의미를 정확히 헬라어로 옮기려고 노력했다. 3세기 오리겐(186-253)은 LXX와 MT의 차이를 간파하고 헥사플라를 통해서 조화시키려고 했다. 4세기 이후로 LXX의 가치는 매우 약화되었다. 동방 정교회는 오늘까지 LXX를 구약 경전으로 사용한다. 김경래, 『사본들을 통해 보는 성경』(전주: 전주대학교출판부, 1997), 31-45에서 요약함.

지 말아야 한다고 주장한다(R. Longenecker). 하지만 신약에 소개된 모형론은 일부이며, 신약 저자들은 그런 해석을 금지하지 않았다(G. Barrois). 따라서 모형론적 해석은 주의를 기울여 기준을 설정하여 시도해야 한다. 모형과 실체 사이의 관련성을 찾는 기준은 유비, 역사성, 전방-지시성, 상승, 회고성에(G. K. Beale), 언어적 상응성과 연속적인 사건의 상응성, 그리고 언약-구속사적 중요성을 추가할 수 있다(J. Hamilton, E. E. Ellis, D. Schrock).

이런 해석 사항을 염두에 두면 보아스가 참되고 더 크신 예수님의 그림자임이 아래와 같이 7사항으로 나타난다:[238]

(1) 유다지파: 보아스와 엘리멜렉은 유다지파 영역에 거주했다(1:2). 보아스의 후손 다윗(삼상 17:12), 그리고 예수님도 유다지파였다(마 1:2-3; 히 7:14).

(2) 베들레헴: 보아스는 베들레헴 출신이다(룻 1:1-2; 2:1, 4). 다윗(삼상 16:1; 17:12)과 예수님도 마찬가지다(미 5:2; 눅 2:4-7).

(3) 구속자(고엘)의 역할: 보아스는 나오미의 죽은 남편 엘리멜렉의 친척이다(룻 2:1). 친척은 다른 친척의 팔린 재산이나 종살이로부터 구속할 수 있다(레 25:25-30). 하나님 자신은 고엘이셨다(출 6:6; 15:13; 시 19:15). 성자 예수님은 자신의 목숨을 대가로 죄인을 구속하시고 해방하시고 사셨다(계 1:5).

(4) 열방의 신랑: 보아스는 이방 모압 여인 룻과 결혼한다(룻 4:10). 혼인을 통해 모압 여인 룻은 이스라엘의 언약 속으로 온전

---

238 Waltke, 『구약신학』, 1023. 참고로 룻은 구원받은 이방인들의 그림자이다.

히 들어오며, 아브라함의 언약의 복을 누린다(룻 1:16; 창 12:2-3).
예수님의 신부는 새 언약의 복을 받는데, 이스라엘을 포함하여 다
민족으로부터 나온다(엡 2:13-16). 아담이 깊은 잠을 잘 때 아내가
갈비뼈에서 나왔듯이(창 2:21), 잠자던 보아스의 발치에 예비 신부
룻이 누웠다(룻 3:7-8). 예수님의 죽으심(깊은 잠)은 신부의 구원을
위한 것이었다(롬 3:24; 5:17).

(5) 계속해서 친절을 베풂: 보아스는 룻과 나오미를 향하여 친
절한 행함이 있는 믿음을 보였다(룻 2:4, 8-10, 13, 15, 20). 예수님
의 자비는 각색 병든 이, 사마리아와 이방 여인, 걸인을 향했다(마
8:5-13; 15:21-28).

(6) 율법의 요구 그 이상을 준수함: 보아스는 추수 때 나그네
와 빈자를 위해서 남겨 두라는 계명(레 23:22; 신 24:17-22)을 넘어,
그 이상을 준수했다(룻 2:8, 9, 11). 예수님은 계명을 마음으로까지
심화시켜 준수할 것을 가르치셨다(마 5:17, 28).

(7) 풍성한 공급자: 보아스는 기근으로 인한 빈털터리 신세에
빠진 이들을 가득 채워 주었다(룻 2:14, 18; 4:10, 15). 예수님은 육과
영의 양식을 채우신다(요 6:51; 계 7:16).

룻기 저자는 다윗의 계보로 글을 마무리했고, 마태는 다윗으
로 시작하여 예수님을 소개한다(마 1:1, 16).[239] 참되고 더 큰 보아

---

239 혈통과 선민의식의 가치보다는 이방 여인의 신실함을 보여 주는 룻기
의 내레이터(이야기꾼)는 은둔적(covert)이기에 독자가 플롯과 등장인물에
몰입하도록 돕는다. 그러나 내레이터는 적절히 개입하여, (1) 배경 정보를
제공하고, (2) 사건을 요약하고, (3) 독자의 주의를 끌고(참고. '보라!'), (3)
상황을 분명히 한다, 황선우, "룻기에 반영된 서술자(narrator)의 관점," 『신

스를 믿는 성도는 약자를 풍성히 먹이고, 선을 행하고, 언약의 복을 공유하도록 사랑을 실천해야 한다. 그림자 시대의 보아스의 선한 행동보다 신약 성도는 더 상승된 실천을 해야 한다.

15. 사무엘의 어머니 한나(삼상 1:1-20)

삼상 1장은 행복한 가정을 만드는 방법을 교훈하는가? 혹은 환란 중에 있는 성도는 한나와 눅 18장의 과부처럼 낙심치 말고 강청해야 함을 가르치는가? 하지만 그리스도인은 예수님에 대한 믿음과 고백(기독론)에서 올바르고 풍성한 윤리가 나온다고 믿는다.[240]

에브라임 산지의 엘가나는 한나와 브닌나를 아내로 둔다(삼상 1:1-2). 한나, 즉 '사랑받는 이'라는 뜻과 달리, 여호와께서 태를 닫으셔서 무자한 그녀는 수치와 고통 중에 있다(5-6절). 한나의 상황은 족장들의 부인들 곧 사라, 리브가, 라헬의 경험과 유사하다. 더 나아가 무자한 한나는 열매 없는 이스라엘을 상징한다(참고. 사

학지남』 84 (2017, 4), 12-17, 23.

240 구속사적 설교는 풍유적이고 사람 중심적 설교의 문제를 극복할 대안이다. 하지만 구속사적 설교는 모형을 임의적으로 만들어 내거나(모형론과 구분되는 모형론화) 적용을 약화시킬 수 있는 약점이 있다는 주장은 김창훈, "구속사적 설교의 평가,"『복음과 실천신학』 15 (2008), 134, 138, 144. 하지만 김창훈은 창세기의 요셉을 예수님의 모형으로 보는 것에 반대함으로써, 정당한 모형론을 제한시킨다.

49:14-21; 54:1-3). 사랑 받는 한나와 여호와의 아내 이스라엘이 어떻게 자녀와 열매를 맺지 못할 수 있는가? 엘가나의 가정은 이스라엘의 축소판인데, 자녀와 열매를 많이 맺은 부자(브닌나)와 가난하고 억압 받는 경건한 남은 자(한나)가 혼재한다.

해마다 여호와의 집이 있던 실로에서 제사드릴 때조차도, 대적 브닌나의 괴롭힘은 이어졌고 한나는 금식 기도한다(3, 7절). 엘가나 자신이 열 아들보다 한나에게 더 낫다는 말은 한나에게 어느 정도 위로가 되었을까?(8절).

레위인의 타락으로 마치는 삿 17-21장을 이은 삼상 1장에도 제사장의 무능과 부패는 계속 된다. 이스라엘 백성은 이런 무능하고 부패한 제사장들의 남편 역할에 실망할 뿐이다. 그 당시 제사장은 여호와를 알지 못한 불량자들인 홉니와 비느하스였기에 사사시대의 영적 타락은 한나의 문제 해결에 도움이 되지 못한다(3절; 참고. 2:12). 한나의 서원 기도(11절)를 두고 불량한 사람으로 오해하는 엘리 제사장도 한나에게 도움이 안 된다(13-16절).[241] 실로에 기도하러 오는 사람이 얼마나 없었으면, 엘리는 기도와 술 취함조차 구분 못하는가! 나중에 엘리는 평강과 하나님의 응답의 복을 한나에게 비는데(17절), 한나는 이제 더 이상 슬퍼하지 않는다(18절).

---

241 엘리는 여호와의 성전의 출입구(doorway)에 앉았는데(9절), 사라도 출산에 관한 이야기를 문에서 들었고(창 18:10), 출애굽 전에 문인방과 틀에 유월절 양의 피를 발랐고, 사무엘은 이스라엘의 문지기였다(삼상 3:15). 따라서 출입구는 '출산'을 상징한다. 참고. P. J. Leithart, *A Son to Me: An Exposition of 1 & 2 Samuel* (Moscow: Canon Press, 2003), 39-40.

결국 여호와께서 한나의 태를 여셔서 사무엘이 태어난다(20절). '사무엘'은 '쉠'(이름)과 '엘'(하나님)의 합성어로 "내가 여호와께 구했다."(20절; 참고. 삼상 9장의 백성의 사울[Sha'ul, asked]을 왕으로 요구함) 혹은 "그분의 이름은 하나님이다"라고 번역 가능하다. 사무엘을 태어나게 하신 여호와께서 한나의 진정한 남편이시다. 그리고 나실인으로서(11절; 참고. 레 21:1-3; 민 6) 사무엘이 사악한 제사장들을 대체함으로써 이제 무자한 남은 자가 기뻐하는 세상이 도래한다.[242] 흥미롭게도 대표적인 나실인들인 삼손, 사무엘, 세례 요한은 무자한 상태의 어머니에게서 태어난 공통점이 있다. 하지만 사사시대에 물든 이스라엘의 갱신은 궁극적으로 사무엘이 아니라 여호와의 소관이다. 이 역사적으로 삼상 1장의 극적인 내러티브는 갈등의 고조를 거쳐 해피엔딩으로 마무리된다.

삼상 1:1-20의 기독론적 해석을 위해 등장인물들 가운데 누가 예수님의 그림자인가를 물어야 한다. 한나를 불량한 술주정꾼으로 오해한 엘리 제사장, 불량한 홉니와 비느하스, 그리고 한나의 대적인 브닌나는 아니다. 하지만 이런 악인들로부터 '대조'(對照) 방식으로 예수님을 찾을 수 있다. 신약 교회의 우리의 대제사장 예수님은 수치와 고통 중에 있는 사람을 오해하거나 괴롭히거나 내버려두지 않으시고 긍휼히 여기신다(히 4:14-16).

그렇다면 아내를 위로한 엘가나, 수치와 고통 속에서도 원망하지 않고 인내하여 여호와의 응답을 얻은 한나, 왕 같은 사사와

---

242 B. T. Arnold, *1 & 2 Samuel* (The NIV Application Commentary; Grand Rapids: Zondervan, 2003), 56.

선지자와 제사장이라는 3직을 수행할 사무엘(참고. 2:35)이 후보자들이다. 이 가운데 1-20절에서 사무엘의 역할은 거의 없으므로 제외할 수 있다. 한나를 위로한 남편 엘가나는 에덴동산에서의 일부일처(一夫一妻) 제도를 거슬러 두 아내를 두었는데, 사사시대 끝의 상황을 고려한다면 그리 놀랄 일이 아니다. 사사시대의 남은 자에 해당하고 고통 중에서 원망치 않고 인내하며 여호와를 찾았던 한나를 예수님의 그림자로 본다면, 그리스도께서는 시험을 받으셨으나 범죄치 않고 성부의 은혜의 보좌로 나아가셨다(히 4:15). 예수님처럼 한나는 남은 자로서 가족과 종교지도자로부터 고난과 멸시를 당하다 결국 신원(伸冤)받았다. 더 나아가 여호와께서 세우신 예수 그리스도는 고난 중에 있는 교회의 대적을 무찌르신다(삼상 2:10). 그런데 이스라엘 백성이 남편 여호와로 만족해야 하듯이, 한나도 남편 엘가나의 사랑으로 만족했어야 마땅하다면 그녀는 다소 부정적 인물이 된다.

여호와 자신을 예수님의 모형으로 볼 수 없는가? 하지만 예수님을 '여호와의 아들'이라 부른다면, 자칫 예수님을 여호와의 최고의 피조물이라 주장하는 여호와의 증인의 주장에 빠질 수도 있다(참고. 시 2:7 등은 예외). 오히려 여호와는 성부와 여호와의 영이신 성령님, 그리고 선재하신 예수님, 즉 삼위일체 하나님으로 보아야 한다. 그렇다면 여호와를 예수님의 그림자로 보는 것은 마치 선재하신 예수님을 성육하신 예수님의 그림자로 보는 것과 같이 무리수를 두는 것이다. 여호와의 사역은 예수님의 사역으로 병행을 이

루고 발전된다.[243]

16. 내 마음이 여호와로 인하여 즐거워하고(삼상 2:1-17)

'가화만사성'(家和萬事成)은 가정이 화목하면 모든 일이 잘 풀린다는 뜻이다. 결혼은 하나님께서 의도하신 것인데, 가정은 하나님을 섬겨야 하며 교회도 마찬가지다. 그렇다면 어떻게 즐거이 하나님을 섬기 수 있는가?

---

243 Mars Hill Academy의 C. Jero에 의하면, 사무엘상하와 열왕기상하에서 '어머니-아들 내러티브'는 장차 있을 이스라엘 역사를 모형론적으로 알려 주는 장치(전형 장면)와 같다. 한나-사무엘(삼상 1)은 사사 시대의 남은 자에 대한 긍정적 모델 제시를 넘어, 이스라엘 백성이 왕을 요구한 사건을 내다본다(삼상 8). 솔로몬의 재판 내러티브(왕상 3)는 지혜 활용법을 넘어, 여로보암의 반역으로 이스라엘이 남과 북으로 나누어질 것을 예고한다. 엘리사-수넴 여인 내러티브(왕하 4)는 환대의 모델 제시를 넘어, 다윗 왕조의 붕괴와 회복을 예고하는 모형론적 에피소드이다. 한나-사무엘의 경우, 다음과 같은 병행으로써 후대 이스라엘의 역사를 예고한다: 무자한 한나-왕이 없는 이스라엘, 아들을 원하는 한나-왕을 원하는 이스라엘(삼상 8:5-6), 흥하는 대적 브닌나-다섯 왕들을 가진 블레셋, 대적의 공격-블레셋의 공격(삼상 4-7), 남편 엘가나가 아내 한나를 사랑함-이스라엘은 하나님의 백성임(삼상 2:29), 아내에게 남편은 아들보다 10배 나음-하나님이 왕이시므로 인간 왕은 필요 없음(삼상 8:7), 사무엘을 주시는 하나님의 응답-사울왕을 허락하시는 하나님(삼상 8:22). 위의 설명이 옳다면, 삼상 1장이 긍정적으로 묘사한 한나는 왕을 요구했던 이스라엘 백성처럼 부정적인 인물로 비치게 된다. 참고. C. Jero, "Mother-Child Narratives and the Kingdom of God: Authorial Use of Typology as an Interpretive Device," *Bulletin for Biblical Research* 25 (2015, 2), 155-61.

(1) 성도의 가정과 교회는 자식, 돈, 그리고 쾌락의 우상을 제거해야 함

먼저 법궤가 보관된 실로라는 마을에서 제사장으로 섬기던 엘리의 가정을 살펴보자. 사무엘상 앞의 사사기의 마지막 부분인 삿 17-21장은 레위인의 타락상을 다룬다. 레위인이 미가라는 불경건한 사람의 가정 제사장이 된다(삿 17:5). 그리고 나중에 그 레위인은 단 지파의 제사장이 된다(삿 18:20). 에브라임 산지에 살던 어떤 레위인이 베들레헴에서 첩을 얻고, 결국은 그 첩이 베냐민 지파의 남자들에게 겁탈 당하고 죽자 민족상잔의 비극이 일어난다(삿 19-20). 이런 모습과 유사하게 제사장 엘리의 가문의 타락상이 나타난다. 90세가 넘은 제사장 엘리는 실로의 성소에서 기도하는 사무엘의 어머니 한나의 모습을 술 취한 줄 알 정도로 분별력이 없었다(삼상 1:13). 그만큼 사무엘 당시에는 실로의 성소에서 기도하는 사람이 드문 시대였다. 이러한 무분별한 엘리의 모습은 오순절에 성령님이 120제자에게 임하여 그들이 방언을 말할 때 술 취했다고 비방한 유대인들을 떠올리게 한다(행 2:13).

제사장 엘리에게는 자식인 홉니와 비느하스가 우상이었다. 하나님은 엘리를 책망하신다: "네 아들들을 나보다 더 중히 여겨 내 백성 이스라엘이 드리는 가장 좋은 것으로 너희 자신들을 살지게 하느냐?"(삼상 2:29). 더구나 홉니와 비느하스의 이름은 이방 애굽식으로 추정된다. 엘리 가정은 하나님의 성전을 개인적으로 이용했다. 그 어떤 가정보다도 하나님을 잘 섬기는 모범을 보여야 할 제사장 가정이 오히려 제사와 하나님을 멸시하는 가정이 되고 말았다(2:17, 30).

홉니와 비느하스는 제사 고기를 **빼앗음**으로 물질을 우상으로 삼았다(2:14-16). 그들은 여호와를 알지 아니한 '불량자'였다(2:12). 불량자는 우상 숭배자, 성적 타락자, 거짓말쟁이, 반란을 일으킨 자를 가리킨다. 홉니와 비느하스는 회막 입구에서 일하던 여자들과 동침하는 성적 범죄를 저지른다(2:22). 성소에서 하나님의 음성을 듣고 '종이 여기 있나이다'라고 대답한 사무엘과 달리(3:4), 엘리의 두 아들은 아버지의 말을 듣지 않았다(2:25). 마음이 괴로운 여자 한나와 달리(1:15), 이들의 마음은 세상의 물질과 쾌락으로 기**뻐**했다. 여호와 앞에서 자라난 사무엘과 달리(2:21), 이들은 여호와를 무시했다(2:17).[244]

엘리 가문의 우상은 '자식, 돈, 성적 쾌락'이었다. 이 우상을 유지하기 위해서 그들은 하나님을 이용했고, 제사장이라는 지위와 제사를 오용했다. 엘리 가정은 사사시대의 전형적인 삶의 방식, 즉 왕이 없으므로 자기 소견에 옳은 대로 행한 가정이었다(삿21:25). 엘리의 가문을 통해서 하나님을 섬기지 않더라도 돈과 권세와 좋은 시설을 누리고 떵떵거리며 살 수 있음을 알 수 있다.

한나의 아들 사무엘은 기적적으로 출생했다. 사무엘은 여호와 앞에서 자라나 하나님과 사람들에게 은총을 얻었다(2:26). 사무엘

---

244 심판을 내리겠다는 하나님의 경고에도 불구하고 제사장 엘리 가정이 회개했다는 언급이 없기에, 그들의 범죄의 밑바탕에는 하나님이 없다는 사상이 깔려 있다. 이국진, "신약학자의 눈으로 본 사무엘서: 어둠이 깊어질수록," 『re』 62 (2018), 15-16.

은 예수님을 내다본다. 예수님은 기적적으로 동정녀 마리아에게서 출생하셨고, 키와 지혜가 자라날 때 하나님과 사람들에게 은총을 입으셨다(눅 2:52). 사무엘이 이스라엘의 왕정 시대의 기초를 놓았다면, 예수님은 하나님 나라의 왕으로 오셔서 통치하셨다. 따라서 한나와 사무엘 이야기는 장차 예수님께서 악을 진멸하시고 하나님 나라를 어떻게 건설하실지를 보여 준다.

지금도 하나님 없이 잘 먹고 권세를 누리며 쾌락을 좇아 살아가는 사람이 많이 있다. 그러나 그것은 곧 파멸로 이끌고 마는 우상에 불과하다. 가정은 하나님을 섬기는 작은 천국이어야 한다. 아버지 혹은 어머니는 가정의 가장으로서 제사장 역할을 감당해야 한다.

(2) 성도의 가정과 교회는 하나님 나라의 흥함을 위해서 충성해야 함

한나의 가정을 살펴보자. 한나는 자녀가 없어서 마음이 슬픈 여자였다(삼상 1:15). '한나'는 '은혜를 입은 사람'이라는 뜻인데, 그 뜻에 어울리지 않게 자식을 낳지 못하여 괴로워했다. 한나는 오직 하나님의 은혜로만 자녀를 얻을 수 있다고 고백하고 통곡하며 간절한 심정으로 하나님을 찾은 심령이 가난한 자요 장차 천국을 기업으로 받을 여자이다. 하나님이 한나의 태를 열어 사무엘을 주셨고, 한나는 그 아들을 하나님에게 바친다. 한나의 가정은 오랜 슬픔과 인내의 기간을 거쳐서 마침내 하나님의 복되고 선한 돌보심, 즉 심방을 받은 가정이다(2:21). 하나님께서 한나를 복되게 심방하신 것은, 사무엘을 통하여 이스라엘 백성 전체에 구원을 베풀시려고 계획하셨기 때문이다. 아기 사무엘은 여호와 앞에서 자라났다(2:18, 21). 아기 예수님처럼 사무엘도 여호와와 사람들에게 은총을 받았다(2:26). 사무엘을 낳은 후 한나가 드린 기도를 통해서 알 수 있는 것은 죽이기도 하시고 살리기도 하시고 가난하게도 하시고 부하게도 하시고 낮추기도 하시고 높이기도 하시는 절대 주권을 가진 하나님이시다(2:6-7). 한나의 가정은 하나님의 절대 주권을 인정함으로써 구원의 역사에 귀하게 쓰임을 받는다. 이스라엘과 가정의 회복자는 오직 하나님뿐이라는 사실을 인정하는 것이 하나님을 영화롭게 하는 첫걸음이다. 한나의 가정은 하나님을 멸시하지 않고 존중히 여기는 가정이었다(2:30). 사무엘이 있는 한, 이스라엘에서 하나님의 구원의 등불은 꺼지지 않았다(3:3).

어린 사무엘이 이스라엘의 새로운 지도자가 된 것은 줄을 잘 섰거나 권력을 잡아서가 아니라, 불의한 제사장들 틈바구니에서라도 신실하게 하나님을 섬겼기 때문이다. 세상이 불의하고 타락하면 할수록 신실한 하나님의 사람들이 더 귀하고 빛나게 쓰임 받는다. 하나님의 은총 가운데 사무엘이 점점 자라난 것은 하나님 나라가 점점 자라나는 것과 마찬가지다. 그리스도인의 자녀도 하나님 앞에서 자라나야 한다. 우리 가정이 하나님의 등불처럼 빛의 행실(선함, 의로움, 진실함)로 살아야 한다(엡 5:9). 우리 가정의 흥하고 패함은 하나님의 손에 달렸음을 인정하자. 하나님 나라의 흥함을 위해서 살겠다고 작정했다면 하나님의 복된 심방을 매일 받으며 살도록 애써야 한다. 아직도 불신 가장, 불신 자녀, 불신 아내, 불신 부모가 있다면, 우리의 가정을 통하여 하나님의 역사가 일어나지 못한 것에 슬퍼하고 애통해야 한다. 심령이 가난한 자로서 하나님 앞에 애통해 하자. 그리고 슬픔이 변하여 기쁨이 되도록 간구하자. 그리하여 하나님 나라가 흥하도록 하자.

특별히 우리는 대강절 기간에 한나가 사무엘을 성소에 바친 후, "내 마음이 여호와로 인하여 즐거워합니다"(삼상 2:1)라고 찬송한 사실에 주목해야 한다.[245] 젖을 떼고 가장 예쁜 짓을 하는 아

---

245 대강절에 읽는 시편 72: 메시아-제왕시의 정치 및 환경적 함의: '솔로몬의 시'(εἰς Σαλωμων)라 불리는 시편 72편은 제왕시(royal psalm)이자 메시아시(messianic psalm)다. 문맥상 시 72편은 야웨의 공의를 찬양하는 바로 앞의 시(시 71:2, 19, 24)와 공의가 시행되지 않아 악인이 득세하는 신정론적 질문을 담은 뒤따르는 시(시 73) 사이에 위치한다. 그리고 제 2권을 마무리하는 시편 72편은 제왕시-메시아시인데, 제 3권의 결론인 시편 89편도 마찬가지다(특히 89:14). 이스라엘의 이상적인 왕은 정의와 공의를 시행하는데(시 72:1-2; 참고. 사 32:1의 정의의 그리스도; 사 32:16-17의 정의의 성령님), 약자를 신원한다(72:4, 12-14). 그 결과 평강이 임하고(72:3, 7), 온 세상의 왕이신 야웨께서 열방이 복을 누리게 하셔서 영광을 받으신다(72:8-11, 18-19). 이스라엘 왕들의 실패는 이스라엘 백성들로 하여금 장차 이상적인 왕의 출현을 기대하도록 만들었을 것이다. 솔로몬보다 더 지혜로우신(마 12:42) 만왕의 왕(계 19:16)이신 예수 그리스도는 신실하시고 진실하시며 공의로 심판하신다(계 19:11). 왕이신 예수님은 공의로 다스리셔서 약자를 신원하시고 새 이스라엘 백성에게 평강을 주셔서(갈 6:16) 온 세상에서 찬양을 받으신다(계 5:12-13). 교회는 왕들로서(계 1:6) 대왕(大王)의 뜻을 겸손히 행하여 영광을 돌려야 한다(계 5:10). 성도는 대통령과 높은 지위에 있는 이들이 그리스도의 통치를 대행하도록 기도하고 협력해야 한다(딤전 2:2-3). 그들이 모든 국민을 아우르면서 공의롭고 정의롭게 다스리며, 억울한 자를 신원하며, 평화롭고 번성한 국가를 이루도록 기도하며 협력해야 한다. 대기질이 악화되는 대강절 무렵에, 위정자들은 국민이 편안히 숨 쉬도록 하여(ἀνάψυξις, 행 3:20) "이제 살겠다."(νῦν ζῶμεν, 살전 3:8)라고 말하도록 정책의 우선순위를 세워야 한다. 기승을 부리는 미세먼지와 무책임한 정치인을 원망하는데 머물지 말고, 성도는 대왕의 만유 갱신 사역에

들을 성소에 남겨둔 어머니 한나가 기뻐하며 찬송한다. 신병훈련소에 아들을 남겨 두고 돌아오는 어머니의 애잔한 마음 그 이상을 한나는 느꼈을 것이다. 그러나 눈에 넣어도 아프지 않을 어린 아들을 매일 보지 못하는 아쉬움으로 슬퍼해야 할 한나는 오히려 아들을 주신 하나님께 아들을 드리면서 기뻐 찬송한다. 예수님이 태어나셨을 때, 천군 천사들은 "지극히 높은 곳에서는 하나님께 영광이요, 땅에서는 하나님께서 기뻐하시는 사람들 중에 평화로다" 라고 찬송했다(눅 2:14). 세상을 지극히 사랑하신 하나님은 외아들을 십자가에 대속의 제물로 죽이시려고 이 세상에 보내셨다. 그 어떤 아버지가 사형장으로 가는 아들을 보면서 영광스러운 장면이라고 말할 수 있는가? 하지만 아들이 베들레헴에 태어난 것을 하나님 아버지께는 영광이라고 천사들이 찬송한다. 우리를 사랑하셔서 억지가 아니라 자기 독생자를 기꺼이 화목제물로 내어주신 하나님이시다.[246] 아버지 하나님처럼 예수님도 십자가에 죽으시는 일을 영광이라고 부르셨다(요 17:1). 하나님의 큰 사랑을 받은 우리도 즐거이 하나님을 섬기고 헌신해야 한다.

적극 동참하지 못함을 회개해야 한다(계 21:5). 참고. 김태훈, "왕을 위한, 그리고 왕을 기다리는 기도," 『성경연구』 11 (2009, 4), 1-19; J. Holland, "How I would use Messianic Prophecy in Advent," *Currents in Theology and Mission* 9 (1982), 359.

246 이국진, "신약학자의 눈으로 본 사무엘서: 서원을 잊지 않은 한나," 『re』 61 (2018), 26-27.

(3) 하나님을 이용하지 말고 섬기면 진정한 반전을 경험함

엘리의 가문이 몰락한 것은 하나님의 심판이며, 이스라엘에 하나님 나라가 새롭게 탈바꿈하기 위한 진통이었다. 하나님 나라가 건설되기 위해서는 반드시 악은 쇠하여야 한다. 자기 스스로 왕이 되어 자기 소견에 옳은 대로 행하지 말아야 한다. 극명히 대조되는 엘리와 한나 가정을 통하여 하나님 나라가 흥하도록 사용되는 가정이 있는 반면에 하나님의 나라를 쇠하도록 하는 가정이 있음을 본다. 성소에는 동일한 하나님의 영광이 있었지만 사무엘은 강하게 느꼈고, 홉니와 비느하스는 전혀 경험하지 못했다. 동일한 하나님을 모시고 있었지만 한나의 가정은 선하신 심방을, 엘리의 가정은 심판의 심방을 받고 말았다. 하나님을 이용하면서 부와 권력을 누리는 자들이 얼핏 보면 번성해 가는 듯하지만, 결국 하나님이 심판자로 일어나시기에 쇠망할 수밖에 없다.

한나의 기도는 격동과 반전으로 가득하다: 높은 자가 낮아지고 가난한 자가 부하게 되고…(삼상 2:5-10). 이런 반전은 예수님을 기준으로 파악해야 한다. 나사렛 목수의 아들이셨지만, 결국 부활의 주님이시요 만왕의 왕이 되신 예수님이 아닌가? 예루살렘의 권세를 잡은 타락한 종교지도자들을 꾸짖으신 예수님이 아닌가? 그 예수님을 신실하게 믿고 따르는 이는 결국 반전을 통해 높아질 것이다.[247] 하나님을 자기의 성공과 출세를 위하여 이용하지 않

---

247 신약성경처럼 구약성경도 예수님의 초림으로 새 세상이 결정적으로 도래했지만, 재림으로 완성될 것을 내다보는 넓고 광대한 종말론을 가르친

는 이, 모든 상황 속에서 하나님을 잘 섬기는 이는 결국 존귀하게 되고 높아질 것이다. 하나님을 전심으로 섬기고, 하나님에게 모든 것을 바쳐 드리고 맡기자. 그러면 세상도 감동을 받고, 하나님도 선하게 역사하실 것이다. 주 예수님께서 주시는 반전을 경험하자.

17. 세 번이나 기름부음을 받은 다윗(삼상 16:13; 삼하 2:8-9; 5:3)

다윗은 예수님의 그림자다(마 1:1). 그런데 다윗은 왕으로 기름부음을 세 번이나 받았다. 이 사실은 다윗의 실재이신 예수님의 왕권에 관해서 어떤 메시지를 던져 주는가?

(1) 왜 다윗에게 기름부음이 세 번이나 필요했는가?

다윗이 첫 번째로 기름부음을[248] 받은 것은 삼상 16:13에 나온다: "사무엘이 기름 뿔병을 가져다가 그의 형제들 가운데서 그에게 기름을 부으니, 그날부터 여호와의 영이 다윗에게 강하게 임했다. 사무엘이 일어나 라마로 갔다." 기름부음의 장소는 베들레헴

다. 이종록, "다시 꾸는 미완의 꿈: 사 2:1-5,"『성경연구』13 (1995), 19.

248 기름은 액체 몰약(감람과의 관목으로 아라비아와 아프리카에 분포하는데, 방향 및 방부제로 쓰이고, 즙액은 향수, 의료품, 구강 소독 및 통경제와 건위제 등에 씀), 육계(계수나무의 두꺼운 껍질로 계피와 비슷함), 향기로운 창포, 그리고 계피를 섞어 만들었을 것이다(출 30:23-25).

이며, 특이한 점은 성령님이 강하게 이새의 막내 여덟 번째 아들 다윗에게 역사하셨다는 점이다(참고. 삼상 17:12, 14).[249] 이전에 사사와 사울에게 임했던 성령이 다윗에게도 임했다(참고. 삼상 10:6, 10: 11:6). Leithart는 다윗이 성령을 받은 것은 이스라엘 나라에 대한 '선수금'(down payment)을 받은 것, 즉 이스라엘을 다스리게 된다는 보증을 받은 것이라고 본다.[250]

첫 번째 기름부음 단계에서는 사무엘과 다윗 식구만 다윗이 왕이 될 것을 알았다.[251] 정치적으로 볼 때, 사무엘이 다윗에게 기름을 부은 것은 사울 왕이 건재한 상태에서 일종의 반역 행위였으므로, 그는 은밀하게 이 일을 거행했다. 첫 번째 기름부음 직전에, 사울 왕은 아말렉과 전투 후, 하나님으로부터 버림을 받았다(참고. 삼상 15:1-11). 그리고 성령은 사울을 떠나셨다(삼상 16:14).[252] 존 월튼은 기름부음은 '신적 보호'와 '지위 변화'를 의미한다고 본다.[253]

---

249 대상 2:15는 다윗을 이새의 일곱째 아들로 언급한다.

250 Leithart, *A Son to Me*, 96.

251 삼상 17:28은 다윗의 큰형 엘리압 조차 다윗의 기름부음을 무시했다는 증거 구절이다. 하지만 엘리압이 다윗의 기름부음을 모른 이유를, 전승비평과 자료비평을 따르는 Klein은 삼상 16장과 삼상 17장의 분리된 전승에서 찾는다. R. W. Klein, *1 Samuel* (WBC; Waco: Word Books, 1983), 162.

252 여호와의 신이 사울을 떠난 것과 사울이 악령 들렸다는 것은 다르다. 왜냐하면 신약의 성령은 성도에게 내주하시지만, 구약에서 성령은 사역을 위해서 특정 사람에게 잠시 머문 경우가 많았기 때문이다. 사울은 야웨에게 불순종함으로써 성령을 근심하시게 만들었다. D. F. 페인, "사무엘상하," in『IVP성경주석: 구약』ed. by G. J. 웬함 and J. A. 모티어 (서울: IVP, 2005), 423; Leithart, *A Son to Me*, 96.

253 존 월튼 외, 『IVP성경배경주석』(서울: IVP, 2010), 435.

즉, 다윗이 하나님의 보호를 받고, 법적으로 왕이라는 지위를 받았다는 것이다.[254] 참고로 애굽과 힛타이트 사람들은 기름부음 받은 사람은 저승 신들의 권세로부터 보호를 받는다고 믿었다.[255]

다윗이 가나안 밖 시글락에 머물 때(삼하 1:1), 여호와에게 어디로 올라가야 하는지 묻는다(삼하 2:1; 참고. 5:19).[256] 삼하 2:1-3에서 반복적으로 등장하는 '올라가다'(MT: אֶעֱלֶה; LXX: ἀναβῶ)라는 동사는, 시글락에서 (높은 지대인) 헤브론으로 올라가는 물리적 현상은 물론, 상징적으로 다윗이 왕으로 높아지는 것과 관련되는 것 같다.[257] 다윗의 두 번째 기름부음은 삼하 2:4에 나온다: "유다 사람들이 와서 거기서 다윗에게 기름을 부어 유다 족속의 왕으로 삼았다."[258] 두 번째 기름부음의 장소는 예루살렘 남쪽 32km지점의 헤브론인데, 다윗이 거기서 7년 반 동안 '유다'를 다스렸다(참고. 삼

---

254 하나님이 다윗을 왕으로 삼으신 것(삼상 16)은 곧바로 다윗이 골리앗을 죽임으로 입증되었다(삼상 17). 전쟁은 왕의 임무였기 때문이다. 다윗이 골리앗을 죽이기 전에, 사울 왕을 가까이서 보필했는데(삼상 16:14-23), 하나님의 백성은 까다로운 왕에게도 순종해야 하는 법이다.

255 천주교의 『성경』(2005년)은 음부(하데스)를 '저승'으로 번역한다(계 1:18).

256 Leithart는 동사 '묻다'(שׁאל)에서 다윗을 '진정한 사울'로 본다. 그러나 사울이 그림자며, 다윗이 실재라는 관계는 성립되기 어렵다. 왜냐하면 다윗의 집안은 흥하고, 사울의 집안은 쇠하고 사라져 버려야 하기 때문이다(삼하 3:1; 참고. 삼하 6:23; 요 3:30). Leithart, *A Son to Me*, 165.

257 Leithart, *A Son to Me*, 165-66.

258 Anderson은 삼하 2:4에서 기름을 부은 자를 제사장이 아니라 백성의 대표로 본다. 하지만 Anderson은 기름부음 의식이 솔로몬 이전에는 '세속적 의식'(secular rite)이었다고 잘못 이해한다. A. A. Anderson, *2 Samuel* (WBC; Dallas: Word Books, 1989), 24.

하 4:5). 이때는 사울이 길보아 전투에서 전사한 후다. 전체 이스라엘이 아니라 유다 사람들만 다윗을 왕으로 인정했다.[259] Leithart는 다윗을 'tribal chief'(부족장)라고 부른다.[260] 그 후 다윗은 '유다와 온 이스라엘'을 33년 동안 다스렸다(삼하 5:5).

다윗의 세 번째 기름부음은 삼하 5:3에 등장한다: "이스라엘 모든 장로가 헤브론에 이르러 왕에게 나아가자 다윗 왕은 헤브론에서 여호와 앞에 그들과 언약을 맺었고, 그들은 다윗에게 기름을 부어 이스라엘 왕으로 삼았다."[261] 마지막 기름부음의 장소는 두 번째 기름부음의 장소와 동일한 헤브론이다.[262] 드디어 사무엘이나 유다 사람이 아니라, 이스라엘의 모든 장로들이 다윗을 왕으로 인정하게 된다. 사울의 아들 이스보셋의 죽음은 북 왕국의 멸망을

---

259 다윗이 두 번째 기름부음을 받을 무렵, 아브넬이 사울의 아들 이스보셋을 마하나임에서 왕으로 추대했다(삼하 2:8-9). 그러나 다윗을 따르던 요압 장군이 이스보셋을 따르던 아브넬 장군을 이겼다(삼하 2:17, 31; 3:27; 4:7). 이스보셋의 통치는 2년 동안 지속되었다(삼하 2:10).

260 Leithart, *A Son to Me*, 167.

261 삼하 5-8장에는 '다윗의 승전'과 '집 건축'(construction of a house)이 세 번 맞물려 있다:
(1) 예루살렘 정복(5:6-10) 가족/왕궁(5:11-16)
(2) 블레셋 정복(5:17-25) 야웨의 집(6:1-7:29)
(3) 다양한 전쟁(8:1-14) 왕의 대신과 왕가(8:15-18)
이 사실은 다윗이 적을 물리친 용사인 동시에, 새 이스라엘을 건축하는 자임을 가리킨다. 집이 안식의 장소라면, 안식은 전쟁을 겪어야 가능하다. 다윗은 '새로운 여호수아'처럼 정복 전쟁을 수행하여 지경을 넓히고, 안식을 가지고 온다. 여호수아와 다윗은 하나님의 양떼 이스라엘의 '목자'였다(민 27:17; 삼하 5:2). 마찬가지로 창 1장에서 창조주 하나님은 혼돈을 물리치신 후, 제 7일째 안식하셨다. Leithart, *A Son to Me*, 183-84.

262 원래 헤브론은 도피성 중 하나였다(수 21:13).

3. 예수님 중심으로 구약 성경을 읽는 40가지 실례

의미했다. 다윗이 북쪽 지파들과 싸워 정복한 일이 없지만, 북쪽 지파들의 대표자들이 다윗을 찾아와 자신들의 왕이 되어 줄 것을 요청했다(삼하 5:1). 그들은 다윗의 '골육'이라고 밝혔다(삼하 5:1). '골육'은 결혼과 일종의 언약적 용어인데, (영적으로 말하면) 그들은 다윗을 그들의 남편으로 여겨 언약을 맺기 원했다(참고. 엡 5:22-33).[263] 이제 다윗의 왕권에 거역할 위협적인 세력은 완전히 사라졌다.[264] 세 번째 기름부음 받은 후, 다윗은 시온 성을 점령하고(삼하 5:7), 바알브라심에서 블레셋을 물리쳤다(삼하 5:20). 만군의 여호와께서 다윗 왕과 함께 계심으로 다윗은 점점 강성해졌다(삼하 5:10). 이 사실은 다윗이 하나님이 세우신 이스라엘의 적법한 왕임을 증명한다.

요약하면, 처음에는 다윗이 왕이 될 것을 사무엘과 다윗 가족만 알았지만, 그 후 헤브론의 유다 사람들이 알았고, 마지막으로 이스라엘과 유다 전체가 알고 인정했다. 그리고 하나님은 다윗이 정당한 왕임을 증명하시려고 다윗의 대적들을 점진적으로 제거해 주셨다.

(2) 예수 그리스도의 기름부음과 왕 되심

마 1장의 왕의 족보에 예수님은 '다윗 왕의 후손'으로 나타난

---

263 Leithart, *A Son to Me*, 185.
264 예외로 요압이 다윗에게 여전히 위협적인 존재였다(삼하 3:39).

다. 그리고 예수님은 기름부음을 받은 자, 즉 '그리스도'라 불리신다(마 1:17).

다윗이 세 번째 기름부음을 받을 때, 이스라엘의 모든 지파는 다윗을 이스라엘의 목자와 주권자로 인정했다(삼하 5:2). 마찬가지로 다윗의 후손이신 예수님은 '이스라엘의 종말론적인 목자이며 왕'이시다(마 2:6: 참고. 겔 34: 요 10). 앞에서 언급했듯이, 다윗이 '새로운 여호수아'이므로, 예수님은 여호수아와 다윗 둘 다의 실재이시다.

다윗의 왕권처럼 예수 그리스도의 왕권도 점차적으로 온 세상으로 확대되었다. 유대인의 왕이신 그리스도는 처음에 이방인인 동방 박사들로부터 경배를 받으셨다(마 2:2, 4). 그 후 예수님은 공생애 가운데 왕으로 광범위하게 인정받으셨다. 첫 번째 기름부음 받은 후 성령이 다윗에게 임하자, 그는 사울에게 역사한 악령을 물리쳤다(삼상 16:23). 예수님도 공생애 중에 여러 차례 마귀를 쫓아내셨다. 축귀는 그리스도의 왕권을 시행하는 방법 중 하나이며, 왕권을 증명하는 방법이기도 하다. 사도행전과 요한계시록의 경우, 그리스도의 왕권은 우주적인 교회의 확장과 맞물린다(행 1:8: 계 11:15).

(3) 반복적인 성령의 기름부음(성령 세례)의 근거가 되는가?

사도행전의 작은 오순절 사건들과 다윗의 연속적인 기름부음은 관련이 있는가? 행 1:8의 하나님 나라 확장 계획에 따라서 발생한 사마리아(행 9), 가이사랴(행 10), 에베소(행 19)의 성령 강림 사건들은 '신약 교회의 생일'이라 부를 수 있는 오순절에 예루살렘에 성령이 강림하신 사건(행 2)과 차원이 다르다. 이상의 네 번의 성령 강림 사건은 신약 시대에 재현될 필요가 없다. 왜냐하면 예루살렘의 성령 강림은 신약 교회의 생일이므로 단회적 사건이기 때문이다. 그리고 나머지 세 개의 성령 강림 사건은 신구약 중첩기라는 특수 상황 안에 일어났기 때문이다. 사마리아인과 로마인도 유대인과 동일한 그리스도인이 될 수 있음을 보여 준다. 그리고 성령에 대해서 들어보지도 못한 에베소의 제자들은 성령 강림으로 말미암아 구약 성도의 신분에서 신약 성도의 신분으로 탈바꿈한다. 사도행전의 성령 강림 사건들은 오순절 교회가 주장하는 '성령 세례'와 무관하다.

요약하면, 다윗이 베들레헴의 자기 가족으로부터 헤브론의 남유다 지파를 거쳐, 전체 이스라엘 지파의 왕으로 점차적으로 인정을 받은 것과 사도행전의 성령 강림 사건은 무관하다.

(4) 결론

예수님의 왕 되심, 즉 왕권은 지금도 확장되고 있다. 성부의 하늘 보좌 우편에서 예수님은 원수를 발등상 삼고 계신다(참고. 시 110:1). 이를 위해서 성도는 왕 같은 제사장으로 섬겨야 한다.

18. 다윗과 므비보셋(삼하 9장)

삼하 9장 바로 앞 8장에 보면, 다윗은 블레셋, 모압, 암몬과 같
은 주변 나라를 정복하고 조공을 받아들인다. 국내적으로는 이스
라엘의 행정과 종교, 그리고 군사적인 체제도 새롭게 정비하여 출
범시켰다. 이렇게 안정과 번영을 누린 이유는 여호와께서 다윗이
어디를 가든지 이기게 하셨기 때문이다(삼하 8:14). 다윗은 온 이스
라엘을 공의와 의로 다스렸다(삼하 8:15). 여유가 생긴 다윗은 사울
의 집에 남은 자가 있는지 살펴본다. 요나단과 맺은 약속을 지키
고 은총(헤세드)을 베풀기 위해서이다(참고. 삼상 18:3-4; 20:15).[265] 다
윗은 요나단의 아들 중 한 명이 살아 있다는 사실을 확인한다. 그
는 므비보셋인데 두 발을 모두 저는 장애인이었다. 므비보셋이
5살 되었을 때 길보아 전투에서 사울과 요나단이 전사했다(삼하
4:4). 지금 므비보셋은 약 20대 초반으로 사울 가문의 마지막으로
남은 자였다(삼하 9:12). 어떤 의미에서 사울 왕의 손자이기에 그는
다윗의 잠재적인 위협이 될 수 있었다. 므비보셋의 뜻은 '수치를

---

265 삼하 8장의 이방 나라들은 다윗의 헤세드를 얻지 못하지만, 므비보셋
은 다윗과 요나단과 맺은 약속으로 인해 왕의 헤세드(삼하 9:1, 3, 7)로부
터 끊어지지 않는다. B. T. Arnold, *1 & 2 Samuel* (The NIV Application
Commentary; Grand Rapids: Zondervan, 2003), 506, 509. 시 23편에서
하나님의 잔치 상을 받은 다윗이 배운 대로 므비보셋에게 행한다. 하나님
을 닮은 다윗은 명예로운 후견인이다. 참고. D. A. deSilva, *The Hope of
Glory: Honor, Discourse and New Testament Interpretation* (Collegeville:
The Liturgical Press, 1999), 11.

호흡하다'(breathing shame)이다.[266] 그는 육신의 장애로 인해 여러 가지 수치와 불이익, 그리고 어려움을 겪은 것 같다. 혼자 힘으로는 도무지 일어설 수 없고 여호와를 경배하는 제사에도 참여할 수 없었을 것이다(참고. 레 21:19). 이런 므비보셋은 길르앗에 있는 '로 드발'이라는 도시에 있던 마길의 집에 머물고 있었다. '로 드발'은 "아무것도 없다"라는 의미이다.[267] 이것도 므비보셋의 비참한 상황을 이해하는데 도움을 준다. 다윗은 므비보셋을 만나 "내가 사울의 밭을 다 너에게 주고 너는 내 상에서 먹으라"고 말한다(삼하 9:7). 이렇게 기대하지 못한 복을 받은 므비보셋은 "죽은 개와 같은 사람을 돌보아 주십니까?"라고 철저히 자신을 낮추어 말한다(삼하 9:8). 다윗은 사울의 종 시바에게 이를 다 시행하라고 명령한다. 그런데 사울의 집안을 돌보던 시바는 아들이 15명, 종이 20명이나 되었다(삼하 9:10). 시바는 사울의 집의 재산을 관리하던 종이었음에도 불구하고 상당한 권력을 가진 자로서, 므비보셋에게 위협적인 존재였다.

삼하 16:1-4에 의하면, 압살롬의 반역으로 다윗이 도망 다닐 때, 시바가 다윗에게 음식을 많이 준비해서 다가온다. 다윗이 시바에게 "므비보셋은 어디에 있는가?"라고 물었을 때, 시바는 이렇게 대답한다: "므비보셋은 예루살렘에 머물면서 스스로 왕이

---

266 J. B. Jackson, *A Dictionary of Scripture Proper Names* (Neptune: Loizeaux Brothers, 1909), 64. 므비보셋의 이름은 전 1장의 '헛됨'도 연상시킨다.

267 Jackson, *A Dictionary of Scripture Proper Names*, 59.

예수님과 구약의 대화

되고 싶어 합니다." 이것은 거짓말이었다. 이 말을 곧이곧대로 믿어버린 통찰력이 결여된 다윗은 시바에게 므비보셋의 재산을 다 주고 만다.[268]

압살롬의 반역이 종결된 후, 다윗이 예루살렘으로 다시 돌아올 때 므비보셋이 마중 나간다(삼하 19:24). 그는 발을 맵시 내지 않았고(씻지 않았고), 수염도 깎지 않았고, 옷을 빨지도 않았다. 남루한 모습으로 므비보셋은 왕궁에 머물며 다윗 왕의 고난에 동참했던 것이다. 종 시바가 므비보셋이 다윗을 따라가지 못하도록 방해했던 것이다(19:26). 환궁한 다윗이 므비보셋에게 말한다: "시바와 밭을 나누라"(19:29). 아마도 다윗은 시바를 불러서 자신과 므비보셋을 속인 것에 대해 따져 묻기를 원치 않았거나, 므비보셋의 진술을 확신하지 못했기에 타협점을 찾아서 재산을 반씩 나누라는 조치를 취한 것 같다. 여기서 예수님의 그림자인 다윗의 불완전함을 본다. 분명히 시바가 거짓말하여 므비보셋의 재산을 강탈한 것이 맞다. 하지만 므비보셋은 "왕이 무사히 궁으로 돌아온 것으로 만족하오니, 시바에게 다 주시옵소서"라고 말한다(19:30). 므비보셋은 자기 주인인 다윗이 예루살렘에 돌아온 것만으로 만족했던 것이다. 그에게 재산은 두 번째 문제였다.

이런 일련의 사건 속에서 므비보셋은 오직 다윗의 은혜로 왕의 상에서 함께 먹을 수 있었다. 그는 수치를 겪고 사람들의 속임과 멸시를 받을 수밖에 없었지만, 왕의 자리에 앉아서 할아버지

---

268 Waltke, 『구약신학』, 774.

사울의 재산을 다 받을 수 있게 되었다. 하루아침에 통일 이스라엘의 강력한 왕 다윗의 자녀와 똑같은 신분으로 변화된 자신의 신분을 깨닫게 되었다. 3,000년 전에 다윗이 므비보셋을 선대한 것은 지금도 왕이신 예수님께서 죄인에게 자비와 긍휼과 선을 베푸시는 것을 보여 준다.[269] 우리는 예수님의 대적이었고, 타락한 왕 아담의 후손이었다. 우리는 사탄과 죄의 종노릇하며 혼자 힘으로 도무지 왕이신 주님께로 갈 수 없었던 존재이며, 하나님의 영광에 이르지 못한 영적 장애를 가진 사람이었다.[270] 하지만 주님이 육체적이고 영적으로 장애를 가진 우리를 찾아오셔서 왕의 자녀로 만드시고, 주님과 함께 먹도록 만드셨다. 그리고 그분의 나라의 부와 존귀도 누릴 수 있게 하셨다. 뒤따르는 삼하 10장에는 다윗이 암몬 왕 나하스의 아들 하눈에게 은총(헤세드)을 베풀고자 한다. 요나단을 기억하여 므비보셋에게 은총을 베푼 다윗이 이제 암몬 왕 나하스를 기억하여 하눈에게 은총을 베풀려고 한다. 므비보셋과 달리 암몬 왕 하눈은 다윗을 대적하다가 대패하고 만다. 주님이 죄인을 찾아오셔서 은총을 베푸실 때 믿음으로 받아들여야만 생명과 소망이 있다.

다윗과 므비보셋이 함께 식탁에 앉아 먹은 것은 지상과 천상의 최고의 만찬인 성찬의 그림자이다. 성찬은 예수 그리스도와 더불어 왕의 상에서 먹게 된 놀랍도록 변화된 성도의 복된 신분과

---

269 Leithart, *A Son to Me*, 209.

270 D. E. Johnson (ed), 『모든 성경에서 그리스도를 설교하라』 (윤석인 역, 서울: 부흥과 개혁사, 2011), 168.

하나님 나라의 기업을 누릴 수 있도록 확인하고 감사하고 갱신하는 것이다. 성찬을 통하여 우리는 다시 헤세드를 가지고 찾아오셔서 우리를 강건케 하시는 주님을 마음 문 활짝 열고 환영해야 한다. 이것이 생명과 화목의 길이다.[271]

압살롬의 반역 때, 므비보셋은 다윗이 다시 예루살렘으로 돌아올 때까지 옷을 빨지 않고 발을 맵시내지 않고 오직 무사 귀환만 바랐다. 이처럼 우리도 주님이 다시 오실 때까지 오직 주님만으로 만족하며 살아야 한다. "이 땅에 오직 주밖에 없습니다. 마라나타, 아멘 주 예수님 어서 오시옵소서!"라는 구주 대망을 가지고 살아야 한다. 다윗은 예루살렘으로 귀환 한 후에 악한 종 시바와 므비보셋에게 재산을 반 씩 나누라고 판정한다. 다윗은 비록 잘못된 판정을 내렸지만 예수님은 성도의 모든 삶을 정확히 판결하시고 그대로 갚아 주신다. 주님 오심을 바라는 사람은 세상 재미에 취해 살지 않는다. 세상의 멋과 맵시와 유행을 그렇게 값어치 있는 것으로 생각하지 않는다. 성도는 오늘도, 내일도 주님의 왕적인 방문을 소망 중에 바라면서 산다.[272] 우리는 주님의 공정한 판단을 믿고 보상을 바라며 충성하되, 왕의 상에서 먹고 누리는 영

---

271 삼하 21:1-9에 의하면, 다윗의 통치 중 3년 동안 기근이 발생한다. 사울에 의해서 죽임을 당한 기브온인들의 후손이 요구한 대로 다윗은 므비보셋을 제외한 사울의 자손 7명을 죽임으로써 기근이 종료된다. 하나님 한 분으로 만족하고(*solo dios basta*; 시 73:25), 왕의 상에서 먹고 마시는 이(삼하 9:7)는 위급한 순간에도 주님의 보호를 받는다.

272 식탁에 의해서 가려진 므비보셋의 저는 다리에서 성도의 열등감은 주님의 은혜를 수용할 때 해소됨을 알 수 있다.

광이 얼마나 큰지 깨달아야 한다. 또한 왕의 자녀가 얼마나 권세를 가지고 있는지 영안을 열어 보아야 한다.[273]

---

273 사순절, 종려주일, 부활주일, 승천일, 성령강림주일, 삼위일체주일, 대강절, 성탄절 등에 성찬식을 어떤 내용으로 거행할 것인가는 *The Worship Sourcebook* (Grand Rapids: Calvin Institute of Christian Worship, 2004), 421–761을 보라. 참고로 예수님의 그림자인 다윗 왕은 통치 말년에 인구조사를 시행했다. 대상 21:1의 '사탄'은 정관사(ㄱ) 없이 사용되므로 악한 영적 존재인 사탄을 가리키는 고유명사라기보다(참고. 슥 3:1), 불특정 명사로서 '인간 대적자'를 가리킨다(참고. 삼상 29:4; 왕상 5:4; 11:25; 대상 21:13). 문맥상 다윗의 인구조사 사건 바로 앞은 다윗이 이방 대적자들을 정복한 역사를 소개한다(대상 18–20). 이방 대적자(사탄)는 다윗으로 하여금 인구조사를 하도록 격동시켰다(대상 24:1). 그런데 다윗은 군사작전을 위해서 인구조사를 시행하기 전에 먼저 권능으로 승리를 주시는 하나님을 의지해야 했다(대상 29:11–12). 다윗이 하나님을 의지하지 않은 큰 범죄(삼하 24:10)는 하나님의 진노를 초래했다. 3일 동안 퍼진 전염병으로 이스라엘 백성 가운데 무려 7만 명이 죽었다(대상 21:14). 죽임 당한 7만 명은 하나님의 진노를 다시 촉발시킨(삼하 24:1) 주요 인물들로 보인다. 이런 추론이 옳다면, 이방 나라의 대적자와 다윗의 범죄는 하나님의 진노를 다시 촉발시킨 7만 명을 제거하기 위하여 하나님께서 사용하신 수단이다. 그러나 "이 양떼는 무엇을 행하였나이까?"(대상 21:17)에서 볼 수 있듯이, 이 7만 명은 악한 자들이 아닌 것으로 보인다. 그렇다면 그들은 양떼를 제대로 돌보지 못한 범죄자 다윗을 위한 대리 희생제물이다. 이와 유사한 대리 속죄는 다윗의 간음 사건 이후에 그의 아들이 죽는데서 이미 나타났다(삼하 12:13–14). 다윗의 범죄에 대한 징벌은 오르난의 타작마당에서 멈췄는데(대상 21:18, 26), 후에 그곳은 솔로몬 성전의 터가 된다(대하 3:1). 인구조사 전에 하나님은 다윗과 언약을 맺으셨을 때, 왕권 보장과 성전 건축을 약속하셨다(대상 17:12–14). 언약의 하나님은 인간의 범죄조차 합력하여 선으로 바꾸셨다. 다윗의 후손이자(요 19:21) 참 성전(요 2:19), 그리고 참 목자이신(요 10:2) 예수님은 성부를 늘 의지하며 섬기셨고(요 4:34), 징벌 받아 마땅한 죄인을 대신하여(참고. '나를 치시고,' 대상 21:17) 진노를 받아 그들을 구원하셨고(요 3:16; 10:10), 모든 대적을 정복하셨다(요 16:33). 참고. 장세훈, "다윗의 인구조사에 대한 재고찰: 대상 21:1을 중심으로," 『교회와 문화』 14 (2005), 29–46; 윤동녕, "대리 왕 제의(代理王祭儀)의 관점으로 본 다윗 왕의 위기 극복 과정," 『구약논단』 21 (2015, 3), 143.

19. 갈멜산의 엘리야(왕상 18장)

갈멜산은 24km 길이의 산맥들 중 해발 550m 높이에 위치하며 '하나님의 포도원'이라는 뜻이다. 1년 강수량은 800mm나 되는 비옥한 지역이어서, 솔로몬은 연인의 머릿결을 갈멜산에 비교했다(아 7:5). 갈멜산 북쪽으로는 스불론 평야, 동쪽으로는 '이스라엘의 빵 바구니'라 불린 이스르엘 평야, 그리고 서쪽으로는 지중해 연안의 샤론 평야가 있다. 갈멜산은 애굽과 바벨론을 연결하는 국제도로의 일부인 이스르엘에서 샤론으로 가는 해안 길 근처다.

갈멜산이 폭풍과 다산을 주관한다고 여겨진 바알 숭배지가 된 이유는 많다:[274] (1) 풍부한 강수량과 비옥한 땅과 우거진 숲, 그리고 서쪽으로 내려다보이는 지중해 푸른 바다는 풍요의 신 바알이 주는 복을 드러내기에 안성맞춤이었다(참고. 암 1:2). 그리고 지형 상 갈멜산은 겨울의 폭풍을 다스리고 비를 준다는 풍우의 신 바알을 숭배하기에 자연스러운 곳이었다. (2) 바알 숭배자인 이세벨의 고향인 두로와 시돈에서 가까웠다. (3) 갈멜산 근처 이스르엘은 아합의 아버지 오므리 때부터 겨울 별궁이 있었고(참고. 왕상 18:46), 이스르엘 평야 근처 므깃도는 아합의 철병거가 주둔하였으므로, 갈멜산은 아합의 행정 및 군사 영향력 하에 있었다. (4) BC 3세기-AD 2세기에 갈멜산은 바알 숭배의 후신격인 '갈멜의 제우스' 숭배지였다. 따라서 북이스라엘의 수도 사마리아가 아닌

---

274 권혁승, "갈멜산과 엘리야와 하나님의 승리," 『활천』 8월호 (1997), 55-59에서 요약.

갈멜산이야말로 하나님께서 참 신이심과 비를 주관하시는 분임을 드러내기에 적합한 장소였다.

엘리야와 새 엘리야이신 예수님 사이의 구체적인 모형론적 연결은 다음과 같다:[275]

(1) 바알과 하나님 사이에 머뭇거리던 이스라엘 백성(왕상 18:21)은 하나님을 섬기도록 제단으로 초청한 엘리야에게 순종해야 했다(왕상 18:30).

(1)′ 예수님은 유대인들을 성부 하나님에게로 이끄시려고 초청하셨다(마 23:37).

(2) 엘리야의 기도에 응답하셔서 악을 소멸하실 하나님은 불로써(히 12:29) 우상 숭배에 빠진 자들이 아니라 장작 위에 놓인 조각난 수소를 태우셨다(왕상 18:33, 38; 참고. 레 9:22-24; 대상 21:26).

(2)′ 하나님의 심판의 불은 죄인들에게 임해야 마땅하지만, 갈보리산 위의 십자가의 예수님에게 대신 임하여 주님은 "내가 목마르다"라고 말씀하셨다(요 19:28).

(3) 이 사건을 목격한 온 백성은 여호와만 참 하나님이심을 고

---

275 A. W. Pink, 『엘리야의 생애』(지상우 역, 서울: 도서출판 엠마오, 1989), 209-223. 여기서 아더 핑크는 동의하지 않고 P. J. Leithart 그리고 암시적으로 A. H. Konkel은 그렇다고 인정하는 것 즉 제단과 이스라엘의 이름이 회복되고(왕상 18:31-32; 참고. 야곱의 벧엘 사건, 창 35:1-9) 우상 숭배자들이 처형되고, 가뭄이 끝날 무렵 엘리야의 권유에 따라 아합 왕이 먹고 마신 식사(왕상 18:41-42)가 언약 갱신의 식사인지는 불명확하다(출 24:9-11). P. J. Leithart, *1 & 2 Kings* (Brazos Theological Commentary on the Bible; Grand Rapids: Brazos Press, 2006), 136-37; A. H. Konkel, *1 & 2 Kings* (The NIV Application Commentary; Grand Rapids: Zondervan, 2006), 299-301.

백했다(왕상 18:39).

(3)´ 주님의 십자가 처형을 목격한 백부장은 예수님을 하나님의 아들이라 고백했다(마 27:54).

(4) 기손 시내에서 바알 선지자들은 죽임을 당했는데, 번제물은 그들을 위해 바쳐진 것이 아니었다(왕상 18:40).

(4)´ 예수님은 우상 숭배하고 배교한 버려진 자가 아니라 백부장과 같은 하나님의 이스라엘을 위해 피를 흘리셨다. 우리 속에 하나님 이외에 바알 요소는 어떤 것도 남겨 두어서는 안 된다: "하나도 도망하지 못하게 하라"(왕상 18:40). 그래야 회복케 하신 하나님의 은혜의 단비가 내린다(왕상 18:1, 41-46).

(5) 바알을 물리친 후, 엘리야는 사람의 칭송을 받으려 하지 않고 오직 하나님과 함께 있기를 원했다(왕상 18:42).[276]

---

276 엘리야의 활동은 약 600년 전 모세의 사역이 재현된 것과 같다: (1) 모세처럼 엘리야도 시내 산에서 하나님의 계시를 받았는데, 하나님은 바알에게 무릎을 꿇지 않은 7,000명을 남겨 두었다고 말씀하셨다. 이 시내 산 계시 직후에 엘리야가 만난 사람이 밭 갈던 엘리사다(왕상 19). (2) 모세가 금송아지를 깨뜨린 것처럼 엘리야는 우상 바알의 선지자들을 죽였다(왕상 18). (3) 모세가 죽을 때 기력이 전혀 쇠하지 않았듯이(신 34:6-7), 엘리야도 기운이 다해서 죽은 것이 아니라, 회리바람을 타고 승천했다. (4) 모세와 엘리야는 예수님이 변화 산에서 변모하실 때에도 함께 등장했다(마 17:3). (5) 모세가 출애굽의 인도자로서 이스라엘 백성이 하나님을 믿고 시내 산 언약을 따라 살도록 중재한 이라면, 엘리야는 우상 숭배로 타락한 이스라엘을 다시금 시내 산 언약으로 돌아오도록 했던 선지자다. 모세와 엘리야가 있었기에 이스라엘은 금송아지와 바알을 버리고 하나님을 섬기게 되었다. 엘리야가 '제 2의 모세'라면, 엘리사는 '제 2의 여호수아'이다: (1) 여호수아가 이스라엘 백성을 이끌고 요단강을 동에서 서로 건넌 것처럼, 엘리사도 요단강을 동에서 서로 건넜다(왕하 2:14). (2) 여리고성을 함락시킨 여호수아처럼, 엘리사는 여리고로 올라가서 쓴물을 고치는 기적을 베풀었다(왕하 2:15-22). (3) 엘리사의 이름의 뜻은 여호수아와 일치하는데, '하나님은

(5)′ 사람의 칭찬에 일희일비하지 않으신 예수님은 성부의 일을 완수하는 것을 양식으로 여기셨다(요 4:32, 34; 6:15).

(6) 하나님은 3년 반의 가뭄으로 인해 죽은 땅에 비를 주셨다(왕상 18:45; 약 5:17).

(6)′ 성부는 죽은 세상을 에덴동산으로 회복시키려고 3일 만에 성자를 부활시키셨다(요 20:15).

(7) 이스라엘의 병거와 마병(왕하 2:13; 계 19:11)과[277] 같은 두 분 모두 승천하셨다.[278]

구원이시다'라는 뜻이다. 하나님 나라를 위해서 모세가 여호수아를 멘토링했듯이, 엘리야는 엘리사를 훈련시켰다.

277 엘리야의 승천 시 불 병거와 불 말들(왕하 2:11)이 등장했는데, '이스라엘의 병거와 마병'은 엘리야(왕하 2:12)와 엘리사(왕하 13:14)의 공통된 별칭이었다(참고. 합 3:8). 오순절에 성령님은 불의 혀처럼 갈라진 모습으로 120제자에게 임하셨는데(행 2:13), 성도가 지속적으로 성령의 능력을 받아야만 그리스도의 군사로 강하게 활동할 수 있다. 참고로 '이스라엘의 병거와 마병'은 원래 군사 작전에 기여를 많이 했던 엘리사의 호칭인데(왕하 3; 6:17; 7; 13:17), 나중에 엘리야에게 덧붙여졌다는 설득력이 없는 가설은 튀빙겐대학교의 K. Weingart, "My Father, My Father! Chariot of Israel and Its Horses! (2 Kings 2:12/13:14): Elisha's or Elijah's Title?" *JBL* 137 (2018, 2), 257-68을 보라.

278 엘리야의 승천의 실체인 예수님의 승천 시, 구름은 예수님을 가렸는가, 아니면 데려갔는가?(행 1:9). 행 1:9를 번역하면 다음과 같다: "그리고 예수님께서 이것들을 말씀하신 후 그들이 보는 동안 올려지셨고, 그들의 시야로부터 구름이 그분을 데려갔다." 행 1:9에 특별한 본문비평상 문제는 없다. 두 아오리스트 동사(ἐπήρθη, ὑπέλαβεν)의 번역이 이슈이다. 누가는 예수님께서 승천하시는 장면을 데오빌로에게 소개한다. 아오리스트 신적 수동태 직설법 3인칭 동사 ἐπήρθη는 능동태 '올라가시니'로 번역하는 『바른성경』과 달리 '위로 들려 올려지셨다'(was lifted up)는 의미이다. 신적수동태가 가리키듯이, 예수님의 승천의 주체는 성부와 성령이시다. 아오리스트 능동태 직설법 3인칭 단수형 ὑπέλαβεν의 현재형은 ὑπολαμβάνω인데, '영접하다'(요삼 8), '대답하다'(눅 10:30), '생각하다'(눅 7:43; 행 2:15)라

예수님은 자기 백성을 하나님에게로 이끄시기 위해 친히 목마름의 고통과 저주를 받으셨고, 우상을 버리고 신앙을 고백하며 하나님의 현존을 즐거워하는 이들에게 은혜를 주신다.

20. 야베스의 기도(대상 4:1-10)

브루스 윌킨슨 박사의 『야베스의 기도』(2001[영어판은 2000년]) 는 잘 알려지지 않은 야베스의 기도와 하나님의 복 주심을 설명한

는 의미를 가지는데, 행 1:9에서는 (시간 혹은 공간을) '차지하다'(take up) 가 적절하다. "… a cloud took him out of their sight"이라 번역한 ESV처럼 구름이 예수님을 취해서 데려갔다. 한글 번역과 NIV처럼 구름이 예수님을 모시고 데려간 것이 아니라, 주님을 가려 감춤으로써 사람들이 볼 수 없도록 만들었는가? 한글 번역이 옳다면, 구름타고 승천하시지 않으신 예수님은 구름타고 다시 오시지 않을 것이다(참고. 행 1:11). 물론 누가는 처음부터 구름이 지상에 내려와서 예수님이 그것을 타고 승천하셨다고 묘사하지 않는다. ὑπέλαβεν을 직역하면, "(구름이 예수님을) 차지했다/데려갔다"인데, 예수님은 구름과 상관없이 공중으로 얼마 동안 올려지신 후, 구름이 예수님을 공간적으로 차지하고 데려갔다는 의미이다. 따라서 결과적으로 예수님의 승천의 도구가 된 구름 때문에, 구름 속에 계신 예수님을 사람들은 볼 수 없었다. 그렇다면 예수님이 구름타고 승천하셨고, 구름타고 재림하실 것이라고 말할 수 있다. 참고로 눅 24:51은 베다니 근처에서 예수님이 승천하실 때, 구름을 언급하지 않으며, 살전 4:16은 예수님이 하늘로부터 강림하실 때 구름을 타신다고 설명하지 않는다. 하지만 행 1:9-11에 의하면, 예수님의 승천의 시작 순간에는 구름이 아무런 역할을 하지 못했지만, 승천이 진행되자 구름이 예수님을 차지하고 영접했으므로 주님이 구름타고 재림하신다는 전통적 견해는 정당하다. 참고로 초기에 예수님의 부활과 승천을 신적 수동태로 묘사하다가, 시간이 흘러 점차 능동태 동사로 대체됨으로써 고등기독론이 형성되었다는 주장은 미국 가톨릭대학교의 예수회 소속 J. A. Fitzmyer, "The Ascension of Christ and Pentecost," *Theological Studies* 45 (1984), 417을 보라. 하지만 신적수동태가 삼위 하나님의 협동 사역을 묘사하기에 고등기독론과 무관하다고 보기 어렵다.

다. 성도가 소망 중에 계속 기도한다면, 하나님은 그 사람에게 복에 복을 더하사 지역을 넓혀 주시고, 환난을 벗어나게 하시고, 근심이 없게 해 주실 것이라는 확신을 제시한 책이다. 적극적 사고에 따라, 야베스처럼 우리도 이전에 상상할 수 없었던 크고 좋은 복들을 발견하여 더 크고 멋지게 살 수 있는가? 야베스가 그렇게 기도했다고, 우리도 똑같이 기도해야 하는가? 야베스의 기도를 우리의 기도로 만들려면, 먼저 역대상 4장에 기록된 상황을 알아야 한다. 그리고 야베스의 기도가 예수님 안에서 어떻게 성취되었는가를 살펴야 하고, 야베스의 기도가 하나님 나라와 무슨 상관이 있는가를 파악해야 한다.

(1) 성도의 신분: 예수님의 죽음으로써 거듭난 하나님의 언약 백성이요 죄의 권세에서 해방된 복된 사람

역대상하는 페르시아 고레스 왕의 칙령으로 포로생활 70년을 끝마치고 가나안 땅에 돌아가서 새로운 삶을 시작하는 이스라엘 백성을 위해서 기록된 말씀이다. 역대하 36장은 고레스 왕이 이스라엘 백성들 중에서 원하는 사람은 누구든지 예루살렘으로 돌아가서 성전을 건축하도록 허용하는 것으로 마친다. 역대상하가 기록된 배경은 에스라와 느헤미야 시대인데, 하나님의 백성이 가나안 땅에서 다시 하나님 나라를 새롭게 건설하던 시점이다.

바벨론 포로에서 돌아와서 이스라엘을 재건할 때, 가장 중요한 역할을 할 사람은 왕을 배출한 유다지파였다(참고. 창 49:8-12).

그래서 역대상은 유다지파에 대해서 가장 먼저, 그리고 많이 언급한다(대상 2:1-4:23). 삿 1장을 따르면, 여호수아를 중심으로 가나안 땅을 정복할 때도 갈렙과 같은 유다지파는 이스라엘의 선봉에 서서 중요한 역할을 했고, 바벨론 포로에서 돌아와서 이스라엘을 재건할 때도 중요한 역할을 했다. 유다지파는 심지어 제사장과 레위인보다 먼저 언급되었으며, 사실상 역대상 대부분이 유다지파 출신인 다윗의 행적을 다루고 있다. 삼상 4장은 유다지파의 조상을 언급하면서 야베스를 언급한다.[279] 그런데 야베스는 형제들보다 귀중하다(9절).[280] '야베스'는 '고통'이라는 뜻인데(참고. 시 127:2; 사 14:3), 농경 사회에서 가사를 책임졌던 어머니가 그를 낳을 때 특별한 고통을 당했기 때문이다(참고. 창 3:16).

야베스는 이스라엘의 하나님, 즉 이스라엘과 언약을 맺으신

---

279 역대상하는 하나님께서 다윗 언약을 파기하지 않으시기에 무너진 다윗 왕국을 다시 회복하실 것을 시종일관 강조한다. 야베스와 같은 유다지파 출신 다윗은 하나님이 요구하지 않아도 여부스 족속의 성을 빼앗아서 예루살렘 성을 만들었다(삼하 5). 그뿐 아니라 다윗은 하나님이 말씀하지 않아도 언약궤를 예루살렘성으로 모셔오는 적극성을 발휘하였고(삼하 6), 이어서 그 언약궤를 안치할 성전을 만들 계획까지 세웠다(삼하 7). 이런 특심(特心)과 적극성은 다윗의 적극적 사고방식 때문이 아니라 하나님이 다윗과 후손을 왕으로 세우시겠다는 언약을 믿었기에 가능한 것이다. 마찬가지로 이 언약 신앙을 가지고 있었던 야베스는 언약적 원리를 따라서 역동적인 기도를 언약의 하나님께 드렸다. 따라서 포로에서 돌아온 이스라엘 백성이 야베스의 기도를 읽고 큰 용기를 얻어 적극적으로 하나님 나라를 만들도록 격려를 받았다.

280 야베스의 존귀함은 하나님의 도우심을 입어 비폭력적인(참고. 대하 20장의 여호사밧 왕의 기도와 비폭력적인 승리) 땅의 확장 때문일 수 있다(비교. 대상 4:40-43; 5:18-22). R. C. Heard, "Echoes of Genesis in 1 Chronicles 4:9-10: An Intertextual and Contextual Reading of Jabez's Prayer," *The Journal of Hebrew Scriptures* 4 (2002-2003).

언약의 하나님께 지역을 넓혀 주시고 환난을 면하게 해 주시도록 기도드렸다. 이 기도는 "야베스처럼 나도 할 수 있다"를 아침마다 반복하여 말하고 실천하면 무언가를 이룰 수 있다는 적극적 사고 방식을 가르치지 않는다. 대신 포로 귀환을 이루어 주신 언약의 하나님의 신실함 가운데 이스라엘 백성이 능력 있게 살아야 함을 가르친다.

그런데 이것이 현대 교회와 무슨 상관이 있는가? 야베스의 기도는 '자신의 잘됨'을 위한 기도가 아니다(참고. 눅 9:23; 고전 13:5; 빌 2:1-11).[281] 예수님을 만나기 이전의 우리는 고통과 슬픔과 수고의 아들 야베스였다. 우리 모두는 죄인으로서 고통 속에 살아야만 하는 태생적인 한계를 가지고 있었다. 하지만 우리는 고통 중에 태어난 사람으로 머물러 있을 수 없었다. 우리가 하나님의 언약 자녀가 되도록 해산의 수고를 하신 분이 예수님이시다. 예수님은 십자가에서 지옥의 고통을 경험하면서 죽으시기까지 사랑하심으로 우리를 하나님의 자녀요 언약 백성으로 거듭나게 하셨다. 주님의 고통과 죽으심은 우리를 죄와 사망에서 돌아오게 해 주었다.

우리는 예수님 덕분에 죄와 사망에서 출바벨론한 자요, 하나님의 존귀한 자녀가 되었다고 밝힌다. 우리는 자기 아들을 아끼지 않고 내어주신 하나님으로부터 모든 것을 은사로 받은 복된 사람이다. 유다지파의 사자(lion)이시며 다윗의 언약을 성취하신 예수님과 연합된 자로서 우리는 오늘도 하나님의 자녀의 권세를 누리

---

281 D. A. Carson (ed), *NIV Biblical Theology Study Bible* (Grand Rapids: Zondervan, 2018), 655.

면서 살 수 있다. 성도는 기도로써[282] 어려운 시련이 닥쳐도 영생과 화평의 언약을 맺으신 하나님이 우리를 포기하지 않으시고 붙들고 계심을 믿어야 한다. 우리는 주님이 우리에게 주신 언약의 복과 하나님의 자녀의 권세를 가지고, 더욱 존귀한 자로 살아야 한다.

(2) 교회의 사명: 말씀과 기도로 환난을 이기면서 천국 지경을 넓혀감

10절에서 야베스는 2가지 복을 하나님께 과감하게 구한다. 하나는 지역을 넓혀 달라는 간구로 하나님이 허용한 지경을 넘어서 더 큰 지역을 개척하여 뻗어 가겠다는 의지이다. 역대상의 원래 독자들은 이스라엘이 바벨론에서 돌아와 가나안 땅에 정착하는 과정에 있었다. 따라서 지역을 넓혀 달라는 이 기도는 대단히 도전적이고 적극적인 간구였다.[283] 즉, 자기에게 할당된 영역으로 만족하지 못하고 더 넓은 지역을 달라는 것이다. 이것은 형제의 것을 빼앗는 것이 아니라, 아직도 정복되지 못한 영역을 자기에게 맡겨 달라는 간청이다(대상 4:40-43; 5:18-22).

---

282 역대상하에 기도가 강조되는데(대상 5:20-22; 대하 20:6-12), 야베스의 존귀함(대상 4:9)이 그의 진지한 기도와 연결된다는 주장은 A. E. Hill, *1 & 2 Chronicles* (The NIV Application Commentary; Grand Rapids: Zondervan, 2003), 95를 보라.

283 참고. T. Longman III & D. E. Garland, *1 Chronicles-Job* (The Expositor's Bible Commentary: Revised Edition; Grand Rapids: Zondervan, 2010), 62.

야베스의 두 번째 기도는, 환난과 근심에서 벗어나 궁극적인 승리를 경험하게 해 달라는 것으로 지역을 넓혀 나가는 가운데 여러 가지 어려움과 고통을 겪을 수밖에 없을 것이기에 하나님께서 적극적으로 개입하셔서 도와 달라는 간구다. 그러므로 이 두 간구는 서로 연결되는데, 종합하면, "지역을 넓혀 주시되, 그 일에 수반되는 환난을 극복하게 하옵소서!"이다. 우리는 예수님 안에서 죄와 사탄의 권세에서 돌아온 우리를 통하여 하나님 나라의 영역이 넓어지도록 기도해야 한다. 그리고 이 일을 감당할 때 발생하는 환난과 근심을 극복하도록 기도해야 한다. 하나님 나라를 확장하는 일에 수반되는 대적의 방해를 물리치도록 간구해야 한다. 교회와 복음의 대적이 우리의 섬김을 방해하지 못하도록 하나님이 역사해 주시도록 간구해야 한다.

야베스가 "환난을 면케 하옵소서"라고 기도하는 것을 통해 지역을 넓히는 일에는 환난이 따른다는 것을 알 수 있다. 유대인들이 예루살렘 성을 재건할 때, 여우가 올라가도 무너질 성벽이라고 사마리아의 도비야와 산발랏, 아라비아, 그리고 암몬 사람들이 조롱했다(느 4:3, 7). 선한 마음을 가지고 하나님 나라를 건설할 때, 일이 꼬이거나, 오해를 받거나, 낙심할 일이 일어난다. 바로 그때가 우리를 천국 확장의 일에 우리를 부르신 하나님을 신뢰할 때이다. 바로 그때가 우리를 선한 일에 부르신 하나님께서 마칠 때까지 이루시겠다는 약속을 믿을 때다(빌 1:6).

여기서 주의해 볼 점은 야베스가 '귀중한 자'라는 사실이다. 그러나 야베스의 어떤 면이 그의 형제보다 더 귀중했는지 정확히 모른다. 그의 인품이 훌륭했는지, 아니면 학식과 신앙 때문이었는지, 아니면 어떤 전쟁에서 공을 세웠는지 알 수 없다. 역대상 2:55에 보면, 야베스라는 마을에 훌과 살마의 후손 가운데 '서기관들'이 살고 있었다. 율법 선생인 서기관들이 살았던 야베스라는 성읍은 대상 4장의 야베스의 이름에서 따온 것이다. 야베스의 이름을 딴 동네에 율법 선생인 서기관이 모여 살고 있었다면, 야베스도 여호와의 말씀에 능통한 사람이었을 것이다.[284] 그렇다면 야베스는 하나님께 지역을 넓혀 주실 것과 환난을 극복하게 해달라고 간구할 때 말씀에 근거하여 기도했을 것이다. 우리도 야베스처럼 말씀과 기도로 무장해서 천국 확장을 이루어야 한다(참고. 욘 2:1-9). 기도하지 않고, 말씀을 읽지도 암송하지도 않는다면 천국 일꾼이 될 수 없다. 우리 자녀가 살 길은 말씀을 배우고 읽고 기도하면서 사는 길뿐이다(계 1:3). 그것이 귀중한 자의 삶이요 복이다(엡 3:20-21).

(3) 결론 및 적용

이전에 우리는 고통과 수고의 사람 야베스였다. 그러나 하나님은 우리를 그런 상태에 내버려두기를 원치 않으셨다. 그렇다면 이제 예수님의 죽으심과 부활로 인하여 죄와 사망과 사탄으로부터 돌아와 존귀한 사람이 된 우리가 확장해야 할 영역은 어디

---

284 성경에는 기록되어 있지 않지만, 유대인들은 야베스가 율법박사로서 많은 제자들을 가르쳤다고 믿었다.

인가? 가정, 사업, 그리고 직장 속에서 하나님의 나라를 이루면서 확장해야 할 지경은 무엇인가? 그 일을 감당할 때 직면하는 어려움까지도 말씀과 기도로 이겨내도록 하실 하나님을 믿자. 이렇게 힘쓰는 이를 하나님은 더욱 존귀한 자로 만드시고 큰 보상으로 채워 주실 것이다.

21. 여호아하스 왕의 통치(대하 36:1-4)

선정(善政)을 베푼 요시아 왕이 갑작스럽게 전사하자, 남 유다는 멈출 수 없는 방법으로 패망으로 치닫고 말았다. 지금부터 여호아하스, 여호야김, 예수님, 그리고 신약 성도와의 관련성을 살펴보자.

(1) 예수님의 다스림을 신실하게 받아야 하는 이유: 불순종은 하나님의 심판을 초래함

하나님은 남 유다의 왕들에게 회개할 기회를 주시면서 길이 참으셨다. 하지만 남 유다가 계속해서 하나님의 사신들을 비웃고, 말씀을 멸시하고, 선지자를 학대하자(대하 36:16), 하나님의 인내는 한계에 도달했다. 역대하 36장은 남 유다의 마지막 네 명의 왕을 간략하고 연속적으로 다룬다. 그들은 요시야(BC 640-609)의 세 아들, 즉 넷째 여호아하스(살룸, BC 609),[285] 둘째 엘리야김(여호야김, BC 609-598), 셋째 아들 시드기야(맛다니야, BC 597), 그리고 요시야의 손자 여호야긴(여호야김의 아들 여고냐, BC 597-587)이다(참고. 대상 3:15).

여호아하스 통치 때인 BC 609년 무렵의 이스라엘을 둘러싼 주변 정세는 혼란스러웠다. BC 610년에 앗수르는 하란에서 바벨론에 의해서 패망했다. 따라서 나보폴라살 왕이 다스린 바벨론이 고대 메소포타미아의 맹주로 부상했다.[286] 그 무렵 애굽은 바벨론과 고대 근동의 패권을 두고 싸웠다. BC 609-605년까지 애굽이 남 유다에 영향을 미쳤다. 애굽의 바로 느고 2세는 므깃도에서 요시야를 죽였고, 백성들은 23세였던 여호아하스를 즉위시켰다. 성전을 수리하다가 율법책을 발견하고 말씀대로 유월절을 지켰던 요시야 왕은 남 유다의 마지막으로 선한 왕이었다. 요시야의 죽음은 종교 개혁의 끝이었고, 더 나아가 남 유다의 패망이었다. 불행하게도 남 유다의 패망의 수레바퀴를 멈출 사람이 없었다.[287] 남

---

285 '살룸'(뜻: 복직[restitution])은 개인적 이름(given name)이고, '여호아하스'(뜻: 야웨는 붙잡고 계신 분이다[Yahweh is taker-hold])는 통치 이름(regnal name)이다. P. H. Kelley and J. F. Drinkard, *Jeremiah 1-25* (WBC; Dallas: Word Books, 1991). 306.

286 아버지 나보폴라살을 이어 느부갓네살이 바벨론의 왕이 된 BC 604년을 기점으로 바벨론은 고대 근동의 맹주로 자리매김했다. A. E. Hill, *1 & 2 Chronicles* (NIV Application Commentary; Grand Rapids: Zondervan. 2003), 640.

287 Allen은 대하 36장의 제목을 'Plunging to ruin'이라 붙이고, 남 유다의 패망을 거라사 지역의 돼지들이 악령에 이끌려 갈릴리 바다로 돌진해서 죽은 것에 비유한다. L. C. Allen, *1, 2 Chronicles* (Communicator's

유다의 제사장과 백성의 지도자들, 그리고 일반 백성 모두가 죄악에 동참했기 때문이다(대하 36:14).[288]

여호아하스처럼 웃시야(대하 26:1)와 요시야(대하 33:25)도 백성에 의해서 왕으로 추대되었다. 유다 백성들이 요시야의 둘째 아들 여호야김 대신 (아마 두 살 정도 어린) 넷째 아들 여호아하스를 왕으로 기름 부은 이유는 무엇인가?(참고. 왕하 23:30).[289] 백성들은 가증한 일과 악을 행한 여호야김의 난폭한 성격을 무서워했던 것 같다(대하 36:8). 그리고 남 유다 백성들은 애굽을 대항했던 요시야처럼 여호아하스도 애굽에 대항할 것으로 기대했던 것 같다.[290]

여호아하스의 어머니는 립나 사람 예레미야의 딸 하무달이다. 대하 36장에는 언급되지 않지만, 여호아하스는 조상의 모든 행위대로 여호와 보시기에 악을 행했다(왕하 23:32). 애굽의 바로 느고가 여호아하스를 하맛 땅 리블라(다메섹 북쪽)에 가두어 예루살렘에서 다스리지 못하게 했다(왕하 23:33). 여호아하스가 애굽에 대항하는 정책을 폈기 때문에 3달 밖에 통치하지 못한 것이다. 바로 느고는 여호아하스를 왕으로 추대하고 지지했던 남 유다 백성에게 은 100달란트와 금 1달란트를 벌금으로 부과했다.[291] 아마

Commentary; Waco: Word Books. 1987), 433-35.

288 왕하 24:3-4는 바벨론 포로의 책임을 므낫세에게만 돌린다.

289 I. W. Slotki, *Chronicles* (London: The Soncino Press. 1985), 341.

290 R. B. Dillard, *2 Chronicles* (WBC; Waco: Word Books, 1987), 298; Slotki, *Chronicles*, 341.

291 앗수르의 산헤립이 히스기야에게 부과한 양에는 훨씬 못 미친다(왕하 18:14).

예수님과 구약의 대화

도 성전 보물 창고에서 꺼내어 바쳤거나 백성들이 납부했을 것이
다.[292]

대하 36:4 LXX 하반부 구절을 들어보자: "그리고 그(여호아하
스)는 거기서 죽었다. 그러나 그는 은과 금을 바로 느고에게 바쳤
다. 그 때 그 땅(가나안)은 바로의 명령에 따라 돈을 바쳐야 했다.
그리고 각 사람들은 그 땅의 사람들의 은과 금을 빌려서 바로 느
고에게 바쳤다."[293] 바로 느고는 요시야의 둘째 아들 엘리야김(뜻:
'하나님이 세우실 것이다')을 대신 왕으로 세우고, '여호야김'(뜻: '여호와
께서 세우실 것이다')으로 이름을 바꿨다.[294] 사람의 이름을 바꾼 것은
그 사람을 통제한다는 의미다.[295] 그 무렵 여호아하스는 애굽으로
잡혀가 거기서 죽는다.

대하 36:1-4의 관련 본문인 겔 19:3-4에 사람을 삼켰던 젊

---

292 H. G. M. Williamson, *1 and 2 Chronicles* (New Century Bible
Commentary; Grand Rapids: Eerdmans, 1982), 413; J. A. Thompson,
1, 2 Chronicles (New American Commentary; Nashville: Broadman &
Holman Publishers, 1994), 387.

293 LXX을 번역하면 다음과 같다: "and he died there: but he had given
the silver and gold to Pharao. At that time the land began to be taxed to
give the money at the command of Pharao; and every one as he could
borrowed the silver and the gold of the people of the land, to give to
Pharao Nechao."

294 '엘리야김'과 '여호야김' 사이에 본질적인 의미의 차이가 없으므로, 바
로 느고가 여호야김 통치 동안 성전 제사를 허용한 것으로 보인다. Slotki
는 개명이 '승진(promotion)의 표시'라고 본다(참고. 창 41:45; 단 1:7).
Slotki, *Chronicles*, 342.

295 남 유다는 애굽의 '봉신 속국'(vassal state) 상태로 BC 605년까지 있었
다. 남 유다에게 필요한 것은 또 다른 출애굽이다. 하지만 원래 남 유다는
하나님의 종주권 언약의 수혜자였다. Hill, *1 & 2 Chronicles*, 640.

은 사자가 갈고리에 꿰여 애굽으로 끌려가는 장면이 등장한다. 여기서 '젊은 사자'는 여호아하스 왕이다.[296] 그런데 왜 에스겔은 왕을 사자에 비유하는가? 창 49:8-12는 왕의 지파인 유다를 '사자 새끼'라 부른다(참고. 사 5:29). 사자처럼 당당한 왕이 역설적이게도 애굽에 끌려가서 비참하게 죽는다. 여호아하스가 애굽으로 잡혀간 것은 장차 있을 남 유다의 바벨론 포로 생활의 전조였다. 그렇다면 여호아하스의 죄악은 무엇인가?(왕하 23:32). 렘 22:11-17에 의하면, 불의로 자기를 위하여 백향목으로 큰 집을 세우고(아마도 솔로몬의 왕궁 확장공사), 불법으로 넓은 다락방을 짓고, 자기 이웃을 고용하고, 일꾼에게 품삯을 주지 않았고, 불의한 이익을 추구하고, 무죄한 피를 흘리고 압제하고 빼앗았다. 그리고 요시야처럼 가난하고 빈궁한 자를 위해서 판결하여 하나님이 주신 형통한 복을 받지 못했다. 그러나 이 악행 목록은 3개월 통치 동안 여호아하스의 것이라기보다, 11년 동안 통치한 여호야김의 것으로 보는 것이 옳다.[297] 그럼에도 불구하고 여호야김의 악행과 여호아하스의 악행은 별 차이가 없는 듯하다.[298]

혹시 여호아하스와 여호야김처럼 우리도 어려울수록 더 불순종하지 않는가? 형통한 때든 어려운 때든 하나님이 우리에게 요

---

296 존 월튼 외, 『IVP성경배경주석』(서울: IVP, 2010), 1024.

297 P. H. Kelley and J. F. Drinkard, *Jeremiah 1-25*, 307.

298 역대하의 1차 독자들인 출바벨론 한 사람들은 역대기 기자의 역사 이해, 즉 죄의 삯은 심판과 사망임을 절감하면서 심기일전했을 것이다. 기억할 것은 바벨론 포로는 하나님의 섭리였다(대하 36:17, 21).

구하시는 것은 높은 '신앙지수'(Faith Quotient)이다. 하나님의 복과 심판은 우리의 신앙지수에 달려 있다. 그러므로 하나님께 순종하고 의지하는 강도를 높여야 한다(참고. 신 28).[299] 자비로운 하나님은 불순종할 경우 심판하겠다고 미리 말씀해 주셨다. 하나님은 말씀하신 대로 심판하신다. 즉, 공의로우신 하나님의 심판은 예측가능한 것이다(참고. 렘 30:11; 나 1:3). 신앙지수와 영적인 민감성을 키워 순종하자.

(2) 예수님의 다스림을 받는 방법: 왕이신 예수님을 모시고 새 출애굽/출바벨론을 경험한 사람답게 사는 것

역대기 기자는 대하 36:1-14, 즉 단지 14절만으로 네 왕의 일대기를 요약한다. 아마도 독자들이 네 왕들과 관련하여 기록된 내용을 열왕기하를 통해서 알고 있다고 전제했을 것이다.[300] 역대기 기자는 요시야 사후에 네 왕들이 죽었다고도 말하지 않고, 여호아하스의 경우 그의 범죄를 언급하지도 않는다.[301] 그 이유는 이상적인 왕 다윗이 다스린 이스라엘의 회복을 소망했기 때문이다.[302]

---

299 Hill, *1 & 2 Chronicles*, 645.

300 Allen, *1, 2 Chronicles*, 435.

301 Williamson은 대하 36장에서 네 왕들의 죽음이 언급되지 않고 그들의 죄악이 때로 생략된 것은, 남 유다의 패망을 초래한 각 왕들의 공통된 운명을 강조하고 엄격한 구분을 부드럽게 하기 위해서라고 본다. Williamson, *1 and 2 Chronicles*, 412.

302 Hill, *1 & 2 Chronicles*, 642; Allen, *1, 2 Chronicles*, 436;

이방 나라에 의해서 남 유다의 왕권이 붕괴되고, 성전 금고도 바닥나자 제사장은 그의 직무를 수행하기 어려웠다. 하지만 예레미야 선지자는 홀로 외로이 하나님의 말씀을 전했다. 다윗 후손이 순종하면 영원히 왕위에 앉아 통치할 것이라는 다윗 언약이 위기를 맞고 있었다. 이 상황 가운데 하나님은 무슨 조치를 취하셔야 한다.

남 유다가 패망하기 전의 악한 왕들과 대조되는 왕은 요시야 왕이다.[303] 그러나 궁극적으로 네 왕과 대조되는 분은 예수님이시다. 예수님은 하나님의 뜻을 행하셨고 순종하셨다. 사람의 표현으로 말하자면, 예수님의 신앙지수는 100이다. 예수님은 유다 지파의 '사자'이시다(계 5:5). 하지만 예수님은 자신의 권력을 압제하는 데 사용하지 않으셨다. 예수님은 여호아하스처럼 원수에게 끌려가서 죽으셨다. 하지만 3일 만에 부활하셨다.

여호아하스가 애굽으로 끌려갔다면, 예수님도 헤롯을 피해서 아기 때 애굽으로 피난가셨다. 여호야김은 느부갓네살에 의해서 바벨론으로 끌려갔다. 그러나 예수님은 우리를 영적으로 출애굽, 그리고 출바벨론하게 하셨다. 사자 같은 왕이신 예수님은 우리의 포로 생활에 종지부를 찍으셨다.

Thompson, *1, 2 Chronicles*, 387.

303 요시야는 분별력이 부족해서 바로 느고가 앗수르를 도우러 가는 원정 길을 남 유다를 공격하는 것으로 파악했다. 그리고 요시야가 전쟁 중 변신한 것(대하 35:22)과 그의 최후는 북이스라엘의 악한 왕 아합과 유사하다(대하 18:28-34). 어떤 면에서 여호아하스가 3개월만 통치하다 애굽으로 잡혀간 것은 아버지 요시야가 애굽에 무분별하게 저항한 결과이기도 하다.

"야웨께서 붙잡고 계신다"라는 좋은 뜻을 가진 여호아하스는 애굽에 잡혀가 죽었다. 하지만 예수님은 자신의 교회를 붙잡고 계신다. 물론 성도는 이 은혜를 입기 위해서 순종해야 한다. 우리 삶 가운데 애굽 포로, 혹은 바벨론 포로 생활을 초래하는 것이 무엇인가? 그것을 찾아 제거하자. 우리 인생에 예수님의 강력한 통치와 뜻을 어떻게 이루어야 하는가? 우리도 불순종하면 애굽이나 바벨론에 포로로 잡혀갈 수 있다. 우리는 하나님께서 바로 느고와 느부갓네살 같은 세상의 불신자를 통해서 한국 교회의 죄악을 지적하시고 꾸짖으시는 경고의 음성을 겸허하게 들어야 한다.

22. 에스더와 예수님(에 4:1-17)

BC 473년 2월 23일경, 페르시아제국에 있던 유대인들이 살해 위협으로부터 구원을 받았다. 그것을 기념하는 잔치가 부림절이다(에 9:32). 사울처럼(삼상 15) 베냐민 지파 출신인 모르드개가 아말렉 출신 하만을 25m 장대에 매달아 죽인다(에 7:10). 왕후 에스더의 남편 아하수에로는 페르시아 제국의 세 번째 왕으로 35세에 즉위하여 20년간 다스렸다.[304]

---

304 사자 굴에 던져진 다니엘과 달리, 에스더가 페르시아 왕궁에서 자신의 유대인으로서의 정체성을 어떻게 감추었는지 알 수 없다. 참고로 에 8:5-7, 19 LXX는 에스더가 범죄한 후 하나님께 회개했다고 밝힌다. A-M, Wetter, "In Unexpected Places: Ritual and Religious Belonging in the Book of Esther," *JSOT* 36 (2012, 3), 328.

학살 위기에 내몰린 유대인들의 금식과 애통함은 하나님 나라와 의를 위해 애통하는 것이다(에 4:3).[305] 그것은 복 있는 애통함이기에, 하나님의 위로를 받을 것이다(마 5:3). 동족 구원을 위해 에스더는 결단한다: "죽으면 죽으리라!"(에 4:16). 에스더는 왕후로서의 안전과 부귀영화를 버리고 동족 유대인의 고통에 동참하려고 결심한다. 여기서 에스더는 예수님의 그림자로 나타난다. 예수님도 하늘 영광 버리고 죄악 속에 무기력하고 소망 없이 죽게 될 자기 백성을 찾으러 오셨기 때문이다.

에스더는 다른 면에 있어서도 예수님을 예기(豫期)한다. 에스더는 아하수에로 왕과 이스라엘 백성 사이의 중재자 역할을 자청한다. 이것은 하나님과 사람 사이의 중보자로서의 예수님의 대제사장적 사역을 내다보게 한다. 바로 에스더와 예수님의 이 중재 역할이 없다면 이스라엘은 죽고 말 것이며 우리도 죽고 만다. 이 중보 사역을 위해 주님은 하늘 영광을 버리고 이 땅에 오셨다. 그리고 즐거이 십자가를 지시고 온갖 멸시와 고난을 감내하셨다. "죽으면 죽으리라!" 사실 이 중보 사역은 목숨을 담보로 하여 수행할 수밖에 없다. 예수님의 목숨을 담보로 한 중보 사역의 결과, 우리는 살게 되었다.

에스더는 하나님의 능력을 의지하되 왕후로서의 자신의 지위를 최대한 활용하고 있다. '이 때'를 위해(에 4:14) 하나님께서 자신을 왕후로 삼으셨음을 믿는 섭리 신앙을 가지고 있었기 때문이

---

305 에스더서는 하나님께서 이름뿐인 언약 백성을 보존하시고 구원 역사를 진전시키시는 내용이라는 설명은 Waltke, 『구약신학』, 899-902를 보라.

다. 예수님도 십자가를 지시기 전에 기도하셨다: "아버지여 나를 구원하여 '이 때'를 면하게 하여 주옵소서 그러나 내가 이를 위하여 '이 때'에 왔나이다"(요 12:27). 에스더도 하나님의 때를 위해 왕후가 되었음을 인정했고, 예수님도 세상의 구원의 때가 찼을 때 그 뜻을 이루기 위해서 오셨다. 우리는 우리의 때가 아니라 하나님의 때에, 우리가 원하는 방식이 아니라 하나님의 방식대로, 그리고 우리가 원하는 곳이 아니라 하나님이 계획하신 장소에서 사용되도록 기도해야 한다.

에스더가 자신의 미모에 악영향을 끼칠 금식기도를 요청한 기간은 1월 13일부터 15일까지였다.[306] 그러므로 1월 14일에 지켜야 했던 유월절도 지키지 못했다. 출애굽이라는 구원을 기념하는 유월절을 지키지 못하도록, 하만은 고의적으로 1월 13일에 이런 끔찍한 포고령을 내렸다. 에스더에게 있어, 지금은 출애굽의 기쁨을 기념할 때가 아니라, 임박한 재앙에서 벗어나기를 간구해야 할 때였다. 이런 위기 상황에서 하나님은 합력하여 선을 이루시기 위해 열심을 내신다. 결국 하만은 모르드개를 달아서 죽이려고 준비해 둔 장대 위에 매달려 1월 중순에 죽고 만다. 아하수에로 왕이 유대인을 보호하기 위해 내린 새로운 조서는 3월 23일에 모르드개에 의해 작성되었다. 그리고 12월 13일에 오히려 유대인들이 원수들을 죽여 부림절을 12월 14-15일에 지키게 되었다. 12월에

---

306 에스더서에 하나님 나라를 위한 금식(fast, 4:16)과 제국의 영화를 과시하는 잔치(feast, 1:3; 5:4)가 대조된다. Wetter, "In Unexpected Places," 332.

는 부림절을, 1월에는 유월절을 지키게 되었다. 하나님은 모든 것을 합력하여 선을 이루셔서 갑절의 은혜를 주셨다. 우리가 하나님의 섭리를 믿고 하나님의 뜻을 이루는 통로가 될 때에 갑절의 은혜를 부어주신다.

우리가 은혜로 받은 특권, 영향력, 지위, 재능, 그리고 재산은 하나님의 목적을 이루는 수단이지 그 자체가 목적이 될 수 없다. 우리는 인도에서 에티오피아까지 127도로 구성된 대 제국 페르시아와 비교가 안 되는 영원한 제국인 하나님 나라의 왕이신 예수님의 신부, 즉 왕비로서의 지위를 가지고 있다. 그러므로 우리의 모든 영적인 복들과 특권들은 하나님의 뜻을 이루는데 사용되어야 한다. 예수님 안에서만 우리는 진정한 부림절을 지킬 수 있다.

예수님은 죄와 사망의 법에 눌려서 두려움에 떨던 우리에게 진정한 생명의 성령의 법을 맛보게 하셨다. 이제 우리는 슬픔과 탄식 대신에 부림절을 지켜야 한다. 중보자이신 예수 그리스도를 통해 생명을 얻은 우리는 날마다 합력하여 선을 이루시는 하나님, 갑절의 은혜를 주시는 하나님을 만나야 하고 찬송해야 한다. 하나님의 계획과 목적과 섭리는 결코 실패하지 않는다. 하나님의 충만한 때가 찼을 때, 하나님은 예수님을 준비하여 보내셨다. 초대교회가 불신 유대인과 로마 제국에 의해 위기 속에 처해 있었을 때, "나의 달려 갈 길과 주 예수님께 받은 사명 곧 하나님의 은혜의 복음 증거하는 일을 마치려 함에는 나의 생명을 조금도 귀한 것으로 여기지 않는다"고 고백한 사도 바울을 사용하셨다(행 20:24; 참고. 계 12:11). 그리고 로마 가톨릭의 어두운 시대에는 루터와 칼빈과 불링거 등을 사용하셨다. 하지만 우리가 하나님의 도구로 사용되고 헌신되기를 거부하면 하나님은 다른 방편으로 뜻을 이루신다.

23. 빌닷의 세 번째 주장(욥 25장)에 대한 그리스도 완결적 해석

순전하고, 정직하고, 하나님을 경외하며, 악에서 떠난 욥(איוב)의 말은 신뢰할 수 있지만, 욥의 친구들의 말은 인과응보 사상에 기초한 것이기에 오류인가?(참고. 욥 4:7-8; 11:6; 34:22, 36-37). 범죄로 벌을 받는 사람에게는 인과응보(혹은 상선벌악)에 기초한 욥의 친구들의 주장이 옳다.[307] 욥의 친구들의 말이 욥기에서 차지하는 비중이 큰 것은, 그들의 말 속에 오류뿐 아니라 진리도 부분적으로 담겨 있기 때문은 아닌가? 욥과 세 친구들 사이의 논쟁은 욥 3-31장에 이르는데, 욥기 전체의 70%를 차지한다.[308] 하나님은 욥의 친구들을 책망하실 때, 그들의 주장이 전적으로 틀렸다기보다는 욥처럼 옳게 말하지 않았기 때문이라고 이유를 설명하셨다

---

307 욥기의 기록 연대를 BC 7-2세기경으로 넓게 보는 클라인즈는 욥의 고난이 바벨론 포로기에 살던 유대인들의 고난을 상징하는 것으로 의도되었다고 본다. 그리고 클라인즈는 욥 26:5-14를 욥이 아니라 빌닷의 연설로 본다. D. J. 클라인즈, "욥기," in 『IVP 성경 주석: 구약』, ed. by G. J. 웬함 & J. A. 모티어 (서울: IVP. 2005), 619, 641; 목회와 신학 편집부, 『욥기, 어떻게 설교할 것인가?』 (서울: 두란노아카데미, 2005), 12.

308 욥과 세 친구들의 끝없는 평행선은 실존적 경험(욥 6:3-4)과 관습적 교리와 전통(욥 5:27) 사이의 차이로 인한 것이다. 욥의 고난은 기존의 교리가 설명하지 못했던 새로운 하나님 이해로 나아가게 한다. 목회와 신학 편집부, 『욥기, 어떻게 설교할 것인가?』, 36.

(욥 42:7, 8:7)는 말씀은 단지 빌닷(בִּלְדַּד)이 말한 것이기 때문에 비진리로 여겨야 하는가? 여기서 살필 수아 사람 빌닷의 주장은 3회 나타나는데(욥 8, 18, 25), 그도 인과응보 사상에 빠져 있었다(욥 8:4).[309]

(1) 욥기 23-24장과 25장의 문맥적 관련성

"빌닷이 대답하여 이르되"(욥 25:1)는 엘리바스의 중상적 비난(욥 22; 특히 5-9절)에 대한 욥의 변호(욥 23-24; 이것은 욥의 여덟 번째 연설임)에 대한 응답이다. 욥 23장에서 욥은 하나님에게 자신이 '정당함을 입증'해 주실 것을 요구한다. 그래서 욥은 하나님의 재판정인 보좌 앞으로 나아가 하나님을 만나기를 원하지만 그분은 보이지 않는다(욥 23:3, 8-9).[310] 그러나 욥은 자신이 정금 같이 될 것이라고 자신의 정당성을 확신한다(욥 23:10).[311] 그 다음 욥은 '신정

---

309 욥에게 '재난을 주는 위로자들'(LXX: παρακλήτορες κακῶν, 욥 16:2) 즉 데만 사람 엘리바스의 주장은 3회(욥 4, 15, 22), 나아마 사람 소발의 주장은 2회(욥 11, 20), 그리고 마지막으로 등장하는 부스 사람 엘리후의 주장은 1회이지만 연속적으로 길게 나타난다(욥 32-37).

310 엘리후는 사람이 하나님께 가서 판결을 받을 필요가 없다고 보는데, 하나님은 조사하지 않고도 다 아시기 때문이다(욥 34:23-24).

311 랑게는 욥 23:10에 나타난 욥의 잘못된 무죄의식 때문에, 나중에 욥이 회개했다고 본다(욥 42:6). 하지만 욥 23:10은 '하나님이 단련하신 후에는'이라는 일종의 조건이 달려 있기에, 그것을 잘못된 무죄의식이라고 보기 어렵다. J. P. 랑게, 『욥기 (하)』(서울: 백합출판사, 1981), 451. Hartley는 욥이 시험 이전, 그리고 시험 받는 동안 범죄하지 않았다는 사실이 욥기 해석에서 중요하다고 본다(욥 1:1, 2-3; 2:3; 9:15, 20-21; 10:7; 12:4; 23:11-12; 42:8). J. E. Hartley, "Theology of Job," in *NIDOTT*, Vol. 4, ed. by

론'(神正論, theodicy), 즉 죄 없는 가난한 자들이 고난을 당할 때 왜 하나님은 오랫동안 가만히 두시는가라는 문제를 다룬다(욥 24:1-12). 그 다음 욥은 신정론의 다른 측면, 즉 행악자의 불의한 성공을 왜 하나님은 가만히 보고 계시는가를 다룬다(욥 24:13-17). 마지막으로 욥은 악인을 심판하실 여호와의 날이 임할 것을 믿는다(욥 24:18-25). 요약하면, 욥 25장의 문맥인 욥 23-24장은 두 주제, 즉 정당성 입증과 신정론을 다룬다. 물론 빌닷의 주장에 대한 욥의 응답인 26장도 중요한 문맥이다. 26장에서 욥은 25장의 빌닷처럼 하나님의 능력의 크심을 언급한다(욥 26:5-14). 그리고 빌닷의 진술이 알맹이 없는 빈말이라고 평가한다(욥 26:1-4).

욥 23-24장과 25장 사이의 용어와 사상적 연관성을 살펴보자. 욥 25:3의 하나님이 비추시는 '광명'(אוֹר)은 24:13, 16에 나타난다. 욥 25:2의 하나님의 '통치'(מֹשֵׁל)는 23:3의 '보좌'(거처, תְּכוּנָה, seat), 23:6의 '큰 권능'(הַבְּרָב־כֹּחַ), 23:16의 '전능하신 분'(שַׁדַּי)과 24:22의 강포한 자를 끌어내시는 하나님의 '능력'(אַבִּיר)과 유사하다. 욥 25:2의 하나님이 높은 곳에서 베푸시는 '평화'(שָׁלוֹם)는 24:23의 하나님이 주시는 '평안'(בֶּטַח)과 유사하다(참고. 욥 22:21). 욥 25:6의 '구더기'(רִמָּה, NIV: the worm)는 24:20에도 나타난다(그리고 욥 7:5; 17:14; 21:26; 사 14:11). רִמָּה는 광범위한 의미로 '벌레'를 가리킬 수 있지만, 구체적으로 '구더기'(maggot)로 번역하여 '죽음에 이르는 심판'에 대한 은유 혹은 '사람 존재의 불쌍한 형편'에

W. A. VanGemeren (Grand Rapids: Zondervan, 1997), 782.

3. 예수님 중심으로 구약 성경을 읽는 40가지 실례

대한 은유를 가리킨다.[312] 요약하면, 욥 22-25장에서 엘리바스, 욥, 그리고 빌닷이 자신의 주장을 주고받고 있다.[313]

(2) 하나님의 주권과 위엄에서 나오는 화평(욥 25:2-3)

다행히 빌닷은 욥을 모질게 비판하지 않는다(비교. 욥 8:2; 18:2). 하나님의 위대하심에 대한 빌닷의 진술은 욥 38-41장의 폭풍 가운데 임하신 하나님의 말씀을 예기한다. 하나님의 '통치'와 '위엄'(2절)은 셀 수 없는 '군대'(3절)를 동원하는 것으로 나타난다. 욥은 앞의 문맥에서 하나님을 '전능자'라고 부른다(욥 23:16; 24:1; 27:2; 참고. 욥 22장의 엘리바스의 세 번째 연설 중의 전능자, 17, 23, 25, 26절; 그리고 35:13; 37:23). 욥과 빌닷, 그리고 다른 욥의 친구들도 전능하신 하나님을 알고 있다. 욥기 후반부에서 하나님은 친히 '창조의 신비'(욥 38:1-40:2)와 '창조의 권능'(욥 40:6-41:34)에 관해 연설을 하셨다.

---

312 R. L. Alden, *Job* (The New American Commentary; Nashville: Broadman & Holman Publishers, 1993), 255; 참고. A. H. Konkel, "רמה," in *NIDOTTE*, Vol. 3, ed. by W. A. VanGemeren (Grand Rapids: Zondervan, 1997), 1125; R. C. Stallman, "תּוֹלֵעָה," in *NIDOTTE*, Vol. 4, ed. by W. A. VanGemeren (Grand Rapids: Zondervan. 1997), 282.

313 욥기는 시가서 혹은 지혜서로 분류되는데, 고대 근동에서 지혜는 '지식, 지성, 교육, 성장'만 가리키지 않고, 더 나아가 '혼돈으로부터의 질서를 창출해 내는 능력' 혹은 '혼돈 가운데서 질서를 인식하는 능력'도 가리킨다. 삶에 어려움이 찾아올 때 '혼돈'에 휩싸이기 쉬운데, 그 가운데서 '질서'를 찾는 방법에 있어서 욥과 친구들 사이에 차이가 있었다. 존 월튼 외, 『IVP 성경배경주석』, 707.

하나님이 주시는 '평화'(2절)와[314] '광명'(3절)도 병행어로 볼 수 있다(참고. 눅 1:79). 모든 사람은 하나님의 빛을 받고 있다(참고. 시 19:1-6; 롬 1장의 일반은총). 욥은 광명체를 예로 들어 전능하신 하나님의 주권을 언급한 바 있다(욥 9:7-10; 13:3; 비교. 욥 37:1-13). 하지만 고난당하는 욥에게는 '평안, 안일, 휴식'이 없다(욥 3:26). 욥과 욥의 친구들 모두 하나님의 주권과 위엄을 인정한다. 그러나 주권자 하나님이 사람에게 주시는 평화에 대해서는 그들 사이에 견해가 다르다. 욥의 친구들은 하나님이 사람에게 평화를 주기 원하시지만, 죄인이 회개해야 평화가 임한다고 본다. 그러나 욥은 하나님이 고난을 왜 주시는지 이해하지 못하기에 평안을 누리지 못한다(참고. 욥 7).

(3) 의로우신 하나님과 불의한 사람(욥 25:4-6)

욥 23:10-12에서 욥은 엘리바스의 비난에 대항하여 자신의 무죄를 강하게 변호한다. 그런데 욥의 이 자기변호가 옆에서 듣던 빌닷의 마음을 상하게 한 듯하다. 빌닷은 거룩하신 하나님 앞에 그 누구도 순결할 수 없다고 말함으로써, 욥을 비판한다(참고. '전적

---

314 다수의 학자들(예. Hartley)은 욥 25:2의 '높은 곳에서 평화'를 '하늘의 질서'로 이해하는데, 하나님과 혼돈의 세력인 리워야단이나 라합 같은 괴물 사이의 태초의 싸움(참고. 욥 26:12-13)에 근거하기 때문이다. J. E. Hartley, *Job* (NICOT; Grand Rapids: Eerdmans, 1988), 356-57. 하지만 이것은 고대 근동의 신화에 근거한 해석이다. 존 월튼 외, 『IVP 성경배경주석』, 726.

타락'). 빌닷에 의하면, 하나님의 눈에는 광명체인 달과 별도 빛을 발하지 못한다(5절; 비교. 욥 15:15).[315] 하물며 구더기 같은 사람, 벌레 같은 인생은 말할 것도 없다(6절; 참고. 욥 4:17; 15:14). '구더기'나 '벌레'는 사람이 미미하고, 약하고, 멸시를 받을 만한 존재라는 사실을 가리키는데, 이 단어(תוֹלֵעָה)가 예수님의 그림자인 다윗이 고난 중에 지은 메시아 시에 나타난다(시 22:6; 참고. 사 53:2).[316] 욥도 하나님 앞에 의로운 사람은 없다고 말한다(욥 9:2). 모든 사람이 범죄하여 하나님의 영광에 이르지 못했다는 바울의 진술도 마찬가지다(롬 3:23).

의로우신 하나님과 불의한 사람(특히, 구더기 같은 욥)을 대비한 빌 닷의 주장은 옳다. 그러나 빌닷에게는 해답이 없기에, 해 아래 새로운 것이 없고 헛되며 비관적이다. 여기서 욥 25장이 복음이 되기 위해서는 그리스도께서 계셔야 한다.

(4) 욥기 25장의 그리스도 완결적 해석

여자에게서 태어난 모든 불의한 자들 가운데 택한 자들을 '의롭게' 만드시는 분은 예수님이시다(롬 3:21-22). '빛'이신 예수님의 오심은(요 1:14; 비교. 욥 25:3; 딤전 6:16), 땅에서 하나님의 기뻐하

---

315 중동 세계에서 달은 밤에 나무가 없는 초원지대(steppe)를 여행하는 자에게 충분한 빛을 비추지만, 하나님의 눈에는 밝지 않다. 하나님의 하늘 군대의 구성원인 달과 별들이 사람에게는 밝지만, 그것들 스스로 광명이나 순결을 갖추지 못한다. Hartley, *Job*, 357.

316 Stallman, "תוֹלֵעָה," 282.

심을 입은 의로운 자들에게 '평화'를 주신 사건이다(눅 2:14). 성도를 하늘의 '해와 별'처럼 영광스럽게 만드시는 분은 오직 예수님이시다(계 12:1). 칭의, 평화, 영광스러운 존재로 만드심을 '정당성 입증'(vindication)이라는 말로 요약할 수 있다(참고. 욥의 정당성 입증, 욥 42:7-9). 하나님의 백성이 정당성을 입증 받는 것이 가능한 것은 예수님께서 부활과 승천으로써 성부로부터 정당성을 입증 받으셨기 때문이다.[317] '살아 계신 구속자'(the living Redeemer)이신(욥 19:25) 예수님은 겟세마네 동산에서, 12군단 더 되는 천사 '군대'를 동원할 수 있으셨다(마 26:53). 그러나 예수님은 무력을 동원해서 구원 사역을 이루시지 않았다. 정당성 입증은 무력으로 되는 일이 아니다. 여호와의 고난당하신 어린양 예수님은 모든 면에서 시험을 받으셨지만, 죄는 없으신 분이다(사 42:1-9; 49:1-7; 50:4-9; 53:1-12; 히 4:14). 따라서 고통당한 의로운 욥은 고통당하신 의로

---

317 성경은 인과응보 사상보다는 순종할 때 주어지는 언약적 복과 불순종할 때 주어지는 언약적 저주를 가르친다. 사탄은 하나님이 욥에게 소유의 복을 주셨기에 욥이 하나님을 경외한다고 보았으며, 하나님이 물질의 복을 욥에게서 거두시면 그가 하나님을 정면으로 저주할 것이라고 주장했다(욥 1:9-11). 욥의 친구들처럼 사탄도 일종의 인과응보 사상에 빠져 있어, 욥이 복을 받거나 받을 복을 유지하기 위해서 의롭게 행했다고 본다. 하지만 욥은 복이나 상을 받기 위해서 의인으로 행세하지 않았기에, 물질적인 복의 회복이 아니라 정당성 입증을 하나님께 요구했던 것이다. 욥의 이 자세를 하나님은 원하셨다. 참고. 존 월튼 외, 『IVP 성경배경주석』, 714-15. 욥기의 결론부는 '갑절의 복'으로 마무리된다. 이것은 욥기의 본론에서 거부했던 인과응보로 회귀한 것인가? 아니다. 욥의 신앙 회복은 영적 영역에서만 일어난 것이 아니라, 삶의 모든 영역에서 일어난 것임을 보여 준다. 요약하면 욥기의 결론부는 영육의 통합신앙을 가르친다. 참고. 목회와 신학 편집부, 『욥기, 어떻게 설교할 것인가?』, 200.

우신 예수님의 그림자이다.[318] 그리고 욥의 친구들의 모습을 대조시키면 예수님의 모습을 볼 수 있다. 즉, 고난당하는 자를 위로하고 공감하신 예수님(참고. 요 8:11; 20:19; 고후 1:3)과 욥의 친구들의 모습은 대조된다.

예수님은 '구더기와 벌레' 같은 인생을 의미 있게 만드신다(참고. 창 1:26-27; 5:1-3; 욥 7:17; 시 8:4-5).[319] 하나님은 두려워하던 지렁이(תוֹלֵעָה) 같은 야곱, 지렁이 같은 이스라엘을 도우시는 구속자이시다(사 41:14). 그러나 형벌의 장소에는 '구더기'가 불에 타서 없어지지 않는다(사 66:24; 막 9:48; 유딧 16:17; 시락 7:17). 예수님의 구원 사역 이후로는, 여자에게서 태어난 모든 사람(예. 욥)이 벌레나 구더기가 아니라, 복음을 끝까지 거부한 불신자들이 심판 받을 구더기이다. 성부께서 심판하는 모든 권세를 성자에게 맡기셨기에(요 5:22; 계 20:11-15), 최후 심판은 크고 두려운 예수님의 날이다.[320]

---

318 Hartley, "Theology of Job," 793-94. 욥 42:8의 친구들이 번제를 드릴 때 욥이 그들을 위해서 드린 기도는 예수님이 성도를 위해서 하시는 기도를 내다본다.

319 Alden, *Job*, 256. 참고로 욥 3-31장에서 욥은 대학교 2학년생 수준에 머물지만, 그 후는 대학원생으로 성숙한다는 주장은 Waltke, 『구약신학』, 1099-1108을 보라.

320 욥기는 탄식이 고난의 상황에서 취할 수 있는 정당한 행동방식으로 허용하는 듯하다. 그러나 예수님은 자신의 문제가 아니라(예외. 겟세마네의 기도, 마 26:37), 예루살렘 사람들의 죄악, 제자들의 불신앙, 그리고 나사로가 죽음의 세력에 굴복한 경우에 탄식하시고 민망히 여기셨다. 참고. 목회와 신학 편집부, 『욥기, 어떻게 설교할 것인가?』, 66.

(5) 결론

욥기는 끝까지 가 봐야 문제가 해결되기에, 중간에 위치한 25장의 의미를 찾는 것은 쉽지 않다. 욥 25장의 빌닷의 진술은 일면 옳고 정당하다. 그러나 그는 그의 주장을 더 진행시켜야 했다. 빌닷과 달리 욥은 그 다음 단계까지 나아갔다(욥 19:25-26). 그 다음 단계의 국면은 예수님의 구속 사역에서 확연히 드러난다. 정당성 입증과 신정론의 문제는 예수님의 부활과 승천으로 이미 해결되었다. 물론 이 문제는 예수님의 재림 시에 완전히 종결될 것이다. 고통 중에 있는 그리스도인은 사람의 몸을 입고 오신 하나님을 바라보아야 한다(욥 42:5). 성도는 그분의 피로 말미암아 은혜로 이신 칭의의 구원을 받는다(롬 3:24-26).

24. 욥과 시인이 노래하는 복된 자(욥 42장-시 1편)

성경 66권의 순서는 무작위로 된 것이 아니라 정경의 맥락이라는 의도가 있다. 예를 들어, 시편 50편을 읽을 때에는 49편, 51편과 더불어 문맥을 고려해야 한다. 욥기의 결론인 42:7 이하에 등장하는 욥의 회복과 시편 전체의 서론 부분인 시 1편의 '복 있는 자'를 함께 읽을 필요가 있다.[321]

---

321 김진규, "아브라함 복의 세 가지 구속사적 의미와 이의 현대 설교에의 적용,"『개혁논총』 24 (2012), 11. 정경적-간본문적 해석에 관하여는 W. A.

욥은 시 1편에서 시인이 노래하는 복 있는 사람이다. 욥 1:1 이하에 의하면, 욥은 순전하고, 정직하고, 악에서 떠났으며, 여호와를 경외한 사람이다. 그는 고난 중에서도 어리석게 하나님을 원망하지 않았기에 결국 회복의 복을 받는다. 하나님은 욥의 친구들이 아니라, 욥의 말이 정당하다고 평가하신다(욥 42:7). 하나님의 은혜로써 시험을 통과한 욥은 두 배의 재산을 보상받았지만, 자녀들은 한 배만 받았다. 욥이 오래 살다가 늙어서 죽는 것은 사람이 이 땅에서 마지막으로 받는 복이다.

욥 42장을 뒤이어 등장하는 시 1편에서 시인이 노래하는 복된 사람은 누구인가? 복 있는 자는 주야로 말씀을 즐거워하고 묵상하고 지키는 사람인데 가물 속에서도 시들지 않는 신앙의 깊은 뿌리를 가지고 있다. 그 복된 자는 악인의 꾀와 길을 즐기지 않고 멀리한다. 그 복된 자는 결국 시절마다 과실을 맺고 여호와의 인정을 받는다(6절). 욥 42:7처럼 시 1:6도 복 있는 자는 악과 단절하되 언약의 하나님과 연합하여 그분의 인정을 받는 자라고 밝힌다.[322]

VanGemeren, *Psalms* (The Expositor's Bible Commentary; Grand Rapids: Zondervan, 2008), 34를 보라. 특정 시편(2, 110 등)의 기독론적 해석의 견본이 신약 성경에 몇 차례 등장하지만, 눅 24:44에 근거해 볼 때 더 많은 시편을 예수님 중심으로 해석할 수 있다. 어거스틴이 시편 주석에서 "모든 것이 그리스도를 가리키도록 하라"(*Finis legis est Christus*)고 자신의 기독론적 해석을 표명했지만, 계몽주의 시대에는 이런 기독론적 시편 해석이 거의 사라져버렸다. 김정우, "박윤선의 시편 주석에 나타난 기독론적 해석,"『신학정론』11 (1989, 2), 202, 216에서 요약.

322 VanGemeren, *Psalms*, 79-80.

의인이 걸어야 할 그 길이신(요 14:6) 예수님이야말로 복 있는 분이 아니신가?[323] 왜냐하면 시 1편에서 시인이 노래하듯이 예수님은 하나님의 말씀과 뜻을 이루는 것을 양식으로 삼으셨던 분이기 때문이다(요 4:34; 계 1:3). 주님은 정직하시고 악을 미워하시며, 의를 사랑하시고, 여호와를 경외하는 분이셨기 때문이다. 예수님은 시험 받기 이전에 욥이 가진 복된 덕성을 지니셨다. 하지만 인간적 관점에서 볼 때, 예수님은 약 30년의 짧은 인생을 사셨고, 목수요 떠돌이 선생처럼 살다가, 결국은 십자가 위에서 수치스럽게 죽으셨다. 그러나 우리는 주님을 복과는 멀다고 말할 수 없다. 예수님은 부활로써 만왕의 왕으로 등극하셨고, 성부께서 주신 모든 권세를 활용하셔서 만물을 자신의 통치로 채우고 계신다(롬 1:4; 엡 1:22-23; 골 1:17).[324]

재산을 회복시키셔서 두 배로 주시든 세 배로 주시든 그 일은 하나님께서 하실 일이다. 성도는 주님의 말씀에 순종하고 순전하게 악을 버려야 한다.[325] 복 있는 성도는 인간적인 꾀와 재주를

---

323 J. L. Helberg, *Loof die Here: Die Psalms in Ou-en Nuwe Testamentiese Lig* (Pretoria: NGKB, 1981), 4-5.

324 롬 1:4에 근거한 그리스도의 승귀와 양자됨에 대한 논의는 D. B. Garner, *Sons in the Son: The Riches and Reach of the Adoption in Christ* (Phillipsburg: P&R, 2016), 187을 보라.

325 참고로 구약 아모스서(5:15, 24)와 신약 야고보서(1:27; 2:14-26)가 공통적으로 강조하는 교회가 실천해야 할 공의에 대해 살펴보자. 그리스도인은 하나님을 경외해야 하는데, 그 경외는 남의 몫을 지켜 주며 타인과의 관계에서 공의를 실천하는 윤리로 이어져야 한다. 이런 의미에서 야고보는 '신약의 아모스'라 불릴 만하다. W. M. Tillman Jr., "Social Justice in the Epistle of James: A New Testament Amos?" *Review and Expositor* 108

부리는 것을 멀리해야 한다. 오히려 만세 반석이시고 생명수의 근원이신 복되신 예수님에게 우리의 신앙의 뿌리를 깊이 내려야 한다.

25. 사랑의 노래(시 45:1-17)

『바른 성경』은 시 45편의 제목을 '왕의 혼례를 축하하는 노래'(royal wedding song)라고 붙인다. 결혼 노래는 시편에서 흔하지 않지만,[326] 솔로몬의 아가서(예. 아 3:6-11)에서 많은 병행을 볼 수 있다.[327] 표제는 '지휘자를 따라 소산님(백합화 곡조, 참고. 시 69; 80)에 맞춘 고라 자손의 마스길. 사랑의 노래'(love song)이다. 다윗의 왕가 중에서 어느 왕의 결혼식을 축하하는 것인지 알 수 없다. 하지만 그것은 별 문제가 되지 않는다. 왜냐하면 다윗 언약(삼하 7:11-16; 참고. 시 89; 132)에 의하면, 하나님은 자신이 선택한 통로인 다윗 가문을 통하여, 이스라엘 백성에게 복을 주시고 온 세상을 향

(2011), 423.

326 고대 근동에서는 신이 아니라 왕에게 바친 시가 많았다. 이집트의 람세스 2세의 결혼 기념비에도 나타나듯이, 시 45편에 묘사된 결혼 역시 왕이 보유하고 있던 강력한 군사력의 결실과 무관하지 않다. 존 월튼은 시 45편의 결혼을 왕이 무력으로 다른 나라를 정복한 후, 정치적 동맹으로 맺어진 것으로 본다. 존 월튼 외, 『IVP성경배경주석』, 762.

327 P. C. Craigie, *Psalms 1-50* (WBC; Waco: Word Books, 1983), 337; R.L. Pratt Jr. (ed), *Spirit of the Reformation Study Bible* (Grand Rapids: Zondervan, 2003), 850.

한 자신의 사명을 수행하시기 때문이다. 시 45편을 '메시아 시'로 볼 수 있는 이유는 시 45:6-7이 히 1:8-9에 인용되어 왕-신랑(King-Groom)이신 예수 그리스도에게 적용되었기 때문이다.[328] 탈굼은 시 45:2를 '메시아 왕'으로 번역하고(Thy beauty, O King Messiah, is greater than that of the children of men), 시 44:1 LXX는 εἰς τὸ τέλος(for the end)라고 번역한다. 이를 통해 BC 3세기경부터 유대인들이 이 시를 종말론적인 메시아 시로 이해했음을 알 수 있다.[329]

(1) 누구의 결혼식을 축하하는 것인가?

시 45편을 지은 시인은 능숙한 서기관의 붓과 같은 혀를 가지

---

328 J. 칼빈, 『시편 II』 (서울: 성서교재간행사, 1993), 344; *ESV Study Bible* (Wheaton: Crossway Bibles, 2008), 992-93; J. A. 모티어, "시편," in 『IVP성경주석: 구약』, ed. by G. J. 웬함 and J. A. 모티어 (서울: IVP, 2005), 699. 시 45편은 교차대칭구조를 보인다.
A 왕에 대한 시인의 열정(1절)
 B 왕의 아름다움(2절)
  C 세상을 정복하기 위해서 전진하는 왕(3-5절)
   D 영광으로 충만한 왕(6-8절)
  C' 신부의 아름다움(9-11절)
 B' 신랑에게 나아가는 신부(12-15절)
A' 왕을 향한 시인의 소원(16-17절). 참고. 모티어, "시편," 699. Craigie도 6절을 핵심으로 본다. 그리고 시 45:2와 17절은 '그러므로'(עַל־כֵּן)와 '영원토록'(לְעֹלָם)에 의해서 수미상관구조를 가진다. Craigie, *Psalms 1-50*, 338-39.

329 C. F. Keil and F. Delitzsch, *Psalms* (Grand Rapids: Eerdmans, 1976), 73.

고 이스라엘의 어떤 왕을 기리면서 축복한다(1절).[330] 솔로몬 왕이 가장 유력한 후보이다.[331] 솔로몬의 다른 이름은 '여디디야'(יְדִידְיָהּ) 인데 '하나님의 사랑을 입은 자'라는 뜻이다(참고. 삼하 12:25; 비교. 표제의 '사랑'[יְדִידֹת]). 시인은 솔로몬 왕을 축복할 뿐 아니라, 하나님의 사랑을 받았던 솔로몬과 그의 수많은 아내 사이의 사랑을 노래한다. 그리고 제목에 보면 이 시를 '교훈'이라는 뜻의 '마스길'이라고 부른다. 그리스도 완결적으로 볼 때, 시 45편의 결혼의 노래는 음탕하거나 부정한 노래가 아니라, 하나님의 기뻐하시며 사랑하시는 분인 신랑 예수님의 교회를 향한 거룩하고 애틋한 사랑의 노래다.

(2) 솔로몬과 예수 그리스도

이 사랑의 노래이며 결혼의 노래를 읊고 있는 시인의 감정은 기쁨으로 가득 차 있다. 시인은 마치 왕의 결혼식에 초대받은 축하객으로서 그 화려한 광경을 보는 사람, 아니 결혼식 주례자로서 권면을 하고 있는 사람처럼 보인다. 시인은 "내 마음이 아름다

---

330 '내 혀'(1절)는 시 45편이 구전으로 먼저 만들어진 후, 나중에 기록된 것임을 암시한다. Pratt. *Spirit of the Reformation Study Bible*, 850; Craigie, *Psalms 1-50*, 339.

331 칼빈, 『시편 II』, 344. Keil-Delitzsch는 시 45편에 '애굽'에 대한 언급이 없으므로, 바로의 딸과 결혼한 솔로몬을 이 시의 왕으로 볼 수 없다고 주장한다. Keil and Delitzsch, *Psalms*, 75.

운 말로 넘친다"라고 말한다(1절).[332] '넘치다'(רחש)는 달콤한 음식을 구워내는 냄비와 관련 있다.[333] 마치 대장금이 왕을 위해 지혜와 정성을 다해, 그리고 기쁜 마음으로 달콤한 요리를 만들어 내듯이, 시인의 입에는 솔로몬 왕을 칭송하고자 하는 마음이 마구 들끓어 일어나고 있었다. 왜냐하면 솔로몬 왕은 모든 사람 중에 가장 아름답고[334] 뛰어난 사람이기 때문이다(2절). 솔로몬 왕의 입술은 은혜로 기름부음 받았다(2절). 지혜의 왕 솔로몬의 입에서 나오는 은혜로운 말을 들은 이스라엘 백성은 평안을 누릴 수 있었을 것이다. 이런 솔로몬의 모습은 부패와 뇌물에 집착하는 세상의 권력자와 달랐다. 솔로몬이 이렇게 인생들 중에 가장 아름다운 이유는 하나님께서 영영히 복을 내려 주셨기 때문이다(2절). 예수님의 나사렛 회당 설교 시, 사람들은 주님의 입에서 나오는 은혜로운 말씀을 듣고 놀랐다(눅 4:22; 참고. 요 7:46; 엡 6:15-17; 계 1:16).

3절에 의하면, 솔로몬은 싸움에서 적군을 물리치고 승전하는 왕으로 묘사된다. 솔로몬은 '진리와 겸손과 의'를 위하여, 위엄 있게 (말을) 타고 승리한다(4절; 참고. 잠 20:28).[335] 예수님은 신약 교

---

332 Moll은 2절의 '아름다운 말'을 축하하는 말, 혹은 메시아와 관련된 복음으로 본다(사 52:7; 렘 33:14; 슥 1:13). C. B. Moll, 『시편 (상)』 (랑게 주석; 서울: 백합출판사, 1980), 559.

333 칼빈, 『시편 II』, 346

334 2절의 '아름답다'는 단어를 통해서 시인은 왕의 '육체적인 아름다움'이라기보다는, 왕으로서의 특성과 하나님이 주신 왕으로서의 기능을 염두에 둔다. 예수님의 아름다움도 외모보다는(사 53:2), 은사와 은혜로 충만하신 주님의 특성을 가리킨다. 참고. Craigie, Psalms 1-50, 339.

335 A. 바이저, 『시편 (I)』 (국제성서주석; 서울: 한국신학연구소, 1992),

회를 보호하시기 위해서 싸우시는 거룩한 용사이다(참고. 엡 6:10-20; 계 19:11-16). 진리(요 18:37), 겸손, 그리고 의(슥 9:9; 마 11:29; 고후 10:1; 엡 4:24; 빌 2:7-8)는 예수님의 속성이다.

솔로몬 왕은 화살로 원수들의 심장을 뚫고, 결국 만왕의 왕으로 등극한다(5절). 하지만 역사적으로 볼 때, 솔로몬은 다윗처럼 전쟁을 많이 치러 영토를 확장한 왕이 아니었다. 오히려 솔로몬은 아버지 다윗이 이루어 놓은 안정된 나라를 물려받아 다스린 왕이었다. 예수님처럼 솔로몬도 군사력보다는 하나님의 지혜를 받아서 진리와 온유와 공의를 추구하여 나라를 다스렸다.[336]

하나님은 솔로몬 왕이 의를 사랑하고 악을 미워한 것을 보시고, 그에게 기쁨의 기름을 부으셔서(참고. 삼하 2:4; 5:3; 왕상 1:34, 39; 대상 29:22)[337] 그의 모든 동료보다 더욱 높이사 보좌에 두셨다(7절). 하나님은 자신의 가시적인 대리 통치자인 솔로몬의 왕위를 영원히 보장해 주셨다(6절; 참고. 대하 9:8).[338] 이것은 다윗에게 언약하신 바를 이루시는 하나님의 신실하심 때문이다(참고. 시 2:7; 110:3). 솔로몬이 영광과 존귀를 입은 것은 애굽과 바벨론에서 볼 수 있는

485.

336 칼빈, 『시편 II』, 351

337 중기 앗수르 시대의 법률에 의하면, 결혼 예식 순서 중에 신랑의 아버지가 신부에게 기름을 붓는 관습이 있었다. 하지만 시 45:7의 경우 하나님이 왕에게 기름을 붓는다. 참고로 우르 제 3왕조와 같은 고대 근동에서 왕의 즉위식과 결혼식은 결합되었다. 참고. 존 월튼 외, 『IVP성경배경주석』, 762.

338 Moll, 『시편 (상)』, 563.

왕의 신격화와 무관하다.[339] 신약의 다른 기자들처럼, 히브리서 기자는 히 1:8-9에서 시 45:6-7의 야웨의 인격과 사역을 예수님에게 적용한다. 왕의 모든 옷에는 몰약과 침향과 계피향이 난다(8절: 참고. 시 133:3; 아 5:10-16).[340] 솔로몬의 옷에서 나는 향기는 동방박사들이 아기 예수님에게 가져온 황금, 유향, 그리고 몰약을 연상시킨다(마 2:11).

시인은 솔로몬 왕을 먼저 소개한 후, 9절부터는 초점을 솔로몬 왕의 신부에게 돌린다. 이 장면은 신랑인 솔로몬 왕이 궁전에서 기다리고 있고, 신부가 들러리와 함께 신랑을 향해 행진해 가는 결혼 풍습을 반영한 것 같다. 솔로몬 왕은 이스라엘 주변의 애굽과 두로와 모압과 암몬 등으로부터 수많은 여인을 데리고 와서 첩과 후궁을 삼았다(왕상 11:1-8). 그것은 정략적인 결혼이었다. 솔로몬은 결혼을 통해서 전쟁을 피하고 안정을 유지할 뿐 아니라, 국제 무역으로 돈도 벌 수 있었다. 왕상 11장은 솔로몬이 이방 결혼을 통해 우상을 숭배하여, 결국 나라가 남과 북으로 나뉘었다고 고발한다(참고. 신 17:17; 왕상 16:31). 하지만 시 45편의 저자 시인에게는 그런 부정적인 면을 언급할 의도가 없다.

솔로몬 왕의 귀비, 즉 존귀한 왕의 여자 중에는 열왕의 딸이 있었고, 그들은 최고급 오빌(Ophir; 사우디아라비아의 Meca와 Medina 사

---

339 바이저, 『시편 (I)』, 489.

340 Moll은 몰약, 침향, 계피향, 상아궁(8절)은 이스라엘 밖에서 가지고 온 것이라고 본다. 이것이 옳다면 8절은 '만왕의 왕'(5절)과 '온 땅의 통치자'(16절)와 더불어 '그리스도의 우주적 통치'를 강조하는 용어이다. Moll, 『시편 (상)』, 564.

이의 도시?)의 금으로 장식을 하고 왕의 오른편에 서 있었다(9절: 참고. 왕상 22:48; 사 13:12).[341] 솔로몬의 아내들이 보좌 우편에 서 있다는 말은 왕의 권세를 같이 행사할 수 있다는 의미이다. 이 여자들은 솔로몬 왕과 더불어 상아궁에 거하면서 아름다운 현악기 연주를 즐길 수 있었다(8절). 여기서 상아궁은 사치 방탕이라기보다는 왕의 부와 힘을 잘 보여 준다(비교. 암 3:15; 6:4). 두로의 딸(즉, 두로의 백성들; 참고. 시 9:14; 137:8)과 세상의 부자들('두로의 딸'과 동의어)이 왕비에게 은총을 구하러 나아올 것이다(12절; 참고. 벧전 2:9; 계 1:6; 5:10).[342] 지중해의 무역을 통해서 부를 누렸던 두로가 하나님의 백성에게 바치는 예물은 '메시아적 주제'와 연관되는데, 신약의 그리스도의 교회가 부유하게 되는 것으로 성취된다(사 23; 참고. 시 87:4; 계 21:24).[343] 12절은 교회가 신랑 그리스도를 위해서 무언가를 포기할 때, 불필요한 외로움과 향수병에 빠지지 않도록 하나님께서 다른 것으로 보상해 주심을 교훈한다. 솔로몬의 아내들이 금으로 수놓은 옷을 입고(참고. 출 39:3; 겔 16:10-13), 궁궐의 모든 영화를 누리면서(13절), 들러리 처녀들을 대동하고 솔로몬 왕에게 기쁨과 즐거움으로 나아간다(14-15절).[344] 신약 교회가 예수 그리스

---

341 Craigie, *Psalms 1-50*, 340.

342 상아궁(8절)과 두로의 딸(12절)은 아합이 지은 상아궁(왕상 22:39)과 두로 출신 이세벨을 연상시키지만, 이 부부를 시 45편의 왕과 왕비로 보는 것은 어렵다. Craigie, *Psalms 1-50*, 338.

343 모티어, "시편," 700; Keil and Delitzsch, *Psalms*, 88.

344 이런 '결혼 이미지'(nuptial imagery)는 구약과 신약에 산재해 있다(아가서; 사 62:5; 겔 16:8-14; 호 1-3; 고후 11:2; 계 21:2, 9). 시인은 시 45:13-

도의 영광이 비춰 주는 그 영적 아름다움으로 풍부하게 단장하지 못한다면 그것은 배은망덕한 행위이다.[345] Moll도 13절을 신약 교회의 인격적이고 내면적인 아름다움으로 본다(참고. 벧전 3:3-4).[346]

솔로몬 왕이 지혜의 대왕이신 예수님을 내다보므로 시 45편은 신약 교회와 신랑 예수님 사이의 사랑의 노래이자 결혼의 노래로 볼 수 있다. 히 1:8-9는 시 45:6-7을 인용하면서, 예수님에게 적용한다: "아들에 관해서는, 하나님! 주님의 보좌가 영원무궁하며 주님의 나라의 홀은 공의로운 홀입니다. 주께서는 의를 사랑하시고, 불법을 미워하셨으므로 하나님, 곧 주님의 하나님께서 기쁨의 기름을 주께 부어 주님의 동류들보다 뛰어나게 하셨습니다." 솔로몬의 수많은 아내들은 예수님의 신부인 많은 신약 성도들을 내다본다(참고. 엡 5:25-32).[347] 따라서 시 45편은 만왕의 왕이신 예수 그리스도의 신부로서 그분의 영화와 아름다움과 공평과 즐거움을 함께 누리며 그분께 즐거이 나아갈 수 있는 교회를 그리고 있다.

14에서 왕비의 육체적인 아름다움에 대해서 별로 언급하지 않는데, 이것은 아가서와 다른 점 중 하나다. 시 45편에 신부(9-15절)보다 왕이 먼저 언급되었기에(2-7절), 왕은 이미 왕궁에서 신부를 기다리고 있는 것 같다. 이것은 오늘날 교회당 안에 신랑이 서서 아버지와 함께 뒤에서 행진해 올 신부를 기다리고 있는 것과 같다. 참고. Craigie, *Psalms 1-50*, 340.

345 칼빈, 『시편 II』, 361

346 Moll, 『시편 (상)』, 567.

347 Pratt, *Spirit of the Reformation Study Bible*, 850.

(3) 그리스도 완결적 의미 및 교회 완결적 적용

시 45:8 이하에서 특이한 것은, 시인이 애굽, 두로, 암몬, 그리고 모압 왕의 딸들이 솔로몬의 아내가 된 사실을 부정적으로 평가하고 있지 않는다는 사실이다. 오히려 이방 여인들은 솔로몬 왕의 아내가 된 후에, 자신의 출신 국가인 이방 나라의 모든 것을 잊어버리고, 솔로몬 왕만 사랑하고 섬기며(11절), 이스라엘과 온 세상을 다스릴 후손을 낳는 복을 받게 된다(16절). 첩들도 하나님께서 솔로몬에게 주신 복의 일부이다.[348] 시인은 솔로몬의 아내들에게 하나님 없는 이방나라의 풍습과 우상을 숭배하던 친정 아버지의 유혹을 떨쳐버리고 잊어버리라고 말한다(10절).[349] 그렇게 하면 왕이 왕비의 아름다움을 원하게 될 것이다(11절). 왕비들이 그렇게 하면서 왕을 경배하면(11절), 친정에서의 생활과 비교할 수 없는 구약의 하나님 나라인 이스라엘을 다스리는 신랑 왕의 사랑과 은혜를 경험하게 될 것이다. 이방 공주들이 솔로몬 왕의 아내가 되어 궁중에서 모든 영화와 금, 보석, 향품 등을 누리는 방법은 옛 생활을 청산하는 길이다. 이 사실은 신약의 성도가 그리스도 밖에 거할 때에 가진 옛 성품을 벗어버리면 버릴수록, 새 이스라엘의 왕이신 신랑 예수님의 사랑을 받을 수 있음을 교훈한다. 바로 그렇게 살 때, 그리스도인만 이런 복을 누리는 것이 아니라, 그리

---

348 칼빈, 『시편 II』, 355

349 Pratt, *Spirit of the Reformation Study Bible*, 850; 칼빈, 『시편 II』, 356; contra *ESV Study Bible*, 993.

스도인의 동무들도 왕이신 예수님께로 이끌려 간다(14절). 이것은 성도가 그리스도의 나라의 영광을 맛보며 사는 것이 우리 이웃을 전도하는 방법임을 가르쳐 준다.

시인은 성도의 이웃이 그리스도에게 나아가는 일뿐만 아니라, 성도의 자녀들이 '온 세상의 통치자'가 되는 복도 예언한다(16절).[350] 16절은 신부가 새로운 삶을 시작하기 위하여 출발할 즈음에 선포된 자녀의 출산에 대한 약속을 시로 읊은 것으로 볼 수 있다(창 24:60; 룻 4:11-12).[351] 왕의 이름은 영원히 기억될 것이며, 왕들은 왕을 영원히 칭송할 것이다(17절; 참고. 시 72:17).

역사적으로 솔로몬의 아들들이 온 세상을 다스릴 정도로 번성한 적은 없다. 르호보암은 이스라엘 12지파 중 남쪽 2지파만 다스렸다. 오히려 여로보암이 북쪽 10지파를 다스렸다. 그러므로 16절의 예언은 예수님의 신부이며 왕 같은 제사장들인 신약 교회(참고. 계 5:10)가 누릴 영적인 복과 약속을 가리킨다.[352] 즉, 그리스도의 신부로 사는 경건한 성도의 자녀들이 복음으로 온 세상을 정복하고 다스릴 모습이다. 그러므로 성도는 이 복된 약속을 믿고, 자신과 자녀를 통해 그리스도의 나라가 왕성하게 되고 부흥되기를 소원해야 한다.

---

350 시인이 왕의 신부에게 초점을 모은 후, 16-17절에서 왕과 그의 후손에게 초점을 모은다.

351 바이저, 『시편 (I)』, 491

352 칼빈, 『시편 II』, 362-63; Craigie, *Psalms 1-50*, 341; 바이저, 『시편 (I)』, 491; Keil and Delitzsch, *Psalms*, 90.

그리스도인도 자녀들이 좋은 대학에 가고 좋은 직장을 얻어 안정적으로 살기를 원한다. 그러나 언약의 자녀가 하나님 나라의 주역이 되기를 먼저 소원해야 한다. 성도의 자녀들이 어떻게 하면 생존경쟁에서 이길 수 있는가를 배우기 전에, 그리스도의 입에서 나오는 은혜의 말씀을 깨닫고(2절), 진리와 겸손과 의로 원수를 물리치며 세상을 통치하시는 만왕의 왕이신 예수님을 섬기는 법을 먼저 배워야 한다(3-5절). 성도의 자녀들은 그리스도의 신부가 되었지만 여전히 옛 사람의 습관에 빠진 자들에게, 어떻게 하면 예수님의 사랑을 받으며 그분의 영광에 참여할 수 있는지 세상에 보여줄 수 있는 사람으로 자라야 한다.

그리스도와 상관없이 살았던 우리의 과거와 옛 친정을 청산하려면 10절 말씀처럼 힘을 다해서 주님의 말씀을 "듣고, 생각하고 귀를 기울여야 한다." 신랑께 사랑을 받고, 그분의 영광에 동참하기 위해서 우리가 배설물로 여겨야 할 것이 무엇인가?(빌 3:8). 상아궁, 금, 보석, 향품으로 가득한 아름다우신(은혜로우신) 예수님의 나라는 그분의 신부를 위해서 준비되어 있으며[353] 세상이 패러디하거나 흉내내지 못하는 영광으로 가득 차 있다(참고. 벧전 1:4).

(4) 결론

시 45편은 '왕의 결혼 노래'이다. 따라서 시 45편을 문법-역

---

353 칼빈, 『시편 II』, 357.

사적 해석으로 이해하면 메시아 시편으로 보기 어렵다.[354] 그러나 신약의 히브리서 기자는 성령의 감동으로 시 45편을 그리스도를 예언하는 것으로 이해했다. 이 이유로 시 45편은 그리스도 완결적 해석을 정당화하며, 그리스도의 신부인 교회에게 적용할 수 있다. 그리스도인이 언약의 결합을 통해서 예수님의 신부로 살기 위해서는 거룩한 용사이신 주님의 권능과 그분의 진리와 겸손과 의와 부요함을 확신해야 한다. 그리고 그리스도의 신부가 되기 이전의 옛 생활을 청산하고, 신랑의 말씀을 듣고, 생각하고, 귀를 기울여야 한다. 바로 그때, 교회는 신랑 예수님의 사랑을 받으며, 영광을 누리게 될 것이다. 후 세대를 통하여 이 세상 나라를 그리스도의 나라로 만드는 역사가 일어날 것이다(참고. 계 11:15). 예수 그리스도의 이름은 모든 세대에 기억나야 하며, 모든 백성들이 그분을 왕으로 영원토록 칭송해야 할 것이다(참고. 시 102:12; 135:21).

26. 버린 돌과 모퉁이의 머릿돌(시 118:22-23)

시 118:22-23은 공관복음에 등장하는 '포도원의 악한 농부 비유'의 결론 부분에 인용되는데(참고. 마 21:33-46; 막 12:1-12; 눅 20:9-19), 이 비유는 성부께서 사랑하신 아들 예수님의 죽으심과 대적을 심판하심을 교훈한다. 그런데 시 118:14는 아브라함의 언

---

354 이 이유로 시 45편에서 (사람) 부부 사이의 결혼 생활에 대한 지침을 찾을 수 있다.

약(창 15:1-21)의 성취인 출애굽 후에 이스라엘 백성이 불렀던 감사 찬송을 암시한다(출 15:2). 예수님은 예루살렘에서 죽으시고 부활하시고 승천하심으로써 출애굽하셨다(눅 9:31의 ἔξοδος 참조). 따라서 포도원의 악한 농부 비유에 아브라함의 언약과 출애굽이라는 구속사가 메시아 모형론과 더불어 작동한다.[355]

4복음서 가운데 마가복음은 예수님의 수난에 가장 많은 분량을 할애한다. 예루살렘에 입성하신 예수님이 종교 지도자들을 향해 말씀하신 '포도원의 악한 농부 비유'(막 12:1-12)는 성전 청결사건(막 11:15-19)과 무화과나무의 저주(막 11:20-25), 그리고 예수님의 권세에 관한 논쟁(막 11:27-33)을 다루는 막 11장을 뒤따른다. 따라서 이 단락도 예수님이 예루살렘 성전의 남자의 뜰에서 주신 교훈으로 예루살렘 입성 제 3일째의 말씀이다.[356] 문맥상, 이 비유는 돌 성전을 청결케 하시고 무화과나무를 저주하신 예수님의 권세가 무엇인지에 대한 답을 준다.

포도원 주인이신 하나님은 자신이 택한 백성을 상징하는 포도가 잘 자라도록 울타리, 포도즙 틀, 그리고 망대와 같은 최상의 조건을 준비하신다(1절; 참고. 사 5:1-7).[357] 이 모든 준비를 마친 후, 주

---

355 J. M. Furhmann, "The Use of Psalm 118:22–23 in the Parable of the Wicked Tenants," Proceedings 27 (2007), 68–70. 참고로 눅 20:14에 의하면, 악한 농부들은 서로 '의논했는데'(διαλογίζομαι), 이 동사는 예수님을 통해서 성부 하나님께서 이루시려는 구원 계획을 허물기 위한 것이다(눅 2:35; 5:22; 6:8).

356 막 12:1은 '그리고'(Καὶ)로 시작하여 앞 단락과 연결된다.

357 포도원 주인이 막 12:1-7까지는 '어떤 사람'으로 나타나지만, 9절에는 '주인'으로 나타난다. 따라서 9-12절이 실체처럼 중요하다. R. H. Stein,

인은 농부들에게 포도밭을 세로 주고 타국으로 간다.[358] 예수님 당시, 요단 계곡 상류와 갈릴리의 고지(upland)에 외국인 소유의 땅이 많았기에, 주인이 세를 주고 본국으로 가는 경우가 실제로 있었다.[359] (약 4년 후) 추수 때가 이르러, 주인은 농부들에게 포도원소출 얼마를 받으려고 종 한 명을 보낸다(2절). 악한 농부들은 그 종을 심히 때리고 빈손으로 돌려보낸다(3절). 주인이 두 번째 보낸 종은 머리에 상처를 입고 능욕을 당한다(4절). 주인이 보낸 세 번째 종은 살해를 당하고, 나머지 종들도 맞거나 죽임을 당한다(5절). 이에 주인이 내민 마지막 카드는 자신의 사랑하는 외아들을 보내는 것이었다. 하지만 악한 농부들은 상속자인 외아들을 죽여서 포도원을 차지하려는 계획을 세우고 그를 죽여서 포도원 밖으로 내던진다(7-8절). 악한 농부들은 포도원 주인이 곧 죽을 것이기에, 상속자인 외아들을 죽이면 자신들이 포도원을 차지할 수 있다고 생각했다. 그들은 주인의 외아들의 시체를 무덤이 아니라 포도원 밖에 던져 버림으로써, 죽은 자를 매장하지 않고 모독하고 있다(참고. 계 11:8). 이에 분노한 주인은 직접 포도원에 와서 악한 농부들을 진멸하고, 포도원을 다른 사람들에게 주고 만다(9절).

Mark (BECNT; Grand Rapids: Baker, 2008), 537.

358 막 12:1의 포도원을 만들고, 울타리를 치고, 포도즙 짜는 구유를 만들고, 망대를 세우고, 세주고, 떠났다는 동사를 Boring은 'rapid-fire verbs'(속사포 같은 동사들)이라 부르는데, 이것은 '행동의 복음서'인 마가복음의 특징 중 하나다. M. E. Boring, *Mark* (NTL; Louisville: WJK, 2006), 328.

359 W. L. Lane, *The Gospel according to Mark* (NICNT; Grand Rapids: Eerdmans, 1984), 417.

이 비유는 왜 유대인 종교지도자들이 심판을 받고 돌 성전이 파괴되어야 하는지 그 이유에 대하여 설명한다. 하나님은 자신이 택한 이스라엘 백성이 합당한 열매를 맺으며 살도록 돕기 위해서 구약의 선지자들을 계속 보내셨다. 예를 들어, 아합과 이세벨에게 핍박 받는 엘리야(왕상 18:16-19:2), 돌에 맞아 죽은 스가랴(대하 24:20-22), 칼에 죽은 우리야(렘 26:20-23), 매 맞고 투옥된 예레미야(렘 37:1-38:13).[360] 그리고 헤롯 안디바에게 목 베임을 당한 세례요한(막 6:14-29)도 하나님께서 보내셨다.[361] "너희 조상들이 애굽 땅에서 나온 날부터 오늘까지 내가 내 종 선지자들을 너희에게 보내되 끊임없이 보내었으나, 너희가 순종하지 아니하며 귀를 기울이지 아니하고 목을 굳게 하여, 너희 조상들보다 악을 더 행하였느니라"(렘 7:25-26). "그들은 순종하지 아니하고, 주를 거역하며,

---

360 선지자들에 관한 후기 묵시 전설에 의하면, 아모스, 미가, 이사야, 예레미야, 에스겔, 요엘, 하박국도 순교했다. 참고. D. E. Garland, *Mark* (NIV Application Commentary; Grand Rapids: Zondervan, 1996), 450, 452. 그런데 Garland는 막 12:1-12를 '비유' 대신에 '알레고리'라 부른다. 잉글리쉬(D. English)도 하나의 이야기에서 독자들이 전체로서 하나의 의미를 찾는 비유의 기능은 물론, 각 항목이 무엇을 의미하거나 무엇과 유사한지를 밝혀냄에 따라 이야기의 각 부분이 지닌 '일대일 대응'의 의미를 찾도록 하므로 알레고리적 기능이 있다고 본다. D. English, 『마가복음 강해』 (정옥배 역, 서울: IVP, 2001), 264; 그리고 Stein, *Mark*, 534; R. T. France, *The Gospel of Mark* (NIGTC; Grand Rapids: Eerdmans, 2002), 458; contra Lane, *The Gospel according to Mark*, 416; N. T. Wright, 『모든 사람을 위한 마가복음』 (양혜원 역, 서울: IVP, 2011), 225. 이 단락의 전승사적 해석을 위해서는 A. Y. Collins, *Mark* (Hermeneia; Minneapolis: Fortress, 2007), 541-44를 보라.

361 Stein은 "머리를 때리고 능욕하였다"(막 12:4)가 구약의 마지막 선지자인 세례 요한의 참수형을 가리킨다면, 두 번째가 아니라 제일 마지막 부분에 와야 한다고 본다. Stein, *Mark*, 535.

주의 율법을 등지고, 주께로 돌아오기를 권면하는 선지자들을 죽여 주를 심히 모독하였나이다"(느 9:26; 참고. 대하 36:15-16).

악한 종들이 하나님의 사자들을 거부하고 죽인 것은 그들을 보내신 하나님을 거부한 것이다. 이런 악한 상황은 예레미야와 느헤미야, 그리고 예수님 당시가 다르지 않았다. 그 결과 이스라엘을 기다리고 있는 것은 하나님의 심판뿐이었다. 이 심판이 시행되는 시점은 '크고 두려운 여호와의 날'이다. 이사야 당시에도 하나님은 자신의 포도원인 이스라엘 백성을 망친 지도자들을 심판하셨다: "여호와께서 자기 백성의 장로들과 고관들을 심문하러 오시리니, 포도원을 삼킨 자는 너희이며, 가난한 자에게서 탈취한 물건이 너희 집에 있도다"(사 3:14).

이스라엘이 배교한 결정적 사건은 하나님께서 보내신 선지자들보다 더 크신 분이며, '사랑하시는 외아들'(막 1:11; 9:7; 참고. 창 22:2) 예수님을 예루살렘 성 밖의 골고다에서 죽인 것이다(참고. "자, 우리가 그를 죽이자", 창 37:20).[362] 이제 하나님의 아들 예수님의 죽음이 임박했다. 이미 예수님은 빌립보의 가이사랴에서 자신의 고난과 죽음을 예고하신 바 있다: "인자가 많은 고난을 받고 장로들과 대제사장들과 서기관들에 버린 바 되어 죽임을 당하고 사흘 만

---

362 포도원 주인의 아들을 죽이고 포도원 밖에 버렸다는 막 12:8과 달리, 마 21:39와 눅 20:15는 아들을 먼저 밖으로 데리고 가서, 죽였다고 기록한다. 마태와 누가는 예수님이 예루살렘 밖에서 죽으셨다는 역사적 사실을 강조하기 원한 것 같다. Stein, *Mark*, 536. 그리고 7절의 모형론적 의미에 주목할 만하다. 형들에게 버림받은 요셉이 애굽의 총리가 되었듯이, 예수님은 유대인들에게 죽임을 당하셨으나, 부활과 승천으로 만왕의 왕이 되셨다. Boring, *Mark*, 330.

에 살아나야 할 것을 비로소 그들에게 가르치시더라"(막 8:31).[363]

예수님은 이 비유를 듣고 있던 사람들에게 시 118:22-23을 인용하시면서[364] "건축자들의 버린 돌이 '모퉁이의 머릿돌'(κεφαλὴν γωνίας)이 되었나니, 이것은 주로 말미암아 된 것이요, 우리 눈에 기이하도다 함을 읽어 보지 못하였느냐?"고 말씀하신다(10-11절). 시 118편은 유월절에 읽힌 본문이다. 건축자들 곧 유대 종교지도자들에게 버림받은 돌은 배척 받아 죽으실 예수님 자신이다.[365] 그런데 이 죽으신 예수님이 부활하심으로써, 새로운 성전 곧 새 이스라엘인 신약 교회의 모퉁이의 머릿돌이 되실 것이다. 유대 지도자들도 잘 알고 있었던 시 118:22-23의 예언(참고. 행 4:11; 벧전 2:4, 6-7)은 예수님의 배척 받으심과 죽으심, 부활, 그리고 참 성전 된 신약 교회의 설립으로 성취될 것이다. 10절의 수

---

363 '부활절 미완료 시상'(Easter imperfect)은 2,000년 전의 예수님의 부활이 효과가 지금까지 이어지며, 신약 교회의 부활의 능력을 덧입은 삶으로써 완성되는 것을 가리킨다. 참고. R. E. Dunham, "Unfinished: A Sermon For Easter," *Journal for Preachers* 41 (2018, 3), 24.

364 예수님의 예루살렘 입성 시, 유대인들이 외친 '호산나'도 시 118:25-26에서 온 것이다.

365 그리고 11절은 성자의 죽음과 부활을 통한 성부의 구속 사역의 필연성과 계획의 성취를 강조한다(참고. 막 8:31의 δεῖ). 참고로 예수님은 아람어로 말씀하셨기에 '아들'(ben)과 '돌'(eben)사이에 언어유희(wordplay)가 있다. Garland, *Mark*, 454; B. Witherington, *The Gospel of Mark* (Grand Rapids: Eerdmans, 2001), 323. 참고로 10절의 돌이 건축 시 제일 먼저 두는 모퉁잇돌(cornerstone, foundation stone)이든 꼭대기에 두어 건축의 완성을 의미하는 머릿돌(capstone, keystone of arch)이든 새 성전을 향한 예수님의 가장 중요한 역할을 강조한다. 참고. Stein, *Mark*, 538; France, *The Gospel of Mark*, 463. 마가복음 전체는 '하나님의 아들 예수 그리스도의 복음'이다(막 1:1).

사적 질문은 긍정적 대답을 기대한다. 하지만 유대 지도자들은 시 118편에 대한 기독론적 해석에 실패했다.[366]

유대 종교지도자들은 예수님께서 비유로 자신들을 가리켜 말씀하신 줄 알고 예수님을 잡길 원했으나 무리를 두려워하여 주님을 버려두고 가버린다(12절).[367] 말씀을 들어도 끝까지 예수님을 대적하고 회개하기는커녕 죽이려고 덤벼드는 유대인들의 완악함으로 이 단락을 마무리 짓는다.

하나님의 심판이 지체되므로, 악한 지도자들에게 은혜의 하나님은 마치 무능하고, 잘 속고, 위기 대처 능력이 떨어지고, 어리석은 사람처럼 보였다. 악한 농부들은 하나님의 회개케 하심, 인자, 용납, 길이 참으심의 풍성함을 멸시했다(참고. 롬 2:4). 이 비유에서 포도원 주인이신 하나님은 '고난당하시는 전능자'이시다. 하나님은 악한 지도자들이 회개하여 열매를 맺도록 하기 위해서 길이 참고 계신다(참고. 벧후 3:9). 하나님은 악한 지도자들에게 내릴 심판을 몇 차례나 자제하시고 인내하셨다.

그러면 우리는 어떠한가? 우리가 우리 삶에서 모든 것을 조종

---

366 참고로 바울은 주제와 표현에 있어 간본문성을 갖춘 시 78:8을 살후 3:5에서 기독론적이며 종말론적으로 재해석한다는 설명은 N. K. Gupta, "An Apocalyptic Reading of Psalm 78 in 2 Thessalonians 3," *JSNT* 31 (2008, 2), 189를 보라.

367 이 비유와 우리야를 죽이고 밧세바를 취한 다윗을 책망한 선지자 나단의 비유는 유사하다(삼하 12:1-15). 두 경우에서, 하나님의 말씀을 들은 다윗(삼하 12:7)과 종교 지도자들은 자신들을 가리켜 하신 말씀인 줄 알았다. 하지만 다윗과 달리, 유대 종교지도자들은 회개하지 않았다. Garland, *Mark*, 451.

함으로써 주인이신 하나님을 밀어내고 있진 않는가? 하나님을 거부하고 우리 자신의 왕국을 만들고 있진 않는가? 우리는 천국의 청지기이지 주인이 아니다. 이 시간 우리 삶의 어떤 부분에서 하나님이 기대하시는 열매를 맺지 못하는가를 점검하자.

악한 권세가들이 방해하더라도 주님의 포도원은 결코 망하지 않는다는 것을 기억하자! 사람의 불의한 계획과 저항과 박해와 죄악에도 불구하고 천국은 위축되거나 폐쇄되지 않는다. 하나님은 포도원을 폐쇄하는 대신 그곳을 다른 사람들에게 주신다. 예수님을 구주로 믿는 유대인과 이방인들, 즉 남은 자들이 하나님 나라를 받게 된다.[368]

하나님의 아들이시며 하나님 나라의 상속자이신 예수님께 어떻게 반응하는가가 사람의 미래를 결정짓는다. 우리는 주 하나님의 아들 예수님을 멸시하는 하나님의 포도원의 악한 품꾼인가, 아니면 그리스도를 신실히 섬기는 선한 품꾼인가?

우리는 모퉁잇돌이신 그리스도 안에서 서로 연결되어 있다. 하나님께서 함께 지어져 가는 성전인 우리에게 요구하시는 열매는 무엇인가? 이 비유의 전후 문맥을 보면, 그것은 서로 용서하는 것이다(막 11:25). 그리고 하나님에게 속한 것은 가이사에게 바

---

368 포도원을 다른 사람에게 준다는 사실은 유대인을 배제한 채 이방인 그리스도인들에게 천국의 복이 넘어간다는 의미로 볼 필요는 없다. 이 비유는 이스라엘 전체가 아니라, 종교 지도자들을 1차 대상으로 하기 때문이다. 그리고 지도자들은 일반 백성을 두려워해서 예수님을 즉각적으로 죽이지 못했기에, 유대인 가운데도 남은 자들이 있다(12절; 참고. 사 65:8-16). 참고. Garland, *Mark*, 456. 그러나 문맥상, 앞장의 성전 청결은 배교한 이스라엘 전체의 파괴를 배제하지 않는다. Stein, *Mark*, 537.

쳐서는 안 된다(막 12:17). 마음, 목숨, 힘, 그리고 뜻을 다하여 하나님을 사랑하고(막 12:30), 이웃을 자신처럼 사랑하는 것이다(막 12:31).[369] 이제 우리가 예수님을 머릿돌로 모시고, 성령의 전으로서 이 세상을 풍요로운 하나님의 포도원으로 만들자. 그리고 이 사명을 감당할 때, 우리도 예수님처럼 버린 돌이 될 수 있음을 각오하자. 아멘![370]

27. 지금 영원을 사는 청지기(전 3:1-15)

"오늘 내일을 살라"(Live Tomorrow Today). 가나(Ghana)의 수도 아크라(Accra)의 한 육교에 적힌 문구다. 그렇다면 영원에 잇대어 사는 그리스도인은 "지금 영원을 살라"(Live Eternity Now)라고 어떻게 바꿀 수 있을까? 즉, 지금 여기서 영원을 누리는 시간의 청지기로 사는 법은 무엇인가?

전도서는 "다윗의 아들 예루살렘 왕 전도자의 말씀"이다(전 1:1). 따라서 전도서는 세상의 일반적 지혜가 아니라, 다윗 언약 곧 하나님의 계시의 빛에서 이해해야 한다. 전도서 3장의 '때의 노래'에 의하면, 성도는 세상에서 영생을 맛보고 온전한 미래를

369 Garland, *Mark*, 460.

370 참고로 제왕시(시 72, 96-99), 찬양시(시 47; 65), 그리고 탄원시(시 22)에 나타난 선교를 야웨와 그리스도의 우주적 왕권 시행과 연결한 경우는 이동수, "시편에 나타난 선교신학,"『장신논단』 20 (2003), 63-83을 보라.

기대하며 살지만, 여전히 시간의 제약을 받는다. 그래서 범사에 때가 많은 법이다(3:1-8). 해 아래 세상에서 많은 때가 '시간의 횡포'처럼 다가오는 것은 반복되는 세상사가 헛된 것처럼 보이기 때문이다(1:2). 태어나는 때처럼 우리의 의지와 무관한 때도 있다. 따라서 하나님의 섭리를 기대하는 것과 시간의 횡포에 맞서는 것 사이에 긴장이 있는 듯하다.

해야 할 일을 미루는 것, 낙심하고 근심하여 허송세월하는 것, 어제의 근심을 오늘도 반복하는 것은 구차한 변명으로 일관하는 것이자 시간의 횡포에 굴복하는 것이다. 시간의 횡포 아래에서 헛된 생활을 반복하는 이가 소망을 가지려면 시간과 범사의 주인을 믿고, 인생을 향해 설정하신 계획을 이루시는 섭리의 하나님을 신뢰해야 한다. 그리고 영원한 것과 순간적인 것을 비교할 줄 알아야 한다. 무엇보다 지금 그리고 여기서, 하나님의 은혜를 간구하며 살아야 한다. 시간의 창조자요 주관자이신 하나님은 많은 때를 통해 교훈하신다. 자식과 돈과 건강과 목숨을 잃을 때(3:2-3), 하나님을 경외함으로써 그분을 가까이 한다면 역설적 은혜의 때가 된다. 따라서 전도자는 '숙명론적 때'를 소개하지 않고, 하나님의 주권 하에 일어나는 일들에 대해 성도가 경외감을 가지고 죽음이든 치유든 접근할 것을 교훈한다(3:3).[371]

시간의 주인이신 '여호와'는 영원히 자존하시고 살아 계신 언

---

371 김희석, "힐링과 설교를 위한 시가서 본문 주해: 시가서에 나타난 힐링(시편 107편과 전도서 3:3을 중심으로)," 『헤르메네이아 투데이』 55 (2013, 3), 119.

약의 하나님이시다(출 3:14). 이 이유로 구약의 사건들을 해석할 때 영웅과 같은 사람들이 아니라, 그들을 사용하신 하나님을 중심으로 이해해야 마땅하다.[372] 알파와 오메가이신 그분의 시간은 '영원'이다(전 3:11; 참고. 계 1:8).[373] "하나님은 모든 것을 때를 따라 아름답게 만드시고, 또한 사람에게 영원을 사모하는 마음을 주셨으나, 사람은 하나님께서 하신 일을 처음부터 끝까지 다 이해할 수 없다"(전 3:11). 그러므로 우리는 완벽한 계획을 가지고 우리 인생에 세밀하게 간여하시고, 합력하여 최선을 이루시는 하나님을 경외하며(전 12:13-14),[374] 선을 행하고, 하나님의 은사를 누리며, 기뻐해야 한다(3:12-14).[375]

우리가 어찌할 수 없는 지나간 세월과 우리의 소관이 아닌 미래보다 더 중요한 것은 영생을 선취하는 지금, 그리고 여기다. 하

---

372 S. Greidanus, 『전도서의 그리스도, 어떻게 설교할 것인가』(전의우 역, 서울: 포이에마, 2012), 146, 160.

373 전 3:11의 '영원'을 시간적 개념 대신에, '명감각'(冥感覺) 즉 드러나지 않고 은밀하게 감응하는 인식 능력이라고 이해하는 경우는 김상기, "전도서 3:11의 문장 구조에 따른 '올람' 이해,"『성경원문연구』 31 (2012, 1), 67을 보라.

374 구약 성경에 '헛됨'(ματαιότης)은 73회 등장하는데, 전도서에 37회나 등장하여 전도서의 수미상관 구조를 형성한다(1:2; 12:8). 흥미롭게도 게마트리아로 히브리어 '헤벨'은 숫자 37에 해당하며, 하나님을 경외하도록 촉진하는 수사적 기능을 한다(전 5:7 참조). 홍성혁, "전도서 속에 나타난 '헤벨'의 아이러니와 그 수사적 기능,"『구약논단』 17 (2011, 4), 34, 51. 참고로 홍성혁은 '헤벨'을 '종잡을 수 없음'이라 이해한다. Waltke, 『구약신학』, 1128도 참고하라.

375 E.C. Brisson, "Ecclesiastes 3:1-8," *Interpretation* 55 (2001, 3), 292-95.

나님은 과거, 현재, 미래의 주인이시므로(3:15),[376] 아픈 과거를 싸매시고, 과거로부터 교훈을 얻거나 잊을 수 있도록 하시며, 아름다운 과거는 추억으로 만드신다.

하나님의 영원하신 계획은 해 위에서(above the Sun) 이 세상으로 오신 분 곧 처음과 마지막이신 예수님을 통해 이루어졌다(계 1:17). 참 코헬렛이신(마 12:42) 예수님은 때를 구속하신 분이다(엡 5:16).[377] 사망의 시간이 지배하는 이 세상에 영생의 시간을 심으

---

376 서울신대 박영준에 의하면, 하나님께서 시행하실 종말론적 최후 심판의 때를 언급하는 전 3:17은 선지자의 전통을 반영하여, 후대에 BC 3세기경 편집자가 추가한 본문이다(전 12:14 참조). 따라서 전도서의 신학은 "현재를 즐겨라"(carpe diem; 2:24; 11:9)와 "죽음을 기억하라"(memento mori; 3:2; 5:18; 9:7-10; 12:3-7) 사이의 긴장을 반영하는데, 죽음 이후의 하나님의 공의로운 심판은 이 긴장과 신정론의 딜레마를 해소한다. 박영준, "전도서에서의 종말론적 개념에 대한 연구: 추가본문의 (미쉬파트/심판)를 중심으로,"『구약논단』18 (2012, 1), 109-110, 118, 120. 그리고 구자용, "메멘토 모리(Memento Mori), 카르페 디엠(Carpe Diem)!: 전도서 이해의 열쇠로서의 죽음에 대한 고찰,"『구약논단』18 (2012, 1), 99도 참고하라.

377 전 3장에 대한 그리스도 완결적인 해석이 필요하다. Oscar Cullmann (1902-1999)이 제 2차 대전 와중에 바젤에서 집필한『그리스도와 시간』에서 볼 수 있듯이, 주전(BC)과 주후(AD)의 분기점과 D-day(사탄이 무장해제 된 날)와 V-day(완전한 승리를 주실 재림의 날)의 전환점은 시간의 중심이신 부활의 예수님이다(히 1:8). 처음과 나중이신(계 1:17) 예수님은 교회에게 영원(전 3:11, 14)을 주셔서, 지금 영생을 즐기도록(carpe diem) 하신다(전 3:13; 히 5:9; 6:5). 구속사의 중심인 예수님의 십자가와 부활을 기억하고, 죽음과 심판을 기억하며(memento mori; 전 12:14; 히 10:29), 하나님을 경외하여(전 12:13) 날마다 송구(送舊)한다면, 카르페 디엠은 가능하다(고전 15:31). 매일 반복되어야 할 송구영신(히 12:10)은 영원한 속죄(히 9:12; 13:20)와 영원한 기업(히 9:15; 10:34)을 주신 영원하신 예수님(히 1:11; 7:16, 24-25; 13:8)과 성령님(히 9:14)의 은덕(恩德)을 힘입음이다. 시간의 중심이신 그리스도를 전제로 하는 '알파와 오메가 기독론'(alpha and omega Christology)은 오메가에서 시작하여 알파에 이르게도 한다. 전도서 3장의 다양한 때(καιρός)는 히브리서의 눈, 곧 그리스도 완결적으로 볼 때 복음이 된다. 참고. M. Frischknecht, "Oscar Cullmann: A Portrait,"

시려고, 목숨이 멈춘 무덤 앞에서 예수님은 "나는-(부활, 생명)-이다"(ἐγώ εἰμι)라고 선언하셨다(요 11:25). 성도는 영원하신 예수님이 주신 영생을 소유하기에 시간의 제약과 횡포를 극복한다. 알파와 오메가이신 예수님은 또한 시간의 중심이시다. 우리는 예수님 안에 있을 때만, 새롭고 유의미한 존재다(고후 5:17). 우리 인생을 인도하시는 하나님을 믿음으로써, 하나님이 하실 일을 소망함으로써, 하나님과 사람을 사랑함으로써 영원을 사는 시간의 청지기가 되어야 한다. 이를 위해 시간을 구속하며 사는 성도는 '아직 아니'(not yet)를 '이미'(already)의 잉여분(overplus)이나 핑계로 남겨 두지 말고, '지금, 그리고 여기에서의 이미'가 '저기 아직 아니'를 더 잠식하도록 해야 한다. 아멘.

28. 문자와 은유/모형으로 본 아가서

여성주의자들은 아가서가 여성 억압적이지 않다는 이유로 선호한다. 둘째 아담처럼 솔로몬은 술람미 여인의 육체적 아름다움(눈, 목, 코, 입, 머리카락, 이, 배꼽, 숨결, 팔, 다리, 유방, 엉덩이, 몸매[키])에 매료되어 사랑 노래를 부른다(창 2:23; 아 7:1-10). 그런데 여인의 아름다움이 시적이고 은유적으로 묘사되기에 소위 '19금에 해당하는 선

Journal of Ecumenical Studies 1 (1964, 1), 22-41; G. Bailie, "Raising the Ante: Recovering an Alpha and Omega Christology," *Communio* 35 (2008, 1), 83-106.

정적이고 외설적'이지 않다. 우리는 아가서를 교회개혁의 성경해석 원칙 중 하나인 분명한 문자적 방식으로 먼저 읽음으로써 남녀(부부) 간의 사랑 메시지를 찾아야 한다.

동시에 구약 선지자들이 야웨-이스라엘 간의 부부 관계를 강조했듯이, 그리스도와 교회의 사랑이라는 영적 해석이 필요하다(비교. 에로틱한 표현을 중화시키고 승화시킨 풍유적 해석). 유대인은 출애굽이라는 언약적 사랑을 기념하기 위해서 유월절에 아가서를 읽었다. 중세의 금욕 생활을 실천한 수도사와 수녀들이 아가서를 매우 애용하여 많이 필사한 이유는 이런 영적(모형론적) 의미를 발견한데 있다.

그리스도 완결적으로 교회의 신랑이신 예수님(계 21:2, 10)의 안경을 끼고 아가서를 회고하면서 읽는다면, 신랑 예수님의 사랑을 깨닫는 크리스천은 자신이 연합한 예수님의 사랑으로 인해 몸과 영혼이 뜨겁게 달아오를 수밖에 없다. 이것이 가정 천국과 하나님의 가족 안에서 천국을 경험하며, 거룩한 삶의 열매를 기쁨으로 맺도록 하는 복음적 방법이다. 부부의 사랑은 속되지 않고 거룩하다. 그래서 그리스도인의 풍성한 거룩한 삶을 다루는 지혜서인 아가서는 특별히 가정의 달에 설교 본문으로 적실하다.

오직 한 연인 술람미 여인을 향해 열정을 담아 사랑을 고백했던 솔로몬 왕의 진정성은 수많은 후궁과 첩(왕상 11:3)을 둠으로써 의구심을 자아낸다. 하지만 솔로몬보다 더 크신 지혜로운 왕의 실체이신 예수님(마 12:42)은 자신의 신부를 죽기까지, 변함없이, 열정적으로 사랑하신다(아 8:6; 엡 5:32; 계 1:5). 진부하거나 느슨하거

나 무미건조하지 않은 주님의 사랑을 가정에서 부부가, 그리고 더 나아가 모든 교회가 배워야 한다.[378]

29. 하나님의 모성애와 심판(사 66:6-17)

구약은 하나님을 위엄 있으신 아버지, 이스라엘의 남편, 원수를 물리치시는 거룩한 용사, 혹은 보좌 위에서 만물을 통치하시는 대왕으로 묘사한다. 이런 남성 이미지에 익숙한 우리에게 이사야서의 마지막은 하나님의 모성애를 가르친다. 이사야는 두려움(사 49:14)과 불임(49:21; 54:21) 가운데 있다가 결혼해서(62:4-5), 첫 아이를 낳는(66:7-14) 한 여인의 일생을 '딸 시온'이라고 부른다. 사 66:7-14는 여호와를 스스로 낮추셔서 딸 시온의 출산을 돕는 산파로 묘사한다(참고. 갈 4:19). 하지만 6절과 17절은 각각 하나님의 심판을 포괄적인 수미상관(인클루시오) 구조로 다룬다.[379] 자기 의에 충만한 우상 숭배자들이 하나님의 종들을 박해했는데, 하나님은 바로 이 대적들을 심판하신다(6절).

새로운 이스라엘을 탄생시키기 위해서는 산통을 피할 수 없고

---

378 김지찬, "아가서의 문예적 독특성과 신학적 메시지," 『신학지남』 74 (2007, 3), 155-162. 참고로 아가서의 모형론적 해석을 반대하고, 문자적 해석과 은유적 해석 그리고 효과적인 상징적 해석을 인정하는 경우는 현창학, "아가서 해석," 『신학정론』 26 (2008, 2), 83-85, 109-119를 보라.

379 사 66장을 세부 단락으로 나누는 다양한 방식은 E. C. Webster, "A Rhetorical Study of Isaiah 66," *JSOT* 34 (1986), 93을 보라.

진통하는 즉시 출산하게 된다(7-8절). 이스라엘의 회복은 산파이
신 하나님의 도움의 결과다. 새로운 이스라엘은 어떤 모습인가?
이리와 어린 양이 함께 먹고, 사자가 소처럼 짚을 먹고, 뱀은 흙으
로 음식을 삼고, 여호와의 거룩한 산에는 어디서나 상함도, 망함
도 없는 공동체다(사 65:25). 이런 재창조와 에덴의 회복은 다름 아
니라 천국의 동산지기이시자(요 20:15) 평강의 왕이신(사 9:6) 예수
그리스도의 초림으로 시작된 하나님 나라로 성취되기 시작한다.
예수님 안에서만 평강과 조화와 질서, 그리고 하늘의 안식을 맛볼
수 있는 천국이 가능하다.

"내가 잉태하게 하는데 해산하지 못하게 하겠느냐? 내가 해산
하게 하려다가 태를 닫겠느냐?"(9절)는 히스기야 왕이 이사야에
게 보낸 메시지(사 37:3)에 대한 최종적인 승리의 대답이다.[380] 앗
수르 왕 산헤립이 남 유다를 공격했을 때, 히스기야는 환난의 날
에 아이를 하나 낳으려고 하지만 낳을 힘이 없다고 말한다(참고. 사
54:1).[381] 하지만 하나님께서 이스라엘을 돌보시고, 새롭게 창조하
시려고 작정했다면 그 일은 반드시 이루어지고 말 것이다.

10-14절의 '다복한 가정'의 모습은 아내이자 어머니인 시온
이 낳은 자녀들에게 초점을 맞춘다. 새 공동체의 출산을 위해서

---

380 사 66:9와 살후 2:7은 '막는 자'로 연결되고, 사 66:18-21과 살후 2:6에
는 '막는 것'이라는 간본문성이 있다는 주장은 R. D. Aus, "God's Plan and
God's Power: Isaiah 66 and the Restraining Factors of 2 Thess 2:6-7,"
JBL 96 (1977, 4), 552를 보라. 하지만 살후 2장은 바울 당시의 상황을 묘
사하기에, 주님의 최종 재림이나 사 66장과 직접 연결하기 어렵다.

381 Webster, "A Rhetorical Study of Isaiah 66," 98.

예루살렘에 대하여 애곡하는 모든 자들은 예루살렘과 함께 크게 기뻐한다(10절). 예루살렘은 하나님의 백성의 어머니로서, 새 공동체를 젖으로 먹이고, 위로와 즐거움과 평화를 준다(11-13절; 참고. 사 48:18). 하나님의 백성의 궁극적인 위로자는 예루살렘이 아니라 하나님 자신이시다(참고. 사 49:15-17; 갈 4:26).

이스라엘이 하나님의 위로를 받아 기뻐하는 모습(사 66:14)은 예수님의 고별설교를 떠올리게 한다(요 16:20-22). 예수님께서 "조금 있으면 나를 보지 못할 것이며, 또 조금 있으면 나를 보리라"고 말씀하시니, 제자들이 근심한다. 예수님이 죽으시고 묻히실 때 제자들은 울며 애통할 것이다. 그러나 예수님이 부활하시고 승천하시면 제자들의 슬픔은 기쁨으로 바뀔 것이다. 우리에게는 예수님이 죽으시고 부활, 승천하시고, 성령님을 보내 주신 것이 우리의 생명이며 기쁨의 근원이다.

새 시대의 새 이스라엘이 출산하려면 진통이 필요하다. 그런데 예수님이 이 땅에 오셔서 새 이스라엘을 출생시키는 일을 신속하게 이루셨다. 그 결과 우리는 어머니의 사랑을 받는 아기처럼, 하나님 아버지의 사랑을 받으며 살게 되었다. 새 시대와 새 이스라엘의 산파이신 여호와께서는 은혜로우시다. 왜냐하면 그분은 우리에게 산통이 없이 아이를 출산하도록 하시기 때문이다. 대신 여호와의 종이신 예수님에게 우리 대신 그 산통을 겪도록 맡기셨다. 이런 예수님 덕분에 우리는 단지 갓난아기처럼 하나님이 주시는 은혜의 젖을 의지하면서 사모하고 만족하면 된다(참고. 벧전 2:2). 바로 그때 우리에게 안식, 기쁨, 만족, 평안이 있다. 힘든 문제를 스스로 감당치 못하여 지친 사람은 소성케 하는 하나님의 품에 안겨서, 젖을 먹고, 그분의 무릎 위에 앉아서 놀아야 한다.

사 66:14-16에서 하나님의 모성애는 심판하시는 하나님의 엄위하신 모습으로 바뀐다.[382] 이사야는 "나는 하나님의 선택을 받아 안전하니 아무렇게나 살아도 괜찮다"라는 이스라엘 백성의 안일한 생각에 대하여 경고한다. 여호와의 팔은 자녀를 품어주시고 구원하시는 권능의 팔인 동시에, 적들에게는 심판의 팔이다. 여호와의 고난당하신 종 예수님은 우리가 당할 지옥 형벌의 불을 십자가에서 꺼주셨다. 하지만 하나님의 풍성한 젖을 먹고도 형식적 예배와 죄에 빠져 부정하게 사는 자들을 하나님은 심판하신다.

하나님은 병거를 타고 밀려오는 군대처럼, 회오리바람처럼 급하고 강하게 대적을 심판하시러 불과 칼로 임하신다. 하나님이 심판할 자들은 정원에서 우상에게 제사지내고 부정한 돼지고기와 쥐를 먹는다(17절; 참고. 사 65:3-5; 66:3). 칼과 불로 내리는 심판을 면하기 위해서는 가난한 심령으로 겸손히 통회하며, 하나님의 말씀을 듣고 떨어야 한다(사 66:2). 어머니의 사랑과 복을 주신 하나님은 우리에게 신실할 것을 요구하신다: "내 사랑을 받았느냐? 그러면 내 사랑 안에만 머물고 신실하라. 내가 가증히 여기는 부

---

382 사 66장의 저자가 소위 '제 2이사야' 혹은 '제 3이사야'의 저자와 동일한지 정관사와 관계대명사의 용례로 설명하는 경우는 H. G. Jefferson, "Notes on the Authorship of Isaiah 65 and 66," *JBL* 68 (1949, 3), 225-30을 보라. 하지만 사 1-66장 전체를 영감된 한 권으로 읽어 마땅한데, 이를 위해서 장세훈, 『한 권으로 읽는 이사야서』(서울: 이레서원, 2004)의 제 2부를 참고하라.

정한 생활을 버려라."

우상 숭배자와 불신자에게 내려지는 영원한 형벌은 우리와 상관이 없지만, 하나님의 현재적인 사랑의 채찍과 심판을 면하기 위해서는 부정함을 버려야 하고, 예배적 삶을 살아야 한다.

우리는 예수 그리스도 안에서 은혜의 젖을 먹고, 신천신지에서 사는 시온의 딸이다. 자신이 인생의 주인이 아니라고 고백한다면, 하나님께서 은혜의 젖줄로 공급해 주시는 것을 받아야 한다. 그리고 "하나님은 당신의 삶에 놀라운 계획을 가지고 계신다"고 말해 주는 동시에, "그 구원의 계획을 거역하면 겪게 될 끔찍한 계획도 가지고 계신다"는 사실도 가르쳐 주어야 한다(참고. 시 89:14).

30. 완전한 시드기야 왕(렘 23:1-8)

'화로다 목자들이여!'라고 시작하는 렘 23장은 하나님의 양떼를 죽이고 흩어버린 시드기야 왕과 같은 악한 지도자들을 겨냥하고 있는데,[383] 결국 의롭고 선한 목자이신 예수 그리스도의 복음을 교훈한다(요 10:11; 히 13:20). 이 단락의 설교 요지는 "나는 공평과

---

383 렘 23:1-2는 'woe speech' 혹은 'judgment speech'이다(참고. 렘 22:18). 그리고 양을 '돌보다'와 '책임을 묻다'라는 목양 모티브가 현저하다. P. C. Craigie, P. H. Kelley, and J. F. Drinkard Jr., *Jeremiah 1-25* (WBC; Dallas: Word Books, 1991), 325; J. Bright, 『예레미야』 (서울: 한국신학연구소, 1985), 275, 278.

정의로 살면서 하나님 나라와 의를 추구해야 한다"이며, 세 대지가 이 요지를 떠받친다.

첫째로, 왜 우리는 하나님 나라와 의를 추구해야 하는가? 완전한 시드기야 왕이신 예수님 안에서 의롭게 되었기 때문이다. 남유다의 마지막 시기에 제 17-20대 왕들은 여호아하스, 여호야김, 여호야긴, 그리고 시드기야였다(렘 22:11-30). 이들은 BC 608-586년 사이 약 20년간 다스렸다. 이들의 공통점은 하나님 보시기에 악했다는 사실이다. 바벨론 제국의 침공이라는 풍전등화와 같은 상황 속에서도 이 네 왕은 사리사욕을 채우는데 급급했고, 다른 나라의 도움을 찾아다녔고, 유일하게 살 길이었던 하나님을 전심으로 바라보지 않았다. 렘 23:1-8은 렘 21-22장의 요시야의 아들들을 중심으로 하는 예루살렘의 멸망과 렘 23:9-34의 거짓 선지자와 거짓 제사장에 대한 예언 중간에 위치한다. 예레미야는 악한 왕들을 책망할 뿐 아니라, 거짓 선지자들과 대결해야 했다(렘 23:9 이하).[384]

악한 왕들은 하나님의 목장의 양무리인 이스라엘 백성들을 파멸하고, 흩어버리고, 돌보지 않은 악한 목자와 같았다(1-2절). 이 무렵 예레미야만 선지자로 활동한 것은 아니다. 나훔, 다니엘, 에스겔도 있었다. 여기서 하나님의 열심을 볼 수 있다. 배교한 언약 백성을 돌이키고 구원하시기 위해 하나님께서 집중적으로 선지자들을 보내셔서 능력과 구원의 팔을 뻗어 주셨다. 사실 위대한

---

384 참고. J. A. Dearman, *Jeremiah, Lamentation* (NIV Application Commentary; Grand Rapids: Zondervan, 2002), 217.

선지자 에스겔, 다니엘, 예레미야, 나훔은 왕상 17장 이하에 등장하는 엘리야와 엘리사를 합한 것보다 훨씬 더 강력한 활동을 할 수 있었다.

이런 절망적인 상황에서 하나님은 흩어졌던 이스라엘 백성을 다시 모으시고, 그들을 잘 돌볼 목자들을 보내실 것이라고 약속하신다(3-4절).[385] 왜냐하면 하나님의 구원은 시드기야의 패망으로 끝날 수 없기 때문이다. 하나님께서 보내실 선한 목자들은 1차적으로 에스라, 느헤미야, 스룹바벨과 같이 바벨론 포로에서 돌아와 이스라엘을 재건할 때 주도적 역할을 했던 하나님의 종들이다. 그런데 하나님은 더 놀라운 약속을 예레미야에게 주신다(5-8절). 하나님은 바벨론 포로에서 돌아온 후에 회복 운동을 일으킬 에스라와 느헤미야 같은 사람들과는 비교도 안 되는 훨씬 뛰어난 목자 한 명을 세우실 것이다. 하나님이 작정하신 때가 이르면, '선한 목자'요 '의로운 통치자'를 다윗의 후손 중에서 일으키신다(5절 a; 참고. 겔 34:23; 슥 6:12). 그분은 '의로운 가지'라고 불릴 것이며, 지혜롭게 행하며, 세상에 공평과 정의를 행할 것이다(5절b). '의로운 가지'(의롭고 참된 자손)는 앞으로 오실 왕을 가리키는 전문용어이다 (참고. 사 11:1; 슥 3:8; 6:12).[386] 그를 통하여 유다가 구원을 얻고 이스라엘은 평안을 얻을 것이며, 그의 별명은 '여호와 우리의 의'이다

---

385 렘 23:1-4에서 3절a를 중앙으로 보는 교차대칭구조는 Craigie, Kelley and Drinkard Jr., *Jeremiah 1-25*, 325를 보라.

386 石川 亮, "야훼는 우리들의 정의: 예레미야 23장 5-6절을 중심으로, qdx(1)의 관련어 고찰과 텍스트를 반복해서 읽는 의의에 대한 성찰," 『신학논단』 43 (2006), 67.

(6절). 그래서 '여호와 우리의 의'라고 불리는 이 왕을 통하여, 사람들이 과거 모세 시대에 역사하신 출애굽의 하나님으로 맹세하지 않고(7절), 바벨론 포로에서 돌아오게 하신 하나님의 이름으로 맹세할 것이다(8절a). 그리고 약속의 땅에 남은 자들이 거하도록 하실 것이다(8절b). 6절의 '여호와 우리의 의'라고 불리는 분은 다름 아닌, 다윗의 적법한 계승자로 태어나신 지혜롭고 의로운 목자 예수 그리스도이시다(참고. 행 3:14).[387]

우리는 본질적으로 의로운 사람이 아니었다. 그러므로 예수님은 의로움이 없던 우리에게 의로움이 되신다(롬 5:9; 벧후 1:1). 그래서 바울은 "하나님을 따라 의와 진리의 거룩함으로 지으심을 받은 새 사람을 입으라"고 권면한다(엡 4:24). 허물과 죄로 죽었던 우리는 예수님 안에서 하나님의 회복된 형상인 의와 진실된 거룩함을 이미 덧입게 되었다. 그러므로 그 누구도 칭의의 은혜를 입은 크리스천을 정죄할 수 없다. 그리고 우리는 의의 흉배를 붙이고 살 수 있다(엡 6:14).

둘째로, 예수님 안에서 의롭게 된 우리는 어떻게 살아야 하는가? 모든 삶의 영역에 공평과 정의를 실현해야 한다. 렘 23장은 악을 벌하시는 하나님(2절)과 그분의 공평과 정의(5절)가 반복되어 강조되어 있다. 이것은 남 유다의 마지막 왕인 시드기야와 관련된다. 시드기야(Zidkiyahu)는 '야웨의 의'라는 뜻이다. 이렇게 좋

---

387 J. Calvin, 『예레미야 III』 (서울: 성서교재간행사, 1993), 154, 156; L. Giglio (ed), *The Jesus Bible* (Grand Rapids: Zondervan, 2016), 1202; Dearman, *Jeremiah, Lamentation*, 221.

은 뜻의 이름을 가지고 있었지만, 시드기야는 불의하여 벌을 받은 왕이었다. 그는 자신의 불의한 삶 때문에, 자기 이름의 뜻대로 하나님의 정의로운 심판을 증명하고 말았다. 악한 시드기야는 '여호와 우리의 의'라고 불린 예수님과 완전히 대조된다.[388]

남 유다의 20대 왕 시드기야는 16대 왕 요시야의 아들이며, 19대 왕 여호야긴의 삼촌이다. 그는 21세 때인 BC 597년에 등극하여 11년 후 586년에 바벨론에 포로로 잡혀갔다. 그의 원래 이름은 '여호와의 선물'이라는 뜻의 '맛다니야'였지만, 바벨론 왕이 '시드기야'라고 이름을 바꾸었다(왕하 24:17). 이 개명은 남 유다 백성이 볼 때도 아무런 문제가 없었다.[389] 대하 36:11-16에 따르면, 시드기야는 하나님 여호와 보시기에 악을 행하고, 선지자 예레미야가 여호와의 말씀으로 경고해도 겸비치 않았다. 목을 곧게 하고 마음을 강퍅케 하여 이스라엘 하나님 여호와께로 돌아오지 않았다. 덩달아 제사장의 어른들과 백성도 크게 범죄하여 이방 모든 가증한 일을 본받아서 여호와께서 예루살렘에 거룩하게 두신 그 전을 더럽혔고, 백성은 하나님의 사자를 비웃고 말씀을 멸시하여 선지자를 욕하여, 여호와의 진노를 피할 수 없었다. 그 결과 1년 반 동안 바벨론의 침공에 저항해 보았지만, 결국 예루살렘 성전은

---

388 유대인들은 렘 23:5-6을 다윗 가문의 메시아의 출현으로 해석하면서, 악한 왕 시드기야를 비판하는 것으로 해석한다. A. Berlin and M. Z. Brettler, *The Jewish Study Bible* (Oxford: Oxford University Press, 2014), 961. 그리고 유대인들의 비기독론적 해석에 대한 비판은 Calvin, 『예레미야 III』, 158, 164를 보라.

389 石川立, "야훼는 우리들의 정의," 72.

파멸되고, 성전 기물은 바벨론으로 이송되고 만다. 시드기야는 두 눈이 뽑혀서 쇠사슬에 결박된 채 바벨론 포로로 잡혀갔고, 그의 아들들도 죽고 만다(왕하 25:7). 목자로 세움 받은 왕들은 하나님의 규례를 무시하여 어리석게 되어(렘 8:7) 여호와를 찾지 않았고, 그들의 왕권은 계승되지 않아 형통하지 못했으며, 그들의 모든 양떼는 포로로 잡혀 흩어지고 말았다(렘 10:21). 악한 왕들은 자신을 위해 사치하며 부를 축적하고, 재판을 부당하게 하고, 약자의 삶을 착취하고 인권을 유린했다(렘 5:28; 7:6; 21:12; 22:3, 13). 남 유다의 집권층은 그들의 기득권을 활용하여 도둑질, 살인, 간음, 거짓 맹세, 바알 숭배에 심혈을 기울여서 십계명의 대부분을 어기고 말았다(렘 7:9).[390]

하지만 여호와의 의이신 예수님은 완전한 시드기야이시다. 예수님 안에는 그 어떤 불의도 없고, 왕에게 부여된 의무인 약자 보호와 백성의 평안을 정직과 공평으로 감당하시기 때문이다(참고. 시 71:2; 72:2-4, 7; 사 9:7; 32:1; 렘 22:16; 33:15; 겔 34:23).[391] 예수님의 정의로운 통치는 냉엄한 징벌이라기보다, 자기 백성의 구원과 평안을 동반한다. 우리의 의로운 구주 예수님은 자기 백성을 파멸에서 건지시고, 바벨론 군대와 같은 사탄과 악, 비참과 죄로부터 우리를 보호하신다. 이를 이루시기 위해 예수님은 두 눈이 뽑히지는 않으셨지만, 눈이 가려진 채로 침 뱉음을 당하시고, 조롱을 감내

---

390 현창학, "예레미야서의 특징과 메시지,"『신학정론』24/2 (2006), 330.
391 참고. 石川立, "야훼는 우리들의 정의," 70, 73.

하셔야 했다(눅 22:63-65).

완전한 시드기야이신 예수 그리스도의 의를 전가 받아 사는 우리의 사명은 무엇인가? 의롭고 선한 목자이신 예수님의 의와 구원을 받아 사는 것이다(고전 1:30).[392] 그렇다면 무엇이 의롭게 사는 것인가? 범죄로 변질된 하나님의 형상이 아니라 회복된 의와 진리의 거룩이라는 형상을 따라 사는 것이다(엡 4:24). 그리고 세상 속에 공평과 정직을 행하는 것인데, 특히 이방인과 고아와 과부와 같은 가난한 자와 궁핍한 자의 비참을 살피고 변호하는 것이다(렘 7:5-6: 22:15-16). 다윗의 후손은 비참한 시각 장애인 바디메오와 이방 가나안 여자의 딸을 고치셨다(마 9:27; 15:22; 20:30-34). 마찬가지로 우리의 의는 교회당 안에서 뿐 아니라, 세상 속에서도 증명되어야 할 공적 정의이며, 그것은 결국 사랑의 실천이다. 불의한 세상 속에서 공평과 정직이 크리스천의 삶의 방식임을 보여주어야 한다. 우리는 선한 목자이시며, 이 땅에 의로운 하나님 나라를 이루시기 위해 우리를 의롭다 하신 왕이신 예수님을 신뢰하면서, 주님의 정의로운 통치를 모든 영역에 증명해야 한다.

마지막으로, 하나님은 우리가 의와 공평을 행할 때, 어떤 약속을 주시는가? 바로 지금 여기에서 하나님 나라를 경험하며, 번성과 평안을 누리는 것이다. 다윗 왕의 후손이시며, 새 이스라엘의 참 목자와 대왕이신 예수님은 하나님의 목장에 남은 양떼가 더 이상 두려워하거나 놀라거나 축이 나지 않도록 하신다(4절: 참고. 렘

---

392 Calvin, 『예레미야 III』, 162.

33:5-6, 15-16). 왜냐하면 양 100마리 중에서 한 마리도 잃어버리거나 멸망 당하도록 방치하는 것은 하늘 하나님의 뜻이 아니기 때문이다(마 18:14). 그리고 잃어버린 양을 자신의 목숨을 버리면서까지 찾고 찾으시는 분이 다름 아닌 우리 주 예수님이시기 때문이다(눅 15:4).

이러한 예수님의 구원 사역은 예레미야 당시에 가장 대표적인 구원 사건이었던 출애굽과 에스라 시대의 둘째 출애굽보다 훨씬 더 위대한 일이다(참고. 렘 16:14-15; 눅 9:31).[393] 참 목자요 왕이신 예수님은 우리를 약속의 땅에 거하게 하실 것이다(8절). 예수 그리스도께서 우리에게 주시는 약속의 땅, 우리가 거하게 될 그 땅은 어디인가? 예수님이 다스리시는 천국이다. 우리가 하나님의 의를 덧입고 살고 있는 땅은 하나님 나라이다. 바로 이 세상에서 예수님은 우리를 통해서 잃어버린 양들을 불러 모으신다(3절). 그래서 하나님의 양 우리 안에 양들이 많아지길 원하신다. 그때 죄와 비참과 가난에 찌든 자들이 참 목자이신 주님께서 인도하시는 쉴 만한 물가와 푸른 초장에서 은혜와 평안을 누릴 것이다.

언약의 하나님께서 자신의 목장으로 불러 모으신 아브라함의 후손들은 아담과 노아와 아브라함의 언약을 성취하신 마지막 아담 안에서 하나님 나라를 차지하고 번성할 것이다(8절; 창 1:28; 9:1;

---

393 참고. D. A. Carson (ed), *Biblical Theology Study Bible* (Grand Rapids: Zondervan, 2018), 1333; 장성길, 『이스라엘의 구원과 회복의 드라마』 (서울: 이레서원, 2007), 205; Dearman, *Jeremiah, Lamentation*, 218.

15).[394] 예수 그리스도의 양떼가 번성하면 별과 모래와 같이 많은 아브라함의 후손이 될 것이다(창 15).[395] 크리스천이 화려한 외형을 갖추기보다 공평과 정의를 행한다면 형통할 것이다(렘 22:15). "여호와를 기뻐하라. 그리고 네 길을 여호와께 맡기고 의지하면 네 공의를 정오의 빛 같이 하리라"(시 37:4-5). "여호와를 기대하는 자, 그리고 온유한 자가 땅을 차지하리라"(시 37:9-11).

결론적으로 적용하면, 시드기야와 다윗의 후손 왕들의 불의와 실패는 의로우신 목자 예수님을 더 부각시킨다.[396] 양떼를 먹이시는 하나님과 양떼를 흩어버리고 돌보지 않는 거짓 종교지도자들의 대결은 지금도 계속 된다. 교회의 머리이신 예수님은 경건을 자신의 이익의 도구로 삼는 탐욕스런 늑대와 강도와 같은 교회 지도자들을 심판하실 것이다.[397] 자신의 정치와 종교 성향과 이데올로기를 하나님의 양떼에게 강요하거나 교묘히 먹이는 자들도 심판을 피할 수 없다. 우리에게 자신의 의를 전가해 주시며 완전한 목자이신 예수님의 음성을 듣고 따라가자. 하나님이 맡기신 양떼의 형편을 부지런히 돌보고, 순수한 복음의 꼴을 사랑으로 먹이려는 사람만이 교회의 지도자로 사역할 수 있다. 교회 지도자는 예수님으로부터 지혜와 공평과 정의를 배워, 교회의 평안과 안전을 유지하는데 힘써야 한다. 아멘.

---

394 Calvin, 『예레미야 III』, 148.

395 Craigie, Kelley and Drinkard Jr., *Jeremiah 1-25*, 327.

396 Dearman, *Jeremiah, Lamentation*, 222.

397 Calvin, 『예레미야 III』, 148.

31. 너는 피투성이라도 살라!(겔 16장)

　바벨론 포로 중 22년간 선지자로 활동한 에스겔은 예루살렘을 향한 하나님의 애틋한 러브 스토리를 에스겔서 가운데 가장 긴 장(章)인 16장을 통해 들려준다. 이스라엘이 가나안에 정착하기 전에 예루살렘에는 이방 아모리인이 살고 있었고(참고. 수 10:6; 24:2-3), 가나안에 헷 족속도 있었다(참고. 출 3:8). 따라서 예루살렘은 이교도 부모의 영향을 벗어나지 못했다. 고대 세계에서 부모는 여자 아기를 종종 유기했는데, 예루살렘의 부모 역시 생각 이상으로 형편없었다. 그들은 아기가 태어났을 때에 해야 하는 기본적인 일들, 즉 배꼽 줄을 자르거나 물로 씻어 정결케 하거나 방부 처리를 위해 소금을 뿌리거나 강보로 싸 주시는 일을 하지 않아 아기들이 죽어갔다(4-5절).

　하나님은 갓 태어나 버려진 여자 아기와 같은 예루살렘 곁을 지나갈 때에 피투성이가 되어 발짓하는 것을 발견하고(참고. 신 32:10)[398] 명령하신다: "너는 피투성이라도 살라"(6절). '살아라'(חֲיִי)는 명령은 하나님께서 입양하여 친히 부모가 되셔서 살려 주시겠다는 의지의 표현이다.

　하나님은 자신의 옷으로 아기를 덮어 주시고 사랑스럽게 자라도록 "너는 내 것이다"라고 언약하신다(7-8절). 룻의 남편 보아

---

398 신 32장을 에스겔이 예언적으로 변용한 것은 D. Gile, "Ezekiel 16 and the Song of Moses: A Prophetic Transformation?" *JBL* 130 (2011), 87–108 을 보라.

스처럼, 하나님은 합법적 신부인 예루살렘을 맞이하신다(참고. 룻 3:9). 하나님은 여자 아기를 물로 씻어 주시고, 피를 닦아 주시고, 기름을 발라 주신다(9절). 마치 강도를 만난 이를 돌보아 주었던 선한 사마리아인과 같은 모습이다(참고. 눅 10:34). 하나님은 버려져 고아가 된 죄인을 찾으셔서 살리고 입양하신다. 그리고 예수님의 보혈과 성령의 중생케 하시는 은혜로 씻으신다(엡 1:7; 히 9:14; 12:24; 벧전 1:2; 벧후 1:9; 요일 1:7; 계 1:5).[399]

아기가 숙녀가 되자, 하나님은 수놓은 옷, 물돼지 가죽신, 가는 베 옷, 비단으로 입히셔서(10절), 하나님의 성막으로 만드신다(참고. 출 26:36). 팔고리와 목걸이와 귀고리와 화려한 면류관으로 장식해 주시고 고급 밀가루와 꿀과 기름으로 먹이신다(11-13절). 예루살렘은 왕비 같은 제사장 나라가 되고, 그녀의 완벽한 아름다움이 열방에 퍼진다(14절). 하나님은 탕자 같은 둘째 아들을 회복시키신 아버지와 같은 분이시다(참고. 눅 15:22).

그런데 이스라엘이 왕비의 자리에 오르자 상황이 변한다. 이스라엘은 자신의 화려함과 명성의 출처가 하나님이시라는 사실을 잊고 우상을 만들고 행음한다(15-16절; 참고. 신 32:15-18). 신랑 하나님이 주신 패물과 양식을 가지고 외간 남자를 유혹하고 행음한다(17-19절). 이 음녀는 자식조차 불살라 우상에게 바친다(20절). 그녀는 다수의 성적 파트너를 애굽, 블레셋, 앗수르, 바벨론

---

399 I. M. Duguid, 『에스겔』(윤명훈 외 역, 서울: 성서유니온선교회, 2003), 284-85; C. L. Beckwith, *Ezekiel, Daniel* (Reformation Commentary on Scripture; Downers Grove: IVP, 2012), 84.

에 둔 창녀가 되고 만다(26-32절).[400] 나중에 예루살렘은 언약의 저주를 받아 행음하던 나라들로부터도 버림을 받고 조롱거리로 전락한다(39-41, 57절; 참고. 신 32:26). 하나님은 이스라엘이 파기한 언약을 영원한 언약으로 갱신하셔서 다시 피투성이가 된 여자를 회복하신다(60절; 참고. 신 32:43). 예루살렘이 출바벨론이라는 회복의 은혜를 받을 때, 이전 행실이 부끄러워서 입을 열지 못한다(63절). 여전히 예루살렘은 하나님의 재산 목록 1호다.

빈번한 자살과 소위 '헬 조선'은 피투성이가 된 한국인의 절망적 상황을 요약한다. 하지만 하나님은 "피투성이가 된 너에게 소망이 사라져도 내가 책임질 것이니 살아라" 하고 격려하신다. 이 일을 이루시려고 예수님이 우리 대신 피투성이가 되셨다(참고. 벧전 1:19; 계 1:5). 거듭났지만 다시 음녀처럼 사는 이들을 하나님은 다시 찾으신다. 회복의 은혜를 입은 이는 과거의 수치를 기억하며 제사장 나라로 살아야 한다. 우리에게 탕자와 음녀의 기질이 나타날 때마다, 신랑 예수님께서 왕후 된 이들에게 주신 귀걸이, 코걸이, 손목걸이를 만져 보라. 소제의 음식, 곧 꿀과 고운 밀가루와 기름을 받아먹어라. 제사장의 의복, 곧 수놓은 옷과 세마포 옷을

---

400 겔 16:23-27에서 청소년에게 들려주기 민망할 만큼 사실적으로 묘사된 성적 은유로 남 유다의 영적 음행을 고발한다. 그만큼 우상 숭배의 죄악을 미워하시는 하나님을 강조하기에, 우상 숭배의 죄를 가볍게 취급하지 말아야 한다. 불행하게도 이 본문의 하나님을 자신의 성적 만족을 충족시키기 위해서 여자 아기를 구해 주었다고 해석하거나, 독자에게 충격을 주어 주의를 환기하려는 '포르노 예언서'로 간주하는 페미니스트의 성경오용이 있다. 참고. S. Hoezee, "Live!: A Sermon on Ezekiel 16," *Calvin Theological Journal* 52 (2017, 1), 87.

장롱에서 꺼내어 곰팡이를 제거하고 다시 입어 보며, 성령의 장막이 된 것을 기뻐하라. 아버지와 신랑으로 자처하신 하나님은 우리를 전심으로 돌보시고, 우리의 정수리에서 발끝까지 전신에 사랑의 표시를 두신 것을 믿어라(참고. 아 4). 살아 보려고 발짓하며 피투성이 된 자신의 모습을 굽어 살펴보시도록 긍휼의 하나님께 기도하라. 그리고 주님의 러브 스토리에 귀를 기울이고 그분으로 만족하라: "피투성이라도 살아라! 너는 내 운명, 너는 내 것이다. 내가 책임져 줄 것이다. 두려워하지 말라!" 특히, 주일 예배는 이렇게 구원의 언약의 강보로 감싸 주시는 주님의 파기할 수 없는 약속을 갱신하는 시간이다.

32. 신들의 충돌(단 1장)

남 유다의 여호야김 통치 제 3년에 바벨론 왕 느부갓네살이 예루살렘을 침공했다(단 1:1; 참고. 왕하 24:1-2; 대하 36:5-7). 이것은 바벨론의 제 1차 침공인데, 그때는 BC 605년이었다. 그런데 렘 25:1과 46:2에 의하면, 여호야김 '제 4년'에 바벨론의 1차 유대 침공이 있었다. 이런 불일치는 남 유다와 바벨론의 달력 차이 때문이다. 다니엘이 따르는 바벨론 달력에 의하면, 왕의 '즉위년'(accession year)은 통치 1년이 아니다. 그러므로 다음 해 니산

월부터 통치 1년이 시작된다.[401]

느부갓네살이 갈그메쉬 전투에서 애굽-앗수르를 물리친 BC 605년에 다니엘과 세 친구들은 포로로 잡혀갔다. 하나님의 섭리에 따라, 다니엘처럼 의로운 남은 자들도 고통을 당하고 시험을 받는다. 다니엘(하나님은 나의 재판관이시다), 하나냐(야웨는 은혜로우시다), 미사엘(하나님과 같은 이가 누구이랴?), 아사랴(야웨가 도우신다), 이 모든 이름들은 야웨 신앙을 반영한다. 그런데 바벨론의 환관장이 그들의 이름을 바꿨다: 벨드사살(마르둑-벨이 그의 생명을 보호한다), 사드락(나는 매우 두려운 신이다), 메삭(누가 Aku[수메르의 달 신]와 같은가?), 아벳느고(빛나는 자의 종; 단 1:7). 이렇게 이름을 바꾼 데서 야웨와 바벨론의 신 사이의 충돌이 나타나는데, 예루살렘 성전에 거하셨던 하나님께서 이제 이방 땅의 우상을 정복하신다. 그리고 단 1장의 예루살렘, 성전, 시날 땅, 신전, 왕궁과 같은 공간 지명들은 신들이 다스리는 구체화된 실재(embodied reality)이다.[402] 야웨는 온 세상의 왕이시기에(단 2:35, 44; 7:13-14; 참고. 시 22:28; 옵 21) 자신의 통치를 구현하는 공간은 예루살렘으로 국한되지 않는다. 그러므로 바벨론에도 네 소년들을 통해 야웨의 주권이 나타나야 한다.

다니엘은 10일 동안 왕의 진미(珍味)를 거부하고 채소만 먹었

---

401 T. Longman III, *Daniel* (The NIV Application Commentary; Grand Rapids: Zondervan, 1999), 44; *Spirit of the Reformation Study Bible* (Grand Rapids: Zondervan, 2003), 1376.

402 남아공 노스-웨스트대학교 J. J. de Bruyn, "A Clash of Gods: Conceptualising Space in Daniel 1," *HTS Teologiese Studies* 70/3 (2014), 2-5.

예수님과 구약의 대화

는데(단 1:15), 제국의 이념에 동화되지 않고 유대인으로서의 정체성을 지키기 위해서였다.[403] 다니엘은 자신을 더럽히지 않기 위해서 저항했다(단 1:8). 식욕이 왕성한 10대, 그것도 고국에서 멀리 떨어진 이방나라에서 고칼로리 산해진미를 거부하는 것은 쉽지 않았다. 다니엘의 마음에 정결 음식 규정(레 11:1-47)이 새겨져 있었으므로(렘 31:33) 이국에서도 준행한 것이다. 하나님은 네 소년에게 지식을 주시고, 모든 학문과 지혜에 능숙하게 하셨으며, 다니엘에게는 모든 환상과 꿈들을 깨달아 알게 하셨다(단 1:17). 하나님으로부터 해몽의 능력을 받은 요셉처럼(창 40-41; 44:5) 다니엘도 꿈과 환상을 잘 해석했다(단 2; 4-5).[404] 느부갓네살 왕이 네 소년에게 모든 일을 물었을 때, 왕은 그들이 전국의 어떤 마술사들이나 주술가들보다 지혜와 명철이 10배나 더 낫다는 것을 알았다(단 1:20).

다니엘과 친구들이 포로 중에서도 하나님의 호의를 입게 된 것은 성전 봉헌식 때 드린 솔로몬의 기도 응답이었다(왕상 8:50). 어느 누구도 믿음과 정절을 갖춘 다니엘과 친구들의 연소함을 업신여기지 못했다(딤전 4:12).[405] 바벨론은 페르시아에게 패망하지만 (BC 539), 다니엘은 포로로 잡혀간 이래로 66년이 지난 고레스 원년(BC 539)까지 계속 보존된다(단 1:21; 참고. 단 7:18). 온 세상 나라

---

403 *ESV Study Bible* (Wheaton: Crosway Bibles, 2008), 1587.

404 Longman III, *Daniel*, 55.

405 *The Reformation Heritage KJV Study Bible* (Grand Rapids: RHB, 2014), 1201.

를 영원히 다스리시는 하나님으로 인하여 다니엘은 바벨론 포로의 끝을 소망한다.

단 1장과 예수님과의 연관성은 무엇인가? 자기 백성의 포로 생활을 마감시키러 오신 예수님은 혼합주의를 거부하셨다. 그분은 하나님의 지혜와 지식의 보화이시다(골 2:3).[406] 예수님은 성부를 섬기시려고 고난을 감수하셨다. 주님은 공생애 기간 동안 다니엘과 같은 남은 자를 찾아서 부르셨다. 예수님은 영적으로 눌린 자를 해방하셨다(눅 4:18). 그러나 시험과 고난당하신 예수님은 결국 높임을 받으셨다. 성도는 은혜로우신 하나님이 주시는 양식을 먹어야 한다(사 55:1-2). 하나님은 자신을 세속에 물들지 않도록 지키는 신실한 이들을 통해서 궁극적으로 선을 이루어 가신다. 반기독교적 문화 속에서도 하나님의 뜻을 이루기 위해 노력하는 성도가 당하는 시험의 기간은 10일, 곧 한정적이다(계 2:10).[407]

33. 사자 굴 안에도 계신 하나님(단 6:1-28)

'믿음의 사람' 다니엘을 생각할 때, 사자 굴에서도 하나님을 신뢰한 사건을 빠트릴 수 없다. 이것은 다니엘의 인생에서 가장 유명한 사건임에 틀림없다. 성경은 믿음으로 사자 굴에서 건짐 받

---

406 *Spirit of the Reformation Study Bible*, 1375.

407 Longman III, *Daniel*, 68-69.

은 다니엘을 영웅으로 만들려고 이 사건을 포함하고 있지 않다. 이 사건은 사탄의 나라와 싸워 영원한 하나님 나라가 승리함을 보여 준다. 특별히, 우는 사자와 같은 사탄의 시험과 사망 권세를 이기신 예수님과 그분의 은혜와 능력을 덧입어 사는 크리스천의 삶의 진면목이 어떠해야 하는가를 교훈한다.

단 6장의 요지는 "나는 위기 속에서 영원한 하나님의 권세와 나라를 찬양하고 기도하며 살아야 한다"이며, 세 대지가 이 요지를 지지한다. 첫째로, 우리가 누구이기에 위기 속에서도 하나님을 찬양하고 기도할 수 있는가? 우리는 영원한 하나님 나라의 백성이기 때문이다. 구약의 3대 의인에 포함된 다니엘은 믿음의 사람이다(참고. 겔 14:4; 히 11:33). 10대 시절 그는 바벨론 왕 느부갓네살의 1차 침공 시(BC 605)에 바벨론으로 포로로 잡혀가서, 이방 땅 바벨론 제국과 그 후에 등장한 페르시아 제국의 총리로 두루 지냈다. 세상 나라는 바벨론에서 페르시아로 바뀌지만, 다니엘은 계속 총리로 섬겼다. 다니엘은 느부갓네살 왕(단 1:1)에서 벨사살 왕으로 그리고 이제는 페르시아의 고레스 왕으로 권력이 변하는 것을 목격했다. 하지만 다니엘은 변함없이 왕 중의 왕이신 하나님만 섬긴 인물이다. 이런 의미에서 다니엘은 변함없는 '하나님 나라'를 상징한다. 단 6장 사건의 배경은 바벨론 제국이 멸망한 지 1년이 지난 BC 538년경인데, 이때는 고레스(d. BC 530)가 페르시아 제국 전체의 황제였고, 다리오(d. BC 486)는 바벨론 지역만 다스리던 분

봉왕이었다(참고. 단 9:1; 11:1).[408]

페르시아 제국을 위해서 임명된 120총독을 관할한 사람은 다니엘을 포함하여 총리 3명이었다.[409] 다니엘에게는 '탁월한 영'(חוּר רֵיתַי, πνεῦμα περισσὸν)이 있었는데, 하나님의 은혜로 흠 잡을 만한 것이 없었다(3절). 페르시아의 관리들 사이에 다니엘을 향한 시기, 질투와 권력 암투가 치열했다.[410] 그러나 여기서 놓치지 말아야 할 것은 관리들 사이의 암투가 아니라, 이것은 어둠의 나라와 빛의 나라인 하나님 나라 사이의 대결이라는 점이다.[411] 이 때 다니엘의 나이는 80세가 넘었다. 고위 관리로서, 그리고 신앙인으로서, 전혀 흠이 없던 다니엘을 질투하여 모함하려는 세력이 많았다. 새로운 법을 만든 관리들의 잔꾀로 인해, 30일을 기한으로 하여 다리오에게만 기도해야 한다는 칙령이 발표된다. 외면상, 이것은 제국의 통합과 결속을 위한 정치적 장치로 비춰진다.

---

408 Longman III, *Daniel*, 159. 단 6:1의 '다리오'는 페르시아 제국의 설립자인 고레스가 취한 즉위 이름(throne name)이라는 설명은 *Spirit of the Reformation Study Bible*, 1386을 보라.

409 제국의 위상에서 본다면, 다니엘은 애굽의 총리 요셉, 다윗이나 솔로몬보다 더 위대한 통치자로 간주되기에 충분하다. 이런 차원에서 다니엘은 만왕의 왕 예수님의 그림자이다. 참고. C. L. Beckwith (ed), *Ezekiel, Daniel* (Reformation Commentary on Scripture, Old Testament XII; Downers Grove: IVP Academic, 2012), 34.

410 고위 관리들은 자신들과 더불어 다니엘이 부정한 방법으로 이득을 취하기를 거부했기에, 그를 모함했다는 주장은 *ESV Study Bible*, 1597을 보라.

411 참고로 BC 538년경, 페르시아 황제들 가운데 그 누구도 스스로 신격화하여 다른 종교의 신들을 숭배하는 것을 금지한 바 없다는 주장은 *The Jewish Study Bible*, 1648을 보라.

이 명령을 어기면 사자 굴에 던져져 죽게 된다(7절). '벨과 뱀'이라는 외경에 보면, 다니엘은 6일이나 굶주린 사자 7마리가 있던 굴에 던져졌다.

다니엘이 오래전에 파괴되어 버린 돌 성전이 있었던 예루살렘을 향하여 하나님께 하루 세 번 공개적으로 기도했기에, 그는 황제의 칙령을 위반하여 사자 굴에 던져진다(16절). 그러나 하나님께서 사자들의 입을 봉해 주셔서 그분만을 믿고 경외하는 다니엘을 구원하신다(참고. 시 34:7). 다니엘은 화려한 왕궁에서 불면의 밤을 보내었을 다리오 왕보다 사자 굴에서 더 편안한 밤을 지냈다. '다니엘'의 이름대로 "하나님은 (정의로운) 재판관이시다"(참고. 24절).[412] 다니엘은 믿음으로써 사자들이 유순해지는 장차 올 새로운 시대의 권능을 경험했다(참고. 사 11:7; 히 6:5). 다니엘은 혼동과 파괴로 가득한 세상을 회복하실 예수님의 사역을 미리 맛보았다. 이것은 초자연적으로 역사하시는 하나님의 기적인데, 결국 악을 물리치고 도래하는 예수 그리스도의 평화의 사역을 내다보는 기적이다.

페르시아 제국에서 종종 악한 세력으로 드러나면 그 가족 전체가 진멸되었다. 하나님의 사람 다니엘을 죽이려는 악한 세상 나라의 법은 다리오 왕조차도 신뢰하는 총리 다니엘을 잃도록 만드는 덫에 걸리게 만들 수 있었다.[413] 하나님은 율법을 통해 자신의

---

412 E. J. Young, *Daniel* (London: The Banner of Truth Trust, 1972), 139; *ESV Study Bible*, 1598.

413 고위 관리들에게 휘둘릴 정도로 고레스의 통치 기반은 취약한 상태

뜻을 충분히 드러내시지만, 법 아래에 있는 다리오는 법의 덫에 걸리고 말았다. 페르시아의 법과 달리 하나님 나라의 법은 생명과 성령의 법, 곧 사람을 살리는 법이다(참고. 롬 8:2). 우리는 쇠하지 않는 영원한 하나님 나라에 들어와 생명의 성령의 법을 따라 제대로 살아야 한다. 또한 우리가 겪고 있는 위기와 어려움도 하나님께서 다스리시고 구출하실 줄 믿어야 한다(참고. 행 5:29).

둘째로, 우리는 어떻게 위기 속에서 하나님의 권세와 나라를 찬양하고 기도할 수 있는가? 평소에 유혹을 물리치고 언약의 하나님을 간절히 찾는 훈련을 해야 한다. 다니엘의 고소자들은 고레스 왕 앞에 끌려온 다니엘을 향해, '유다로부터 포로로 잡혀온 자 중 하나'라고 소개한다(13절). 이것은 다니엘이 바벨론과 페르시아 제국에서 고위직을 차지하여 성공했음에도 불구하고, 혼합주의에 빠지지 않았음을 증명한다.[414] 박해를 통해 혼합주의에 빠트리는 것은 사탄이 흔히 활용하는 전술이다(참고. 고후 2:11). 다니엘의 인생 말년에 혼합주의의 위협과 유혹이 함께 몰아친다. 다니엘은 지금 렘 25장에서 약속된 대로, 70년 포로 생활 이후에 가나안 땅으로 귀환(BC 537)할 것이라는 약속이 성취되기 1년 전에 살고 있었다. 다니엘은 신앙의 지조를 지키다가 사자 굴에서 죽어버린다면, 곧 있을 포로 귀환과 회복을 경험하지 못하게 될 것을 잘 알고 있다. 사탄은 다니엘의 귀에 이렇게 속삭였을 것이다. "딱 한

였다. D. A. Carson (ed), *Biblical Theology Study Bible* (Grand Rapids: Zondervan 2018), 1500.

414 *Spirit of the Reformation Study Bible*, 1387.

번 눈 감고 신앙의 지조를 포기하면 포로 귀환을 할 수 있다. 그리고 하나님께 기도하는 것은 원래 은밀하게 골방에서 하는 것이니, 창문을 닫고 조용히 기도하면 돼. 다리오 왕의 명령은 30일 동안 유효하니, 30일 동안만 페르시아 왕과 하나님을 함께 섬기고, 그 다음에는 하나님만 섬기면 된다."

예수님의 경우, 공생애 초기에 광야에서 사탄의 시험을 받으셨고, 공생애 마지막에도 십자가를 지지 말고 구원 사역을 이루라는 제자들과 마귀의 시험을 받으셨다. 마귀는 우리가 신앙생활을 시작할 때든 마칠 때든 쉬지 않고 고소하고 시험하는 자이다. 다니엘은 페르시아의 신 이외의 신에게 기도하거나 경배하면 죽을 것을 알면서도 하나님께 '감사기도'를 하루 세 번 드렸다(10절). 그는 하나님과 그분의 임재를 상징하는 언약궤가 있었던 예루살렘을 향하여 기도했다. 다니엘의 대적들은 그를 함정에 빠뜨리려고 매우 적극적으로 구상하고 치밀하게 행동했지만, 다니엘은 여느 때와 다를 바 없는 삶의 규칙성과 영적 순결을 거침없이 발산했다. 예루살렘을 향하여 기도하는 것은 사죄의 은혜를 베푸시는 하나님께서 자기 백성 가운데 계시고, 자신을 백성에게 나타내 보이시겠다는 언약을 믿고 기도하는 것이다(참고. 왕상 8:35-36; 시 55:17; 92:7-9).[415]

총리인 다니엘은 많은 업무 가운데서도 하루 세 번 기도했다. 이와 유사하게 천국을 건설하기 위해서 식사할 겨를조차 없으셨

---

415 참고. S. B. Ferguson, *Daniel* (Waco: Word, 1988), 135; *The Reformation Heritage KJV Study Bible*, 1213.

던 예수님도 기도에 힘쓰셨다(참고. 막 3:20). 우리도 평소에 기도와 하나님을 의지하는 훈련을 하여, 위기 속에서 빛나는 생활을 하자. 그리고 경건 훈련을 통해 기도하며, 혼합주의를 물리치자.

마지막 셋째로, 우리가 위기 속에서 하나님을 찬양하고 기도할 때, 하나님은 어떤 약속을 이루시는가? 하나님의 살아 계신 능력이 우리에게 나타나고 하나님께서 영광을 받으신다. 여기서 중요한 질문은 "죽음이 엄습한 사자 굴에서 다니엘이 구출된 것을 어떻게 예수님의 죽음과 부활, 그리고 우리의 부활과 연결시킬 수 있는가?"이다. 기도에 힘쓴 다니엘과 겟세마네에서 기도에 전념하신 예수님은 무고하게 이방 관리로부터 사형 판결을 받으셨다. 그리고 사자 굴이 돌로 인봉되었듯이(17절), 예수님의 무덤도 마찬가지였다.[416] 다리오 왕이 새벽에 사자 굴에 간 것은 부활하신 예수님을 뵈러 새벽에 막달라 마리아를 포함한 몇몇 여인이 골고다 무덤으로 간 것을 연상시킨다(참고. 마 28:1). 다니엘이 사자 굴에서 하나님의 사자에 의해(22절)[417] 무사히 구출된 것은 그의 무죄를 입증한다(23절). 심지어 다니엘의 뼈는 하나도 부서지지 않았다. 예수님께서 죽은 후 3일 만에 죽은 자 가운데서 부활하신 것도 주님 자신의 무죄를 입증하는 것이다(참고. 롬 1:4).[418] 십자가에 달리셨을 때, 로마 군병은 죽음을 재촉하기 위해 예수님의 몸

---

416 Longman III, *Daniel*, 172; *The Jesus Bible*, 1359.

417 22절의 하나님의 사자(참고. 단 3:28)를 예수님으로 해석한 경우는 이광호, 『다니엘서』 (서울: 칼빈아카데미, 2011), 132를 보라.

418 Perguson, *Daniel*, 140-41.

의 뼈를 부러뜨릴 필요가 없었다(참고. 요 19:33). 이런 의미에서 다니엘은 예수님의 그림자이다.[419] 십자가와 부활로 뱀, 곧 사탄의 머리를 깨뜨리신 예수님은 일평생 죽음 앞에서 두려워 떨 수밖에 없는 인생에게 담대함을 주신다(히 2:14-15). 부활하신 우리 주 예수님은 기적을 행하시고 생명을 돌보시는 분이다. 다리오 왕은 다니엘이 상처 하나 없이 살아나자 주님의 나라와 권세가 무궁함을 찬송했다(26-27절).

단 6장은 다니엘이 다리오 왕과 고레스 왕의 시대에 형통하게 살았다고 결론을 맺는다(28절). 형통은 위험을 피하는 것이라기보다, 위험 속에서 하나님의 구원을 경험하는 것이다. 우리가 하나님의 법을 지키려고 하면 사자 굴에 던져질 수도 있다. 모든 상황 속에서 하나님의 능력을 믿고 하나님의 살아 계심을 드러내자. 지금도 사자처럼 두루 다니면서 우리를 삼키려 하는 마귀를 조심하고 대적하자(참고. 벧전 5:8). 목숨이 걸린 순간에도 하나님의 능력을 신뢰할 수 있도록 평소에 주님을 사랑하고 의지하는 경건의 연습을 하자. 우리가 사탄을 이기며 살 길은 예수 그리스도의 보혈의 권세를 믿고, 죽기까지 우리 생명을 아끼지 않고, 주님의 복음을 증거하는 것이다(참고. 계 12:11). 평강의 하나님께서 우리를 온전히 거룩하게 하셔서, 예수님이 강림하실 때까지, 우리의 영과 혼과 몸을 흠 없이 보전하실 줄 믿자(참고. 살전 5:23). 아멘.

---

419 참고. Longman III, *Daniel*, 173.

34. 칠십 이레(단 9:1-27)

　남 유대 여호야김 때 바벨론이 1차로 남 유다를 침공했는데, BC 605년에 다니엘을 비롯한 많은 사람들이 포로로 잡혀갔다. 단 9장은 페르시아의 다리오 왕의 통치 원년인 BC 539년경, 다니엘이 포로로 잡혀 온지 69년째 되던 해에 다니엘에게 주신 말씀이다(단 9:1). 이 때는 고레스가 전체 페르시아의 황제였고, 다리오는 바벨론 지역만 다스리던 분봉(分封)왕이었다. 다니엘은 고레스가 아니라, 바벨론 지역의 다리오 왕 밑에서 총리로 일했다. 다니엘은 포로생활이 70년간 지속된다는 렘 25:11의 예언을 알고 있었고, 그 생활이 이제 1년밖에 남지 않았음도 알았다.

　다니엘은 포로 귀환을 1년 앞두고 유대인들의 회복을 위해 기도한다. 그때 하나님은 천사 가브리엘을 보내셔서, 다니엘에게 계시하신다. 70이레가 지나야 이스라엘이 회복되리라는 응답이다(단 9:24). 70이레는 문자적으로 '70주간' 혹은 '70x7=490'을 의미한다. 하지만 이 말씀은 앞으로 490년이 지나야 포로에서 귀환하게 된다는 의미는 아니다. 왜냐하면 다니엘이 가브리엘에게서 이 말을 듣고 2-3년이 지나 유대인들은 총독(總督) 스룹바벨의 인도로 가나안으로 귀환했기 때문이다.[420]

　70이레는 이스라엘이 바벨론에서 '회복되는 시점으로부터'

---

420 70이레의 한 날은 1년이므로, 70이레는 490년을 가리킨다. 바벨론 포로 귀환에서 예수님의 출생까지 대략 490년이라는 주장은 P. J. Leithart, 『손에 잡히는 사복음서』(안정진 역, 서울: IVP, 2018)를 보라.

'메시아의 오심으로 완전히 회복되는 전체 기간'을 상징적으로 가리킨다. 70이레 중 7이레 동안 이스라엘에 성전이 다시 건축된다(25절). 이것은 70이레가 시작된 BC 538년 고레스의 칙령으로부터 이스라엘의 1차 귀환, 스룹바벨 성전의 완공, 이스라엘의 무너진 심령이 에스라의 사역으로 회복됨, 예루살렘 성벽의 중건으로 볼 수 있다. 7이레가 지난 후에 다시 62이레가 지나면 메시아가 죽으신다(26절). 즉, 70이레 중 69이레가 지나면 예수님이 사역을 마치고 십자가에 죽으시고 부활 및 승천하실 것이다. 그리고 나머지 1이레 동안은 메시아의 십자가와 부활-승천 이후에 재림하실 때까지의 기간으로서, 성소의 파괴와 멸망의 가증한 것이 서며 궁극적으로 이 악한 세력이 파멸된다. 이 마지막 1이레는 AD 70년 사건을 포함하며, 예수님의 재림 때까지 이루실 모든 회복의 기간이다. 그러므로 70이레라는 상징적 숫자는 가깝게는 바벨론 포로 귀환과 이스라엘의 재건을, 멀게는 예수님의 오심 이후에 이루어지고 완성될 천국을 예언한다. 신약 성도는 70이레의 마지막 부분인 1이레 시대에 산다. 이 시기는 주님의 죽으심과 부활 승천 이후로부터 재림하실 때까지의 시기인데, 우리가 죄악을 용서받고, 예언이 성취되며, 메시아의 의로운 통치 사역이 복음의 대적의 활동에도 불구하고 펼쳐지고 시행되는 시점이다.

구약에서 숫자를 정확하게 말할 때도 있지만 대략적으로 말하는 경우가 많다. 하나님은 숫자가 아니라 언약 백성을 회복시키실 메시아에 초점을 두고 말씀하신다. 마지막 1이레 동안 로마 군인에 의해 예루살렘 성전이 파괴되면, 구약 제사가 끝나고 성령과

실체로 드리는 예배가 본격적으로 시작된다. 돌 성전은 영원하지
않다. 참 성전이신 예수님이 죽으신 후에는 그림자 성전도 무너져
야 하기 때문이다. 따라서 옛 질서와 옛 제사제도는 종식되고 성
령으로 드리는 은혜의 예배가 시작되어야 한다. 영원한 것은 오직
예수님이 이루신 하나님 나라다.

35. 나라가 여호와께 속하리라(옵 1장)

오바댜서는 21절 길이의 짧고도 생소한 선지서다. 선지자 오바
댜는 에돔에 가서 심판을 예언하지 않고 유다 백성에게 선포한다.
에돔이 받을 심판은 결국 이스라엘의 회복임을 예언하는 것이다.
오바댜서는 블레셋과 아랍이 유다를 쳐들어 왔을 때, 에돔이 적들
의 편을 들었던(왕하 8:20-22; 대하 21:16-17) 여호람 왕 시절(BC 850)
에 기록된 것으로 보인다.[421] 그때는 북이스라엘이 아직 멸망되기
전이었다(옵 19; 렘 49:9-10의 옵 1:1-6, 9 인용). 에돔의 조상 에서는 창
세기로 거슬러 올라간다(창 25; 27:39-40; 신 2:2-6). 야곱처럼 에서
도 할례를 받았기에 언약의 공통된 유산을 이어받을 수 있었다(창
17:9-14).[422] 얍복강 근처에서 에서와 야곱은 화해를 했지만, 그들

---

421 *The Reformation Heritage KJV Study Bible* (Grand Rapids: Reformation
Heritage Books, 2014), 1267. 오바댜서가 예루살렘 멸망 이후에 기록되
었다는 주장은 J. Centeno. "Commentary on Obadiah," *Journal of Latin
American Theology* 11 (2016, 1), 46을 보라.

422 에돔은 형제 국가인 이스라엘과 맺어야 할 친족의 언약을 거부하고 형

의 후손은 계속 싸웠다(민 20; 24:18; 시 137:7).

오바댜서는 에돔이 하나님의 구원을 공유할 수 있는 기회를 저버리고, 오히려 구약의 교회를 대적한 민족은 하나님의 심판을 받게 된다는 사실을 보여 준다.[423] 원수는 가까운 집안에 있다.

구약 교회의 대적 에돔이 왜 심판을 받았는가를 예수 그리스도와 비교하여 살펴보자.[424] 오바댜는 이스라엘의 형제 국가인 에돔이 멸망한 이유를 밝히는데, 무엇보다 교만 때문이다(옵 3). 하나님은 최고 해발 1,000미터의 산악 요새에 살던 에돔의 교만을 그 당시 강대국이었던 앗수르를 사용하여 꺾으셨다. 교만은 패망의 앞잡이임을 아셨던 예수님은 "자기를 높이는 자는 낮추는 자는 높아지리라"고 말씀하셨다(마 23:12).[425] 욥의 지인이었던 엘리바스(욥 4:1)와 같은 지혜자가 많았던 에돔에 심판이 임하여 그들

제 이스라엘을 향하여 맹렬히 화를 내었는데, 선지자 오바댜는 물론 아모스(1:11-12), 이사야(34), 예레미야(49), 에스겔(35)도 이 죄를 책망했다. 참고로 한 명의 편집자가 예루살렘의 파괴 전후 시점을 배경으로 하는 3개의 편집층을 묶어 오바댜서를 만들었다는 가설은 E. Assis, "Structure, Redaction and Significance in the Prophecy of Obadiah," JSOT 39 (2014, 2), 220-21을 보라.

423 다윗은 에돔을 정복하여 수비대를 두었다(삼하 8:13-14). 에돔은 남 유다의 멸망의 날에 가해자의 편에 섰다(옵 11). 민영진은 오바댜서를 피해자(남 유다)가 아니라 가해자(에돔)의 입장에서 읽어야 한다고 주장한다. 하지만 엄밀히 말하면 남 유다와 에돔은 둘 다 가해자였다. 민영진, "유다의 원(怨)과 에돔의 한(恨): 오바댜 1:1-21," 『새가정』 1 (1987), 52-56을 보라.

424 이두메 출신인 헤롯 대왕이 증축한 성전의 파괴는 신약 시대에 에돔에 임한 심판이다.

425 *The Reformation Heritage KJV Study Bible*, 1268.

이 끊어진다(욥 8). 에돔은 여호와를 경외하는 것이 지혜와 지식의 근본임을 몰랐다(잠 1:7). 예수님은 하나님으로부터 나오셔서 우리에게 지혜와 의로움과 거룩함이 되셨다(고전 1:30; 골 2:3). 에돔을 대표하는 도시 드만의 용사들이 다 멸절된다(9절). 군사력을 의지하기보다 예수님이 친히 우리를 온전하게 하시고 강하게 하시고 굳건하게 하심을 믿어야 한다(벧전 5:10). 오바댜는 에돔의 멸망의 원인을 다시 밝힌다: "네 형제 야곱에게 행한 포학(하마스), 곧 살인적인 폭력과 범죄 때문에 영원히 멸절되리라"(10절). 그리고 에돔은 아랍과 아프리카 무역의 통행료에서 나온 경제적 이윤을 의지했다(6절). 바울은 가난하지만 모든 것을 가진 부유한 자라고 고백하는데, 만유의 주인 예수님을 모시고 살았기 때문이다(고후 6:10). 돈은 독수리처럼 날아가 버린다(잠 23:5). 에돔은 자신의 군사력, 재산, 지혜, 바위 요새(페트라와 맛사다 근처)를 믿다 보니, 신을 의지할 필요가 없었다. 암몬의 몰렉 신과 모압의 그모스 신과 달리, 구약에서 에돔의 신은 언급되지 않는다(참고. Quas).[426] 오직 죽임을 당하신 어린양만이 지혜와 부와 능력과 영광과 찬송을 받기에 합당하시다(계 5:12).[427] 따라서 예수 그리스도 한 분으로 충분

---

426 B. Oded, "Egyptian References to the Edomite Diety Quas," *Andrews University Seminary Studies* 9/1 (1971), 47–50.

427 이방인의 기독교로의 개종 문제를 다루는 행 15:16-18이 암 9:11-12를 인용할 때, '에돔'을 생략함으로써 에돔의 남은 자가 아니라 모든 이방인들의 남은 자들을 부각한다. 암 9:12에서 '에돔'은 이스라엘의 가장 대표적인 대적이기 때문에 언급된다. 다윗의 장막이 회복될 때, 즉 그리스도의 나라에 복음의 대표적인 방해꾼인 에돔인들은 적의(敵意)를 버리고 그 나라 안으로 합류한다. 다윗이 에돔을 정복했듯이(삼하 8:13), 예수님도 에돔을 정

하다는 신앙고백과 그리스도의 나라를 먼저 구하는 자세와 실천이 중요하다(대하 1:12).

하나님은 아브라함에게 약속하신 것처럼 에돔과 정반대 방향으로 사는 자기 백성에게 유프라테스 강에서 서쪽 지중해에 이르는 광활한 땅을 주신다(옵 19-20). 하나님은 남방(Negeb)의 유랑민들을 불러서 에돔을 차지하여 이스라엘의 일부가 되게 하신다. 그리고 이스라엘은, 서쪽으로는 블레셋 족속의 평원지대를, 북쪽으로는 에브라임과 사마리아의 평야를 차지할 것이며, 사르밧과 남방(네겝) 성읍들도 얻을 것이다. 이스라엘이 이전에 누리지 못한 영토도 얻을 것이다. 역사상 회복된 이스라엘이 이렇게 넓은 땅을 소유한 적은 없었다. 그러므로 이러한 땅의 정복 약속은 다윗의 후손인 예수님이 이 땅에 오셔서 이룰 신약 시대의 하나님 나라의 확장을 예언하는 것이다.

에돔의 전철(前轍)을 따르지 않는 신약 성도라면 이전에 경험하지 못한 넓은 영토를 정복해야 한다. 결론 구절인 21절은 "구원자들이 시온산에 올라와서 에서의 산을 심판(통치)하리니 그 나라가 여호와께 속하리라"고 선언한다. 이스라엘이 정복할 에서의 산은 하나님의 백성이 정복하여 다스리고 심판할 세상을 상징한

복하셨다(예. 헤롯 성전의 파괴). 다윗과 아브라함의 후손이신(마 1:1) 예수님께서 성취하실 다윗 언약도 아브라함 언약처럼(창 12:3; 15:5; 갈 3:29) 열방의 구원과 회복을 주요 내용으로 삼는다. 참고. W. C. Kaiser Jr., "The Davidic Promise and the Inclusion of the Gentiles (Amos 9:9-15 and Acts 15:13-18): A Test Passage for Theological Systems," *JETS* 20 (1977, 2), 103.

다. 우리가 정복하여 다스리는 나라는 결국 여호와의 나라가 될 것이다. 예수님도 이와 관련하여 "진실로 내가 이르노니 … 인자가 그의 영광의 보좌에 앉을 때 나를 따른 너희도 12보좌에 앉아서 이스라엘의 12족속을 심판하리라"(마 19:28)고 말씀하신다. 더기억해야 할 성경 말씀은 "성도가 세상을 심판할 줄 모르느냐?"(고전 6:2), "세상 나라가 우리 주와 그의 그리스도의 나라가 되어 그가 영원히 다스리신다"(계 11:15),[428] "나라는 여호와의 것이요 여호와는 열방의 주재심이로다"(시 22:28)이다.[429] 우리는 언약의 복을 누려야 마땅함에도 불구하고 들어오지 못하고 있는 에돔 같은 사람들을 돌아보며 이 복 안으로 초대해야 한다.

36. 요나의 감사 찬송과 기도(욘 2:1-10)

하나님은 스올과[430] 깊은 물로 빠져들어 가는 요나를 물고기

---

428 *Spirit of the Reformation Study Bible*, 1456, 1459.

429 D. W. Baker, *Joel, Obadiah, Malachi* (NIV Application Commentary; Grand Rapids: Zondervan, 2006), 201.

430 히브리어 '스올'은 죽은 자의 장소를 가리키는데, 아프리칸스 성경(1999)은 'doderyk'(realm of the dead)로 번역하고, 화란어 성경(1951)도 비슷하게 "dodenrijk"로 번역한다. '스올'은 LXX와 신약 성경에서 '하데스'(ᾅδης, Hades)로 번역된다. 하데스를 『바른성경』과 『개역개정판』은 "음부"로, 로마 가톨릭 『성경』(2005년)은 '저승'으로, 그리고 『공동번역』은 '죽음의 세계'라고 번역한다. 하데스를 번역한 한자식 표현 '음부'(陰府)는 '그늘진 응달의 장소를 가리킨다(욥 17:13 참조). 구약에서 하데스에 해당하는 장소는 대부분 아래로 내려가기에(사 14:15; 욘 2:2), 밝은 하늘의 반대

를 통해서 구원하셨다(욘 2:1-2; 참고. 출 15:4-5; 욥 27:1-6; 41:31-32).
요나서 2장에서 철저히 회개한 선지자 요나는 여전히 답답한 현
실 속에서 하나님께 감사 찬양과 기도를 드린다(욘 2:1-9). 자신의
무덤이 될 법한 물고기 배 속에서 요나가 드린 기도는 시편을 많
이 연상시킨다. 아마도 그는 암송한 성경말씀에 근거하여 기도하
는 훈련을 자주 한 것 같다: 욘 2:2= 시 31:33; 120:1; 욘 2:3=
시 42:8; 69:3, 16; 욘 2:4= 시 5:8; 31:23; 욘 2:5= 시 69:2=
욘 2:6= 시 30:4; 욘 2:7= 시 88:3; 142:4; 욘 2:8= 시 31:7; 욘
2:9= 시 3:8; 42:5; 50:14. '제 2의 다윗'인 요나는 실제로 감사
시편의 요소를 갖추어 노래한다: (1) 구원을 위한 간구(2절), (2)
위기 상황을 설명(3-6절a), (3) 구원을 설명(6b-7절), (4) 구원에 대
한 감사 찬송(8-9절). 바람직한 성도의 기도는 하나님의 말씀을 믿
고 하나님께 다시 아룀으로써, 언약에 신실하신 주권적인 하나님

편에 있는 응달진 장소인 음부라고 번역한 것 같다. 하데스에 악인이 죽
은 후에 가기에, 부활 이전까지 형벌의 장소인 지옥을 가리킨다. 하지만 영
원한 형벌의 장소는 하데스가 아니라 '게헨나'이다. 그리고 의인도 하데스
는 가므로(창 37:35; 시 30:3; 행 2:27), 형벌의 장소가 아니라 죽음이나 무
덤이라는 의미로 의역이 되어도 무방하다. 계 1:18에서 '음부'로 번역된 하
데스는 죽음을 가리키며, 계 20:14에서 하데스는 의인화 되어 역시 죽음을
가리킨다(참고로 KJV는 전자는 'death', 후자는 'hell'이라고 다르게 번역
함). 요약하면, 죽은 악인이 들어갈 장소인 하데스는 부정적인 형벌의 장소
로 의역이 되겠지만, 죽은 의인이 들어갈 장소인 경우 형벌이나 부정적 의
미가 없다. 또한 죽은 자의 육체와 영혼도 각각 고려해야 하데스의 정확한
번역이 가능할 것이다. 번역할 때마다 이런 번거로움을 피하려면, 하데스
를 'Hades'라고 음역하여 번역하는 ESV와 NIV처럼, 한글로도 헬라어를 그
대로 음역하여 '하데스'라고 번역하면 된다. 참고. J. Lunde, "Heaven and
Hell," in *Dictionary of Jesus and the Gospels*, ed. by J. B. Green et als
(Leicester: IVP, 1992), 309-310; W. Bauer, *BDAG*, 19.

께서 응답하시고(욘 2:10) 시행하시도록 만드는 것이다. 요나는 자신을 바다에 던진 이는 이방 사공들이 아니라 주권적으로 섭리하시는 하나님임을 고백한다(욘 2:3). '제 2의 솔로몬'인 요나는 하나님의 현존의 장소인 예루살렘 성전을 기억하며 기도한다(욘 2:4, 7; 왕상 8:23-53; 대하 6:14-42). 그리고 '제 2의 여호수아'인 요나는 오직 구원이 하나님에게 있음을 믿고 충성의 찬송을 드린다(욘 2:9; 수 24:14-20). 지금도 하나님은 니느웨로 대변되는 이방인들에게 믿음, 회개, 구원을 주기를 기뻐하신다(행 11:17-18).[431]

하나님의 손 안에서 죽음의 수단인 물고기가 요나를 구원한 도구가 되었다. 예수님은 새 여호수아(욘 2:9의 구원= 예수아), 새 다윗(마 1:1), 솔로몬보다 더 크신 참 성전(마 12:6, 42), 그리고 요나보다 더 크신 분이다(마 12:40). 주권적인 언약의 하나님(욘 2:8)의 손 안에서, 성부의 외면(욘 2:4)을 당하여 죽음의 형틀이었던 십자가가 구원의 수단이 되었다. 예수님의 십자가와 부활은 헛된 우상으로부터 구원 받아(욘 2:8) 하나님의 사랑과 은혜를 받은 성도가 드리는 회개와 감사 찬송의 근거다. 범죄와 스올과 깊은 물과 투옥조차도 우리 주 예수 그리스도 안에 있는 하나님의 사랑에서 성도를 끊을 수 없다(롬 8:35-39; 빌 1:12-14). 하늘의 하나님은 바다는 물론, 물고기가 요나를 토해낸 땅도 주관하신다. 우리의 도움은 천지를 지으신 하나님에게 있다(시 124:8; 마 28:18).[432]

---

431 *Spirit of the Reformation Study Bible*, 1463-64.

432 참고. *NIV Biblical Theology Study Bible*, 1583; *The Reformation Heritage KJV Study Bible*, 1274-75; *ESV Study Bible*, 1688; W. Vosloo

37. 초막절을 지키는 새로운 방법(슥 14:16-21)

바벨론 포로 귀환 이후에 활동한 선지자 스가랴의 뜻은 "여호와께서 기억하신다"이다. 하나님은 예레미야를 통해서 약속하신 포로 귀환에 대한 약속을 기억하시고 이루셔야 한다(렘 25:11). 스가랴는 스룹바벨 성전을 건축하도록 독려했으며, 바벨론 포로를 초래한 죄악을 다시 범하지 않도록 유대인들에게 경고해야 했다. 더불어 스가랴는 예수님의 초림으로 일어날 새 시대, 곧 종말의 모습도 예언한다.[433] 이 단락에 3회 반복된 '초막절'(슥 14:16, 18, 19)은 출애굽 후 광야 40년 동안 하나님께서 이스라엘을 돌보신 은혜를 대대로 기억하기 위해서 재정되었다(레 23:43). 이스라엘이 가나안에 정착 후에는 1년 추수 감사의 절기로 지킨 큰 절기였는데, 예수님도 이 절기 끝 날에 신약 교회가 성령의 초막이 될 것을 예고하신 바 있다(요 7:37-39).

이방인 가운데 남은 자들은 초막절을 지키러 예루살렘 스룹바

& F. J. van Rensburg (eds), *Die Bybellennium: Eenvolumekommentaar* (Vereeniging: CUM, 1999), 1042; J. Bruckner, *Jonah, Nahum, Habakkuk, Zephaniah* (NIV Application Commentary; Grand Rapids: Zondervan, 2004), 78-87.

433 참고로 루터는 슥 14:1-2를 문자적으로 해석하여 AD 70년 사건으로 보았으며, 그 다음 구절부터는 상징적으로 이해하여 신약 교회의 확장으로 해석했다. 칼빈은 슥 14장을 바벨론 포로 귀환부터 예수님의 초림까지의 전체 사건을 직접적으로 예고한다고 이해했는데, 이런 구약 사건들은 신약의 그림자 역할을 한다고 보았다. 슥 14장은 예수님의 재림 때까지 발생할 사건을 상징적으로 예고하는 것으로도 볼 수 있다. A. B. Wolters, "Zechariah 14: A Dialogue with the History of Interpretation," *Mid-America Journal of Theology* 13 (2002), 45-46, 56에서 요약함.

벨 성전으로 올라와야 한다(슥 14:16). 여호와는 열방의 경배를 받기 합당하신 온 세상의 왕이시기 때문이다(슥 14:9). 이 대목에서 '지구의 배꼽'으로 여겨진 예루살렘을 향한 '종말론적 순례와 예배'의 주제가 나타난다. 만약 초막절을 지키러 성전으로 올라오지 않으면 언약의 저주(신 28:24)인 비를 내리지 않으신다(슥 14:18-19). 따라서 초막절을 지키는 것은 선택 사항이 아니라 생사의 문제였다. 인구 7만 명이 거주할 수 있던 예루살렘으로 이방인들이 모여든다면, 숙박 문제와 제사를 드리는데 필요한 공간과 번제단과 그릇 부족 등 여러 문제가 발생한다. 예루살렘과 유다의 모든 솥이 초막절 제물을 삶는데 활용된다면 성전 창고의 주발처럼 거룩하게 된다(슥 14:21). 실제로 BC 8세기 후반 경에 유대에서 제작된 도기에 '여호와께 거룩'이라는 문구가 새겨져 있다.[434] 이제 하나님을 위해서 바쳐진다면 시간과 공간을 초월하여 성물이 된다. 애굽의 남은 자가 말을 타고 예루살렘으로 올라온다면, 말방울에도 '여호와께 거룩'이라 새겨야 한다(슥 14:20). 대제사장이 쓰던 관에 새겨진 글귀(출 28:36)가 일상에서 흔하게 사용하는 물건에도 새겨진다. 하나뿐인 대제사장의 관과 흔한 말방울은 비교대상의 오류처럼 보인다. 하지만 스가랴는 하나님을 섬기는데 활용되는 흔한 일상 물건 역시 거룩하다고 설명한다.[435] 새로운 구속사적 국면을 맞이하면, 부정한 짐승이었던 말(레 11:1-8 참조)도 정결

---

434 R. P. Gordon, "Inscribed Pots and Zechariah XIV 20-1," *Vetus Testamentum* 42 (1992, 1), 120.

435 장세훈, 『스가랴』 (서울: SFC, 2018), 481.

케 된다.[436]

　신약 성도가 성령님의 초막으로서, 일상에서 거룩을 실천하기 위해서는(참고. 레 11:44) '가나안 사람'을 몰아내야 한다(슥 14:21). 열방의 주님이신 예수님은 성전 청결 시에 가나안인들, 즉 만민이 기도하는 성전을 강도의 소굴로 전락시킨 장사꾼들(참고. 잠 31:24; 사 23:8)의 행위를 거부하셨다(요 2:14; 참고. 딤전 6:5).[437] 더불어 이스라엘이 정복해야 했던 가나안 땅의 사람들(창 12:6), 즉 우상 숭배했던 불신자를 몰아냈던 것처럼, 신약 교회도 거룩이 힘임을 믿고 불신앙을 제거해야 한다. 일상에서 활용하는 스마트폰, 자동차, 밥솥, 컴퓨터 등에 '하나님께 거룩'이라는 글귀를 새겨야 한다. 하나님께서 우리에게 주신 시간과 재능과 재물에도 마찬가지다. 신약에서 초막절을 지키는 방식은 '성령님의 명품 전'답게 거룩하고 감사하며 사랑을 실천하는 것이다. 예배 중 '복의 선언'의 마지막에 등장하는 '위로의 성령님의 교제케 하심'의 복은 성령의 초막인 그리스도인이 현대판 나실인으로 살 때 실현된다(참고. 민 6:21).

---

436 M. J. Boda, *Haggai, Zechariah* (The NIV Application Commentary; Grand Rapids: Zondervan, 2004), 529.

437 C. Roth, "Cleansing of the Temple and Zechariah 14:21," *Novum Testamentum* 4 (1960, 3), 178; 장세훈, 『스가랴』, 490.

38. 라합은 룻의 시어머니인가?(마 1:5)

BC 1400년경의 여리고에 살았던 기생 라합(수 2:1-21)은 살몬 (룻 4:21)과 결혼하여 사사시대에 보아스를 낳았는가?(마 1:5). 즉, 가나안 여인 라합과 살몬은 실제 부부였나? 마 1:5을 보면 '라합' 앞에 여성 정관사(τῆς)가 있으므로, 우리는 여호수아서에 등장하는 그 라합 이외의 다른 라합을 생각할 수 없다.[438] 그런데 마 1:5에 따르면, 여리고의 기생 라합은 아들 보아스를 낳았고, 룻을 며느리로 맞이했다. 그렇다면 여호수아 당시의 라합과 사사시대의 나오미(룻 1:2)는 동시대 인물인가? 아니다. 그러므로 마 1:5의 진술은 역사성에 있어 문제가 있어 보인다.

마 1:5의 족보가 소개하는 어머니 라합과 아들 룻의 남편인 보아스 사이에는 수백 년의 간격이 있다. 따라서 마태복음의 족보에서 라합과 보아스 사이에 여러 세대가 생략되었다고 보아야한다. 라합은 보아스의 어머니가 아니라 여러 대 이전의 조상이다. 살몬은 보아스의 친아버지가 맞다(룻 4:21; 눅 3:32). 따라서 살몬과 라합은 부부가 아니다.[439] 바벨론 탈무드에 의하면, 라합은

---

438 D. A. Hagner, *Matthew 1-13* (WBC; Waco: Word, 1993), 11; F. D. Bruner, *The Christbook: Matthew 1-12* (Grand Rapids: Eerdmans, 2004), 10. 참고로 마 1:5의 라합의 이름으로 소개된 '흐라캅'(Ραχάβ)은 '흐라압'(Ραάβ)보다 히브리어 음역에 더 가깝다. 이 사실도 마 1:5의 라합이 수 2장의 라합임을 지지한다.

439 마태가 구약이 아니라 다른 유대 자료로부터 라합이 유다지파 소속 다윗 왕의 조상임을 배웠다는 추론은 H. N. Ridderbos, 『마태복음(상)』 (오광만 역, 서울: 여수룬, 1987), 43을 보라.

여호수아와 결혼했으며, 예레미야와 에스겔 선지자의 조상이 되었다.[440] 그러나 여호수아는 에브라임 지파이지, 예수님이 속한 유다지파가 아니다. 참고로 모세에 의하면, 모압 사람은 여호와의 총회에 십대뿐 아니라 영원히 들어오지 못한다(신 23:3). 하지만 마태는 모압 여인 룻을 예수님의 족보에 포함함으로써, 예수님의 오심으로 인해 더 이상 혈통과 인종의 차별과 저주가 사라졌음을 강조한다.[441] 그리고 마태복음이 기록될 당시에 가나안 여인 라합은 믿음의 모델로 잘 알려졌기에(히 11:31; 약 2:25), 마 1장에서 그녀를 언급하는 것은 이상하지 않았다.[442] 덧붙여 마태가 마 1장에서 라합을 언급한 다른 이유는 출애굽과 가나안 땅으로의 진입이라는 구속사의 중요한 국면(key phase)을 빠트리지 않고 소개할 의도가 있었기 때문이다.[443]

여기서 다른 질문이 제기된다. 그런데 왜 오벳은 '말론의 아들'이 아니라, '보아스의 아들'이라 불리는가? 룻은 기룐이 아니라 말론과 결혼했다(룻 4:10). 그런데 왜 오벳은 룻의 전 남편 '말론의 아들'이 아니라, 기업 무를 자 '보아스의 아들'처럼 소개되는가?(룻 4:21; 마 1:5). 보아스는 말론의 동생이 아니라 기업 무를

---

440 G. R. Osborne, *Matthew* (ZECNT; Grand Rapids: Zondervan, 2010), 64.

441 M. J. Wilkins, *Matthew* (The NIV Application Commentary; Grand Rapids: Zondervan, 2004), 60.

442 J. van Brugen, *Mattheüs* (CNT; Kampen: Kok, 1990), 30.

443 J. Nolland, *The Gospel of Matthew* (NIGTC; Grand Rapids: Eerdmans, 2005), 74.

자이므로, 그는 형사취수혼(兄死娶嫂婚; levirate law; 룻 1:11)에 제약 받지 않았다. 따라서 오벳이 보아스의 아들로 불리는 것은 이상하지 않다.

39. 출애굽 여정과 룻을 통해서 본 그리스도 완결적 종말론과 그리스도 완결적 혼인

그리스도 완결적(Christotelic) 해석, 혹은 메시아 회고적(Messianic retrospective) 해석의 근거와 특성을 출애굽 후 광야 여정과 룻의 혼인을 예로 살펴보자. 바울에 의하면, 출애굽 시 신령한 음료를 낸 반석은 그리스도 자신이시다(고전 10:4). 바울은 승귀하신 그리스도께서 생명수이신 성령을 교회에게 주신 사건이라는 안경을 쓰고 광야 사건을 해석한다. 유다에 의하면, 예수님은 출애굽이라는 구원을 주셨지만, 불신으로 일관한 자들을 멸하셨다(유 1:5). 그리스도를 위하여 고난을 받은 모세(히 11:26) 당시의 광야를 지난 이스라엘 백성의 행적은 신약을 사는 성도에게 본보기가 된다(고전 10:6-11). 바울은 '과도히 실현된(over-realized) 종말론'이 아니라(고전 4:8), '그리스도 완결적 종말론'에서 도출된 윤리를 소개한다. 예수님이 주신 종말의 은사이신 성령님을 마신(고전 10:3-4) 고린도교회는 우상 숭배와 불순종을 경계해야 했다.[444]

---

444 J. M. Smith, "Christotelic Eschatology in 1 Corinthians 10," *Lutheran Forum* 48 (2014, 3), 13-14.

룻기는 '그리스도 완결적 혼인 장면'(Christotelic betrothal scene)을 보여 준다. 구약 성경에 예수님의 조상이자 그림자인 다윗 왕의 혼인 장면은 나타나지 않는다. 보아스와 룻의 혼인 내러티브는 그들의 후손 다윗에게 부족했던 혼인 장면을 보완하고 대체하는 듯하다. 그리스도 완결적 혼인이라는 관점에서 볼 때, 룻기는 기업 무를 분(고엘)이신 예수님과 (이방 과부 처지의) 교회 사이의 혼인을 내다본다. 이 사실은 요 4:1-42에서 재현 및 성취된다. 예수님이 수가성에서 사마리아 여인을 만난 사건은, 주님 자신이 신랑으로서 멸시 받던 사마리아 과부를 신부로 삼아 복음 전파와 종말의 은사이신 성령을 주시는 기회로 삼으신 것이다(요 4:1-42).[445]

구약과 신약을 통틀어 성육신 전후의 예수님께서 구주와 심판자로 일하셨고 계속 일하신다. 바울(롬 10:6: 고전 10:4)과 베드로(벧전 1:11) 등이 시도한 구약의 그리스도 완결적 해석은 신구약 성경의 통일성이 구주와 심판자이신 예수님으로 인해 가능함을 증거한다. 구약에서 그리스도를 찾는 전통적 해석은 기독 완결적 해석으로 보완되어야 한다.

---

445 J. R. Wilch, *Ruth* (St. Louis: Concordia, 2006), 248-49.

40. 공적 언약과 공공적 삶

(1) 구약의 공적 언약들과 기독론적 성취

새 언약 백성의 공공적 삶을 찾기 위해서는 시대 순서대로 구약의 언약을 개괄하면서 그것이 예수 그리스도 안에서 성취되는가를 살펴야 한다. 아담 언약은 선악과를 따 먹지 말라는 금지 명령(창 2:16-17)을 거역한 인류에게 최초 복음(창 3:15)을 주신 것이다. 아담 언약은 아담 부부에게 국한되지 않기에 공적 언약이다. 실락원을 복락원으로 바꾸시는 동산지기이신 부활의 예수님(요 20:15; 계 21:5)은 마지막 아담이시다(롬 5:19; 고전 15:22). 진흙덩어리에서 살아 있는 존재로 변한 첫 아담과 달리, 마지막 아담은 살려 주시는 영이시다(고전 15:45).

제 2의 아담인 노아에게 주신 무지개 언약(창 6:18; 9:12-13)은 만유를 보존하시고 다스리시는 만유이신 예수님에게서 성취된다(롬 11:36; 엡 4:6; 골 3:11). 세상을 보존하시겠다는 언약은 공적일 수밖에 없다.

하나님은 모래와 별처럼 많은 믿음의 후사들이 약속의 땅 가나안에서 살 것을 아브라함에게 언약하셨다(창 12:2; 15:5, 8). 아브라함의 그 씨이신 예수님을 믿는 이들이 아브라함의 자손이며, 그들은 새로운 가나안 땅인 하나님의 통치 영역 안에서 복되게 산다(마 1:1; 갈 3:16). 하나님의 통치 하에 사는 새 언약 백성의 복된 삶은 가나안 족속과 같은 적대 세력에 직면하기에 공적 성격을 지닌다.

모세 언약은 시내산 언약(출 19-24)과 모압 언약(신 29)으로 나뉜다. 애굽의 속박에서 해방된 하나님의 백성은 언약의 법을 따라 가나안 족속과 동화되지 않고 구별되게 살아야 한다. 가장 중요한 출애굽 사건은 새 모세이신 예수님이 예루살렘에서 죽으시고 부활하시고 승천하신 것이다(눅 9:31; 계 15:3). 예수님의 출애굽은 '그리스도 사건'이라 불리는데, 그것은 교회가 매일 새 출애굽을 경험하도록 한다. 신약 교회가 새 출애굽의 역사를 계속 이루기 위해서 오늘날 바로 왕의 압제와 유사한 것이 무엇이며, 10가지 재앙에 나타난 하나님의 능력이 무엇인지 분별해야 한다.

다윗 언약(삼하 7; 암 9:11)은 다윗의 후손이신 예수님이 새 이스라엘의 왕으로서 백성을 전인적으로 돌보시고 통치하시는 것이다(마 1:1; 20:30; 21:9). 참 왕은 목자처럼 양들의 고난과 처지를 살피고 긍휼히 여기신다. 참고로 시 89:20, 28-29, 44는 다윗 언약의 파기로 인해 탄식하며 회복을 갈구하지만, 사 55:3-5는 다윗 언약의 복을 순종하는 이라면 누구나 누릴 수 있음을 알린다.[446]

새 언약(렘 31:31-34; 겔 36:27)은 새 언약의 중보자이신 예수님이 다른 보혜사 성령을 보내셔서 죄 용서, 곧 구원을 주심으로 성

---

446 이희성, "시편 89편과 이사야 55장의 상관성 연구: 다윗 언약을 중심으로,"『Canon & Culture』10/1 (2016), 115. 새 언약을 밝히는 렘 33:20, 25에 밤과 낮이 언급되고, 렘 33:15, 17-18, 21-22에 다윗과 레위인이 언급되며, 아브라함의 언약을 설명하는 '바다의 모래'도 렘 33:22에 나타난다. 새 언약은 아브라함 언약, 노아 언약, 모세 언약, 다윗 언약의 성취이다. 김창대, "새 언약 안에서 백성의 변형: 예레미야 33:14-26의 분석,"『성경원문연구』37 (2015), 107-131.

취된다(마 26:28; 14:26; 히 8:10-13; 벧후 1:3; 3:18; 요일 1:9). 죄 용서를
통한 구원은 믿음의 반응을 보인 개인에게 임하며, 성령의 전으
로서 복음을 따라 산다. 따라서 그런 개인의 삶도 공적이다.

(2) 복음의 공공성을 드러내는 새 언약 백성의 삶

구약의 모든 언약을 성취하신 예수님에게 연합된 신약 교회는
새 언약 백성으로서 어떻게 살아야 하는가? 언약 백성은 삶에서
어떻게 천국복음을 공적으로 실천할 수 있는가?

마지막 아담이신 예수님은 교회를 의로운 백성으로 만드시
기 위해서 죽기까지 순종하셨다(롬 5:19; 계 1:5). 그런데 예수님의
대속으로 칭의를 입은(계 12:1) 백성은 실낙원을 복락원, 곧 회복
적 정의가 실현되는 하나님 나라로 변혁시켜야 한다(시 89:14). 살
려주시는 성령을 받은 성도는 사람도 살리고, 자연도 살려야 한
다. 교회는 죄와 사탄과 죽음에 종노릇하며 심판을 받고 있는 사
람을 회복하기 위해 그것들로부터 해방되어 사는 것이 얼마나 복
된가를 삶 속에서 증거해야 한다. 이를 위해 믿음의 백성은 하나
님을 예배하며 살면서 구원의 복을 자랑하는 제사장 나라로 살아
야 한다(벧전 2:9; 계 1:6). 여기서 아담 언약은 노아 언약과 아브라
함 언약을 거쳐 모세 언약으로 발전한다. 개인, 그리고 사람이 모
여 사는 사회의 회복과 더불어, 요즘은 자연의 회복이 중요한데,
우리는 미세먼지로 가려진 산을 애써서라도 쳐다보아야 한다(시
121:1). 산과 천지를 지으신 하나님께서 창조의 능력으로 교회를

도우심을 확인하기 위해서이다(벧전 4:19). 그리고 교회는 친환경 운동으로 미세먼지를 제거하며, 썩어짐의 종노릇을 하면서 비명을 지르고 있는 피조물을 구출해야 한다(롬 8:22).

다윗 계열의 선한 목자이신 예수님은 남자와 여자, 종과 자유인, 유대인과 이방인을 풍성한 생명으로 통치하시되(요 10:10) 모든 차별과 장벽을 제거하셨다(갈 3:28). 우리는 주님이 허무신 차별의 벽을 다시 세우지 말아야 한다. 승천하심으로써 왕 중의 왕이 되신 예수님은 자기 백성에게 성령을 부으셨다(행 2:18). 충만한 성령을 받은 교회는 예수님과 복음의 원수를 주님의 재림 때까지 굴복시켜야 한다(행 2:35). 교회는 성령과 말씀으로써 예수님의 발아래 모든 것을 굴복시켜야 하는데(엡 6:17), 여기서 다윗 언약은 새 언약과 연결된다. 진리의 영은 교회가 반생명과 반복음의 세상 속에서 승리하며 살도록 지혜와 위로를 주신다. 예수님은 뱀, 곧 사탄을 결박하시고 정복하셨다(계 12:9; 20:2). 복음의 능력을 가진 하나님의 자녀도 악한 자, 곧 사탄을 이긴다(요일 2:13-14). 삼위 하나님의 구원의 은혜는 종말의 교회가 윤리적으로 살도록 격려하신다.

위에서 살핀 대로 성경의 언약은 하나님, 백성, 구원, 믿음, 전도, 정의, 땅, 자연, 노동, 회복, 그리고 윤리를 아우른다. 그러므로 언약은 형이상학적이거나 피상적이지 않고, 현실적이며 공적이다. 따라서 새 언약 백성이 힘써야 하는 삶은 하나님 아버지께서 예수님 안에서 성령님을 통하여 주시는 풍성한 생명과 복(엡 1:3)을 주제로 삼는 '공적 언약'(public covenant)에 기초한다. 하나님께서 교회에게 예정과 구원의 복을 주신 것은 온 세상을 새롭게 창조하시려는 목적을 이루기 위함이다. 그러므로 그리스도인은 언약적 삶이 복임을 세상에 현시하기 위해서 구원의 복음을 전하는 데 더 열심을 내야한다. 그리고 교회는 첫 사람 아담과 애굽의 바로, 그리고 뱀에게서 보는 죽음, 갈등, 교제의 단절, 부와 권력의 독점, 탐욕, 억압, 불의, 파괴, 소외를 일상에서 직시해야 한다. 교회는 만유의 갱신이 완성될 날을 고대하면서, 생명, 치유, 친절, 정의, 교제, 정직, 치유, 공공선을 위해 연대해야 한다.

예수님 중심의 기독교 윤리 설교
"보라 네 어머니라"(요 19:26-27)를 중심으로

매년 5월 둘째 주일인 어버이 주일에 성경적 효도가 강설된다. 그런데 기독교의 효는 유교의 그것과 어떻게 다른가? 성경 어디서 효도의 좋은 예를 찾을 수 있는가?(룻 1:16 참조).

십계명 중 제 5계명 "네 부모를 공경하라"(출 20:12)는 하나님과 관련된 제 1-4계명 다음에 위치한다.[447] 따라서 부모 공경은 하나님을 사랑하라는 제 1-4계명과 사람을 사랑하는 제 6-10계명을 잇는 가교(架橋)와 같다. 부모는 가정에서 자녀에게 하나님과 같은 존재다. 그래서 부모는 하나님 아버지를 대신하여 육신의 자녀를 하나님의 언약의 자녀로 양육해야 한다. 부모는 혈통적 차원으로 자녀를 양육하는 것을 넘어, 주님의 교양과 훈계로써 자녀의 신앙 성장을 돕는 영적 임무도 가지고 있다. 그러므로 자녀는 육신의 부모를 하나님 아버지의 대리자처럼 공경하되, 부모의 신앙 교육에 대해 감사해야 한다.

터키 에베소에 마리아와 관련된 로마 가톨릭의 유적이 있다. 그곳은 요한 기념교회당으로부터 멀지 않는데, 에베소에서 말년을 보낸 사도 요한이 마리아를 위해서 지어준 집이다. 예수님이

---

447 출 20장의 히브리어 원문에는 '제 일' 혹은 '제 이'와 같은 십계명의 순서가 나타나지 않는다.

십자가에 달리시기 전에[448] 어머니 마리아를 '사랑하셨던 제자' 요한에게 부탁하셨기 때문이다(요 19:26; 참고. 신 33:12의 모세의 베냐민 지파를 향한 축복).[449] 예수님의 부탁을 받들어 사도 요한은 그때부터 마리아를 자기 집에 모셨다(ἔλαβεν εἰς τὰ ἴδια; 행 21:6 참조).[450] 예수님의 어머니 마리아는 이제 예수님의 사랑을 받던 제자의 어머니가 된다.[451] 요한은 과부 마리아를 돌보는 맏아들의 책임을 기꺼이 떠

---

448 13세기에 비잔틴 예술에서 십자가 아래의 마리아는 사도 요한에게 기대어 있거나 기절하는 보통 어머니처럼 연약한 모습을 보이기 시작했다(눅 2:35 참조). 왜냐하면 마리아가 마지막 아담인 그리스도의 고난을 공유함으로써, 새 하와처럼 인간의 구원에 일역을 담당한 것으로 해석되었기 때문이다. 그 이전까지 중세 예술에서 마리아는 슬픔 가운데서도 꼿꼿하게 신앙으로 아들의 죽음을 대면한 마치 신적 존재와 같았다. 중세 신학자들은 마리아가 예수님을 출산했을 때는 기적적으로 통증을 느끼지 못했지만, 십자가 아래에서는 사람의 구원을 위해 산통을 겪었다고 본다(요 16:21-22 참조). 십자가 아래에 머리카락은 풀어진 채 기절하여 주저앉은 마리아의 두 팔을 사람들이 떠받치기에 그녀는 마치 십자가에 달린 것처럼 보인다. 그리고 그 모습은 마치 산모가 출산하는 장면과 같다. 밀란의 주교 암브로스(d. 397)는 십자가 아래에서 마리아가 사도 요한의 어머니가 된 것을 그녀가 교회의 어머니가 될 것의 유비로 이해했다. A. Neff, "The Pain of 'Compassio' : Mary's Labor at the Foot of the Cross," The Art Bulletin 80 (1998, 2), 254-61; P. J. Bearsley, "Mary the Perfect Disciple: A Paradigm for Mariology," Theological Studies 41 (1980, 3), 491. 로마 가톨릭은 마리아를 구주처럼 신성시하기 위해 그녀가 예수님과 다른 자녀를 출산했을 때 산통을 겪었음을 부인한다.

449 신 33:12에서 야웨의 '사랑을 받는 자'는 영원히 보호를 받는다는 약속을 주님이 사랑하신 제자를 보호하심(요 21:22-23)과 연결하기도 한다(요 13:23 참조). P. S. Minear, "The Beloved Disciple in the Gospel of John," Novum Testamentum 19 (1977, 2), 111.

450 F. Neirynck, "Short Note on John 19,26-27," Ephemerides Theologicae Lovanienses 71 (1995, 4), 432 참조.

451 이상적 제자 요한의 어머니가 된 마리아 역시 제자의 특성(요 2:5 참조)을 공유해야 한다는 주장은 Bearsley, "Mary the Perfect Disciple: A

예수님과 구약의 대화

안는다.[452] 사도 요한은 주님의 사랑을 받는 데서 그치지 않고, 예수님의 아우처럼(요 20:17 참조) 어머니 마리아에게 효도함으로써 사랑을 실천한다.[453] 이처럼 참 제자도는 혈육을 넘어 하나님의 가족을 사랑하는 실천에 달려 있다: "새 계명을 너희에게 주노니 서로 사랑하라. 내가 너희를 사랑한 것 같이 너희도 서로 사랑하라. 너희가 서로 사랑하면 이로써 모든 사람이 너희가 내 제자인 줄 알리라."(요 13:34-35).[454]

예수님의 부활도 주님의 제자들이 예수님의 형제요 하나님의 자녀임을 확증한다: "(막달라 마리아야) 나를 붙잡지 말라. 내가 아직 아버지께로 올라가지 아니하였노라. 너는 내 형제들에게 가

Paradigm for Mariology," 489를 보라.

452 Busse는 마리아가 사랑하는 제자의 공동체, 즉 요한공동체로 편입되었다고 본다. U. Busse, "The Beloved Disciple," *Skrif en Kerk* 12 (1994, 2), 222-23. 참고로 고대 그리스에서 자식이 부모를 때리거나, 부모에게 음식과 의복을 제공하지 않거나, 부모를 가족 모임에서 격리시키거나, 부모의 무덤을 돌보지 않으면 자식의 시민권은 박탈당하고 신전 제의에 참여할 수 없었다.

453 마리아와 요한을 넘어 요한공동체와 연결시키는 경우는 P. Perkins, "Mary in the Gospels: A Question of Focus," *Theology Today* 56 (1999, 3), 305를 보라. 그리고 복음서가 부활하신 예수님께서 어머니 마리아에게 나타나셨다고 명시하지 않는 이유는 마리아가 소식을 통해 주님의 부활을 믿었기 때문이라는 설명은 J. van Vurst, "Mary's Loneliness," *St. Anthony Messenger* 123 (2016), 32를 보라.

454 마리아가 요한의 어머니가 된 것을 상징적으로 해석하면서, 화해와 섬김의 사역을 위해서 남성과 더불어 여성도 목사가 될 수 있다는 주장은 D. L. Migliore, "Mary: A Reformed Theological Perspective," *Theology Today* 56 (1999, 3), 356-57을 보라. Migliore가 이렇게 주장하는 다른 근거는 마리아가 지속적으로 공동 기도에 힘쓴 결과 오순절 성령을 받아 영성이 충만했기 때문이다(행 1:14).

서 이르되, 내가 내 아버지 곧 너희 아버지, 내 하나님 곧 너희 하나님께로 올라간다 하라 하시니"(요 20:17).[455]

예수님이 열두 살 된 이후로(눅 2:42-50) 아버지 요셉은 언급되지 않는다. 따라서 예수님은 소년 가장처럼 가족의 생계를 책임졌을 수 있다. 그런데 십자가 처형 전에 예수님은 왜 동생들인 야고보와 유다와 여동생들, 혹은 이모(요 19:25)에게 어머니 마리아를 모시라고 부탁하지 않으셨는가?[456] 한 가지 이유는 예수님이 십자가에서 죽으실 때, 주님의 동생들은 여전히 불신자들이었기 때문이다(요 7:5 참조). 다른 이유는 요한복음의 기록 목적(20:31)에 일치하는 방식으로 예수님께서 참 가족이 무엇인지 다시 정의를 내리시기 원하셨기 때문이다: "하나님의 뜻을 행하는 이들은 내 어머니요 내 형제자매이다"(막 3:35). 교회는 예수님을 구주로 믿어 하나님을 아버지로 모신 형제자매들이다. 그래서 성도는 무서워하는 종의 영이 아니라 '양자의 성령'을 받아서, 하나님의 가족에 입양되어 하나님을 '아바 아버지'라 부른다(롬 8:15).[457]

---

455 Minear, "The Beloved Disciple in the Gospel of John," 120 참조.

456 십자가 아래의 네 여인들(요 19:25)을 내러티브 관점에서 볼 때, 바로 앞 24절의 로마 군인들과 성, 역할에 있어 서로 대조되며, 그녀들은 골고다의 십자가 곁으로 다가간 첫 인물들로 묘사되므로 의의가 있다. 이 여인들은 요한복음에서 불신과 오해의 태도를 보인 주님의 남성 제자들과도 대조된다(12:4; 20:25 참조). D. F. Tolmie, "Die Groep Vroue by die Kruis van Jesus (Johannes 19:25): 'N Narratologiese Perspektief," *Verbum et Ecclesia* 35 (2014, 1), 4, 6.

457 D. B. Garner, *Sons in the Son: The Riches and Reach of the Adoption in Christ* (Phillipsburg: P&R, 2016), 300.

교회는 하나님의 가족이므로, 젊은 성도는 성도 가운데 물심양면으로 공경해야 할 영적 부모가 누구인지 잘 살펴야 한다.[458] 교회학교 교사나 멘토는 부모와 같다. 그러므로 우리가 "부모를 공경하라"는 제 5계명을 잘 지키려면, 하나님의 가족, 곧 교회 안에 있는 영적 스승과 멘토 역시 육신의 부모와 더불어 잘 공경해야 한다. "늙은 이를 꾸짖지 말고 권하되 아버지에게 하듯 하며 … 늙은 여자에게는 어머니에게 하듯 하라"(딤전 5:1-2).

교회 안의 영적 부모들은 젊은 성도로부터 공경을 받으려는 자세만 취해서는 안 된다. 오히려 영적 부모는 하나님의 가족의 가훈(家訓)인 "진리 안에 사랑하라"(요일 4:21)를 먼저 실천해야 한다. 즉, 복음 진리를 잘 믿고 사랑을 실천하는 노년 성도는 젊은 성도의 존경을 받기에 합당하다. 하지만 시험 기간 중 주일이면 교회 대신 학원에 자녀를 맡기는 강심장을 가진(?) 부모는 성적(成績)을 우상화하기에 존경받기에 합당하지 않다. 바울은 "성령으로 계속 충만하여져라"(엡 5:18)고 권면한 이후, 이어서 "또 아비들아 너희 자녀를 노엽게 하지 말고 오직 주의 교훈과 훈계로 양육하라"(엡 6:4)고 명령한다. 따라서 가정에서 부모가 먼저 승천하신 예수님이 보내신 성령의 충만을 유지함으로써 자녀의 모

---

458 U. Busse 등이 유사하게 관찰한 바처럼, 요한복음의 1차 독자들인 요한공동체는 하나님의 가족인데, 젊은이들은 혈통 관계를 초월하여 신앙심이 깊은 연로한 이들을 물심양면으로 공경해야 했다. 예수님을 하나님의 아들 그리스도로 믿는 이들은 구원을 얻는데, 은혜로 주어진 그 구원은 사랑의 실천으로 나타나야 한다. 이것이야말로 요한복음의 기록 목적에 부합한다(요 20:31).

델이 되어 양육해야 한다(참고. 2018년의 승천일은 어버이날 직후인 5월 10일).

사도 바울은 "누구든지 자기 친족, 특히 자기 가족을 돌보지 아니하면 믿음을 배반한 자요 불신자보다 더 악한 자니라"(딤전 5:8)고 강조한 바 있다. 바울은 에베소교회의 목회자 디모데에게 60세 이상 된 과부 중에서 육신의 가족이나 친척이 전혀 없는 경건한 과부를 교회가 후원하도록 권면한다. 늙은 과부에게 자녀나 친척이 있다면, 그들이 과부 어머니(할머니)에게 효도함으로써 교회가 재정적인 짐을 지도록 하면 안 된다(딤전 5:4, 16).

사도 요한과 어머니 마리아, 하나님의 가족, 그리고 제 5계명의 진리를 적용해 보자. 교회는 다음 세대를 위해 아낌없이 투자해야 하는 동시에, 노년 성도를 위한 주일(교회)학교도 운영하여 웰빙(고후 4:16; 요삼 2 참조)과 웰다잉(계 14:13 참조)을 준비하도록 도와야 한다. 집사나 젊은 성도는 가족의 돌봄을 제대로 받지 못하는 빈곤한 노인 성도를 잘 살펴야 한다.[459] 그리고 자녀들은 100세 시대를 맞이하여 오랫동안 투병 중인 부모를 위해 기도와 물질로 끝까지 돌보도록 하나님의 은혜를 구해야 한다.

---

459 남아공 개혁교회의 경우 집사회에서 경로잔치를 개최하고, 주일에 노년층을 위해 차량 봉사를 한다. 그리고 교회 차원에서 주중에 노년을 위한 정기적인 친교모임이 진행된다.

Bearsley, P. J. "Mary the Perfect Disciple: A Paradigm for Mariology." *Theological Studies* 41 (1980, 3): 461–504.

Busse, U. "The Beloved Disciple." *Skrif en Kerk* 12 (1994, 2): 219–25.

Garner, D. B. *Sons in the Son: The Riches and Reach of the Adaption in Christ.* Phillipsburg: P&R, 2016.

Migliore, D. L. "Mary: A Reformed Theological Perspective." *Theology Today* 56 (1999, 3): 346–58.

Minear, P. S. "The Beloved Disciple in the Gospel of John." *Novum Testamentum* 19 (1977, 2): 105–123.

Neff, A. "The Pain of '*Compassio*': Mary's Labor at the Foot of the Cross." *The Art Bulletin* 80 (1998, 2): 254–73.

Neirynck, F. "Short Note on John 19, 26–27." *Ephemerides Theologicae Lovanienses* 71 (1995, 4): 431–34.

Perkins, P. "Mary in the Gospels: A Question of Focus." *Theology Today* 56 (1999, 3): 297–306.

Tolmie, D. F. "Die Groep Vroue by die Kruis van Jesus (Johannes 19:25): 'N Narratologiese Perspektief." *Verbum et Ecclesia* 35 (2014, 1): 1–6.

Van Vurst, J. "Mary's Loneliness." *St. Anthony Messenger* 123 (2016, 8): 28–33.

CHAPTER 4

예수님 중심으로
시편을 해석하는 최근 경향

예수님 중심으로 시편을 해석하는 최근 경향[460]

460 이 글은 토론토대학교 구약학 교수 J. G. Taylor박사(예일대 Ph.D.)의 고신대학교 강연(2014), "Towards a Contemporary Christological Reading of the Book of Psalms"를 번역한 글이다(역자 주).

흥미로운 강의는 스토리텔링과 같다. 갈등이 없는 이야기가 없듯이, 흥미로운 강의에도 갈등이 존재한다. 이 강의에서 갈등은 하나의 포괄적 주제와 그것을 지탱하는 3개의 작은 주제로 구성된다. 여기서 포괄적 주제는 "그리스도 중심의 시편 주석이 오늘날은 어떠한가?"이다. 이 주제는 본인과 같이 예일대학교에서 연구한 구약 학자에게는 이상한 주제로 들리는데, 계몽주의 이래로 모든 기독 학자들이 직면해 온 문제다. 이 주제는 자기 시대보다 훨씬 이전 세기에 기록된 AD 1세기로부터 한 인물(예수님)을 이해하는 것은 터무니없다고 주장하는 이성주의의 도전에 직면한다. 하지만 바로 이 주제는 모든 세대의 그리스도인들이 예수님과 사도로부터 힌트를 얻어 연구해 온 것이다.

누가복음 24:44를 포함하여 복음서 여러 곳에서, 예수님은 구약의 다른 장르뿐 아니라 시편도 메시아의 고난과 죽음과 부활, 심지어 사흘이라는 기간까지 명시적으로 언급했다고 인정하시는 것 같다. 사도는 종종 우리에게 이상하게 보이는 방식으로 시편을 인용한다. 오순절 직후 베드로의 설교를 예로 들어보면, 베드로는 요엘 2장이 예언인 것과 같이 동일한 방식으로 시편 16:8-11을 예언으로 간주한다(행 2:25-28). 참고로 계시록의 시편 사용에 관한 최근의 한 논문은 사도 요한이 시편을 다윗의 예언으로 간주했음을 보여 준다.

신약성경의 이러한 시편 사용의 관점으로부터 1세기 이래로 교회사를 살펴 볼 때, 시편이 예수님을 직접 언급한다고 주석한 기독교 시편 주석들을 어느 시기에서나 발견할 수 있다. 어거스틴, 갑바도기아 신학자들(바질, 닛사의 그레고리, 나지안주스의 그레고리), 그리고 카시오도러스(d. 585?)는 초기 주석가들의 예이며, 루터와 칼빈은 더 후대의 주석가들이다. 예수님, 사도, 그리고 오늘까지의 교회 역사를 돌아보면, 적어도 시편 2, 45, 72, 110, 그리고 132편으로부터 한 절 혹은 그 이상 예수님에 대해 즉각적으로 언급하지 않은 사람은 이상한 학자들이다.

예수님의 초림 이전의 많은 세기 동안에 기록된 본문들(예, 시편)에서 AD 1세기의 예수 그리스도에 대하여 어떤 구약학자가 직면하는 갈등이 있음을 설명함으로써, 본인은 적어도 부제들(subplot) 가운데 하나를 이미 소개한 셈이다. 그렇다면 우리는 메시아가 고난받으시고, 십자가에 죽으시며, 그리고 사흘과 같은 아주 특정한 시간에 부활하실 것이라는 사실을 시편이나 구약성경의 어떤 본문에서 들을 수 있는가? 사실, 두 번째 부제가 이 문제를 다룬다. 신약학자들은 신약시대 이전에는 어떤 방식으로든지 메시아의 고난에 대한 증거가 조금도 없다고 철저하게 주장한다! 특별히 이러한 주장은 고난받는 메시아를 언급하는 제 2성전

시대의 유대문헌이 없다는 것이다. 이 견해를 따르는 몇몇 학자들은 초대교회가 예기치 못한 예수님의 죽음을 설명하기 위해 '고난받는 메시아'를 고안했다고 주장한다! 그리고 세 번째 부제는 어떻게 베드로와 요한이 그런 (메시아) 시편들을 예언으로 간주할 수 있었느냐?라는 것이다. 메시아에 대한 이런 예언적 해석은 설교자들이 신학교에서 제대로 공부하지 않을 때 일어나는 것일까? 비록 시편의 기독론적 해석이라는 결과는 나쁘지 않지만 말이다.

위에서 중심 주제(theme)와 3가지 부제를 제시했는데, 이제 좀 더 긍정적 근거로 넘어가 보자. 전문적으로 교육받은 어떤 구약학자의 '시편의 기독론'을 높은 학문성을 추구하는 주류 출판사가 출판한 지 100년이 더 지났다(적어도 영어권에서)는 사실을 언급함으로 이 주제의 중요성을 강조하고자 한다.

포스트모던 해석학의 출현 외에, 적어도 아래에서 설명될 5개(a-e)의 발전된 아이디어들을 소개하려고 한다. 이것들은 현대의 그리스도 중심의 시편 해석을 재인식하도록 할 뿐만 아니라, 그러한 해석의 신뢰성을 재확인하도록 돕는다. 5개의 요점 전부가 현대의 그리스도 중심의 시편 해석에 관한 본인의 논의를 뒷받침한다는 점을 독자는 인식할 것이다. 그리고 세부적인 사항들에 대한 본인의 반복된 설명을 통해서 주제가 분명히 드러날 것이다!

(a) 제왕시는 얼마나 많은가?

궁켈(H. Gunkel)은 제왕시(帝王詩)를 구분하기 위해 다소 모호한 기준들을 자신의 중요한 양식비평 연구에 남겼다. 그는 주제에 따라 제왕시로 지칭할 수 있는 소수의 시편을 분류했는데, 대표적인 것은 시편 2편이다. 그때 이후, 크로프트(Steven Croft)와 이턴(John Eaton)은 '제왕시'라는 용어를 정교하게 만들었고, 그 작업은 성공적으로 보인다. 이 두 학자의 연구 결과는 혹자가 '제의 기능적 접근'이라 부르는 것에 대한 신선한 자극을 제공했을 뿐만 아니라, 방대한 양의 개인 탄식시(歎息詩)들이 제왕시에 포함되도록 만들었다. 시편 22편과 같은 개인 탄식시를 다윗의 가문과 더 긴밀하게 연결하기에 이것은 우리의 기독론적 해석을 위해 중요하다.[461]

(b) 칠십인경의 번역

비록 새로운 발견은 아니지만, 칠십인경(LXX)에 대한 다음 두 가지 특징은 우리의 목적상 중요하다. 첫째는 다윗에게 할당된 시편들('다윗의 시')의 수가 증가한다는 점이다. 환언하면, 맛소라본문(MT)보다 LXX에 '다윗에게'라는 표제를 포함하고 있는 시편들이 훨씬 많다. 그래서 MT와 LXX의 번역 사이의 시간의 경과와 더

---

461 Allen에 의하면, 제왕시들(시 93, 96, 98, 110)은 계시록의 왕권 찬양의 기초가 된다(계 4:11; 5:9; 11:15; 15:3-4; 19:6, 11). 그리고 그는 시 93:1과 96:10은 계시록의 새 노래의 배경이 되는 옛 노래라고 주장한다. 하지만 시 96:1은 '새 노래'라고 밝힌다. L. C. Allen, "시편에 나타난 하나님의 나라: 시편 제 4권의 하나님의 왕권 찬양시,"『영산신학저널』13 (2008), 35(역자 주).

불어, 또는 적어도 MT와 관련된 다윗의 역할은 더 커진 것 같다. 둘째는 '인도자를 따라 부르는 노래'(참고. 시 13:1; 19:1)라는 표현에 대한 LXX의 번역 방식이다. 이 이슈는 번역의 정확성 여부에 있는 것이 아니라(LXX에서는 이 표현이 나타나지 않음), 이런 시편들 특히 다윗의 시들이 읽혀진 효과나 영향에 대한 것이다. LXX 시편 연구에 있어 오늘날 대가인 피터스마(Albert Pietersma)와 대화할 때, εἰς τὸ τέλος ψαλμὸς τῷ Δαυιδ('For the end, a Psalm of David,' LXE)라는 표현이 오직 다윗에 관한 '예언적' (미래) 의미를 담고 있다는 본인의 해석에 대해 그가 대부분 부인하는 것을 듣고 매우 놀라지 않을 수 없었다. 하지만 피터스마가 번역한 NETS에서 그가 제안하는 'Regarding completion'(예. 시 83-84 LXX)은 좀처럼 다른 방식으로는 이해될 수 없는 정확한 번역이 아닌가?[462] 다윗의 시편과 예언적 시편에 대한 연구 자료는 LXX가 번역될 당시는 물론 계속 증가하고 있다.

(c) 쿰란의 다양한 시편 두루마리들

쿰란의 시편 문서들이 출판된 후, 학자들은 MT와 현저하게 다른 시편 모음집이 시편의 다양한 번역 가운데 하나인지, 혹은 비정경적인 예배 성구집(lectionary), 또는 그것과 유사한 어떤 것인지 논쟁해 왔다. 최근 학자들의 연구는 플린트(Peter Flint)와 몇

---

462 A. Pietersma and B. G. Wright, *The New English Translation of the Septuagint* (Oxford: Oxford University Press, 2007).

몇 학자들이 주장하는 것처럼 전자(즉, 다양한 번역 가운데 하나)로 본다. 이 글의 목적을 위하여 11QPsa와 4QPse에 관해 주목할 것은 '다윗의 시'라고 불린 시편의 부록이다. 그 부록은 예언으로 기록된 4,000곡 이상을 다윗 저작으로 결론짓는다. 그 본문은 '신탁'(神託)이라는 예언적 용어를 다윗에게 적용하는 구약에서 유일한 구절인 사무엘하 23:1-7도 언급한다.

(d) 서론으로서 시편 1편과 2편의 역할

본인이 시편 전체의 기독론을 말할 때, 최근의 학자들의 연구는 과거 연구의 바탕 위에 있다. 나는 여기서, 시편 1편과 2편이 시편 전체를 소개하기 위하여 150개의 시편들의 맨 앞부분에 위치함을 언급하고자 한다. 본인을 포함하여 다른 학자들이 다른 곳에서 상세하게 이것을 논의해 왔다. 마치 잠언 1:1-7이 잠언을 소개하는 서론인 것처럼, 지혜시인 시편 1편은 개인적 성장을 위하여 시편들을 읽도록 초청하기 위해, '재순환'된다고만 여기서 언급한다. 그리고 잠언의 서론이 "여호와를 경외하는 것이 지혜의 근본이다"고 점층적으로, 그러면서 명백하게 결론짓는 것이 지혜문학의 요약하는 주요 가르침이듯이, 시편 2편은 1편을 종결한다. 그리고 약간의 차이가 있지만, 대부분의 학자들은 시편 2편을 시편의 다섯 개의 선집 전체에 충만하게 퍼져 있는 메시아의 주제를 전달하되, 우주적 반역에 대한 하나님의 심원한 대답으로서, 전쟁 준비를 갖춘 유대인의 한 왕에 대한 담대한 주장이라고 본다.

또한 본인을 포함하여 많은 학자들은 시편 1편이 이중 의미의 형태를 가지는 것으로 간주하고 있다는 점도 언급한다. 첫째로, '토라'의 의미가 뒤로는 모세 율법에, 앞으로는 "오경적 시편"에 적용된다. 그리고 둘째로, 시편 1편의 초대는 시편의 일반 독자뿐만 아니라 그 왕을 향하는 것 같다. 이것은 1편이 제왕시인 2편 앞에 위치하기 때문이며, 다른 사람처럼 왕이 토라를 경청하도록 하는 신명기 17:18-20에 있는 유사한 훈계를 이 시편이 반영하기 때문이다.[463]

(e) 시편 전체 편집

윌슨(Gerald Wilson)은 시편에 대한 정경적 형태에 대한 차일즈(B. S. Childs, 1979)의 제안을 1985년에 구체화했다. 그 후로 시편 학자들의 대부분의 관심은 최종 본문에 담긴 MT의 시편 편집 형태가 전달하는 메시지를 이해하는 것이었다. 혹자는 가장 기초적이고 명백한 특징들 외에 어떤 일치점에 도달할 수 있을지 현재도 미심쩍게 여긴다. 그럼에도 본인은 그리스도 중심으로 시편을 다시 읽을 때 얻어지는 기본적 유익들을 살펴보기를 원하는데, 먼저

---

[463] 지혜시와 제왕시가 결합된 형태인 시 1-2편이 신명기의 교훈을 반영하며, 구약 전체는 물론 지혜자와 교사이신 예수 그리스도의 가르침과 간본문성을 보인다(예. 시 1:1, 5-6; 2:1-3; 마 5:11-12)는 설명은 엄태향, "시편 1-2편의 성경신학적 활용과 설교,"『성침논단』 10 (2013, 1), 107, 112, 124를 보라(역자 주).

대략적 윤곽을 언급한 후 설명하려고 한다. 이에 앞서, 본인은 윌슨 이후로 얻게 된 유익과 방향성을 아래와 같이 요약한다:

(ㄱ) 방향에 있어서 탄식시의 우세로부터 최종적으로 주님을 사심 없이 찬양하는 것으로 전반적인 이동(즉, 카타르시스로서 해석하려는 경향).

(ㄴ) 시편 1편과 2편은 시편 전체를 소개하며, 시편 146-150편은 전체의 결론이라는 것에 일치함. 또한 다수학자들은 주제에 있어서 중심축인 시편 73편이 시편의 중심이라고 여기는 것을 의미 있게 여김(W. Bruggemann이 처음 주목한 것임).

(ㄷ) 시편 제 1권(시 1-41)과 제 2권(시 42-72)의 다윗의 왕권에 대한 강조와 제 4권(시 90-106)과 제 5권(시 107-150)의 야웨의 왕권에 대한 다른 차원의 강조 사이에 의미심장한 변화(시 89:38 이하)에 있는 다윗 언약의 종결같이 보이는 것으로 인상적인 결론을 맺는 제 3권(시 73-89)은 이러한 전환을 보여 주는 묵상임. 이것에 대하여, 어떤 학자들(Wilson 등)은 역사적 토대(즉, 포로사건) 위에서 그 변화를 설명하는 반면, 또 다른 학자들(Mitchell 등)은 그 변화를 더 전반적으로, 그리고 종말론적으로 설명한다.

이런 요소들을 염두에 두면서 우리는 이제 그리스도 중심의 주석이 어떠해야 하는지를 고려하려고 한다. 본인은 '일반적인 것'과 '특별한 것'이라는 두 가지 제목 아래 이 주제를 살필 것이다. 여기서 '일반적인 것'이라는 말은 '전체로서 시편'에 대한 논의를 의미하며, 그리고 '특별한 것'이라는 말은 '몇몇 시편'이 어떻게 그리스도 중심으로 특별하게 읽혀질 수 있을 것인지 살피는 것을 의미한다.

1. 일반적 고려: 그리스도 중심으로 읽히는 전체 시편

이미 앞에서 언급한 5개의 통찰의 토대 위에서 본인에게 시편은 그리스도에 대한 성경으로 이해할 수 있다는 것이 명백하다. 일반적 의미로서 예언이 아니라, 미래의 다윗에 대해 언급하는 그러한 의미로서 앞에서 언급한 예언을 담은 시편에 대한 내용을 상기하기 바란다. 만약 유대인들이 미래의 어떤 왕을 소망하는 것을 가리키지 않는다면, 어떻게 시편 2편이 이스라엘에서 다윗 왕권 시대에 뒤이어 일어난 것으로 보존될 수 있었을까? 니버(Niebuhr)가 언급한 것으로 알려진 것처럼, 만약 이스라엘이 메시아를 기대하지 않았다면, 예수님은 이스라엘의 메시아로 나타날 수 없었다.[464] 아마 시편의 기독론에 대한 일반적 형태를 신속하게 설명하

---

464 풍유적 해석을 합리화했던 어거스틴에게 있어, 성경해석 시 모든 것이 그리스도를 가리키도록 해야 하므로, 예수님을 떠나면 해석의 멸망에 초래한다. 루터는 모든 제왕시에서 예수님을 발견했다. 칼빈은 시편의 문법–역사적 해석을 먼저 충실히 한 후, 다윗의 통치는 그리스도의 통치를, 다윗의 고난은 그리스도의 낮아지심을 예표한다고 모형론적으로 보았다. 19세기 비평학자들은 비종말, 비정경, 비기독론적으로 시편을 해석했다. 모든 시편을 기독론적으로 해석하기 원했던 어거스틴과 루터와 달리, 박윤선은 단지 14개의 시편(2, 8, 21, 22, 45, 72, 89, 96-100, 110, 132)만 기독론적으로 해석했다. 하지만 예표와 예언을 동의어로 이해하는 박윤선에게 메시아 시편의 분명한 기준은 없다. 김정우, "박윤선의 시편 주석에 나타난 기독론적 해석,"『신학정론』7 (1989, 2), 202-214(역자 주).

는 최선의 방식은 다음과 같이 질문하는 것이다: "다윗의 예언으로 일반적으로 간주되는 개별 시편의 관점뿐만 아니라, 전체로서 시편의 형태의 관점에서 어떤 종류의 메시아가 시편 안에서 구현된 예언적 소망을 성취할 것인가?" 그 대답은 아래의 내용을 포함할 것이다.

(1) 서론에 있는 메시아의 기준들

메시아는 서론시인 시편 1편과 2편에서 암시된 메시아로서의 기준들을 충족할 것이다. 그분은 복을 선언하는 것, 악으로부터 의를 예리하게 구별하는 것, 신명기적 (모세와 같은) 선지자의 역할을 성취하는 것 등과 같은, 시편 1편에 반영된 성향을 어떻든지 구현하실 것이다. 또한 그분은 시편 2편에 나타난 겉으로 보기에는 소망 같지 않은 소망을 성취하실 것이다. 시편 2편에 따르면, 왕이요 다윗의 아들로서 그분은 하나님의 아들이지만 대적들로 말미암아 위협을 받는다. 그러나 그분은 하나님의 왕적 통치의 우주적 대리인으로 나타나며, 그분의 대적들은 마지막에 그분에게 복종해야 될 자들이다.

많은 학자들이 주목해 온 것처럼, 시편 1:2에 있는 '가르침'(종종 '율법'으로 번역됨)이라는 단어는 두 가지를 동시에 의미한다. 한편으로는 오경으로 되돌아가 귀기울이게 하며, 또 다른 한편으로는 또 다른 5권의 모음집인 '전체로서 시편'을 의미한다. 더구나 히브리어 성경의 세 번째 섹션이면서 마지막 섹션의 시작(성

문서: 대부분의 사본들에서 시편으로 시작함)에서 뿐만 아니라, 두 번째 섹션의 시작(선지서: 여호수아로 시작함)에서 나타날 때, 하나님의 '율법'에 복종하는 것에 초점을 맞추는 이런 훈계는 본질적으로 다른(혹은 더 열등한, 경쟁적인) 책들로 간주될 수 있는 것을 함께 이어주는 황금사슬과 같다. 즉, 시편 1편에서 율법을 듣도록 하는 이 훈계는 그것들(선지서와 성문서)을 선행하는 오경과 같으며, 선지서(참고. 수 1:7)와 이를 뒤따르는 성문서는 하나님의 가르침(율법)인 오경과 같다.

여기서 본인은 왜 이것을 언급하는가? 첫째로, 누가복음 24:44 ("모세의 율법과 선지자의 글과 시편에 나를 가리켜 기록된 모든 것이 이루어져야 하리라")에서 예수님은 자신과 자신의 사역에 대한 언급을 구약의 각 섹션(장르)의 성취로써 언급하신다. 사실, 예수님은 시편을 고난받으심, 죽으심, 부활하심, 그리고 열국에 대한 선포를 포괄하는 자신의 사역을 특별히 언급하는 것으로 이해하신 것 같다. 그리고 둘째로, 마태복음 17장에서 변형하신 예수님은 모세와 엘리야(순서에 주목할 것)와 함께 나타나셨다. 많은 학자들에 따르면, 여기서 모세와 엘리야는 율법(오경)과 선지자(서)를 각각 대표한다. 이런 이해의 바탕 위에 성문서의 대표자로서 그 인물을 성취하는 분은 다름 아닌 예수님이시다. 책의 시작 방식이 종종 그 책 전체의 제목을 결정하도록 하는 것이 유대인의 관습이다. 대부분의 사본에서 시편은 성문서/케투빔의 시작이다. 시편 1편과 2편에서, 예수님은 구약성경의 세 번째 섹션(성문서)의 첫 표제에 나타나실 뿐만 아니라, 이와 관련된 신약성경의 증거에도 계신다. 마태복음 17

장에 따르면, 모세와 엘리야는 그들의 증거를 완성하실 세 번째이면서 마지막 영광스런 인물과 교통하기 위해서 기다리고 있었다. 그래서 마태는 율법과 선지서를 각각 대표하는 모세와 엘리야로 하여금 성문서(시 1-2편을 포함하여)를 성취하시는 분과 효과적으로 대화하도록 하며, 그렇게 함으로써 타나크(구약)를 완성한다. 마태는 시편 2편(그리고 이사야)을 인용함으로써, 하나님께서 시몬 베드로에게 '아멘'이라고 말하도록 하신다.

(2) 메시아의 고난의 기준

신약성경의 어떤 연구 그룹들 내에서 종종 환영 받는 것과 반대로, 자기 백성을 위해 대신 고난을 당하는 자로 묘사되는 다윗의 미래의 통치와 관련된 고대 유대 문헌이 있다. 이 범주에 속한 많은 시편들에 따르면, 버림받은 것 같은 상황에서 하나님께 부름 받은 후에, 그 고난받는 의인은 예고 없는 운명의 역전을 경험한다. 이 운명의 역전은 그 왕의 승리하심과 열국을 향한 하나님의 강력한 구원을 선포하는 것으로 귀결된다.

(3) 왕으로서 다윗의 통치와 왕으로서 하나님의 통치

주로 시편의 제 1권과 제 2권에 나타나며, 그리고 제 3권의 끝(시 89편에서 놀랍게도 다윗과 맺은 하나님의 언약이 파기되는 것 같음)에서 절정을 이루는 기준들에 따르면, 다윗의 왕권은 하나님의 왕권(야웨 말락 시편들)에 대한 선포로 대체된다. 유대 왕들의 통치가 종결되는 순간이야말로 하나님의 통치가 더 분명해진 시점이다. 그러나 시편 110편과 132편이 증거하는 대로, 인간 다윗 계열의 메시아는 하나님의 지속적 통치에 관한 더 탁월한 확언 가운데 살아가고 있다. 환언하면, 다윗의 왕적인 메시아의 통치는 여호와 하나님 (Lord)의 더 강력한 확언(참고. 시 110:1; 132:17)과 신비스럽게 맞닿아 있다.[465]

2. 특별한 고려: 선택된 시편들을 그리스도 중심으로 읽기

아래에서 특별한 시편 몇 개를 살필 것인데, 내용을 요약하는 표제를 염두에 두면서, 기독론적 접근을 통해 선별적으로 주석한다. 그 다음, 해석학적인 입장을 요약하여 마무리할 것이다.

(1) 시편 1편: 악인들의 덧없는 길과 대조되는 이상적인 인간 왕 (그리고 그의 길과 가르침을 선택하는 자들)

시편 1편은 예수님께서 걸으셨던 의인들의 길을 기쁨으로 소

465　루터는 신약에서 출발하여 시편(구약)을 해석한 그리스도 완결적 해석을 시도하기도 했다. 루터는 후기로 갈수록 문자와 영의 이분법적 해석이나 중세의 4중 의미에 매이지 않으려고 노력했다. 김진규, "루터의 시편 해석 방법론 연구: 1517년 전과 후의 시편 110편 해석 비교,"『한국기독교신학논총』107 (2018, 1), 40, 51, 54(역자 주).

개하면서 악인들과 냉소하는 자들의 길과 날카롭게 대조시킨다. 신약 성경은 예수님께서 육신적으로 악인들을 피하는 것이 아니라, 그들의 도덕적 방식, 자세, 그리고 태도를 피하셨다고 기록하고 있다.

시편 1:1-3은 신명기 17:18-20에 있는 왕이 지켜야 할 법을 시편 2편과의 병치 및 주제적 연결로 더 강하게 만드는 방식으로 반영한다. 신명기 17:18-20과 함께 하는 분으로서, 예수님은 로마(또는 그의 본국의 대적들)에 대항할 군대를 집결시키는 것에 아무런 관심을 보이지 않으셨으며, 예루살렘을 향한 자신의 승리의 입성을 위하여 힘없는 나귀 새끼를 타셨고, 독신이셨고, 그리고 비참한 가난 속에 사셨다.

지금까지의 논의에 나타난 그리스도 중심의 시편 읽기는 우리로 하여금 원저자들이나 현대 성도를 배제시키지 않도록 주의해야 한다. 사실 마틴 루터가 시편에 대한 첫 번째 주석을 한 후 발견한 것처럼, 그리스도를 시편 전체의 유일한 화자(speaker)와 주제로 만드는 것은 시인과 하나님의 길을 따르는 성도에게 정당한 것이 아니었다. 그 후 루터는 몇몇 시편을 오직 그리스도에 대한 언급으로 계속 해석하던 동안에 신자들의 삶(경험, 기도, 예배의 표현 등)을 포함시키기 위하여 시편의 지평을 확장했다. 루터는 시편 안에 건전하게 반영된 그리스도인의 삶을 보았는데, 결국 성도의 삶의 원천이요 생명이요 목표인 하나님이신 예수 그리스도를 발견했다. 그래서 이제 루터는 각각의 시편 안에서 다른 방식으로 그리스도를 보았는데, 그분은 시편과 시편 기자들이 다양한 방식으로 도달했던 궁극적인 목표(텔로스)이시다.

초기와 후기의 루터 사이에 존재하는 대조는 그의 시편 1편에 관한 짧은 요약 안에서 볼 수 있다: 여기서 초기의 루터는 후기로 나아간다: 초기의 루터의 해석: "시편 1편은 주 예수님께서 그 당시 유대인들과 완악하고 음란한 세대가 선호했던 방식에 자신의 몸을 맡기지 않으셨다는 뜻이다." 후기의 루터의 해석: "시편 1편은 위로의 시편이다. 하나님의 말씀을 기쁘게 듣고 배우도록 우리에게 권면하며, 그렇게 함으로써 우리가 다양하고 풍성한 유익을 누릴 수 있도록 위로를 준다."

본인의 판단으로는, 시편 1편(그리고 뒤따르는 시편들)에 대한 이상적인 그리스도 중심의 읽기는 해석학적으로 초기의 루터와 후기의 루터 중간 지점에 자리 잡고 있다. 이것은 전자(초기의 루터)와 유사한 어떤 것이 신선한 자극과 정당성을 받아왔기 때문인데, 그리스도인에게 권위 있는 신약시대의 시편 해석의 역사는 물론 시편의 형성에 관한 이후 역사에 대해 지금 우리가 아는 것으로부터 온 통찰력이다.

그리고 예수님을 시편 1편의 화자나 주제로 보는 것에다가, 시편 1편의 그리스도 중심적 읽기는 그분의 의로운 길을 따르기를 추구하는 이들도 포함해야만 한다. 이 사실을 아래의 몇 가지 논점이 지지한다: (1) 시편 2편으로부터 부분적으로 약간 독립되어 시편의 서론으로서 기능을 하는 시편 1편은, 우리가 보아온 대로 왕에게도 명령되었던 하나님의 율법에 헌신된 길을 걷기를 선택하는 어떠한 개인에게 복을 수여한다. 즉, 그것은 "그 왕이 복되도다"라고만 말하는 것이 아니다. (2) 심지어 그(하나님)의 길이신 예수 그리스도를 선택하는 개인들에게 그 복이 수여되지 않는 다른 시편(들)도 있었는데, 후대의 예수 그리스도의 복들은 그러한 시편(들)의 언어와 메시지를 모방했다. 그리고 다른 시편의 복들도 이 복들(예수님의 복들) 안에서 주어졌다. (3) 만약 우리가 시편 1편과 2편의 부분적인 연결고리를 고려하고, 시편 2편과 끝에서 두 번째 시편인 시편 149편의 유사점을 고려한다면, 시편 149:9의 '하시딤'('성도')이 시편 2편에서 그리스도께 부여된 열국들 위에 보복을 가하는 역할을 담당하는 것은, 그리스도와 시편 1편에 자연스럽게 산재해 있는 그의 '성도' 사이에 존재하는 역할과 의무를 공유하는 것을 의미한다.

　　마지막으로, 시편 1:2에 언급된 '가르침'의 텔로스(*telos*)이신 예수님은 신약의 빛에서 두 가지로 이해된다. 첫째로, 시편의 가르침(교훈)으로서 이해되는 '율법'에 대한 언급을 그리스도가 성취하신다. 이 주장의 근거는 누가복음 24:44인데, 예수님이 율법과 선지자와 시편을 '성취'했다고 말씀하실 때, 예를 들어, 고난과 메시아의 죽음 그리고 예루살렘으로부터 이방인들에게 회개를 선포하는 것과 같은 다양한 구체적 사항들은 종종 시편 본문의 지지를 받는다. 그래서 시편의 '가르침'은 누가가 예수 그리스도 안에서 '성취'된다고 주장하는 오실 메시아의 사역에 걸맞는 것이다. 그리고 둘째로, 시편에 선행하는 '토라/가르침' 곧 모세의 '율법'으로 이해되는 '율법'에 대한 언급을 그리스도께서 성취하신다. 이 주장은 예수님이 모세의 율법을 성취하시는 신약 본문(특히 마

태복음)에 근거한다.[466]

　　이 사실에 비추어 볼 때, 마태복음에서 '새 모세'이신 예수님이 "복 되도다. 그들이"라고 시작하는 시편과 동일한 표현으로 자신의 5개의 설교를 시작하는 것은 이상한 것인가?(참고. 히 3:3; 계 15:3 역자 주). 이 복된 자들은 시편 1:4-6의 악인들과는 대조된다. 예수님의 태도는 악인들/도덕적으로 타락한 자들(시 2편은 우리로 하여금 빌라도와 헤롯과 같은 이방 통치자들과 동일시하도록 함; 참고. 행 4:25-27)의 태도와 정반대이다. 시편 1편의 서론적 역할을 감안하면, 토라의 심오함은 그의 성육하신 아들로 말미암아 계시된 하나님 나라의 통치에 관한 소식을 선포하는 시편 2편과 함께 탁월하게 시작하는 '시편의 오경'이라는 개념을 포함한다. 이것은 토라, 곧 지혜의 길, 다윗의 자손이신 주님과의 결속 안에 있는 고난의 길이며, 그리고 그분을 피난처로 삼는 길이다.

　　시편 1편에 대한 해석학적 관점은 다음과 같다:

　　1A: 그리스도에 대하여(또한 성취하는 자: 참고. 신 17:19-20) 또는 그의 길을 공유하는 자(갈망하는 자로서) 또는 그리스도에 의해 선포된(참고. 마 5:3-11, 17-20) 복의 선포자로서 '다가오는 다윗' 주제는 여기서 확립된다(참고. 사 40:4a, 8; 41:1-3).

　　1B: 그리스도에 의해(악인들에 대하여) 또는 '적그리스도'에 대하여(즉, 하나님의 통치의 지상 대리자이신 그리스도를 대항한 조직화된 전 지구적

---

466 시 1-2편의 간본문적 해석을 넘어 왕이신 예수님과의 연결은 이학재, "시편 1편과 2편의 상호 연관성(Inter-Textuality): 번역성경 비교를 통하여," 『개신논집』 12 (2012), 54-57을 보라(역자 주).

인 대적).⁴⁶⁷

(2) 시편 2편

하나님은 그의 전 지구적 통치와 그의 아들 예수 그리스도, 유대인의 왕의 강력한 진노를 통해 반역하는 이방 나라들 위에 자신의 주권을 (재)선포하실 것이다.

직설적 표현은 다음과 같다. (1) 하나님과 그리스도의 연대 통치에 대하여 음모를 도모하는 이방 통치자들의 어리석음에 대한 놀람(1-3절). (2) 하나님에 의해 세워진 신적 통치와 심판의 대권자(8-9절)를 포함하는, 시온에서 하나님의 아들, 왕이신 예수님의 성육신 때문에/통하여 어리석은 자들에 대해 하나님이 극적으로 비웃으시는 응답(4-7절). (3) 이방인 통치자들(역사적으로 헤롯과 빌라도; 행 4:25-28)은 그들이 역사적으로 행했던 것에 대한 반대의 것

---

467 "루터와 칼빈의 성경해석이 보여준 특징들은 당대의 종교개혁을 이루는 원천과 동력이 되었을 뿐만 아니라 오늘날에도 다음과 같은 의미 있는 시사점을 제공한다. 첫째로, 본문의 일차적 의미를 중시하라(문자적-역사적 해석). 둘째로, 성경이 성경을 해석하게 하라(그리스도 중심적 해석과 성령의 조명). 셋째로, (하나님 앞에 있는 성도의) 삶의 변화를 일으키는 해석이 되게 하라(실존-실천적 해석)." 루터의 해석을 잘 보여 주는 시 51편은 밧세바를 범한 다윗에게서 볼 수 있는 죄인으로서의 인간(1절), 의로우신 하나님께서 그리스도를 통해서 주시는 사죄와 구원(4절, 7절), 의로운 삶(10절, 13절, 19절)을 포함한다. 시 51편을 통해서 칼빈은 원문에 충실하게 주해한 후, 사람의 내면으로부터 나오는 근본적인 삶의 변화를 찾았고(6절), 그리고 개인을 넘어 교회(18절)에 적용하는 해석을 시도했다. 하경택, "루터와 칼뱅의 성서해석과 그 함의(含意): 시편 51편 해석을 중심으로," 『장신논단』 50 (2018, 2), 12, 18-21, 27-30(역자 주).

(즉, 무례한 것이 아닌 경외함으로 섬기는 것; 조롱 대신 그 아들에게 입 맞추는 것; 고통을 가하는 것보다 그 아들의 진노를 두려워하는 것)을 행하도록, 그리고 행할 것을 권고 받는다. 정경론적으로 이 시편은 끝에서 두 번째 시편인 149편을 반향하고 있다. 시편 149편에서, 이스라엘의 '왕'은 바로 야웨 자신(하나님이신 그리스도)이다(149:2). 거기서 그리스도를 따르는 자들은 주님의 심판 사역을 공유한다(시 149:4-9). 그리스도의 통치에 저항하는 것은 사실상 종결되며, 종말에 하나님에 대한 어떠한 대적이 없는 찬양만 있을 뿐이다(시 150).

시편 2편에 대한 해석학적 관점은 그리스도의 삶의 정황에 대하여(2:1-2), 그리스도/하나님에 대한 대적들의 언급(2:3), 그리스도가 아닌 하나님에 대하여(2:4-5), 그리스도에 대한 하나님의 말씀(2:6, 7b-9)에서 볼 수 있다. 시편 2편은 다윗의 자손에 대한 예언 시편들과 관련하여 어떤 중요한 의미를 갖는가? 3인칭으로 묘사되는 그리스도를 대항하는 통치자들(헤롯과 빌라도; 참고. 행 4:25-27)에게 그들이 역사적으로 행했던 것에 대한 정반대의 것을 행하도록 권고한다(즉, 무례함 대신에 경외함으로 섬김; 조롱하는 것 대신에 그 아들에게 입맞춤; 괴로움을 가중시키는 것 대신에 그 아들의 진노를 두려워함).

(3) 시편 41편

우리는 1절에서 복을 선언하는 그리스도의 음성을 쉽게 들을 수 있다. 2-3절은 긍휼을 베푸는 자에게 주시는 은총에 관하여 풍성한 설명을 담고 있다(2-3절; '보살피는' [1절]이라는 표현은 지혜에 대한 용어의 범주에 속함).

4-9절의 단락을 시작하는 4절은 개인적 죄에 대한 고백을 분명하게 가리키는 다윗의 말로 시작하는 반면, 9절에서는 주로 예수 그리스도를 화자(話者)로 적용해야만 한다(참고. 요 13:18). 이 구절 사이에 오는 내용들은 이 둘에 부속된 것으로 보는 것이 논리적이다. 예수님에게 자신이 죽기를 바랐던 대적들이 있었다(5절). 그리고 많은 대적들은 주님에게 와서 죽이려는 목적으로 속이며 말했다. 10-12절에 있는 표현들은 그리스도에게 가장 잘 적용된다. 이유는 이 구절들이 자신에 관하여 그리스도가 말씀한 9절 뒤에 따라오며, 동시에 거기에 사용된 언어들 때문이다. 요약하면, 사용된 언어들은 인간 다윗을 넘어서는 과장법을 포함하며, 그리스도의 성품, 부활, 그리고 하나님과 영원히 함께하는 존재에 쉽게 적용할 수 있는 세부 사항을 포함한다.

비록 14절(MT, 한글성경 13절-역자 주)이 시편 제 1권의 결론으로서 첨부된 '복'(blessing; 한글성경 '송축')이자 시편 41편의 한 부분일지라도, 그것(14절)은 다시 살아나서 영원히 송축 받을 그의 후임자를 확언하는 인간 다윗 왕으로 읽혀질 수 있다. 아멘, 아멘!

11b절[MT, 한글성경 10b절-역자 주]에 관한 주목하라: "내가 그들에게 보응하게 하소서"; 이것은 그리스도께서 재림하실 때 행하실 것이다. 하여튼, 이 단어(보응하다, to repay)는 문자적으로 "평화를 주다"(샬롬의 힢일형 의미)라는 의미인데, 주로 정반대(샬롬이 아니라 심판의 보응)의 의미를 뜻한다. 어쩌면 그리스도 중심의 읽기는 히브리어 표현법에서 반어적인 반전으로 의도를 파악할 수 있다.

시편 41편에 대한 해석학적 관점은 다음과 같다:

1-3절: 시편 1편에 근거하여 그리스도에 의하여(1-3절), 그리고 그 복에 관하여.

4절: 가난한 자들(1절) 대신에 자신을 발견한 상황 속에서 인간 다윗에 의한 언급.

9절: 요한복음 13:18의 빛 아래 그리스도(거기서 요한은 시 41:9의 두 번째 줄의 '나의 가까운 친구' [whom I trusted]라는 표현을 생략하지만, 그리스도의 말씀이라는 암시가 있음).

5-8절: 그리스도에 의하여, 가까운 친구는 4절로부터 사라져서 9절로 이동함.

10-12절(13절): 그리스도의 간구.

(4) 시편 20, 21편, 그리고 72편

예수 그리스도의 영광스러운 미래적 통치와 그분의 나라의 미래 안에서 누리는 공동체적, 기쁨 넘치는 신뢰의 표현을 담는다. 사실 시편 20-21편과 72편은 그리스도 중심으로 읽기에 가장 쉬운 시편들이다. 이것은 시편을 그리스도 중심으로 읽기를 처음 시작하는 사람에게 유익할 것이다. 그리고 본인은 그것과 함께 논의를 끝맺으려고 한다.[468] 본인은 호세아 주석을 집필하면서 이전에 알았던 것보다 더 나은 그리스도 중심적 구절을 알게 되었는데 호

---

468 참고. S. Moyise & M. J. J. Menken (eds), *The Psalms in the New Testament* (Edinburgh: T&T Clark, 2004), 231 이하.

세아 6:1-2이다: "오라 우리가 여호와께로 돌아가자. 여호와께서 우리를 찢으셨으나 도로 낫게 하실 것이요, 우리를 치셨으나 싸매어 주실 것임이라. 여호와께서 이틀 후에 우리를 살리시며 셋째 날에 우리를 일으키시리니 우리가 그의 앞에서 살리라."[469] 유대인 학자들이 시편과 시편의 편집역사, 그리고 완성된 MT 시편으로 이어지는 해석으로부터 지지를 얻기 위하여 시편을 이렇게 메시아적으로 읽었는지 물어보는 것은 신빙성을 시험해 보는 가장 좋은 길이다(참고. 대하 34:1; 스 7:6; 그리고 시 1, 42, 73, 90, 107의 표제를 보라).[470]

(5) 부록 1: 여호수아 1:7-8

히브리어 성경(타나크)은 세 개 장르의 섹션으로 나누어져 있는데, (1) 토라(율법서: 오경), (2) 느비임(선지서: 여호수아, 사사기, 사무엘상하, 열왕기상하, 이사야, 예레미야, 에스겔, 12소선지서), (3) 케투빔(성문서: 시편, 잠언, 욥기, 아가, 룻기, 애가, 전도서, 에스더, 다니엘, 에스라, 느헤미야, 역대상하)이다. 히브리어 성경의 첫째 장르인 오경(율법: 가르침)은 둘째 장르인 선지서의 시작 책인 여호수아(참고. 수 1:7 '율법') 앞에 있으며, 히브리어 성경의 셋째, 즉 마지막 쟝르(케투빔: 성문서)의 시작 책인

---

469 J. G. Taylor, *Hosea* (Zondervan Illustrated Bible Backgrounds Commentary Old Testament; Grand Rapids: Zondervan, 2009).

470 시 1:2의 '율법'의 이중 역할에 대한 상세한 설명은 M. D. Futato, *Interpreting the Psalms: An Exegetical Handbook* (Grand Rapids: Kregel, 2007), 59-63을 보라.

시편의 서론 역시 '율법'(가르침)에 대해 언급한다. 결국 서로 다른 세 개의 모든 장르가 '가르침' 또는 '율법'을 공유한다.

마가복음 9:5에는 모세와 엘리야의 순서가 바뀌어 있다(비교. 요 1:21; 계 11:6). 학자들은 이 구절의 모세와 엘리야에 대한 언급의 중요성에 의견을 달리한다는 점을 주목해야 한다(예를 들어, 이 두 사람은 종말론적인 물이 되었고, 빛/불과 연결되며, 구약에서 이 둘만 시내산에서 하나님과 대화했음).[471] Hagner의 설명을 들어보자: "모세와 엘리야가 예수님과 대화하는 이 구절은 구약의 의미와 예수님의 사역 사이의 통일성을 즉시 제시한다. 아마도 모세와 엘리야는 구약의 주요 인물들이 나타날 것이라는 기대(참고. 16:14)와 연결해 볼 때, 세대의 끝의 긴박성은 물론(비교. 10절) 율법과 선지자를 대표한다."[472] 본인은 시편 1편(특히, 그것의 위치와 신 17:18-20을 암시함)이 모세와 엘리야가 율법과 선지자를 각각 대표한다는 입장을 지지한다고 본다. 엘리야가 선지자를 가리키지 않는다는(엘리야는 기록 선지자가 아님) 입장에 대한 주요 논의는 결정적이지 않다. 모세와 같은 선지자보다 어떤 이가 모세의 율법을 따르는 책을 대표하기에 더 낫겠는가?(참고. 신 18:15-18). 엘리야는 어떤 기록 선지자들보다 전선지서의 앞부분에 등장한다.[473] 여기서 마태는 신명기 18:15의 "너는

---

471 자세한 논의는 R. T. France, *The Gospel of Matthew* (NICNT; Grand Rapids: Eerdmans, 2007), 647-49와 J. Jeremias, *TDNT* 4:856-64를 보라.

472 본인과 의견이 일치하는 D. A. Hagner, *Matthew 14-28* (WBC; Dallas: Word, 1995), 493.

473 자세한 것은 W. D. Davies and D. C. Allison, *A Critical and*

그의 음성을 들으라"를 암시한다.

말라기 마지막 부분(4:5)에서 엘리야를 언급하는 것은 선지서와 유사하게 성문서의 정경편집 마무리에 어떤 방식으로든 역할을 하는가? 메시아 이전에 엘리야가 와야 할 이유에 관한 제자들의 뒤따르는 질문(마 17:10)을 비교해 보라. 이것은 성경의 순서(엘리야로 대변되는 선지서, 그 다음에는 예수님으로 대변되는 시편- 역자 주)를 반영하는가?[474]

시편 1편에 관한 후기의 루터의 결론적 경구를 여기서 언급하는 것이 적절하다: "이 시편의 결말에서, 아타나시우스와 어거스틴과 같은 많은 거룩한 교부들이 했던 것처럼 나는 교훈하려고 한다; 마치 시편들이 우리와 무관한 것처럼 우리는 시편을 단순히 읽거나 노래하지 말아야 한다; 오히려 시편들로 인해 우리가 개선되고 우리의 믿음이 강해지고 우리의 마음이 모든 필요 가운데서 위로를 받는 목적으로 읽고 노래하도록 하자. 왜냐하면 시편은 마지막까지 우리가 사상과 성향을 시편의 교훈대로 견지할 수 있도록 우리의 마음과 생각을 훈련시키는 바로 그 학교이기 때문이다. 그렇지 않다면, 영혼 없이 시편을 읽는 자가 되며, 지혜와 믿

Exegetical Commentary on the Gospel according to Saint Matthew, Vol. 2 (ICC; Edinburgh: T&T Clark, 1991), 685-87, 697-99.

474 참고. Michael LeFebvre, "Torah-Meditation and the Psalms: The Invitation of Psalm 1," in *Interpreting the Psalms: Issues and Approaches*, ed. by D. Firth and P. S. Johnston (Downers Grove: IVP, 2005), 213-25; H. P. Nasuti, *Defining the Sacred Songs: Genre, Tradition and the Post-Critical Interpretation of the Psalms* (JSOTSup 218; Sheffield: Sheffield Academic Press, 1999), 165-208.

음 없이 시편을 읽게 된다."[475]

　이 사실은 루터의 기독론적 읽기에 담긴 반셈족적 성향을 눈 감아 주도록 만들지 못한다. 사실 신명기 17:20에 의하면, 평민이 율법 순종에서 예외가 될 수 없듯이 왕도 그 순종에서 면제되지 않고 포함된다.

　앞에서 언급한 대로, '율법'이라는 언급은 뒤로는 오경에 귀기울이게 할 뿐만 아니라, 우리가 전선지서의 시작(수 1:7)에서, 시편 1:2(케투빔/성문서의 시작)에서 발견한 '가르침'(instruction)과 동일한 종류의 언급이다. 다른 말로, 시편 1:2와 여호수아 1:7은 토라의 연속성 안에 있는 선지서와 성문서를 묘사하는 역할을 하는 정경적 자의식이 있는 편집적 요소들이다. 앞에서 타나크(Tanakh)를 성취하는 예수님과 동일한 개념을 설명하면서, 모세와 엘리야와 담론하신 예수님의 영광스러운 현현하심과 비교한 바 있다.

(6) 부록 2: 고린도전서 10:9에서 본 시편 78:18 - 그리스도 완결적 해석

　고린도전서 10:9 상반절에서 "그리스도를(Χριστόν) 시험하지 말자"라고 표기하는 사본과 성경이 많다(GNT5th, p46, 로마제국의 광범위한 지역에서 필사된 대문자 사본들과 역본들, 다수사본, 바른성경[2009], 로마

---

475 루터의 시 1편 주석의 마지막 부분을 헹스텐버그가 인용한다. E.W. Hengstenberg, *Commentary on the Psalms, Volume 1* (Eugene: Wipf & Stock 재판), 18.

가톨릭 성경[2005], 현대 그리스어 성경[1996], 아프리칸스 성경[1999], 헬라어-아프리칸스 인터리니어 성경[2012], 독일어 성경[1984], KJV, ESV, CEV, DBT, CSB, BSB, NHEB, ABPE, NLT). 그런데 광야에서 이스라엘 백성이 어떻게 그리스도를 시험할 수 있었는가? 따라서 9절에서 '그리스도를'은 가장 어려운 이문이다. 그러나 바울은 구약의 '주님'을 예수님에게 적용하기에(참고. 고전 1:2-3; 8:6; 10:22; 고후 3:16), 고린도교회의 상황을 염두에 둔 그에게 '주 하나님'을 '주 예수님'으로 변경하는 것은 어렵지 않았다.[476]

그러나 "주님을(κύριον) 시험하지 말자"라고 표기하는 경우도 적지 않다(א, B, The Greek New Testament by Tyndale House[2017], 화란어 성경[1951], NASB, GNT, ISV, NIV[1984]). 그런데 개역개정판은 10:9 상반절에서 목적어 '그리스도를' 혹은 '주님을'을 번역하지 않는다. 대신 개역개정판은 10:9 하반절에서 '주를 시험하다가'라고 의역함으로써, 원본에 없는 목적어 '주를'을 추가한다.

바울은 고전 10:4에서 출애굽한 이스라엘 백성을 위해서 광야에서 샘물을 낸 '신령한 반석은 그리스도'라고 밝힌다. 이것은 바울이 고린도교회의 새로운 상황을 염두에 두고 구약을 '그리스도 완결적'(Christotelic)으로 해석한 좋은 예다. 예수님은, 신약은 물론 구약의 구속사에서 주인공이시며 최종 목표이시다. 따라서 10:9 상반절에서도 '주님을' 대신 '그리스도를'을 목적어로 보는

---

476 A. C. Thiselton, *The First Epistle to the Corinthians* (NIGTC; Grand Rapids: Eerdmans, 2000), 740; D. E. Garland, *1 Corinthians* (BECNT; Grand Rapids: Baker, 2003), 458, 471.

게 문맥상 자연스럽다.

　　바울은 모세 당시에 하나님의 백성을 구원하시고 그들과 영적으로 동행하신 선재하신 예수 그리스도를 소개한다(참고. 고전 10:3-4; 유 5). 그렇다면 고린도교회가 말세(참고. 고전 10:11)의 반석으로서(참고. 신 32:4) 임마누엘하시는 예수 그리스도를 시험하지 말아야 할 이유는 분명해진다. 새로운 출애굽(참고. 고전 15:3-4)을 경험한 고린도교회가 이 세상에서 나그네로 사는 동안, 자신과 동행하시고 필요한 것을 공급하시는 예수 그리스도의 능력을 의심하거나 불평하지 말라는 뜻이다.

　　9절에서 "그리스도를 시험하지 말자"(9절)라는 현재 진행의 강세형 청유형을 뒤이어(참고. 시 78:18), 바울은 13절에서 '사람이 감당할 수 있는 시험'을 언급한다. 13절은 시험과 고난에 직면한 성도에게 격려를 주는 유명한 구절이다. 그런데 9절의 '시험하다'(ἐκπειράζω[강세형], πειράζω)와 13절의 '시험(하다)'(πειρασμός, πειράζω)는 각각 무슨 의미인가? 13절에서 바울은 시험 당하는 성도에게 확신은 물론 책망도 염두에 둔다. 9절에서 '시험하다'의 주체는 광야를 지나던 이스라엘 백성이며 객체는 하나님인데, 그들이 음식과 음료 때문에 하나님께 '원망'한 행동은 시험과 연관된다(참고. 민 11:14; 21:5; 고전 10:10). 반면 13절의 사람이 감당할 수 있을 정도로 허락된 '시험'의 근원에는 사람이라기보다 하나님이 계신다. 더욱이 사람이 그런 시험을 만날 때 감당할 힘과 피할 길을 주시는 분도 하나님이시다. 그러므로 하나님은 성도가 감당할 수 있는 시험 이상을 허락하시지 않으므로, 성도는 어쩔 수 없이 시험에 빠졌다고 변명할 수 없다. 또한 모든 성도는 범죄와 시험을 완전히 피할 수 없지만(참고. 왕상 8:46; 요일 1:8-10), 그때마다 시험과 죄의 유혹과 싸워야 한다(참고. 마 6:13; HC 127).[477]

그런데 하나님께서 허락하셔서 성도가 감당할 수 있는 시험을 13절에서 언급하자마자, 바울은 14절에서 "그러므로(Διόπερ) 우상 숭배를 피하라"고 경고한다. 문맥상, 이 우상 숭배는 성찬(16절)이 아니라 "우상의 제물"을 먹음으로써(19절), "악령의 식탁"에 참여하는 것이다(21절; 참고. 출 32:7; 신 32:17). 바울은 반석이신 그리스도(신 32:18; 고전 10:4)를 경배하지 않고, 악령이 배후에서 역사하는 로마 황제나 우상을 섬기며 이방 축제에 참여하고 이방 신전에서 제물을 먹음으로써 시험에 빠지는 (덕을 세우지 않고 스스로 믿음이 강하다고 착각한 자들의) 방종을 금한다(참고. 고전 8:10의 '우상의 집에서 앉아 먹음'; 계 2:14). 따라서 13절의 시험은 뒤따르는 언약 파기 행위인 우상 숭배에 참여하는 것을 자연스럽게 포함한다.

신약 성도는 구약의 만나와 메추라기보다(참고. 출 16-17) 더 나은 그리스도의 살과 피로부터 영적 양식을 먹는다. 구약 이스라엘은 우상 숭배와 음행에 빠졌고 우상 제물을 먹었다(7절). 세례를 받은(고전 10:2) 성도가 자주 시행되는 새 언약의 식사인 성찬을 통하여 신령한 양식이자 기쁨인 그리스도와 합하여 감사히 누린다

---

477 참고. R. L. Pratt Jr., (ed), *Spirit of the Reformation Study Bible* (Grand Raids: Zondervan, 2003), 1856; *ESV Study Bible* (Wheaton: Crossway, 2008), 2204.

면(참고. 고전 6:17), 이방 신전과 세상의 정욕에 기웃거릴 이유가 사라진다. 물론 성찬에 참여하는 자체가 영생을 보증하지는 않는다 (고전 10:5). 가시적 교회에서 누리는 외적인 유익(예. 성례 참여)은 성도가 진정으로 누리는 영적 특권과 동일하지 않을 수 있기 때문이다.[478]

---

478 J. R. Beeke (ed), *The Reformation Heritage KJV Study Bible* (Grand Rapids: RHB, 2014). 1659.

CHAPTER 5

잠언 9장은
예수 그리스도 중심적 의미인가,
예수 그리스도 중심적 적용인가?

많은 사람들이 '잠언'(箴言, παροιμία)을 사람이 살아가는데 필요한 격언을 모은 책으로 알고 있다. 그래서 잠언을 읽으면 처세술을 배울 수 있다고 생각하는 사람도 있다. 그러나 잠언은 격언과 명언을 모은 책 이상이다. 무엇보다 잠언의 첫 구절을 깊이 생각해야 한다: "이스라엘 왕의 다윗의 아들 솔로몬의 잠언이다"(잠 1:1; 참고. 왕상 3:12). 잠언은 다윗 언약과 관련된다. 따라서 이 책은 여호와와 언약을 맺은 백성의 삶의 원칙을 설명한다. 구속사의 전진을 고려해 볼 때, 신약 교회는 잠언을 다윗의 후손으로 오셨을 뿐 아니라, 다윗 언약을 새 이스라엘 공동체 안에서 성취하셨으며, 솔로몬보다 더 지혜로운 예수 그리스도의 복음으로 읽어야 한다(참고. 마 1:1; 12:42).[479]

---

479 잠언의 신학적 전제는 다음과 같다: (1) 세상은 질서 정연하다. 하나님께서 세상을 창조하셨고, 만물을 질서로 운행하신다. (2) 인간에게 이성적 능력이 있기에 문화명령을 수행한다. 즉, 하나님이 부여하신 통치권을 발휘하는 과정에서 인간은 질서 정연한 우주의 본질을 이해해야 한다. (3) 인간의 죄 때문에 시작된 질서의 혼란이 대규모 재난까지 이르지는 않는다. 세상에는 자연적인 인과응보의 법칙이 존재한다. (4) 인간의 지혜에는 한계가 있다. 하나님께서 구원의 언약을 제시하시면서 주신 지혜가 없이는 정

특별히 잠언서에서 중요한 '지혜'(σοφία)는 성도가 말씀을 묵상할 때 머리와 가슴으로 깨달을 수 있는 것이며, 여호와를 경외하는 것이고(잠 1:7), 하나님의 백성이 삶에 적용해야 하는 하나님 자신의 성품이다(잠 9:10). 그러므로 의와 공평과 정직을 행하는 여호와를 경외의 삶을 통해 하나님이 어떤 분인지 알 수 있다(잠 1:3). 그런데 잠언 (8장과)[480] 9장의 지혜는 하나님의 성품을 넘어 예수 그리스도와 직접적으로 연결할 수 있다.[481] 따라서 우리는 '지혜 기독론'(Wisdom Christology)의 관점에서 잠언 9장을 읽어야 한다.

보를 정확하게 이해할 수 없다. (5) 경험적 지혜를 찾아나서는 것은 애호가의 기호 활동이 아니다. 하나님은 자신이 주신 이성이라는 은사를 사람이 사용하고 하나님의 계시의 틀 안에서 인생의 상황과 사건을 해석하기를 바라신다. G. Goldsworthy, "잠언," in 『IVP 성경신학사전』, ed. by 데스몬더 알렉산더 & 브라이언 로즈너 (권연경 외 역, 서울: IVP, 2005), 311-12.

480 오리겐, 유세비우스, 마르셀루스, 아타나시우스, 나지안주스의 그레고리를 비롯한 교부들이 잠 8장의 지혜를 기독론적으로 해석한 역사는 M. Dowling, "Proverbs 8:22-31 in the Christology of the Early Fathers," *Perichoresis* 8 (2010, 1), 47-65를 보라.

481 예수님을 지혜와 연결하는 신약 본문은 아래와 같다: "예수님께서는 지혜와 키가 자라면서 하나님과 사람들에게 더욱 총애를 받으셨다."(눅 2:52); "지혜는 그 모든 자녀들에 의해 옳다고 입증된다."(눅 7:35); "너희는 하나님께로부터 나서 그리스도 예수님 안에 있고, 예수님은 하나님께로부터 오셔서 우리에게 지혜와 의와 거룩함과 구속이 되셨으니"(고전 1:30) "그리스도 안에는 지혜와 지식의 모든 보화가 감추어져 있다."(골 2:3); "그들(무수한 천사들)이 큰 음성으로 말하기를, 죽임을 당하신 어린양께서는 능력과 부귀와 지혜와 힘과 존귀와 영광과 찬송을 받으시기에 합당하십니다."(계 5:12).

1. 지혜가 베푸는 생명 잔치(1-6절)

지혜(Woman Wisdom)가 일곱 기둥들을 깎아 세워서 자기 집을 짓는다(1절; 참고. 잠 14:1). 여기서 지혜가 인격화 된다. 그렇다면 지혜가 언제부터, 누구에 의해서 인격화되었는가?(예. 잠 1:20-33; 3:13-20; 4:5-9; 7:4; 8:1-36; 9:1-6). 답은 수수께끼로 남아 있다. 이런 인격화의 근원은 이스라엘의 내외적 환경 안에서 여신들, 혹은 그 여신들과 관련된 신화에서 빌려 온 것인가?(예. B. Lang). 아니면 이스라엘이 가부장적 일신론의 사상을 훼손하지 않고, 여호와에게 복종하는 지혜의 여신을 창작해 낼 심리적 필요의 산물인가?(예. C. Fontaine). 이런 종교사학파적 설명은 잠언의 지혜를 이해하는데 별 도움이 안 된다. 잠언 이외에도, 욥기 28, 바룩 3:9-44, 시락 1:1-10, 24:23, 지혜서 7:1-9:18 등은 지혜와 하나님을 밀접하게 연결한다.[482]

넓은 정경적 차원으로부터[483] 범위를 좁혀 잠언 9장의 기독론

---

482 참고로 미국에서 중학생의 간본문적 역량을 조사한 결과, 저학년일수록 표면적으로 드러난 간본문성에 집중하고, 고학년일수록 사회-심리적인 면에 초점을 맞추었다. 독자(학습자)의 독서 경험과 배경 지식이 많을수록 간본문성을 쉽고 풍성히 찾아내었다. 간본문적 해석을 위해서 저자와 본문과 독자 사이의 통제되면서도 역동적인 대화가 필요하다. 김도남, 『상호텍스트성과 텍스트 이해 교육』(서울: 도서출판 박이정, 2003), 26-27, 69.

483 잠 9:2는 출 16:4, 신 8:3, 느 9:5, 시 23:5, 사 55장과 간본문이다. 하나님은 출애굽 당시, 다윗 당시, 느헤미야 당시, 그리고 이사야가 예언한 종말 시대까지 자기 백성을 초대하여 계속 먹이신다. J. E. McKinlay, "To eat or not to eat: Where is Wisdom in This Choice?" *Semeia* 86 (1999), 78.

적 의미를 찾아보면, 하나님의 지혜이신 예수님께서 자신의 집,즉 교회를 짓는 모습이다(참고. 마 16:18). 예수님 안에는 하나님의 지혜와 지식의 모든 보화가 감추어져 있다(참고. 골 2:3).[484] 지혜이신 예수님은 지혜의 자녀들의 행실을 통해서 옳다함을 받으신다(참고. 눅 7:35). 예수님의 교회는 기둥을 일곱 개(참고. 숫자 '7'은 '완전'과 '충만'을 상징함)나 가지고 있는 완전하고 견고한 곳이다(참고. 잠 6:16; 24:16). 영토가 작은 나라였던 이스라엘의 도시의 제한된 공간을 고려해 보면, 기둥 일곱이 떠받치는 집은 매우 큰 집이다. 많은 방들이 있었을 것이고, 많은 사람들이 동시에 잔치할 수 있는 연회실도 갖추고 있음이 분명하다.[485] 교회는 지혜이신 예수님이 세우신 집이기에 죽음의 세력이 이기지 못한다(참고. 마 16:18; 엡 2:22; 계 21:14). 예수님은 생명의 잔치를 배설하실 만큼 부요하신 분이다.

지혜이신 예수님은 마치 '고귀한 후견인'(noble patron)처럼 짐승을 잡고 포도주를 꿀이나 허브와 혼합하여 정성껏 상을 차리신다(2절).[486] 교회의 머리이신 예수님이 교회 안에 잔치를 베푸신다.

---

484 잠 9장 주석에서 기독론을 언급하지 않는 경우는 P. E. Koptak, *Proverbs* (The NIV Application Commentary; Grand Rapids: Zondervan, 2003), 263-79를 보라.

485 Keret 서사시에 나타난 'Hurriya'를 위한 연회에서 잠 9:1-6과 유사한 잔치 주제(banquet motif)를 찾을 수 있지만, 성경 안의 간본문(사 55:1-2; 65:11-14; 눅 14:15-24)이 더 중요하다(Murphy, 1998:57-58).

486 C. H. H. Scobie, *The Ways of Our God: An Approach to Biblical Theology* (Grand Rapids: Eerdmans, 2003), 390; *Spirit of the Reformation Study Bible* (Grand Rapids: Zondervan, 2003), 989. 고대세계에서 후견인-피후견인(patron-client) 관습에 대한 설명은 B. J. Malina, *The New Testament World: Insights from Cultural Anthropology* (Louisville: WJK,

교회는 생명의 잔치를 하는 공동체이다. 잔칫집 주인이신 예수님은 흥을 돋우는 고기와 포도주를 정성껏 배설(排設)하신다. 유월절 최후 만찬에서 예수님은 언약의 피와 자신의 살을 상징하는 포도주와 떡을 제자들에게 주시면서 생명의 잔치를 주관하셨다(참고. 눅 14:15-24; 22:14-20).[487]

지혜이신 예수님은 여종들을 보내어 성읍 가장 높은 곳에서 외치게 하신다(3절). 예수님이 잔치에 사람들을 초청하기 위해서 보내시는 '여종들'은 처녀들로 순결한 교회, 곧 자신의 제자들을 가리킨다. 모든 사람들이 들을 수 있도록 성의 가장 높은 곳에서 교회는 외쳐야 한다. "미련한 자는 누구나 이리로 오너라"(4절). 미련한 자(지각이 없는 자)는 지혜이신 예수님이 없는 사람이다. 예수님을 알지도 믿지도, 않는 사람이 미련한 자이기에, '미련하다'(혹은 '지각이 없다')는 말은 단순히 무지하다는 의미가 아니라 생명과 구원을 소유하지 못했다는 의미이다.

계속해서 여종은 "와서 내 음식을 먹고 내가 혼합한 포도주를 마시라"고 외쳐야 한다(5절; 참고. 잠 8:5). 세상(성읍) 사람들은 예수님이 자신의 살과 피를 십자가에서 화목제물로 주신 영생의 음식을 먹어야 한다. 이 내용은 이사야의 외침을 상기시킨다: "모든

1993), 99-103을 보라.

487 ESV 스터디 바이블은 잠 9장에서 관주(冠註)를 교회론적-기독론적으로 처리하지만(예. 잠 9:1과 마 16:18; 잠 9:2와 마 22:4), 실제 본문 주석에는 반영하지 않았다. *ESV Study Bible* (Wheaton: Crossway, 2008), 1150. 잠 9장의 기독론적 주석은 *The Reformation Heritage KJV Study Bible* (Grand Rapids: Reformation Heritage Books, 2014), 896-97을 보라.

목마른 자들아 물로 나아오라. 돈 없는 자도 와서 사 먹어라. 와서 돈 없이, 값없이 포도주와 젖을 사라."(사 55:1; 참고. 요 7:37). 오병이어의 표적을 행하신 후 예수님이 하신 말씀도 들어보자: "내가 곧 하늘에서 내려오는 생명의 빵이니, 누구든지 이 빵을 먹으면 영원히 살 것이다. 내가 줄 빵은 세상의 생명을 위한 내 살이다"(요 6:51). "내 살은 참된 양식이며, 내 피는 참된 음료이다"(요 6:55).

　　지혜이신 예수님의 생명이 없어 죽어가는 세상에 가장 필요한 것은 어리석음을 버리고 생명을 얻는 것이며 명철의 길로 걷는 것이다(6절). 성도는 지혜의 자녀로서, 생명의 잔치에 참여한다. 예수님은 순결한 교회를 지혜 없는 사람들에게 보내셔서 생명 잔치에 초청하신다. 교회는 정결하고 거룩한 생활로 생명이 없는 자들을 초청한다. 새 생명 전도 잔치에 불신자를 초청하려면 교회가 먼저 세상을 섬기고 그들에게 감동을 주어야 한다.[488] 교회는 예수님의 사랑과 생명을 세상에 보여 주어야 한다.[489]

---

488 주로 가난한 목회자의 양식이 된 '성미'(誠米)는 1905년경부터 1980년대까지 이어져 온 한국교회의 전통이었다(참고. 겔 44:30). 조선시대 선교사는 성미를 '조선(여)인의 진정한 희생'이라 불렀다. 이처럼 어려운 상황 속에서도 사랑과 희생으로 훈련된 교회는 안팎에 구제를 시행할 수 있다. 최은주, "민족교회의 '어머니신앙'과 바이블 우먼," 『일본문화학보』 52 (2012), 445.

489 두 가지 잔치 사이에 위치한 잠 9:7-12는 어떤 역할을 하는가에 대해 여전히 논란이 있다. 7-12절이 뒤따르는 잠언에 대한 맛보기라는 주장도 있다(예. A. Meinhold). 잠언에서 중요한 사상을 포함하는 10절을 중심으로 'Woman Wisdom'(1-6절)과 'Woman Folly'(13-18절)가 대조되기에, 7-12절이 다른 자료를 가지고 어색하게 후대에 편집한 것이 아니라 오히려 문맥이 자연스럽게 흐른다고 볼 수 있다(참고. Murphy, 1998:58). 그리고 잠 9:8-9에 나타난 대조는 남의 교정과 비판을 겸손히 수용해야 한다는

2. 미련한 자가 베푸는 사망의 잔치(13-18절)[490]

잠언 9:13-18에 지혜와 생명의 잔치와 반대되는 '어리석음과 사망의 잔치'가 등장한다.[491] 지혜롭지 못한 미련한 여자(Woman Folly)는 수다스럽고 어리석으며 아무것도 알지 못한다(13절). 그 여자는 자기 집 대문에나 성읍 높은 곳의 자리에 앉는다(14절).[492] 이 여인은 마치 자신이 성의 여왕이라도 된 것처럼 교만하다. 거기서 미련한 여자는 길을 바로 가고 있는 행인들을 부른다(15절). "미련한 자는 누구나 이리로 오너라"라고 말한다(16절: 참고. 4절). 미련한 여자가 미련한 여자를 부르는 것은 모순이다. 소경이 소경을 인도하여 둘 다 구덩이에 빠지고 만다(참고. 마 15:14). 여기서 잠언 7:11-12에서 창녀를 묘사하는 것을 들어보자: "그 여자는

도덕적 교훈을 준다. *The Reformation Heritage KJV Study Bible* (Grand Rapids: Reformation Heritage Books, 2014), 897

490 잠 9장의 교차대칭구조는 아래와 같다:
a 여성 지혜가 베푼 잔치(1-6절)
  b 거만한 자와 지혜: 거만한 자와 지혜의 상반된 행동(7-9절)
    c 중심 논의: 지혜에 이르는 길인 하나님을 경외함(10절)
  b′ 지혜와 감시원: 지혜와 거만한 자의 상반된 결과(11-12절)
a′ 미련한 여자가 베푼 잔치(13-18절). 참고. 남아공 노스-웨스트대학교의 H. J. M. van Deventer, "Spreuke 9: Struktuur en Funksie," *In die Skriflig* 40 (2006, 2), 293.

491 쿰란 11번째 동굴의 '시편 두루마리'는 시락 51:13-19와 30절의 히브리어 본문을 포함한다. 내용은 한 젊은이와 지혜 여인이 서로를 찾는 것이다.

492 이 음녀의 집은 '성벽 위'에 위치한 것 같다. 참고로 솔로몬이 창녀와 같은 어리석은 여자라는 이미지를 사용한다고 해서 그를 '여성혐오주의자'(misogynist)로 볼 수는 없다.

말이 많고 예절이 없으며 발이 집에 머물지 아니하여, 때로는 거리에서, 때로는 광장에서 길목마다 사람을 기다리고 있다.” 잠언 9:13-18의 미련한 여자는 사람을 유혹하여 파멸로 이끄는 창녀와 같다.

이 미련한 여자는 지각이 없는 자들에게 “훔친 물이 달고, 몰래 먹는 빵이 맛이 있다”라고 말한다(17절). ‘훔친 물과 몰래 먹는 빵’은 지혜가 배설한 ‘고기와 포도주’와 정반대이다(참고. 2절). ‘훔친 물’(stolen water)은 불법적인 성행위를 상징한다. 부부의 성적인 정결을 교훈하는 잠언 5:15-17을 들어보자: “너는 네 우물에서 물을 마시고 네 샘에서 솟는 물만 마셔라. 어찌하여 네 샘물을 밖으로 넘치게 하며 그 물줄기를 거리로 넘치게 하려느냐. 그 물은 너 혼자만 마시고 타인들과 함께 마시지 마라.” ‘몰래 먹는 빵’(bread eaten in secret)은 훔친 빵이거나 먹지 말도록 금지된 빵을 가리킨다(참고. 잠 20:17). 이것은 성적인 유혹과 관련되는 듯하다.[493] 그리고 이 표현은 사탄이 에덴동산에서 아담과 하와를 거짓말로 타락시켜 선악을 알게 하는 과일을 먹게 한 사건을 연상케 한다. 지혜이신 예수님이 없는 아담의 후손은 성적 타락과 거짓을 아무런 죄책감 없이 저지를 뿐 아니라, 남도 그 타락의 길로 초청한다(참고. 잠 7:21-22, 27). 사실 이 음녀는 아무런 메뉴도 준비하지 않은 것이기에, 잔치가 불가능하다.

이 미련한 여자는 “여호와를 경외하는 것이 지혜의 시작이며,

---

493 R. E. Murphy, *Proverbs* (WBC; Nashville: Thomas Nelson Publishers, 1998), 282.

거룩하신 이를 아는 것이 명철이라"는 잠언 9:10을 무시하는 창녀와 같다. 어리석은 자는 이 여자의 말을 듣고 손님이 되어 스올(사망)의 깊은 곳에 빠져든 자들이 있는 것도 모르고, 자신도 그 속에 빠져든다(18절). 세상 속에서 교회가 여호와를 경외하지 않고, 세상과 타협하며, 하나님의 지혜를 따라 판단하지 않고, 세상의 거짓과 짝하여 살면 세상과 함께 파멸당하고 만다.

잠언 9:1-6의 '지혜와 생명을 얻는 잔치'와 13-18절의 '어리석음과 사망의 잔치'가 분명히 대조된다. 당연히 독자는 전자 편에 서도록 결단해야 한다.[494]

3. 어떤 잔치를 선택할 것인가?

지혜가 베푼 잔치는 천국 문으로 인도하지만, 음녀가 베푼 잔치는 사망의 문으로 인도한다.[495] 전도는 성도가 먼저 예수님의 생명 잔치를 즐겨야 가능하다. 선한 목자이신 예수님은 양으로 하여금 생명을 얻고 더 풍성히 얻도록 하기 위해서 오셨다(참고. 요

---

494 김희석에 의하면, "잠 1-9장의 결론으로서의 9장은 지혜/아내와 음녀/우매 여인을 구별하는 기준이 '여호와 경외함'(참고. 잠 9:10)이라는 사실을 부각시킴으로써 4장 이후의 논의들을 마무리하는 것이다." 따라서 이 주장은 지혜 기독론적 해석으로까지 나아가지 못한다. 김희석, "잠언 1-9장의 해석학적 기능과 신학적 함의," 『Canon & Culture』 5 (2014, 1), 226.

495 인격화된 지혜는 일종의 '신인동형론적 표현'으로 볼 수 있다. 그리고 '음녀'는 신약과 구약에서 종종 중요한 구속사적인 은유로 사용된다(겔 16:35; 계 17:1). 참고. Murphy, *Proverbs*, 284.

10:10). 에베소 교회를 위한 바울의 기도를 인용하자: "우리 주 예수 그리스도의 하나님, 영광의 아버지께서 '지혜와 계시의 영'을 너희에게 주시어 하나님을 알게 하시고, 너희의 마음의 눈을 밝히셔서, 그분의 부르심의 소망이 무엇이며, 성도 안에 있는 그분의 유업의 영광의 풍성함이 무엇인지"(엡 1:17-18). 성령님께서 충만하게 역사하시면, 하나님이 누구시며 외아들 예수님 안에서 교회를 위해서 무엇을 하셨는지 깊이 알게 된다. 성령 충만하면 영적 눈이 밝아져서 하나님께서 자기 자녀로 부르신 목적과 이유와 소망을 알게 된다. 성령 충만하면 하나님 나라를 자기 자녀에게 주기를 기뻐하시는 하나님의 유산이 얼마나 영광스럽고 풍성한지 알게 된다.

현대는 교회가 세상을 섬기고 감동시키지 않고는 전도하기 어려운 시대이다. 지금도 예수님은 생명 잔치를 여시고 지혜와 생명 없는 자들에게 현숙한 여종들을 보내신다(참고. 잠 31:10-31). 지혜이신 예수님의 지혜의 자녀인 성도는 세상에서 어떻게 사느냐에 따라 옳다는 인정을 받기도 하고, 옳지 않다는 평가를 받기도 한다(눅 7:35). 성령 충만한 지혜의 자녀는 세상에서 행실을 거룩하게 한다. 성령 충만하게 사는 현숙한 여인은 하나님 앞에서 도덕적으로 살려고 한다. 성령 충만한 지혜의 자녀는 성령의 첫 번째 열매인 '사랑'으로 세상을 섬긴다.[496]

---

496 어거스틴과 칼빈이 말한 대로, 교회는 성도의 어머니이다. 성도는 영적으로 태어나서 어머니와 같은 교회 공동체의 따뜻한 품에서 안정감 있게 자라야 한다. 목회자뿐 아니라 직분자들은 이런 어머니 역할을 해야 한다.

4. 그리스도 중심적 의미인가, 그리스도 중심적 적용인가?

위에서 잠언 9장의 기독론적 의미를 찾아보았다. 그렇지만 여기서 다시, 잠언을 해석할 때 제기되는 근본적 질문을 상기해 보자. 잠언 9장의 '지혜'가 예수 그리스도의 그림자라면, 즉 신약에서 예수님이 하실 일을 희미하게 보여 준 것이라면 성취자이신 예수 그리스도 중심적 '의미'를 찾을 수 있다.[497] 그러나 '지혜'가 구약의 여호와의 성품, 혹은 여호와께서 일하시는 도구와 방식이라면, 신약에서 유사하게 일하신 예수 그리스도 중심적으로 '적용'할 수 있다. 환언하면, 전자가 계시의 점진적 발전을 찾는다면, 후자는 구약 계시의 자체 충족적으로 이해하는 방식이다. 그렇다면 이 둘 중에서 무엇이 옳은가? 이 둘 가운데 하나만 선택해야 하는가? 아니면 이 둘은 상호 보충적인가? 구약의 다른 책과 마찬가

성도는 교회인 어머니의 젖을 먹고 세상을 천국으로 변혁시킬 수 있어야 한다. 그런데 젖이 말라 있으면, 성도가 스스로 젖을 찾을 방법을 모색한다(예. 유튜브를 통한 설교 청취). 그리고 교회에 잔치 분위기와 은혜의 젖이 말라 있으면, 소위 '가나안 성도'를 낳기도 한다. 교회는 온기와 웃음, 그리고 영적 활력을 회복해야 한다. 그래야 성도의 믿음과 일상의 삶이 잔치로 승화된다. 교회가 잔칫집이 되려면, 부자 성도는 빈자를 기억하고, 건강한 성도는 병약한 성도의 아픔을 헤아리고, 직장이 있는 성도는 무직/구직 성도를 돕고, 고난 중에서 서로 위로하고, 언제나 함께 춤출 수 있어야 한다. 한 걸음 더 나아가 어머니 교회는 분립개척을 통해 자녀교회를 낳을 수 있어야 한다. 그리고 교회는 지역 사회에 영적 젖을 공급하는 어머니 역할도 해야 한다. 한상봉, "2008년, 촛불을 통해 배우는 하느님 잔치: 한국 천주교회에 대한 분석과 희망,"『우리신학』 8 (2009), 125, 135-36에서 요약.

497 잠언의 지혜가 성육하기 이전의 그리스도 자신 및 사역과 관련된다면, 잠언은 성육하신 그리스도의 사역을 맛보기로 보여 준다.

지로 잠언 역시 그 자체로 구약 백성에게 충족한 계시였음을 부인할 수 없다. 잠언은 BC 900년경의 솔로몬 당시와 BC 700년경의 히스기야 당시(참고. 잠 25:1) 이스라엘 백성에게 충분한 하나님의 계시였다. 하지만 잠언의 계시가 히스기야 당시에 멈추지 않고 계속 발전했기에, 신약 성도는 잠언의 성취자이신 예수 그리스도 중심적 의미를 찾을 수 있다. 마치 구약 율법이 신약 성도에게는 '생명의 성령의 법' 혹은 '그리스도의 법'으로 이해되는 것과 마찬가지이다(참고. 롬 8:2). 구속계시의 발전에서 볼 때, 예수님이 구약에 나타난 여호와의 성품과 일하시는 방식을 이어 받아서 신약에서 확대-상승하시는 사역을 하셨다. 그 결과 고귀한 후견인(後見人)이신 예수님께서 장만하신 성찬 메뉴는 육고기와 포도주가 아니라 주님 자신의 살과 피이다. 이것은 생명과 지혜를 은혜로 받은 피후견인이 초대받은 성찬식은 추도식이 아니라 잔치라는 사실을 가르쳐 준다.[498]

---

498 참고로 잠 8-9장의 지혜로부터 생태신학과 여성신학을 도출하여, 여성으로 묘사되는 지혜가 역설적이게도 가부장적 체계를 강화하는 효과가 있다는 주장은 프레토리아대학교의 P. P. Venter, "Die Vrou Wysheid, God en Ekobillikheid: Liggaamsideologie in Spreuke 8:1-9:18," *HTS Theological Studies* 65 (2009), 6을 보라. 이런 이념적 해석은 본문의 의도와 무관한 'eisgesis'가 되기 쉽다. 잠 9장의 지혜를 우가릿 문헌에 나타난 신화와 종교사학파적으로 비교한 연구는 R. J. Clifford, "Proverb 9: A Suggested Ugaritic Parallel," *Vestus Testamentum* 25 (1975, 2), 300-306을 보라. 하지만 잠 9장의 지혜는 종교의 발전에 따른 산물이 아니라, 하나님의 계시이기에 기독론적으로 해석이 가능하다.

김도남. 『상호텍스트성과 텍스트 이해 교육』. 서울: 도서출판 박이정, 2003.

김희석. "잠언 1-9장의 해석학적 기능과 신학적 함의." 『Canon & Culture』 5 (2014, 1): 203-235.

최은주. "민족교회의 '어머니신앙'과 바이블 우먼." 『일본문화학보』 52 (2012): 433-51.

한상봉. "2008년, 촛불을 통해 배우는 하느님 잔치: 한국 천주교회에 대한 분석과 희망." 『우리신학』 8 (2009): 117-36.

Clifford, R. J. "Proverb 9: A Suggested Ugaritic Parallel." *Vestus Testamentum* 25 (1975, 2): 298-306.

Dowling, M. "Proverbs 8:22-31 in the Christology of the Early Fathers." *Perichoresis* 8 (2010, 1): 47-65.

ESV Study Bible. Wheaton: Crossway, 2008.

Goldsworthy, G. "잠언." In 『IVP 성경신학사전』. Edited by 데스몬더 알렉산더 & 브라이언 로즈너. 권연경 외 역. 서울: IVP, 2005: 309-313.

Koptak, P. E. *Proverbs*. The NIV Application Commentary. Grand Rapids: Zondervan, 2003.

Malina, B. J. *The New Testament World: Insights from Cultural Anthropology*. Louisville: WJK, 1993.

McKinlay, J. E. "To eat or not to eat: Where is Wisdom in This Choice?" *Semeia* 86 (1999): 73-84.

Murphy, R. E. *Proverbs*. WBC. Nashville: Thomas Nelson Publishers, 1998.

Scobie, C. H. H. *The Ways of Our God: An Approach to Biblical Theology*. Grand Rapids: Eerdmans, 2003.

Spirit of the Reformation Study Bible. Grand Rapids: Zondervan, 2003.

The Reformation Heritage KJV Study Bible. Grand Rapids: Reformation

Heritage Books, 2014.

Van Deventer, H. J. M. "Spreuke 9: Struktuur en Funksie." *In die Skriflig* 40 (2006, 2): 285–98.

Venter, P. P. "Die Vrou Wysheid, God en Ekobillikheid: Liggaamsideologie in Spreuke 8:1–9:18." *HTS Theological Studies* 65 (2009): 1–7.

CHAPTER 6

말라기 1장 2-5절의
예수 그리스도 완결적 읽기

정경의 순서상, 그리고 시간상 신약에 가장 가까운 구약 성경은
말라기서이다. 따라서 구약의 마지막 책이자 신약에 가까운 말라
기서의 예수 그리스도 완결적(Christotelic) 메시지를 찾는 것은 자
연스럽다. 구약에서 계시가 점진적으로 발전해 갈 때, 이전보다는
이후 시대가 도래할 신약의 모습을 더 선명하게 보여 주었다.[499]
한 예로 스가랴 14장의 열방의 왕이신 하나님을 이어서 말라기
1:1-5에서도 아람을 포함하여 열방을 통치하시는 하나님이 소개
된다. 만군의 야웨는 크신 분이시다(참고. 말 1:5, 11, 14).[500]

---

499 말라기서가 신약에 사용 및 성취된 경우는 다음과 같다: (1) 여호와께
로 돌아오라(말 3:7; 약 4:8), (2) 열방이 하나님을 높임(말 1:11; 행 1:8, 엡
2:11-13), (3) 언약의 사자의 정결케 하시는 개혁(말 3:1, 3; 요 2:14-17), (4)
메시아의 선구자로 올 선지자 엘리야(말 4:5; 마 11:14, 17, 눅 1:17).

500 G. Goswell, "The Eschatology of Malachi after Zechariah 14," *JBL*
132 (2013, 2), 627-29.

1. 말라기 시대의 상황

말라기 당시는 출바벨론 후 100년이 지난 시점이었다. 유다 지역은 30×40km 반경인데, 유대인들은 약 15만 명이 거주하고 있었다.[501] 그들은 페르시아의 종교 관용주의의 혜택을 받고 있었다. 그러나 그들에게 대적이 있었고(참고. 스 4:23; 단 9:36-37), 식민지 상태에 놓여 있었다(참고. 느 1:3; 9:36-37). 유대인들은 죽은 정통주의(dead orthodoxy)에 빠져 있었는데, 우상 숭배는 만연하지 않았다(비교. 말 2:11). 그리고 그들은 위선적인 형식주의(hypocritical formalism)에도 빠져 있었다. "말라기는 느헤미야가 직면했던 유사한 문제들을 언급한다: 부패한 제사장직(느 13:28-31), 언약 신앙 밖의 결혼과 이혼(느 13:23-28; 스 9:1-15), 부도덕과 사회 부정의(느 5:1-13; 13:15-22), 그리고 십일조와 헌물이 무시됨(느 13:10-12)."[502] 비록 유대인들이 포로에서 돌아왔지만, 포로생활을 초래한 근본적인 문제, 곧 마음에 할례를 받지 못한 상태는 말라기 당시에도 지속되고 있었으므로, 온전한 회복의 날은 여전히 미래에

---

501 말라기와 느헤미야가 서로 가까운 시대임을 다음 사실이 증명한다: (1) 이방 여인과의 결혼(말 2:11-15; 느 13:23-27), (2) 십일조를 등한시함(말 3:8-10; 느 13:10-14), (3) 안식일을 거룩히 지키지 않음(말 2:8-9; 4:4; 느 13:15-22), (4) 제사장의 부패(말 1:6-2:9; 느 13:7-9), (5) 사회 부정의(말 3:5; 느 5:1-13). 또한 말라기가 모세의 법에 근거하여 호소한 것은(말 4:4), 말라기서의 기록 연대가 서기관 겸 제사장이었던 에스라의 말씀 선포 이후임을 알 수 있다. W. C. Kaiser Jr., *Micah-Malachi* (The Communicator's Commentary; Dallas: Word Books, 1992), 433.

502 A. R. Petterson, "The Book of Malachi in Biblical-Theological Context," *Southern Baptist Journal of Theology* 20 (2016, 3), 11.

해당했다.[503]

말라기 당시는 학개와 스가랴의 활동 후 80년경이었다. 그 무렵 재건된 성전을 중심으로 풍성하게 회복될 것이라는 학개 2장과 스가랴 1:16-17의 예언에 대한 진실성에 의심을 가진 이도 있었다. 말라기 당시의 사람들은 학개와 스가랴의 예언을 통해서 완공된 스룹바벨 성전 자체가 그들에게 복이었음을 알지 못했다. 재건된 성전에 솔로몬 성전보다 더 큰 영광이 임하지 않으며, 기근, 가난, 압제를 당하자 유대인들은 언약을 저버리고 영적으로 나태해지고 의심과 회의주의에 빠져들게 되었다.[504]

무엇보다 메시아 예언과 하나님의 영광스러운 현존에 대한 약속이 성취되지 않은 것이 유대인들에게 큰 문제였을 것이다(참고. 사 40-55; 슥 1:16-17; 2:4-5, 10-13; 8:3-17, 23; 9:9-13).[505] 말라기의 메시지(처방)의 핵심은 "언약을 갱신함으로 신실하게 순종하라"이다.[506]

---

503 Petterson, "The Book of Malachi in Biblical-Theological Context," 17-18.

504 R. L. Smith, *Micah-Malachi* (WBC; Waco: Word Books, 1984), 300.

505 고든 휴겐버거, "말라기," in 『IVP 성경주석: 구약』, ed. by G. J. Wenham and J. A. Motyer (서울: IVP, 2005), 1211.

506 말라기 선지자는 포로에서 귀환하여 유다에 살던 사람들을 위해서 기록하지만, 1절에서 '이스라엘에게 주신 여호와의 말씀의 경고'라고 소개한다. '이스라엘'이라고 말한 이유는 포로 귀환 후에는 남북 이스라엘의 구분이 없어진 것 때문이기도 하겠지만, 말라기의 수신자들이 포로 이전의 이스라엘 백성처럼 하나님의 언약의 상속자로서 의무를 지니고 있음을 상기시키기 위해서이다.

2. 말라기서 안의 말라기 1:2-5

말라기서는 포로 귀환 후에 포로 귀환 전의 상태로 돌아가려는 이스라엘에게 하신 하나님의 경고(burden, oracle)의 말씀이다(참고. 슥 12:1). 말라기서의 구조는 아래와 같다:

표제(1:1)[507]

본론: 여섯 개의 논쟁(disputations):[508]

논쟁 1(1:2-5): 하나님의 무조건적인 사랑

논쟁 2(1:6-2:9): 제사장에 대한 경고[509]

논쟁 3(2:10-16): 이방인과의 결혼 문제

논쟁 4(2:17-3:5): 하나님은 자신의 의를 위해서 신원하심

논쟁 5(3:6-12): 십일조 문제

논쟁 6(3:13-4:3): 하나님을 거역하는 말과 신정론

---

507 말라기서가 심판과 경고를 다루지만, 1절의 '이스라엘'은 하나님의 언약적 사랑을 강조한다. 참고. K. 엘리거, 『말라기』(국제성서주석; 서울: 한국신학연구소, 1985), 299. 참고로 말라기서에서 (1) 하나님과 이스라엘 백성, (2) 야곱과 에서, 그리고 (3) 하나님과 에돔 사이의 반명제가 교차대칭 구조와 어떻게 연결되는가는 S. D. Snyman, "Antitheses in Malachi 1, 2-5," *ZAW* 98 (1986, 3), 436-38을 보라.

508 예언적 논쟁(prophetic dispute)은 구약에 종종 등장한다(예. 미 2:6-11; 렘 28:1-17). 이것은 '질문과 대답의 형식' 혹은 '교리문답 형식'과 유사하다. 이 형식을 혹자는 그리스 철학자 소크라테스의 이름을 따서 'Socratic'이라 부른다. Smith, *Micah-Malachi*, 304.

509 참고로 말 1:11을 기독론적-종말론적 예언이 아니라 제의적-비유적 표현으로 해석한 경우는 A. Viberg, "Wakening a Sleeping Metaphor: A New Interpretation of Malachi 1:11," *Tyndale Bulletin* 45 (1994, 2), 318-19를 참고하라.

결론(4:4-6) : 모세의 언약과 약속된 엘리야, 그리고 기억해야
할 주님의 날[510]

논쟁 1과 논쟁 6은 병행을 이루는데, 전자는 하나님의 사랑에
대한 논쟁이며, 후자는 하나님을 대항하여 말하는 것에 대한 논쟁
이다.[511] 포로에서 돌아온 후 시간이 지나자 말라기 당시의 유대인
들은 하나님에 대한 불경건한 감정을 표출하기 시작했다. 더욱이
하나님의 이름과 명예를 보존해야 할 제사장들조차(레 21:5-6) 하
나님을 멸시하는 불경건한 감정으로 충만했다(말 1:6). 하지만 말
라기 1:2에 나타난 하나님의 사랑이라는 감정은 특별한 보물(말
3:17)과도 같은 자기 백성들과의 열정적인 연합을 원하셨다는 표
시다.[512] 말라기 2-4장에 유대인들이 견지한 부정적 지식과 의지

---

510 말라기의 거의 절반(43.6%)에 해당하는 구절은 "만군의 여호와께서
말씀하신다"로 시작한다. 참고로 이 비율이 구약 사무엘상하와 열왕기상
하, 그리고 역대상하에는 1%미만이지만, 학개서에는 31.6%, 스가랴서에
는 21.8%이다. 바벨론 포로 귀환 이후의 선지서들에 '만군의 여호와'(the
Lord of hosts)라는 표현이 많은 점이 흥미롭다. 바벨론 포로 귀환 후, 유대
는 자위대 같은 군대조차도 제대로 갖추지 못했다. 따라서 여호와께서 하
늘의 무수한 군대를 거느리고 계시다는 사실은 그들에게 큰 위로가 되었
을 것이다(참고. 왕하 6:17). 참고. *ESV Study Bible* (Wheaton: Crossway
Bibles, 2008), 1775.

511 참고로 Kaiser는 말 1:1-5를 '하나님의 사랑'이라는 주제로 아래와 같
이 구분한다:
A. 하나님의 선택적 사랑(election-love: 1:1-3a)
B. 하나님의 공의로운 사랑(justice-love: 1:3b-4)
C. 하나님의 우주적 사랑(universal-love; 1:5). 참고. Kaiser, *Micah-
Malachi*, 439.

512 Smith, *Micah-Malachi*, 299; E. R. Clendenen, "A Passionate
Prophet: Reading Emotions in the Book of Malachi," *Bulletin for Biblical
Research* 23 (2013, 2), 212-14.

는 물론 감정과 하나님의 선함 사이에 대조가 계속 이어진다.

3. 말라기 1:2-5와 로마서 9:13, 그리고 그리스도 완결적 의미[513]

말라기 1:2-5는 말라기서의 첫 번째 논쟁을 다룬다. 여호와께서 "나는 너희를 사랑한다"라고 하시니, 유대인들은 "주께서 어떻게 우리를 사랑하십니까?"라고 묻는다(2절). '사랑하다'(אָהֵב)는 지속적인 언약과 선택을 가리키는 용어이다(참고. 신 7:8).[514] 혹자는 신명기에 자주 등장하는 동사 אָהֵב(신 4:37; 5:10; 6:5; 7:8; 10:12; 11:1; 13:4)를 호세아가 선호했던 '헤세드'(חֶסֶד)와 구분하여, 전자가 보다 더 강렬함, 통전성, 내면성, 그리고 가족의 연대성을 강조한다고 본다.

하나님은 족장 '에서' 대신에 '야곱'을 사랑하셨다(2절). 완료형 אֲהַבְתִּי은 하나님께서 유대인들을 사랑하겠다고 선언하신 이래로(참고. 신 7:7; 10:18; 호 11:11) 말라기 당시에도 여전히 사랑하심을 강조한다.[515] 하나님은 불변하시다(참고. 말 3:6). 2절의 '사랑하다'

---

513 그리스도 완결적, 성취적, 목적적 해석(Christotelic interpretation)은 성경을 읽을 때 구속사의 절정이신 예수님의 죽으심과 부활, 그리고 승천의 관점에서 읽는 전략적인 방법이다. 김구원, "시편 30장의 그리스도 성취적 해석," *Forum Biblicum* 8 (2011), 57.

514 D. W. Baker, *Joel, Obadiah, Malachi* (NIV Application Commentary; Grand Rapids: Zondervan, 2006), 219.

515 Kaiser, *Micah-Malachi*, 440.

는 선택(혹은 '편애하다')을, 3절의 '미워하다'는 악의(惡意)보다는 거절(拒絶)을 의미하는데(참고. 사 61:8; 암 5:21; 말 2:16), 둘 다 언약 용어이다.[516] 이 쌍둥이들이 태어나기 전에 그들의 운명(?)은 결정되었다(참고. 창 25:23). 하나님이 야곱의 마음을 미리 아셨기 때문일 수도 있지만(참고. 롬 8:29), 은혜로우신 하나님의 주권적인 섭리 때문이었다(참고. 신 7:6-8). 상징적으로 에서와 야곱은 에돔과 이스라엘을 대표한다. 야곱이 은총을 입은 것은 하나님의 무조건적 선택의 사랑이었다.[517]

바울은 로마서 9:6-13에서 유대인들이 아브라함의 혈통적 후손이기 때문에 구원을 받는 것이 아님을 논증한다. 바울도 말라기처럼 선택과 거부에 있어서 하나님의 자유와 권한에 대해 논한다. 말라기 1:2를 인용한 로마서 9:13에서 바울은 하나님께서 에서 대신에 야곱을 사랑하신 것이 의로운 하나님의 성품에서 나온 것이라고 설명한다. 하나님의 주권적 호의를 입은 야곱은 메시아의 조상이 되는 특권을 누렸다. 하나님의 의와 사랑이 연결된다.[518]

---

516 Baker, *Joel, Obadiah, Malachi*, 220. 때로 '미워하다'는 '덜 사랑하다'(to love less)는 뜻을 가진다(참고. 창 29:30-31; 잠 29:24; 눅 14:26; 16:13). Kaiser, *Micah-Malachi*, 441. 말 1:2-5와 족장 내러티브(창 25-31) 그리고 겔 35-36장의 간본문적 해석은 J. Gibson, "Covenant Continuity and Fidelity: Inner-Biblical Allusion and Exegesis in Malachi," *Tyndale Bulletin* 66 (2015, 2), 314를 보라.

517 바벨론 포로 귀환은 하나님께서 야곱과 그의 후손을 사랑하신 증거이다.

518 말라기서는 아브라함의 언약(말 1:11; 3:12)을 성취하시기 위해 언약의 책무를 성실히 감당하시는 하나님의 선교(*missio Dei*)에 관한 책이라는 주장은 J. Hwang, "Syncretism after the Exile and Malachi's Missional

에서의 산들(네게브의 세일 산지; 참고. 창 14:6; 36:8-9, 21; 신 2:1)은 황
폐하게 되고, 에서의 산업은 광야의 이리에게 넘겨진다(3절). 구
약 여러 선지서, 예를 들어, 오바댜, 예레미야 49장, 그리고 에스
겔 25장은 에돔의 파괴를 언급한다. 남 유다가 바벨론에 의해 패
망할 때, 에돔은 피해를 입지 않았다. 왜냐하면 에돔이 바벨론
을 도와 남 유다를 멸망시켰기 때문이다(참고. 시 137:7; 겔 25:12-
14; 35:15; 옵 8-16). 하지만 에돔은 바벨론의 마지막 왕 나보니두스
의 공격을 받았던 것 같다. 이집트 남부의 마스쿠타(Maskhuta)에
서 발굴된 아람어가 새겨진 도기들에 의하면, 실제로 에돔의 파멸
은 말라기 이전 시대인 BC 550-400년에 이루어졌다. 나바테아
(Nabataeans)의 아랍인들이 에돔을 정복하였는데, 그 후 BC 312
년에 페트라에서 '이두메'라 불리는 팔레스타인 남쪽으로 에돔
인들이 쫓겨와서 거주하게 되었다(참고. 1마카비 5:25). 결국 에돔인
들은 '이두메인'(Idumeans)이라고 불리었다.[519] 에돔이 (나바테아
인을 몰아내려고 페트라로 돌아가서) 나라를 재건하려고 힘썼지
만 그들은 저주를 받은 백성으로서 악한 지역에 머물 뿐이었다(4
절).[520] 나바테아인들은 에돔의 영토(페트라)에 AD 106년경 로마제

Response," *Southern Baptist Journal of Theology* 20 (2016, 3), 50-53을
보라.

519 Smith, *Micah-Malachi*, 306.

520 모세는 이스라엘의 형제 국가였던 에돔과 전쟁하기 원치 않았다(민
20:14-19). 하나님은 오바댜를 통해서 에돔에 말씀하셨다. 그러나 에돔이
계속해서 하나님의 백성의 대적 노릇을 했으므로 결국 하나님의 심판의
대상이 되고 말았다(참고. 사 34:5-17; 렘 25:17-18; 겔 25:12-14; 옵 1; 히
12:16). 구약에서 에돔은 마치 이스라엘의 대적 전체를 상징하는 듯이 여겨

국에게 정복되기까지 문명을 꽃 피웠다. 페트라의 유적은 하나님께서 에돔에게 하신 말씀의 진실성을 무언으로 증거하고 있다.[521] 말라기서의 독자들은 하나님의 사랑을 그 당시 진행되어 온 역사를 통해서 알고 있었다. 하나님의 사랑에는 편애와 공의가 동시에 나타난다.

말라기 1:3은 예루살렘의 파멸을 예언하는 예레미야 9:11을 연상시킨다: "내가 예루살렘을 무더기로 만들며 승냥이 굴이 되게 하겠고 유다의 성읍들을 황폐하게 하여 주민이 없게 하리라." 하나님은 패망한 에돔에게 출바벨론 같은 은혜를 베푸시지 않았다.

유대인들은 자신들을 향한 하나님의 변함없는 사랑과 에돔의 파멸을 두 눈으로 보면서,[522] "여호와는 이스라엘 지역 밖에서도 크시다"라고 말할 것이다(5절). 5절은 여호와의 우주적 주권과 사랑을 가리킨다.[523] 말라기 당시의 유대인들은 모세 당시처럼 제사장 나라 역할을 해야 했다. 그리고 해 뜨는 곳에서 해 지는 곳까지

졌기에, 'Damn-Edom theology'(에돔을 저주하는 신학)라는 용어도 만들어졌다. Smith, *Micah–Malachi*, 305.

521 Kaiser, *Micah–Malachi*, 442.

522 엘리거는 5절의 '이것을'에 에돔의 파멸을 포함하지 않는다. 왜냐하면 엘리거는 5절에서 말라기가 의도한 바는 유대인들의 동요하는 믿음을 강화시키기 위해서 하나님의 위대함을 입증하는 것으로 보기 때문이다. 엘리거, 『말라기』, 303.

523 칼빈은 5절을 유대인들은 하나님께로부터 다른 지역 사람들보다 더 많은 것을 은사로 받았기 때문에 언제나 찬양해야 한다는 의미로 주석한다. J. 칼빈, 『말라기』(칼빈주석; 서울: 성서교재간행사, 1993), 325.

만군의 여호와의 이름이 이방 민족들 중에 크게 되어야 한다(말 1:11; 참고. 행 10:9-48; 엡 2:11-13). 이것은 아브라함 언약의 성취이다(참고. 창 12:3; 갈 3:8). 말라기서에 하나님의 이름은 '엘', '엘로힘', 혹은 '아도나이'와 같이 다양하며, 창조에 대한 언급(말 2:10) 등은 이스라엘을 초월한 우주적 주권의 하나님을 강조할 수 있다.[524]

여기서 중요한 질문은 다음과 같다: "말라기 1:2-5의 그리스도 중심적 해석의 열쇠는 무엇인가?" 즉, "말라기 1:2-5는 예수님 자신과 하신 일에서 어떻게 성취되었는가?" 기억할 사항은 예수님이 에서의 저주(3-4절)를 친히 담당하셨다는 사실이다.[525] 그 결과 신약 성도는 '장자의 총회'(the church of the firstborn)에 들어오게 되었다(참고. 히 12:22).[526] 예수님은 에돔인 중 남은 자를 구원하셨다(참고. 암 9:11-12): "예루살렘과 이두매와 요단강 건너편과 두로와 시돈 근처에서 큰 군중이 예수님께서 행하시는 일을 듣고서 그분께 나아왔다"(막 3:8). 예수님은 에돔에 내려진 하나님의 영원한 저주를 돌이키셨다. 그렇다면 예수님이 회복하신 것은 말라기 1:4 예언과 어떻게 일치하는가? 에돔의 회복은 말라기 1:5의 하나님의 우주적 사랑으로 설명할 수 있다. 예수님은 언약에서

---

524 Smith, *Micah-Malachi*, 306.

525 AD 70년의 성전 파괴는 이두메인 헤롯 대왕과 그의 후손들이 증축한 성전을 승천하신 예수님이 심판하신 것이다.

526 우리에게 에서가 장자권을 소홀히 하고 팔아버린 것과 같은 행동이 없는가? 지혜와 계시의 성령님께서 우리의 마음의 눈을 밝히셔서 주권적인 사랑을 베푸시는 하나님을 알게 하시고 우리가 받은 기업의 영광의 풍성함을 깨닫도록 기도하자(엡 1:17-18).

소외된 이방인과 같았던 에돔이 받은 저주를 돌감람나무였던 우리를 대신하여 담당하셨다. 그 결과 하나님은 우리에게 언약 백성 즉 장자의 복을 주셨다. 하나님의 언약을 갱신하여 그분의 사랑을 깨달아야 하는 신약 교회는 에돔이라는 대적에 직면하고 있다.[527] 오늘날 에돔은 특별히 형식주의와 죽은 정통주의의 옷을 입고 있다. 우리는 그것이 하나님의 심판을 받아 재건되지 못하도록 기도하며 노력해야 한다.

4. 적용

말라기 1:2-5의 메시지를 깊이 들여다보면, 창세기의 족장 에서와 야곱에서, 말라기 선지자, 그리고 예수님과 바울로 연결된다. 구약부터 지금까지 하나님의 백성은 예외 없이 무조건적 사랑, 의로운 사랑, 우주적 사랑의 수혜자들이다.[528] 신약 성도는 장자의 복을 받았다.[529] 따라서 의무와 특권도 크다. 하지만 구원 받

---

527 에돔은 물론이거니와 말라기 당시의 유대인들도 오늘날 교회의 대적이 누구이며 무엇인지 가르쳐 준다.

528 말라기 선지자가 야웨의 날의 지연을 교훈한 것은 언약의 하나님의 자비 때문인데(말 1:2-5; 3:1-2), 영적 위기에 처한 유대인들이 하나님께로 돌아갈 수 있는 시간을 얻게 되었다. 즉, 선교를 위해서 심판이 지연되었다. B. Wielenga, "The Delay of the Day of the Lord in Malachi: A Missional Reading," *In die Skriflig* 52 (2018, 1), 5, 7.

529 알렉산드리아 학파의 풍유적 해석을 문자적 해석을 통해서 극복한 알렉산드리아의 시릴(c. AD 420)은 자신이 속한 알렉산드리아 교회를 위한

은 이후에도 어려움과 곤경에 빠질 때 하나님이 나를 사랑하시는
지를 의심할 때가 있다. 하나님을 아버지로서 사랑하지 않고 공경
하지 않으며 주님으로서 경외하지 않는다면, 우리도 말라기 당시
의 유대인들 못지않게 배은망덕한 행위를 저지르는 것이다.[530] 우
리는 하나님의 사랑이 느껴지지 않는 죽은 정통과 형식주의를 경
계해야 한다. 바울에 의해 설립된 후 약 15년이 지난 후 에베소교
회가 첫 사랑을 잃어 버렸지 않는가!(계 2:4).[531] 현대교회의 화석화
된 형식주의와 죽은 정통주의를 어떻게 처리할까? 그리고 민족주
의의 위험성도 간파하자. 하나님의 선택과 편애를 받은 사람은 그
것이 자신의 공로인양 당연시 하지 말아야 한다. 대신에 하나님의
우주적 사랑이 이루어지도록 언약을 갱신하며, 구원의 감격을 깨
닫는 가운데 힘써야 한다.[532]

성경으로 말라기서를 기독교화 시켰다. 말라기서를 기독론적으로 해석
하면서 신약 교회의 윤리적 완전을 촉구한 시릴에 의하면(예. 말 3:1-4,
5; 4:1, 2-6). 말라기 선지자 당시의 부패한 제사장들은 참 제사장이신 예
수님의 출현을 기대하도록 만들었다. 교부의 구약의 기독론적 해석을 현
대 성경신학자와 설교자가 분별하여 수용한다면 그들로부터 귀한 통찰력
을 얻을 수 있다. J. J. O'Keefe, "Christianizing Malachi: Fifth-Century
Insights from Cyril of Alexandria," *Vigiliae Christianae* 50 (1996, 2),
139-51을 보라.

530 칼빈, 『말라기』, 326.

531 이것은 계시록의 후기 연대(AD 96년경)가 아니라, 이른 연대(AD 66년
경)를 따를 경우의 연도 계산이다.

532 형 에서(에돔)가 동생 야곱(이스라엘)에게 행한 죄악을 오늘날 적용할
때, 예수님 안에 있는 형제자매 사이에 서로 죄를 범하지 말아야 하는 것
으로 이해하는 경우는 황창기, 『예수님, 만유, 그리고 나』(서울: 생명의 양
식, 2000), 37을 보라.

고든 휴겐버거. "말라기." In 『IVP 성경주석: 구약』. Edited by G. J. Wenham and J. A. Motyer. 서울: IVP, 2005: 1211-20.

김구원. "시편 30장의 그리스도 성취적 해석." *Forum Biblicum* 8 (2011): 56-65.

엘리거, K. 『말라기』. 국제성서주석. 서울: 한국신학연구소, 1985.

칼빈, J. 『말라기』. 칼빈주석. 서울: 성서교재간행사, 1993.

황창기. 『예수님, 만유, 그리고 나』. 서울: 생명의 양식, 2000.

Baker, D. W. *Joel, Obadiah, Malachi*. The NIV Application Commentary. Grand Rapids: Zondervan, 2006.

Clendenen, E. R. "A Passionate Prophet: Reading Emotions in the Book of Malachi." *Bulletin for Biblical Research* 23 (2013, 2): 207-227.

ESV Study Bible. Wheaton: Crossway Bibles, 2008.

Gibson, J. "Covenant Continuity and Fidelity: Inner-Biblical Allusion and Exegesis in Malachi." *Tyndale Bulletin* 66 (2015, 2): 313-16.

Goswell, G. "The Eschatology of Malachi after Zechariah 14." *JBL* 132 (2013, 2): 625-38.

Hwang, J. "Syncretism after the Exile and Malachi's Missional Response." *Southern Baptist Journal of Theology* 20 (2016, 3): 49-68.

Kaiser Jr., W. C. *Micah-Malachi*. The Communicator's Commentary. Dallas: Word Books, 1992.

O'Keefe, J. J. "Christianizing Malachi: Fifth-Century Insights from Cyril of Alexandria." *Vigiliae Christianae* 50 (1996, 2): 136-58.

Petterson, A. R. "The Book of Malachi in Biblical-Theological Context." *Southern Baptist Journal of Theology* 20 (2016, 3):

9-25.

Smith, R. L. *Micah-Malachi*. WBC. Waco: Word Books, 1984.

Snyman, S. D. "Antitheses in Malachi 1, 2-5." *ZAW* 98 (1986, 3): 436-38.

Viberg, A. "Wakening a Sleeping Metaphor: A New Interpretation of Malachi 1:11." *Tyndale Bulletin* 45 (1994, 2): 297-319.

Wielenga, B. "The Delay of the Day of the Lord in Malachi: A Missional Reading." *In die Skriflig* 52 (2018, 1): 1-9.

CHAPTER 7

스테거너(W. R. Stegner)의
신약의 구약 해석에 대한 비평

윌리엄 리차드 스테거너(William Richard Stegner)는 드루대학교에서 박사학위(Ph.D)를 취득한 후, 시카고 소재 감리교 계통의 개릿복음주의신학교 신약학 교수로 재직했다. 그의 책 *Narrative Theology in Early Jewish Christianity*(Louisville: Westminster John Knox Press, 1989)가 『구약 이야기의 신약적 변용』이라는 제목으로 번역되었다(류재영 역, 서울: 예본출판사, 1995).[533] 이 책에 대해서 옥스퍼드대학교 유대 연구소 선임연구원인 Geza Vermes가 다음과 같이 추천사를 썼다: "신약 성경 신학의 최고의 성과는 예수님이 유대인이었으며 그의 운동이 팔레스타인 유대주의라는 큰 세계의 한 부분이었다는 사실을 점점 더 크게 자각하게 된 것이다. 이 점을 잘 알고자 노력하는 사람들은 반드시 스스로가 신구약 중간 시

---

[533] 이 책의 한글 번역자가 책 제목에 '변용'을 사용한 것은, 신약 저자들이 구약과 구약의 전승을 나름대로 변경하여 사용했음을 의도적으로 부각시키기 위함이다. 스테거너의 다른 책으로는 *An Introduction to the Parables through Programmed Instruction* (Washington: University Press of America, 1977) 그리고 C. A. Evans와 같이 편집한 *The Gospels and the Scriptures of Israel* (Sheffield: Sheffield Academic Press, 1999) 등이 있다.

대와 초기 랍비 시대의 문화를 반영하는 문헌들을 깊이 연구해야
만 한다. 이 방면에 대해 성실한 연구를 한 스테거너의 이 책은 귀
중한 공헌을 하고 있다." 그렇다면 스테거너의 입장이 무엇인지,
그리고 G. Vermes의 이 추천사가 옳은지 살펴보자. 스테거너의
입장을 설명하는 과정에서, 필자의 비평은 주로 각주에서 다룰 것
이다.

1. 스테거너의 방법론

스테거너는 스웨덴 학자 Birger Gerhardsson의 *The Testing
of God's Son: An Analysis of an Early Christian Midrash* (Lund:
Gleerup, 1966)의 방법론을 의존한다.[534] 게르할드슨은 복음 전승에
대한 어떤 특별한 양태의 '기원 분석'(genetic analysis)을 시도했다.
그는 복음서의 내러티브는 다음의 세 가지 요소에 근거해서 검토
되어야 한다고 주장한다: (1) 구약 성경의 단어들, (2) 유대 전승,
(3) 그리스도 안에서 그들의 신앙을 표현하여 내러티브를 일정한
틀로 만든 유대 그리스도인들의 공헌(p. 32). 우리가 초대 유대 그
리스도인들의 내러티브를 이해하려면 그들의 '사고 세계'(thought
world)로 참여해야 한다. 그런데 복잡한 점이 있다. 왜냐하면 초대

---

[534] 게르할드슨은 *Memory and Manuscript* (Grand Rapids: Eerdmans,
1998)와 *The Ethos of the Bible* (Minneapolis: Fortress Press, 1981)도 저술
했다.

그리스도인들의 사고는 구약에 바탕을 둔 다른 이야기들(예. 탈굼)에 근거를 두고 있기 때문이다.

2. 실례: 예수님의 시험 받으심(마 4:1-11)[535]

예수님의 시험 이야기를 공관복음 기자들인 마태(마 4:1-11)와 마가(막 1:12-13), 그리고 누가(눅 4:1-13) 모두 기록했다. 이 세 본문 사이에 유사점과 차이점이 있다.

먼저 '자료비평'(source criticism)의 해결책을 들어보자. 자료 비평에 의하면 마태와 누가의 설명은, 마치 이 복음서의 저자들이 공통된 자료들로부터 베낄 것을 생각이나 한 것처럼 비슷하다고 본다. 그러나 이 둘 사이에는 예수님이 당하신 세 가지 시험의 순서가 다른 차이도 있다. 그렇다면 (Q와 마가복음 우선설을 전제하고) 마태와 누가 중에 누가 원자료를 더 충실히 반영하고 있을까? 대부분의 비평학자들은 마태의 기록이 누가보다 Q를 잘 반영하고 있다고 본다. 그런데 마태와 누가는 마가복음보다 더 이르고 신빙성 있는 자료를 따른 것은 아닐까? 하지만 많은 학자들은 마태와 누가가 사용했을 법한 원 자료를 추적하는 대신에, 예수님의 시험 이야기의 '기원'에 대해 자주 언급한다. 즉, 예수님의 시험 이야기의 유대 기독교적 배경에 관심을 많이 둔다(p. 66-67).

---

535 W. R. Stegner, 『구약 이야기의 신약적 변용』 (류재영 역, 서울: 예본출판사, 1995), 65-99에서 요약.

다음으로 '양식비평'(form criticism)의 해결책을 들어보자. 불트만은 예수님의 세례 받은 기사에 대해 "그리스도인 서기관들(Christian scribes)은 Q에 있는 이야기를 만들었으며, 유대적 방식(mode)에 근거하여 (세례 이야기에) 논쟁적 대화 양식(form)을 부여했다"고 주장한다. 이 양식에 근거하여 불트만은 예수님의 시험 이야기를 '팔레스타인 전승의 영역'으로 정했으며, 그리고 '그리스도인 서기관들'이라는 용어를 유행시켰다(p. 68-69). Vincent Tylor를 따라 Joseph Fitzmyer는 누가복음에 사용된 Q의 이야기를 '예수님에 대한 이야기로서 설화 전승의 부분'으로 분류했다. M. D. Goulder는 '기독교 미드라쉬'로 시험 기사를 분류했다. 양식비평 학자들 사이에 통일된 의견이 없음을 알 수 있다.

스테거너는 게르할드슨의 방법을 따라서 다음과 같이 분석한다.

(1) LXX로부터 유래된 단어들

예수님이 마귀의 시험을 물리치실 때 인용하신 구절은 모두 신명기 본문이다. 신명기 8:3의 문맥은 만나를 주신 것과 관련이 있고, 신명기 6:16은 하나님의 임재에 대한 증거로서 기적을 요구함으로 이스라엘이 감히 하나님을 시험한 맛사(Massah)에서의 사건과 관련이 있으며, 신명기 6:13은 "너희는 다른 신들을 좇지 말라"(신 6:14)고 백성들에게 경고한 모세의 말과 관련이 있다. 마태복음 4:1-2의 '상황 설정' 역시 신 8:3의 직접적인 문맥으로부터 몇 가지 중요한 단어들을 인용하고 있다. '이끌림을 받았다',

'광야', 그리고 "시험을 받았다"에 해당되는 헬라어 단어들은 분명히 신명기 8:2 LXX에서 온 것이다. 그리고 마태복음 4:3의 '아들'은 신명기 8:5 LXX에 나온다. 이런 주요 단어들의 반복과 유사한 배경 설정은 AD 1세기의 유대인, 그리고 그리스도인의 주석 작업에 있어서 표준적인 것이었다.

이렇게 함으로써 마태는 신명기 8:3의 문맥을 다방면에 걸쳐 사용했으며, 아마도 광야에서 이스라엘을 시험한 하나님의 목적을 예수님 앞에 놓인 시험들에 동일하게 적용할 것을 생각했을 것이다. 하나 더 추가하면 신명기 8:2에 언급된 광야 '40년'은 예수님이 당하신 '40일'의 시험 기간과 연관 있다.[536]

여기서 다른 구절도 고려해 보아야 한다. 신명기 1:1의 "이것은 모세가 요단 건너편, 곧 바란과 도벨과 라반과 하세롯과 디사합 사이 숩 맞은 편 아라바 광야에서 이스라엘 모든 사람에게 선포한 말씀이다"는 유대 주석 전승에 의하면, 신명기 전체의 서론으로 간주된다. 이 서론은 예수님이 시험 당할 때 인용한 세 구절 안에도 언급된다.

신명기에 대한 주석의 일종인 *Sifrei Deuteronomy*의 신명기 1:1을 인용해 보자: "이것들은 모세가 말했던 것이다 … 확실히 모세는 다음에 뒤따르는 (즉, 신명기 나머지) 말씀만을 따로 떼어서 말한 것이 아니다. 모세가 토라 전체를 다 기록한 것은 아니지 않는가? 성경이 말하는 것처럼, '그리고 모세가 이 율법을 기록했

---

536 스테거너에게 구약 이스라엘의 실패를 돌이키신 '새 이스라엘'로서 예수님 자신(personality)에 대한 강조가 미흡하게 느껴진다.

7. 스테거너(W. R. Stegner)의 신약의 구약 해석에 대한 비평

다'는 무엇을 나태는가? 그것은 '꾸짖는 말씀'임을 보여 준다." 신명기 1:1이 예수님의 시험 기사에 인용된 것은 아니지만, 마태복음 전체의 무대를 설정하고 있다.[537]

(2) 유대 전승: 사해 두루마리를 중심으로

사해 두루마리는 예수님의 시험 기사를 연구하는데 필수적이다. 왜냐하면 사해 공동체는 예수님의 사역 기간 중에 번영했고, 또 그들이 위치한 곳이 '광야'이기 때문이다. '공동체 규율' 속에 발견된 중요한 본문에 의하면, 사해 종파는 다가올 하나님의 구원의 행동을 준비하기 위해서 '광야'로 들어가서 메시아의 길을 예비했다. 그 길을 예비하는 과정 중 하나는 율법을 연구하고 지키는 것이었다. '광야'는 시내 광야 혹은 유대 광야를 가리키다가, 후대에는 (쿰란공동체가 살던 지역에 가까운) 요단강 하부 계곡과 동쪽 경사면도 지칭하게 되었다. 그리고 '광야'라는 용어에 대한 전승의 다른 점은 이 명사가 종말론적인 면을 나타낸다는 것이다. 사해공동체는 스스로 악한 세대의 마지막과 하나님의 구원의 새 시대의 시작에 살고 있다고 보았다. 모세의 인도를 받았던 이스라엘은, (미래) 이스라엘의 다가올 구원의 '전조'가

---

537 유대 주석 전승을 인용하여 스테거너가 신 1:1을 '꾸짖는 말씀'으로 본 것은 정당한가? 그리고 신 1:1을 마태복음의 무대 설정으로 볼 수 있는가? 답은 회의적이다.

되었다.[538] 쿰란공동체는 자신을 어떤 면에서 모세의 시대와 대등한 관계에 놓았으며, 자신들이 모세 시대의 이스라엘의 삶을 재현(반복)하고 있는 것이라고 생각했다.[539] 쿰란공동체는 '광야'와 관련된 다른 전승도 받아들였는데, 곧 '시험'이라는 뜻이다. 공동체 규율에는 하나님의 구원을 준비하는 동안 빛의 아들들이 어둠의 통치자인 벨리알의 시험을 받을 것을 기대하라고 가르쳤다(예. 1QS 1:16-18; 3:22-25). 따라서 그들에게 있어서 광야 사상에 '광야', '율법을 지킴', 그리고 '시험'은 상호 연결된다. 광야를 악마와 연관시키는 것은 1에녹 10:4와 마 12:43에서도 발견된다.[540]

(3) 유대의 주석 전승

주석 형식을 취하는 Midrash Sifrei Deuteronomy는 신명기 1:1과 '꾸짖는 주석적 전통'을 동일시한다. 시프라이 신명기 미드라쉬는 신명기 1:1 주석에서 모세가 언급한 지명 하나 하나에서 발생한 사건을 염두에 두고 모세가 (불평과 반역을 일삼은) 이스

---

538 스테거너의 주장처럼, 모세 당시 이스라엘 백성은 앞으로 나타날 후손들의 구원의 전조로 생각했다는 성경의 증거가 불분명하다.

539 스테거너처럼 모세의 인도 하에 광야에 살았던 이스라엘과 광야에 살았던 쿰란공동체 사이의 관련성을 '반복'(재현)으로 보는 것은 가능하다. 하지만 쿰란공동체가 실제로 이런 인식을 하고 있었는지는 별개의 문제다.

540 스테거너는 '광야'가 가지고 있는 하나님의 인도와 보호 및 공급하심이라는 긍정적 의미에 크게 주목하지 않는다.

라엘을 꾸짖는 것으로 이해한다. 신명기 1:1에 대한 탈굼은 '꾸지람 전승'(rebuke tradition)을 전제로 하여, 이 전승의 의미를 분명히 하기 위해서 다른 형식으로 바꾸어서 표현한다. 탈굼 '네오피티(Neophyti) 1'과 '단편 탈굼'은 (1) 이스라엘이 바란에서부터 정탐꾼을 보낸 것, (2) 만나에 대한 불평, 그리고 (3) 금송아지를 만든 이 세 가지 죄를 언급한다.[541] 또한 탈굼은 복음서가 기록되기 이전의 유대 작품들과 중요한 연결점을 제공한다. 사해 문서인 '희년서'와의 연결점은 네오피티 1에 있는 족장들의 말에서 볼 수 있다. 즉, 노를 발하시던 하나님에게 이전에 족장들에게 하신 약속이 없었더라면 광야 세대는 멸절 당했다. '위 요나단'(LAB)은 '의로운 족장들의 상급'에 대해 언급한다. 탈굼은 꾸지람 전승을 충실히 설명하고 있으며, 하나님의 분노라는 감정에 초점을 맞춘다.

신명기 1:2에 대한 '미드라쉬 랍바'에서 이런 꾸지람 전승은 중요한 설교 기술과 미(美)로 취급된다. 미드라쉬 랍바에서 신명기를 시작하는 말은 잠언 28:23("사람을 책망하는 자는…")에 대한 주석이다. 이스라엘은 남편 여호와를 계속하게 화나게 만드는 아내에 비유된다. '피르케 아봇'도 이스라엘의 반역과 관련된 신명기 14:22를 언급한다. 더 후대의 탈무드 작품인 '랍비 나단에 의한 조상들'(The fathers according to Rabbi Nathan)은 초기의 '피르케 아봇'에 대한 주석으로 열 가지 꾸지람을 언급하는데, 흥미롭게도

---

541 스테거너는 이 3가지 이스라엘의 죄악과 예수님이 당하신 3가지 시험을 연결하여 이해한다.

신명기 14:22를 1:1과 나란히 놓고 설명한다.[542] 신명기에 나타난 단어(지명 및 꾸지람과 관련된 용어 등)의 이런 용법은 꾸지람 전승이 신약 성경의 예수님의 시험 기사의 해석에 매우 중요한 영향을 끼쳤음을 구체적으로 보여 준다(p. 82). 사해문서인 '다메섹 문서' 제 3행은 광야에 있었던 세대에 대한 이런 꾸지람을 신명기 1:1의 지명 중 하나인 '바란', 신명기 9:23 그리고 민수기 13:3, 26을 인용하면서 언급한다. 꾸지람 전승이 예수님의 시험 기사와는 상관없이 신약 성경 자체 내에 이미 알려져 있었다는 증거가 있기도 하다. 스데반은 광야에서 선조들의 불신앙을 말한 뒤에 금송아지 사건을 언급한다(행 7:39-41). 스데반의 연설도 꾸지람 전승에 대한 그의 지식을 반영한다. 마태복음을 기록한 유대 그리스도인 서기관도 이 꾸지람 전승을 알고 있었다(p. 86).[543] 예수님이 사탄의 시험을 물리치실 때, 출애굽기나 민수기가 아니라 신명기만 언급하신 이유는, 신명기만 이스라엘의 실패에 대한 꾸지람으로 간주되었기 때문이다. 즉, 출애굽기와 민수기는 부가적인 설명을 하는 책들로 볼 수 있다.

---

542 유대 전승 안에서 이스라엘의 죄악에 대한 꾸지람의 숫자가 다르게 나타난다(예. 2개, 3개, 혹은 10개). 그렇다면 신약 기자가 예수님의 시험을 기록하면서 3가지 꾸지람을 언급하는 유대 전승을 참고했는가? 아니면 신약 기자의 선택에 있어서 유대 전승 이외의 다른 영향도 있었는가? 확실히 알 수 없다(p. 87).

543 스테거너는 마태복음의 저자를 사도 마태로 보지 않고 익명의 '유대인 그리스도인 서기관'이라고 지칭한다. 따라서 그는 마태복음의 최종 편집 시기를 후대로 본다.

(4) 초대 유대 그리스도인들의 교육 활동(didactic activity)

구약 성경에서 '시험하다'에 해당하는 동사는 인격적인 것을 대상으로 한다(예. 창 22:1; 출 17:7; 신 8:2). 하나님은 이스라엘을 교육하고 훈련하기 위해서 시험하셨다(예. 신 8:1-5). 예수님의 시험은 예수님의 마음속에 있는 바를 드러내기 위해서 신명기와 그것에 대한 유대 전승을 바탕으로 하여 '의도적으로 고안된 것'이었다. "하나님이 아브라함을 시험하셨다"고 밝히는 창세기 22장을 다시 고쳐서 말하는 희년서 17-18장에서는 악마가 하나님께 아브라함을 시험할 것을 제의했다고 쓴다. 이것은 마태복음 4장과 비슷한데, 하나님과 사탄 모두 예수님의 시험에 연관되어 있기 때문이다. 사탄은 예수님을 시험하고, 성령 하나님은 예수님을 시험의 장소로 이끄셨다. 사탄은 40일을 주리신 예수님을 시험하는데, "만일 네가 하나님의 아들이라면 이 돌들에게 명령하여 떡이 되게 하라"고 말한다(마 4:3). 여기서 J. Fitzmyer는 예수님이 하나님의 아들로서의 힘을 자신의 유익을 위하여 사용할 것을 도전 받았다고 본다.

두 번째 시험의 본질은 맛사에서의 이스라엘의 실패와 연결되는데, "하나님이 우리 중에 계신가, 아니 계신가?"라고 말함으로 여호와를 시험했다(출 17:7). '하나님의 보호'라는 시 91:11-12의 주제를 사용하면서, 사탄은 맛사에서 이스라엘이 보인 하나님께 대한 믿음의 결핍을 되풀이함으로 예수님을 시험하고 있다: "만일 네가 하나님의 아들이라면 아래로 뛰어내리라. 기록되어 있기를 하나님께서 너를 위하여 자기의 천사들에게 명령하실 것이니, 그들이 손으로 너를 받들어 네 발이 돌에 부딪히지 않게 할 것이다 하였다 하니"(마 4:6). 이것은 하나님에 대한 예수님의 관계성에 대한 시험이다(p. 91).

세 번째 시험은 신명기 6:13의 문맥이 모세가 우상 숭배를 경고하는 것이기에, 사탄은 예수님에게 우상 숭배라는 시험을 하고 있다(마 4:9-10). 여기서 사탄 숭배를 거절하신 예수님과 우상 숭배에 빠진 이스라엘 사이의 대조가 나타난다. 그리고 예수님과 모세 사이의 병행도 나타난다. 모세는 느보 산에 올라가 가나안을 보았다(신 34:1). 비슷하게 사탄은 예수님을 높은 산으로 데리고 가서 모든 나라를 보여 주었다(마 4:8). 예수님의 40일 금식은 모세의 40일 금식과 비슷하다(출 34:28; 신 9:9, 18). 예수님과 광야의 이스라엘을 나란히 놓음으로써, 초대 유대 그리스도인 교회(마태공동체)는 하나님의 아들로서 예수님의 역할에 관해 그들이 이해했던 사항에 대한 분명한 확신을 일정한 틀로 만들었다. 아들 됨은 하나님의 뜻에 대한 신실한 복종을 의미했다. 유대 그리스도인 서기관은 유대 전승에 기초를 두고, 또 신명기의 세 가지의 증거 본문들과 더불어 작업을 함으로써 그들의 유산을 아름답게 받아들였을 뿐 아니라, 그것을 근거로 하여 자신의 '새로운 신앙'을 확실하게 표현한 내러티브를 만들어 냈다(p. 92-93).

(5) 결론

스테거너는 게르할드슨을 비판한다: 게르할드슨은 예수님이 하나님께 대한 그의 순종으로 '쉐마'(신 6:4 이하)를 구체화시킨 것이라고 부가하여 말한다. 쉐마는 '너의 마음을 다해, 성품을 다해, 힘을 다해 하나님을 사랑할 것'을 말한다. 그래서 쉐마에 제시된 각각의 사랑하는 방법은 예수님의 시험 하나하나에 해당된다. 예를 들어, 우리의 '성품'을 다해 하나님을 사랑하는 것은 두 번째 시험에 해당된다. 그러므로 예수님은 '쉐마를 재현하신 분'이시다. 이런 게르할드슨의 주장에 대해 스테거너는 두 가지로 반박한다: (1) 예수님의 시험 기사가 쉐마를 배경으로 하고 있음을 보여주는 어떤 중요한 단어도 없다. (2) 게르할드슨의 이런 제안이 예수님의 시험 기사의 의미에 '부가적인 면'을 끌어들여, 이로 말미암아 성격이 다른 것을 억지로 추가하는 불필요한 것이다(p. 97).

예수님의 시험 기사는 하나님의 아들 예수님이 이스라엘의 역사의 성취와 완성을 가져왔다는 것을 넌지시 말하고 있다. 예수님의 복종과 신실함은 어떤 의미에서 악의 세력이 부서지는 것을 나타낸다. 이렇게 해서 예수님의 세례(마 3:13-17)와 시험은 구원의 시간을 예고한다. 이 시험 기사를 쓴 유대 그리스도인 서기관은 신명기의 유대 전승을 잘 알고 있었으며, 예수님과 구약 이스라엘의 과거 사이의 (부정적인) 병행을 간파하면서 자신의 신학을 분명히 했다(p. 98).

3. 평가

스테거너는 자료 비평과 양식 비평의 한계를 나름대로 극복하려고 한다. 그는 신구약 중간기의 유대 문헌에 나타난 구약 해석을 분석하여, 그것이 신약 기자들에게 어떻게 전수되었는지를 살핀다. 그러나 스테거너는 신약 저자들 중에 유대 전승을 잘 아는 유대 그리스도인도 있지만, 그런 자료에 익숙하지 않았을 이방인 출신 그리스도인도 있었음을 간과하는 듯하다(예. 누가).

그런데 그의 연구 결과는 임의적인 면이 있다. 왜냐하면 그는 역사 비평에 충실하며, 사도 마태 저작성을 인정하지 않기 때문이다. 그리고 예수님의 시험 기사는 신명기의 광야에서의 이스라엘과 모세의 경험뿐 아니라, 창세기 3장의 아담의 범죄의 빛 속에서도 연구될 수 있기 때문이다. 즉, 아담의 범죄와 마지막 아담이신 예수님의 시험 극복 사이에는 대조되는 병행이 있다(예. 선악과를 먹음. 돌을 떡으로 만들어 먹지 않음). 그리고 스테거너에게서 만약 우리가 이런 유대 전승을 모른 채 구약과 신약을 직접 연결하여 연구하면 무언가 부족하다는 인상을 받는다. 결국 이것은 성경 자체의 충족성에 대한 도전으로 느껴진다. 정경 외적인 자료는 성경 연구의 참고자료일 뿐이다. 그리고 스테거너는 그런 유대 전승들이 구약을 왜곡시킨 문제점에 대해서는 침묵하거나 관대하게 넘어간다(예. 창 22장을 바꾸어 쓴 희년서). 이런 약점에도 불구하고 스테거너는 신약의 구약 사용 연구에서 신구약 중간기의 유대 문헌에 대한 중

요성을 다시 일깨워 준 데 기여하고 있다.[544]

544 북 웨일즈의 Gladstone's Library에서 열린 '신약 안의 구약'(The OT in the New) 연구학회에서 스테거너와 비슷한 방법을 동원한 연구가 있었다. 예를 들어, Bart Koet, "Elijah as Reconciler of Father and Son, from the Deuteronomist and Malachi to Ben Sira and Luke"(2003). 그리고 신약의 구약 사용에 관한 스테거너의 다른 글도 참고하라. "Jesus' Walking on the Water: Mark 6:45-52," in *The Gospels and the Scriptures of Israel*, ed. by C. A. Evans and W. R. Stegner (Sheffield: Sheffield Academic Press, 1994), 212-34.

Stegner, W. R. 『구약 이야기의 신약적 변용』. 류재영 역. 서울: 예본
　　출판사, 1995.

Stegner, W. R. "Jesus' Walking on the Water: Mark 6:45-52." In *The
　　Gospels and the Scriptures of Israel*. Edited by C. A. Evans
　　and W. R. Stegner. Sheffield: Sheffield Academic Press, 1994:
　　212-34.

부록

구속사와 수사학적 장치

구속사적 해석과 맞물린 신약의 구약 사용 연구는 광범위하고 다양한 주제를 다룬다. 복음주의신학에서 신약의 구약 사용에 대한 연구는 신구약의 통일성과 기독론적 해석에 근거하여 주로 '약속과 성취'의 관점에서 진행되어 왔다(예. W. C. Kaiser). 그리고 신약 저자가 사용한 MT와 LXX 사이의 차이점은 물론 구약 간본문과 신약 본문의 차이점을 찾아 그 이유를 분석하는 연구가 대세를 이루고 있다. 제 2성전 시대의 유대교와 초기 랍비 시대의 성경해석 방식과 구약을 사용한 신약 저자의 그것 사이의 비교 연구도 비교적 활발하다(예. J. Neusner, D. R. Schwarts, O. Skarsaune, P. Enns, J. L. Kugel & R. A. Greer). 그런데 아직도 '구약', '히브리 정경', '이스라엘의 정경', '유대인의 성경', '간본문'(intertext), '유대주의', '페세르', '미드라쉬', '인용', '암시', '메아리'와 같은 단어들에 관한 일치된 정의를 찾으려는 논의가 이어지기도 한다. 따라서 이런 용어에 대한 정의를 먼저 내리고 글을 쓰는 것이 바람직하다. 이 글은 수사학적 관점에서 구속사적 해석의 한 가지 주요 경향인 신약의 구약 사용을 다룬다.

1. 신약의 구약 사용에서 주의해야 할 문제들[545]

(1) 저자와 원 독자의 상황

일반적인 성경 석의의 경우처럼, 신약의 구약 사용 연구에 있어서 신약과 구약의 저자와 원 독자(1차 독자)의 역사적 배경 연구가 필요하다.[546] 특히 문화-역사적 배경 이해가 선행되어야 하는 역사적 본문에서는 더 그렇다. 그러나 신약 저자가 구약을 암시하는 경우에는 저자의 의도를 찾는 것은 더 어렵고 임의적일 수밖에 없다. 그런데 신약 저자가 인용한 구약 본문을 신약의 1차 독자들

---

545 이 글의 내용의 기초가 된 본문(basis text)은 영국 Hertfordshire의 Residentiary Canon at St. Albans Cathedral인 Stamps(2006)의 글인데, 여기서 Stamps의 글을 인용표시 없이 요약하는 경우가 많다. 그의 글은 캐나다 Hamilton 소재 McMaster Divinity College 교수들이 주축이 되어 쓴 책의 일부이다.

546 바울의 구약 사용을 예로 들어 설명해 보자. C. H. Dodd와 A. T. Hanson 등은 AD 1세기 유대-기독교 해석가의 눈으로 바울이 인용한 원래 문맥을 고려해 본다면, 창조적인 성경 신학자인 바울의 구약 인용을 이해할 수 있다고 본다. 하지만 바울이 자유롭게 구약을 변경했다는 사상은 성경의 무오성과 영감성에 배치된다고 보는 학자들도 있다(T. Randolph, F. A. G. Tholuck, D. M. Turpie, J. Bonsirven, R. Nicole, W. C. Kaiser 등). 참고. C. D. Stanley, *Paul and the Language of Scripture* (Cambridge: Cambridge University Press, 1992), 11. 참고로 인용을 화행 효과(perlocutionary effect)의 일환으로 보는 C. Stanley에게, 구약 인용이 겉으로는 원래 구약 본문을 존중하는 것 같지만, 실제로는 '피인용자(구약 저자)의 은유적 죽음'을 의미하여 원저자와 청자 모두에게 자신(구약을 인용하는 신약 저자)의 권력을 수사학적으로 행사한다고 주장한다. 이 해석 방법론은 '수사학적-독자반응'이다.

이 어느 정도 이해했는가를 판단하는 것도 쉽지 않다.[547] 그러나 성경의 기록은 저자와 원 독자 간의 무난한 의사소통을 기본적인 전제로 한다. 저자가 의도한 모든 것을 이해할 수 있는'이상적 독자'(ideal reader)를 설정하는 것은 본문의 역사적 배경 연구와 무관하다. 왜냐하면 이상적 독자는 저자가 본문 안에서 만들어 낸 산물이기 때문이다.

(2) 해석 방법들

오늘날 성경 해석가는 신약 저자가 구약을 활용한 방식을 그대로 사용할 수 있는가? 이 질문에 여러 가지 답이 제안되었다. 혹자(예. K. Snodgrass)는 신약 저자가 구약을 해석한 방식을 현대 해석가도 단순히 모방해야 한다고 주장한다. 혹자(예. W. C. Kaiser)는 신약 저자가 구약에서 새로운 의미를 발견한 것이 아니라 의도된 의미를 신약 저자 당시에 적용했으므로, 현대 해석가도 그런 방식으로 시도해야 한다고 주장한다. 혹자(R. Longenecker, A. T. Hanson)는 신약 저자는 성경을 기록한 영감 받은 특별한 선지자와 같은 인물이므로, 현대 해석가는 그들과 똑같이 하면 안 된다고 주장한다. 혹자(K. Vanhoozer)는 비록 현대 해석가가 신약 저자가 구약을 해석한 방식을 그대로 모방할 수 없지만, 자신의 구약

---

547 오늘날 비평적인 학자들의 복음서 연구의 다수는 AD 30년대 예수님의 인격과 사역 대신에 '복음서의 공동체' 연구이다.

해석이 자신이 속한 믿음의 공동체 안에서 만들어내는 '변화시키는 힘'(transformative impact)을 모방하려는 시도는 할 수 있다고 본다. 왜냐하면 현대 해석가는 성경의 상속자요 지속되는 종말론적 구원의 드라마에 참가하는 사람이기 때문이다.

결국 이 질문은 다음과 같은 질문에 닿아 있다: 구약을 사용한 신약 저자는 현대 해석가에게 구체적인 방법론을 제공하는가? 아니면 해석의 원칙을 제공하는가? 신약 저자의 해석 방식은 반복될 수 없는 독특한 것인가?

(3) 신약 저자가 사용한 MT 사본들 및 LXX 역본들의 영감성 문제

성경의 축자영감설을 따르는 사람들은 신약 저자가 사용한 구약 본문들이 다양하다는 사실을 어떻게 설명할 수 있는가? 그리고 신약 저자가 구약 본문을 변경시킨 것과 외경을 사용한 것은 어떻게 설명할 수 있는가? 이런 질문들에 학자들은 여러 방식으로 답한다. 혹자(예. W. Kaiser)는 구약과 신약에는 영감 된 하나의 의도(의미)만 있다고 보면서, 다양한 것은 '의미'가 아니라 '적용'이라고 주장한다. 혹자(예. R. E. Brown)는 신약 저자가 구약 본문을 변용한 것을 더 깊은 의미(sensus plenior)로 해결하려 한다. 혹자는 신약과 구약의 불연속성, 신약 저자가 본문을 해석할 때 누린 자유, 그리고 하나의 본문 안에 있는 이중 의미(double entendre)를 별 어려움 없이 인정한다. 이런 다양한 해결책은 신약 저자가 구약을 창조적으로 해석한 것과 신약에 사용된 구약

본문이 다양한 것은 계시와 영감에 대한 신학적 도전이 될 수 있음을 암시한다.[548]

2. AD 1세기의 새로운 문맥에서 중요한 개념인 수사학[549]

신약의 구약 사용 연구에서 AD 1세기 그레코-로마 배경은 유대주의 배경 연구보다 간과되어 온 면이 있다. 또한 신약 성경이 기록된 이후의 교부들의 글을 신약 연구에 사용하는 것을 시대착오적이라는 이유로 폐기처할 것이 아니라, 이 주제 연구를 위해서 참고할 가치가 있다. 왜냐하면 교부들의 글은 신약 성경 저작 이후에 기독교 공동체가 어떻게 해석 관습과 관점을 발전시켰는가를 보여 주기 때문이다.

대부분의 신약 서신들은 팔레스타인 밖에 살던 이방인 출신 그리스도인들이 다수를 차지하는 교회들에게 보내어진 성경이

---

548 신약이 구약을 역순으로(inverted) 인용하는 수사학적 장치를 통해서 (예. 고후 6:17의 사 52:11 LXX 인용; 막 12:1의 사 5:2 LXX 인용), 신약 저자는 자신의 신학을 더 의미심장하게 강화시킨다는 주장은 P. C. Beentjes, "Inverted Quotations in the Bible: A Neglected Stylistic Patterns," *Biblica* 63 (1982, 4), 508-516을 보라.

549 Jung은 '선교사'로서 바울이 독자의 모든 형편을 염두에 두면서, 어떻게 구약을 이해하여 메시지를 전달했는지에 관심을 둔다. 이를 위해서 그는 신수사학(new rhetoric)과 상황신학(contextual theology)의 장점을 취합한다. S. K. Jung, "Paul's Missional Use of Scripture: A Redefined Approach with Special Reference to 2 Cor 3" (Ph.D. Thesis, Westminster Theological Seminary, 2010). 7. 10.

다. 물론 AD 1세기에 팔레스타인도 헬레니즘의 영향을 많이 받았다. 로마 세계에서 수사학은 정치와 법률은 물론 전반적 사회-문화의 영역에서 보편적인 의사소통의 기초였다. 팔레스타인의 교육 받은 작가들에게도 수사학이 영향을 주었는데, 그들은 수사학으로 헬레니즘의 위험성에 대항하여 유대 전통을 방어하기도 했다. 여기서 수사학을 간단히 정의를 내리면, 저자(화자)가 독자(청자)를 설득하기 위해서 본문(말)에 동원한 방법과 수단이다.[550]

유대인들과 그레코-로마인들은 '설득'을 위해서 '권위 있는 전통'(혹은 글)을 사용했다. 예를 들어, 유대인 필로는 구약을 알레고리로 해석하여 헬라 철학과 도덕 이론이 모세와 오경의 권위에 근거하고 있음을 실증했다. 그리고 랍비와 바리새 전통은 구약 해석을 위해서 복합적인 주석 절차를 사용하여, 구약 본문의 의미가 그들 당시에 적합하도록 만들었다. 랍비들은 이런 작업으로써 구약이 그들 당시에도 적합함을 증명했고, 그들이 만든 종교 시스템의 타당성을 입증했다. 사해 두루마리는 모형론과 다른 해석 방법

---

[550] 성경의 문학 장르에 대한 관심, 성경을 단편의 모음집이 아니라 완성된 전체로 보려는 노력, 성경 뒤의 편집 과정이 아니라 최종 형태에 강조점을 두는 것, 성경의 내러티브(narrative: 전설이나 신화와 같은 사실이 아닌 이야기가 아니라 강화체 혹은 이야기체를 가리킴)와 시를 전통적인 신학적 용어 대신에 문학적인 용어로 설명하려는 경향, 성경의 문학적(혹은 문예적) 예술성과 가치에 대한 이해, 문학에 있어서 중심적인 내용은 추상적 개념이 아니라 인간의 경험을 중요시하는 것 등은 성경을 문학적으로 해석하도록 촉진시키고 있다. 전통적인 문법-역사적 해석의 연장선상에 있는 문학적 해석은 성경 해석을 위해 한 가지 방법이다. 참고. L. Ryken,『문학으로 성경을 어떻게 읽을 것인가?』(How to read the Bible as Literature, 곽철호 역, 서울: 은성출판사, 1996), 11-13.

들을 동원하여 구약이 참된 메시아 공동체인 그들에게 성취되었음을 증명했다.[551]

그레코-로마인들은 효율적인 교육을 위해서 중요한 책들의 핵심 사항만 요약적으로 정리하기도 했다. 헬라 문화에는 다른 문학적 전승 안에서 사용하기 위해서 문학적-본문적 전통을 보존하려는 노력이 있었다. 예를 들어, 아리스토텔레스는 호머(Homer)나 고대 속담을 인용했다. *Institutio Oratoria*(혹은 *Education of the Orator*)를 쓴 퀸틸리안(c. 40-96)은 "훌륭한 웅변가는 웅변을 위해서 잘 정리된 기억력을 가지고 있어야 한다"고 주장했다. 그리고 그는 웅변가가 존경 받는 저자들을 인용하는 것은 그의 웅변에 힘을 실어 준다고 믿었다. 따라서 웅변가가 시인을 인용한다면, 시인에 의해 표현된 감성을 자신의 말에 사용할 수 있다. 롱기누스는 위대한 저술가나 시인을 인용하는 것은 과거 저자들의 스타일을 '모방'(*mimesis*)하여 자신의 말에 영감과 풍부한 표현력을 제공한다고 보았다. 전통을 인용하는 것은 화자의 말을 증명하고 강화시키며, 그 말의 스타일에 웅변력을 더하고, 더 나아가 독자/청자가 그 말에 공감하도록 만든다.

AD 1세기에 호머의 서사시가 자주 인용되었는데, 그것은 바울의 구약 인용과 여러 유사한 점들이 있다고 스탠리(C. Stanley)는

---

551 쿰란문서 중 서신인 4QMMT에는 신명기의 복과 주제를 활용하고 다윗을 선한 모범으로 인용하면서, '너희'와 '우리' 사이의 대조를 통해서 독자의 선택을 촉구하는 수사학적 기법을 활용한다. J. Høgenhaven, "Rhetorical Devices in 4QMMT," *Dead Sea Discoveries* 10 (2003, 2), 199.

주장한다: (1) 호머의 본문과 구약은 시작 본문(primordial text)으로 기능했으며, 독자의 공동생활과 사고에 영향을 주었다. (2) 양자(호머의 서사시와 구약) 모두 신적인 진리에 대한 계시로 여겨졌으며, 그 의미는 오직 적당한 방법을 통해 읽는 사람에 의해서 이해된다고 보았다. (3) 호머의 본문과 구약은 인용한 해석가들이 속한 공동체의 (신의 명령, 우주의 특성, 적절한 행동 등에 관한) 견해를 결정하는 자료가 되었다. (4) 양자는 어린이 교육에 중추적 역할을 감당했다. (5) 양자는 논쟁에 있어서 화자/저자와 청자/독자 모두에게 권위 있는 본문으로 인용되었다. (6) 양자는 AD 1세기에 상대적으로 표준 본문 형태로 보존되었는데, 그 당시 사람들이 다른 본문 형태의 사본들을 제한적으로 이용할 수 있었으므로 약간의 변경 가능성도 있다.

신약 성경이 기록된 이후 시대의 초기 기독교 작품들은 성경을 어떻게 사용했는가? AD 70년 이후 유대교와 기독교의 분리와 단절이 심화된 상황 이후에 살았던 기독교 저술가들(혹은 변증가들)은 구약을 사용하여 기독교가 유대교와 헬레니즘보다 더 우월함을 증명했다. 저스틴 마터(c. 150-160)는 *Hortatory Address to the Greeks*에서 구약 성경이 참된 철학(우주적 로고스)을 플라톤이나 다른 철학 학파들보다 더 효과적으로 구체화시켰다고 말했다. 그리고 저스틴은 기독교가 바로 이 전통을 적법하게 상속했다고 주장했다. 타티안(c. 120-172)도 *Address to the Greeks*에서 가장 이른 우주적 지혜(universal wisdom)를 모세와 동일시했고, 모세가 호머보다 더 고대의 인물임을 보이려고 연대기적 논의를 사용했다. 안디옥의 쎄오필루스(c. 180)는 구약 중에서 특히 창세기를 통해 모세가 헬라의 선조들보다 더 고대 인물임을 증명했다. 이런 변증가들이 구약을 사용한 것은 기독교의 타당성을 독자들에게 설득시키려고 사용한 일종의 '수사학적 기법'이었다.

3. 수사학적 장치로서 신약의 구약 사용

초기 변증가들과 맥을 같이 하여, 신약 저자들도 로마제국의 박해 상황과 기독교와 유대교, 그리고 기독교와 이방 종교가 충돌하는 상황 속에서 구약을 사용하여 자신들의 논의를 증명했다. 따라서 신약 저자가 구약을 사용할 때, (MT와 LXX를 알던) 유대인 그리스도인 독자들은 물론 (LXX를 알던) 이방인 그리스도인 독자들에게 자신의 논의가 권위를 가졌는데, 독자들로 하여금 그 논의에 주의하도록 만들었을 것이다. 예를 들어, 율법 준수가 아니라 믿음으로써 의롭게 된다는 바울의 논의는 유대인 및 이방인 독자들에게 설득력을 가졌을 것이다. 왜냐하면 바울이 그 당시 유대인들의 해석 방식의 일부를 사용했을 뿐 아니라, 그의 논증 방식은 가장 고대의 것으로부터 진리를 세우려 했던 헬라인들의 관심에도 일치했기 때문이다.[552]

---

552 성경은 '신적 설득'(divine persuasion)과 '선포'가 조화되어 있는 '교회를 위한 수사학'(rhetoric for Church)이라 할 수 있다. 그 설득과 선포라는 수사학은 하나님의 은혜와 성경의 권위, 그리고 여러 가지 증명에 근거해

H. H. Clark와 R. R. Gerrig은 "Quotations as Demonstrations" (*Language*, 66 [1990], 767-93)에서 신약의 구약 사용 중에서 특히 인용이 가지는 수사학적 기능을 잘 설명한다: (1) 직접 인용은 독자/청자에게 (인용된 내용에 묘사된) 원래 사건을 경험하는 것과 같은 경험을 제공함으로써 저자/화자의 말에 생동감과 드라마를 제공한다. (2) 직접 인용은 그 인용으로 하여금 저자/화자가 자신의 말로 말하기에 불편한 것들을 말하도록 함으로써, 저자/화자를 인용한 자료로부터 거리를 두게 한다. (3) 직접 인용은 화자/저자와 청자/독자 사이의 연대감을 만들도록 돕는데, 인용들이 잠재적으로 화자/저자와 청자/독자가 공유할 수 있는 세계와 관점을 언급하기 때문이다.[553]

신약 저자가 구약을 인용, 혹은 암시할 때 저자와 독자 사이의 공통된 결속(common bond)을 회상시킴으로써, 독자로 하여금 그 메시지에 긍정적으로 반응하도록 만든다. 또한 인용은 저자로 하여금 권위 있는 본문의 어떤 측면에 초점을 맞추거나 어떤 측면을 약화시킴으로써 독자가 적절한 반응을 형성하도록 돕는다.[554]

있다. 참고. D. L. Stamps, "Rhetoric," in *Dictionary of New Testament Background*, ed. by C. A. Evans and S. E. Porter (Leicester: IVP, 2000), 957.

553 여전히 신약 성경을 분석하는데 고전 수사학이 어느 정도 유용하며 적합한지 논란이 되고 있다. 신약 저자가 그레코-로마의 수사학적 관습과 기교를 어느 정도 도입했는지도 논란이다. 참고. Stamps, "Rhetoric," 958.

554 성경에 대한 전통적인 접근 방식은 주로 개념적이고 교리적인 것에 많이 치우쳐 있었다. 하지만 독자는 성경을 읽을 때 논리력뿐 아니라, 상상력도 동원해야 한다. 많은 부분이 내러티브 형식으로 구성된 성경은 독자의

즉, 인용은 독자로 하여금 인용된 권위 있는 본문을 인격적으로 만나도록 돕는다. 인용된 본문은 인용하는 저자를 대신하여 더 권위 있게 독자에게 말한다. 신약 저자의 구약 인용은 독자로 하여금 저자 편에 계신 하나님의 임재 앞으로 인도한다. 따라서 신약의 구약 사용에 있어서 수사학적 차원을 고려하는 것은 의사소통에 있어서 인용된 구약이 가지고 있는 설득적 힘을 간파하도록 돕는다.[555]

주의를 끄는 효과적인 힘을 가지고 있으며, 독자가 실제로 경험하는 바로서의 인간의 삶의 복잡성과 다양성을 잘 표현하고 있다. 독자는 성경이 묘사하는 경험과 감각과 사건을 능동적으로 이해해야 한다. 성경은 어떤 사람의 세계관이 개념과 명제뿐 아니라 이미지와 상징으로도 이루어져 있다는 것을 인정한다. 단지 개별적인 단어와 이미지들뿐 아니라 좀 더 큰 수사학적 양식들이 성경 전반에 걸쳐 나타나는 문학적 요소이다. 예를 들면, 병행법, 수사 의문문, 질문과 응답식의 구조, 가상의 대화, 잠언에서의 경구적인 간결한 표현, 또는 절이나 구의 고도로 유형화된 배열 등을 들 수 있다. 참고. Lyken, 『문학으로 성경을 어떻게 읽을 것인가?』, 27, 31, 39.

555 지시(reference)와 암시를 연결하는 시스템은 구약에서의 암시에 대한 신약의 성취로 한정되지 않는다. 성경 기자들은 참조에 있어서의 동일한 구조를 공유하고 있다. 그들은 믿음의 행위(혹은 사건)라는 똑같은 핵심을 계속 언급한다. 이러한 사건들은 성경의 근저가 되는 이야기를 구성한다. 참고. Lyken, 『문학으로 성경을 어떻게 읽을 것인가?』, 289.

오늘날 성도는 신약 안의 구약을 어떻게 들을 것인가?

현대 그리스도인들이 처한 상황은 신약에 인용된 구약 본문의 상황, 그리고 구약을 인용한 신약 저자들의 상황과 다르다. 현대 독자는 구약을 인용하지 않더라도 신약성경 안에서 대부분의 원하는 답을 찾을 수 있다. 성경을 구속사적으로 읽는 방법을 배운 그리스도인들은 신약 저자처럼 구약을 그리스도 중심적으로 이해할 수 있다. 뿐만 아니라 구약을 신약과 동일하게 신약 교회를 위한 하나님의 말씀이라고 믿는다. 현대 그리스도인들은 구약 설교보다 신약 설교를 훨씬 많이 듣기에 구약이 다소 생경할 수 있다. 그러나 신약 본문이 천국과 구속사에 대해 구약보다 더 분명히 계시한다고 해서 구약 성경보다 더 권위 있는 성경이라고 볼 수 없다. '정경 안의 정경'이라는 잘못된 개념을 거부해야 마땅하다. 구약이 신약처럼 우리에게 분명하게 의사소통되고 설득되기 위해서는 구약을 읽고 들을 때 우리 마음을 덮고 있는 수건이 그리스도 안에서 제거되어야 한다(고후 3:16 참조).

Beentjes, P. C. "Inverted Quotations in the Bible: A Neglected Stylistic Patterns." *Biblica* 63 (1982, 4): 506-523.

Høgenhaven, J. "Rhetorical Devices in 4QMMT." *Dead Sea Discoveries* 10 (2003, 2): 187-204.

Jung, S. K. "Paul's Missional Use of Scripture: A Redefined Approach with Special Reference to 2 Cor 3." Ph. D. Thesis. Westminster Theological Seminary, 2010.

Ryken, L. 『문학으로 성경을 어떻게 읽을 것인가?』. *How to read the Bible as Literature*. 곽철호 역. 서울: 은성출판사, 1996.

Stamps, D. L. "The Use of the Old Testament in the New Testament as a Rhetorical Device: A Methodological Proposal." In *Hearing the Old Testament in the New Testament*. Edited by S. E. Porter. Grand Rapids: Eerdmans, 2006: 9-37.

Stamps, D. L. "Rhetoric." In *Dictionary of New Testament Background*. Edited by C. A. Evans and S. E. Porter. Leicester: IVP, 2000: 953-59.

Stanley, C. D. *Paul and the Language of Scripture*. Cambridge: Cambridge University Press, 1992.

예수님과 구약의 대화

초판 인쇄 2020년 2월 13일
초판 발행 2020년 2월 20일

저   자. 송영목
펴낸이. 조형준

기   획. 더워드 미니스트리
편   집. 비홀드
표지디자인. 인권앤파트너스
내지디자인. 비홀드디자인
마케팅&영업. (주)기독교출판유통

펴낸곳. 도서출판 더워드
주   소. 서울 서대문구 독립문로 8길 54
문   의. 031)906-9191
이메일. hjacts76@naver.com

출판등록 2019년 9월 6일 (2019-000086)

ⓒ 송영목, 2020
ISBN 979-11-969509-1-0

값 18,000원